Reiner Jansen

Studien zu Luthers Trinitätslehre

Basler und Berner Studien
zur historischen und systematischen Theologie

Herausgegeben von
Max Geiger und Andreas Lindt

Band 26

Reiner Jansen

Studien zu Luthers Trinitätslehre

Herbert Lang Bern
Peter Lang Frankfurt/M.
1976

Reiner Jansen

Studien
zu Luthers Trinitätslehre

Herbert Lang Bern
Peter Lang Frankfurt/M.
1976

ISBN 3 261 01922 0

Herbert Lang & Cie AG, Bern (Schweiz)
Peter Lang GmbH, Frankfurt/M. (BRD)
1976. Alle Rechte vorbehalten.

Druck: Lang Druck AG, Liebefeld/Bern (Schweiz)

VORWORT

Luthers Trinitätslehre fand in der Forschung der ersten Jahrzehnte unseres Jahrhunderts nur wenig Beachtung. So konnte Emanuel Hirsch einen Aufsatz über "Luthers Gottesanschauung" (1918) schreiben, in dem er weder auf die trinitarische noch auf die christologische Frage einging. Auch Carl Stange erwähnt in seinem Beitrag "Der christliche Gottesglaube im Sinne der Reformation" (Studien zur Theologie Luthers, I, 1928. S. 235ff.) das trinitarische Problem überhaupt nicht. In den letzten Jahrzehnten ist das Interesse an Luthers Trinitätslehre und damit auch an der Frage nach dem Verhältnis Luthers zur Alten Kirche größer geworden. Luthers Trinitätslehre wurde in verschiedenen Monographien kurz skizziert. Aber man beschränkte sich dabei oft auf einzelne markante Aussagen des Reformators und zog daraus nicht selten verallgemeinernde Schlüsse. Eine Untersuchung eines breiten Spektrums von Äußerungen Luthers zur Trinitätsfrage wurde m.W. noch nicht veröffentlicht.

Das Ziel dieser Arbeit ist die Darstellung wesentlicher Grundzüge der Trinitätslehre Luthers und ihres Stellenwertes innerhalb seiner Theologie. Da Luther ein außerordentlich umfangreiches Schrifttum hinterlassen hat und die Sekundärliteratur fast ins Unermeßliche angewachsen ist, mußten wir uns beschränken. Wir wählten daher den Zeitraum von 1520 bis zum Tode Luthers und konzentrierten uns auf den Prediger, Katecheten, Schriftausleger und Schriftsteller Luther. Die Äußerungen des Professors Luther zur Trinitätslehre, wie sie uns vor allem in den frühen Vorlesungen und den späten Disputationen vorliegen, ließen wir dabei weitgehend beiseite. Sie bedürfen ohnehin einer gesonderten Untersuchung und würden — da es hier vielfach auf Nuancen ankommt — eine genaue Kenntnis der altkirchlichen und mittelalterlichen Trinitätslehre voraussetzen.

Das Interesse an Luthers Trinitätslehre erwuchs bei mir vor allem aus der Beschäftigung mit Karl Barths Kirchlicher Dogmatik, in der ja die Trinitätslehre eine gewichtige Stellung einnimmt. Beeindruckt von seinen letzten Seminaren und Kolloquien begann ich 1967 mit der Ausarbeitung dieser Untersuchung. Sie wurde 1973 von der Theologischen Fakultät der Universität Basel als Dissertation angenommen. Herrn Prof. Dr. Max Geiger danke ich an dieser Stelle herzlich für seine verständnisvolle Beratung und mannigfache Förderung, Herrn Prof. Dr. Martin Anton Schmidt für hilfreiche Anregungen nach dem Lesen der Arbeit. Ganz besonders möchte ich meiner Frau danken. Ohne ihre Mithilfe im Pfarramt hätte ich wohl kaum genügend Zeit für diese Studien gefunden.

Frenkendorf, im November 1975   Reiner Jansen

INHALTSVERZEICHNIS

I. DIE TRINITÄT IN LUTHERS AUSLEGUNGEN DES APOSTOLIKUMS 1520–29

1. Entstehung, Charakter und Bedeutung der Symbolauslegungen

Luther hat das apostolische Glaubensbekenntnis in seinem Leben mehrfach ausgelegt. Er hielt es zusammen mit dem Dekalog und dem Vaterunser für eine kurze und leichtverständliche Zusammenfassung all dessen, "was in der schrifft stett und ymer geprediget werden mag"[1]. Alle drei enthalten "auch alles was eym Christen nott ist zu wissen ... was yhm not ist zur selickeyt"[2]. Wie der Dekalog "als vollkommener Ausdruck des Gesetzes galt"[3], so das Apostolikum als Zusammenfassung des Evangeliums: "Totum Evangelium est in Symbolo[4]." Luthers besondere Hochschätzung des Symbols gründet sich nicht auf dessen vermeintliche Abfassung durch die Apostel, sondern auf seinen Inhalt und dessen Schriftgemässheit[5]. Diese war ihm so evident, daß er das Symbol gewissermaßen für einen Extrakt aus der Bibel hielt und einmal sogar (bezüglich der göttlichen Natur Christi) vom Symbol auf die Schrift zurückschließt: "Solches wird offt gesaget, und die Heilige Schrieft lehrets allenthalben, wie mans den in den Simbolis sihet, die aus der Bibel gezogen und in eine kurtze summa gefast sein, was sonst in der heiligen schrieft weittleufftig begriffen ist[6]." Vom schriftgemäßen Inhalt schließt Luther dann gelegentlich auch auf die apostolische Verfasserschaft des Symbols, deren Bestreitung durch Laurentius Valla ihm spätestens durch den Katechismus des Erasmus (1533), welchen er 1534 gelesen hatte, bekannt sein mußte[7]. So erklärt er in einer Trinitatispredigt 1535: "Darumb haben die Veter recht gethan, das sie den Glauben oder Symbolum so gefasset haben, wie es die kinder beten: Ich gleube an Gott Vater, schoepffer himels und der erden, und an Jhesum Christum, seinen eingebornen Son etc.

---

1   BoA II 38, 21f. = WA 7, 204, 9f.; vgl. WA 11, 54, 34f.: "In his brevibus verbis omnia habes, quae in tota scriptura habentur."
2   BoA II 38, 22–39, 3 = WA 7, 204, 10–13. Die Konkordienformel bekennt sich ganz im Sinne Luthers zu den beiden Katechismen "als zu der Laien Bibel, darin alles begriffen, was in Heiliger Schrift weitläuftig gehandelt und einem Christenmenschen zu seiner Seligkeit zu wissen vonnöten ist." (BSLK 769, 6–10 vgl. 836, 27–35). – Bereits Luther hat den Katechismus als "leyen biblia" bezeichnet: WA 30 I, 27, 26.
3   J. Meyer, Historischer Kommentar zu Luthers Kleinem Katechismus, 1929, S. 259.
4   WA 11, 48, 23f.
5   vgl. E. Wolf, Die Einheit der Kirche im Zeugnis der Reformation (1938), in: Peregrinatio, Bd. I, 1954, S. 164: "Denn so wie Luther aus seinem durch die Idee der viva vox evangelii geleiteten Verständnis von ›Evangelium‹ in den Ausgaben des Neuen Testaments zwischen 1522 und 1530 die letzten vier Bücher als ›Nebenbücher‹ nicht mehr durchzählte, so konnte er andererseits das Apostolikum (und die mit ihm verbundenen beiden anderen Symbole) als geschriebenes Wort des Evangeliums ansehen, vom Inhalt, besonders vom 2. Artikel her, nicht auf Grund eines ›apostolischen Ursprungs‹."
6   WA 47, 541, 33–36 (Predigt über Mt. 23,37ff., 1539).
7   vgl. J. Meyer, a.a.O., S. 260.

Und an den heiligen Geist. Das gebet oder bekentnis haben wir nicht gemacht noch erdacht, die vorigen Veter auch nicht, sondern wie eine bine das honig aus mancherley schoenen, lustigen bluemlin zu samen zeucht, also ist dis Symbolum aus der lieben Propheten und Apostel buechern, das ist: aus der gantzen heiligen Schrifft, fein kurtz zusamen gefasset fuer die Kinder und einfeltigen Christen ... Und ist also das feine symbolum oder der glaube so meisterlich und rein gefasset, das man es nicht hette können feiner fassen. Darumb es auch wol billich ist, das man saget, die Aposteln haben es selbs gemacht, denn es nicht wol moeglich ist, das es andere leute denn die Apostel so solten gemacht haben[8]."

Das Apostolikum ist für Luther also eine schriftgemäße Zusammenfassung des Evangeliums, die vom Glaubensinhalt gerade so viel enthält, wie es "fur den gemeynen Christen menschen / der die geschrifft nit leßen mag / vorordenet ist zu leren und wissen"[9]. Es wird darum aufschlußreich sein zu untersuchen, wie weit Luther in seinen Symbolauslegungen Fragen der Trinitätstheologie berührt bzw. ausführlicher behandelt. Wir beschränken uns dabei zunächst auf die Symbolauslegungen von 1520–29. Denn das Jahr 1529 stellt innerhalb der Symbolauslegungen insofern einen Höhepunkt und vorläufigen Abschluß dar, als hier in Luthers katechetischem Hauptwerk, dem großen und kleinen Katechismus, der Ertrag der vorherigen Symbolauslegungen zusammengefaßt wird und so seine, viele Generationen des lutherischen Protestantismus prägende Gestalt gewinnt. Die späteren Symbolauslegungen unterscheiden sich in verschiedener Hinsicht von denen aus der Zeit von 1520–29.

Wo es darum geht, Parallelen aufzuzeigen, werden wir gelegentlich auch in diesem ersten Teil der Arbeit Schriften aus der Zeit nach 1529 zitieren. Das trinitätstheologische Material der Symbolauslegungen von 1520–29 werden wir, nach bestimmten inhaltlichen Gesichtspunkten geordnet, in verschiedenen Abschnitten behandeln. Innerhalb der verschiedenen Abschnitte gehen wir im allgemeinen chronologisch vor.

Im folgenden geben wir eine kurze Übersicht über die Symbolauslegungen aus den Jahren 1520–29. Dort, wo es uns aus stilistischen Gründen nötig erscheint, verwenden wir zur Bezeichnung der Symbolauslegungen die jeweils in Klammern angegebenen Abkürzungen[10].

Luthers erste Auslegung des Apostolikums stammt aus dem Jahre 1520. Sie ist enthalten in der Schrift "Eine kurze Form der zehn Gebote, eine kurze Form des Glaubens, eine kurze Form des Vaterunsers" (Kurze Form)[11]. Während der Reformator bei den Auslegungen des Dekalogs und des Vaterunsers im wesentlichen frühere eigene Schriften abdrucken läßt, hat er hier erstmalig eine

---

8 WA 41, 275, 26–34 und 276, 29–33 (Trinitatispredigt vom 23. Mai 1535).
9 BoA II 38, 18–20 = WA 7, 204, 5–7.
10 Diese Abkürzungen sind übernommen aus: J. Meyer, a.a.O.
11 WA 7, 204–229 = BoA II 38–59.

eigene Erklärung des Apostolikums verfaßt. Man hat die kurze Form, obwohl sie für Erwachsene und nicht für Kinder bestimmt war, mit Recht den "ersten evangelischen Katechismus"[12] genannt.

Die "Kurze Form" ist aufgenommen im Betbüchlein von 1522, das zahlreich — oft um neue Stücke vermehrt — aufgelegt wurde. Die Auslegung des Glaubensbekenntnisses[13] ist — abgesehen von zwei kleinen Änderungen, die jedoch die Trinitätslehre nicht betreffen — identisch mit der Erstform von 1520.

Die nächste von Luther überlieferte Symbolauslegung findet sich in einer Reihe von Predigten über die christlichen Lehrstücke aus dem Jahre 1523 (P23). Die drei Predigten über das Apostolikum wurden am 4., 5. und 6. März gehalten[14] und sind in Nachschriften des Wittenberger Diakons Rörer erhalten. Es handelt sich dabei um normale Wochenpredigten, die — wie aus dem Inhalt hervorgeht — nicht speziell für Kinder, sondern für Erwachsene bestimmt waren.

1528 hatte Luther den beurlaubten Wittenberger Stadtpfarrer Bugenhagen zu vertreten, zu dessen pfarramtlichen Pflichten seit 1523 regelmäßige Katechismuspredigten gehörten. Luther übernahm diese Aufgabe gern und predigte in drei Reihen über den Katechismusstoff. Diese drei Predigtreihen (PI, II und III) sind in zwei Nachschriften erhalten. Die erste ist eine Reinschrift der Nachschrift Rörers (R), die andere eine Reinschrift eines süddeutschen Schreibers (N). Letztere ist zum größten Teil systematischer zusammengefaßt, enthält weniger deutsche Ausdrücke und teilweise andere Sätze als R. Die Predigten über das Apostolikum wurden gehalten am 23. März (PI)[15], am 21. September (PII)[16] und am 10. Dezember (PIII)[17] 1528. Diese drei Predigtreihen sind ausdrücklich für Kinder berechnet und stehen unter der Losung: "In simplici sensu manebimus, quia pueris praedicamus[18]." Immer wieder wird betont, daß es sich bei den Hörern um "simplices"[19] und — besonders in PIII — "rudes"[20] handelt.

Den Großen Katechismus hat Luther bereits vor PIII begonnen. Aus zahlreichen Indizien kann man schließen, daß das erste Hauptstück (Die zehn Gebote) des Großen Katechismus bereits vor dem Entstehen von PIII fertig vorlag, nachträglich aber von Luther nach PIII überarbeitet wurde[21]. Das 2. Hauptstück (Der Glaube) ist stark von PIII beeinflußt. Da aber PII bereits in der Urform des 1. Hauptstückes berücksichtigt ist, ist der Beginn des Großen Katechismus in der Zeitspanne zwischen Ende September und Anfang Dezember 1528 anzusetzen. Im April 1529 ist der Große Katechismus wahrscheinlich

12 F. Cohrs, Die Evangelischen Katechismusversuche vor Luthers Enchiridion, Bd. I = Monumenta Germaniae Paedagogica XX, 1900, S. 4.
13 WA 10 II, 388—395.
14 WA 11, 48—54.
15 WA 30 I, 9—11.
16 WA 30 I, 43—46.
17 WA 30 I, 86—94.
18 WA 30 I, 14, 22 (PI), vgl. 27, 27 (PII); 59, 1; 95, 2; 109, 8 (PIII).
19 WA 30 I, 11, 2: "Pro simplicibus et pueris sol man so da von reden . . . ."
20 WA 30 I, 45 22f.: "Ideo iam manemus in instructione simplicissima pro pueris et rudi familia." Vgl. 87, 3f.; 89, 6; vgl. auch J. Meyer, a.a.O., S. 56.
21 vgl. dazu und zum Folgenden: J. Meyer, a.a.O., S. 57—61.

erschienen. Am 15. Januar 1529 — also noch während er mitten in der Arbeit war — schrieb Luther an Martin Görlitz: "Modo in parando catechismo pro rudibus paganis versor[22]." Auch in der Vorrede von 1529 wird als Zweck des Buches folgendes angegeben: "Diese Predigt ist dazu geordnet und angefangen, daß es sei ein Unterricht für die Kinder und Einfältigen[23]." Das bedeutet freilich nicht, daß der Große Katechismus für die eigene Lektüre der "rohen Bauern" bzw. "Kinder und Einfältigen" bestimmt war. Er sollte neben dem auswendig zu lernenden Kleinen Katechismus ein "brauchbares Muster" für Pfarrer, aber auch für Hausväter und Lehrer sein, wie man über die Hauptstücke des Glaubens predigen und ihr Verständnis bei den in Kirche, Haus und Schule zu Unterrichtenden vertiefen könne[24]. Darum gibt Luther neben der allgemeinverständlichen Erklärung der Hauptstücke auch immer wieder praktische Anregungen, wie man Schüler fragen könnte und wie sie dann etwa zu antworten hätten. So erklärt er denn z.B. bei der Auslegung des ersten Artikels des Apostolikums: "Fur die Gelehrten aber und die etwas läufig (= bewandert) sind, kann man die Artikel alle drei weit ausstreichen und teilen in soviel Stück, als es Wort sind. Aber itzt fur die jungen Schüler sei genug, das Nötigste anzuzeigen, nämlich, wie gesagt, dass dieser Artikel belanget die Schepfung, dass man stehe auf dem Wort 'Schepfer Himmels und Erden'[25]."

Die enttäuschenden Erfahrungen, die Luther bei seiner Visitationstätigkeit gemacht hatte[26], veranlaßten ihn zur Abfassung des Kleinen Katechismus. Dieser ist — wie aus verschiedenen Indizien hervorgeht — in den ersten drei Hauptstücken jünger als die betreffenden Teile des Großen Katechismus[27]. Die Tafeldrucke dieser Hauptstücke waren im Januar 1529 erschienen und hingen bereits am 20.1. an der Zimmerwand Rörers[28]. Im Mai erschien dann die Buchform des Kleinen Katechismus, die den "gemeinen Pfarrherren und Predigern" gewidmet ist.

Die am 11. Juli 1529 in Kemberg gehaltene Predigt über den 1. Artikel enthält nur eine Auslegung des persönlichen Schöpfungs- und Vorsehungsglaubens, jedoch nichts über die Trinität[29]. Wir brauchen sie darum in unsere Untersuchung nicht einzubeziehen.

---

22 Wa Br. 5, 5, 22.
23 BSLK 553, 33—35.
24 Köstlin-Kawerau, Luther, Bd. II, 5. Aufl. 1903, S. 53; vgl. O. Albrecht in WA 30 I, 475—477.
25 BSLK 648, 1—8.
26 vgl. BSLK 501f.
27 vgl. J. Meyer a.a.O., S. 61—70.
28 vgl. a.a.O., S. 4 und H. Volz in BSLK S. XXX.
29 WA 29, 471—473.

2. Der Glaube an den dreieinigen Gott

Die Erklärung des Apostolikums in der "Kurzen Form" beginnt mit einer Reflexion über den Begriff des Glaubens. Luther unterscheidet hier "zweyerley weyss"[30] zu glauben: 1. Glaube im Sinne blossen Fürwahrhaltens, der "mehr eyn wissenschafft odder merckung dan eyn glaub" ist[31]. 2. Der lebendige Glaube, der im ersten Gebot geboten wird und der allein einen Menschen zum Christen macht. Dieser wird folgendermaßen umschrieben: "Zum andern / wirt yn gott geglaubt / das ist / wen ich nit alleyn glaub / das war sey / was von gott gesagt wirt / ssondern setze meyn traw yn yhn / begeb und erwege mich mit yhm zu handeln / und glaub on allen zweyffell / er werd mir allso seyn und thun / wie man von yhm sagt / . . . ."[32]

Dass das "credo" des Symbols in diesem zweiten Sinne zu verstehen ist, findet Luther dadurch bewiesen, "das wir nit sagen. Ich glaub gott dem Vatter / odder von dem vatter / ssondern Inn gott den vatter. In Jhesum Christum / In den heyligen geyst"[33]. Dieses "in" bedeutet für Luther freilich nicht nur, daß man dem dreieinigen Gott ganz vertrauen soll. Es zeigt zugleich auch die Gottheit Jesu Christi und des heiligen Geistes an. "Und den glauben soll man niemant geben / dan alleyn gott / darumb / wirt die gottheyt Jhesu Christi und des heyligen geystes damit bekant / das wir ynn yhn gleych wie ynn den vatter glauben. Und wie es eyn gleych glaub ist in alle drey person / sso seyn die drey person auch eyn gott[34]."

Diesen Gedanken hat Luther auch in späteren Symbolauslegungen wiederholt[35], wie er überhaupt oftmals betont, daß Christus und der heilige Geist auch Gott sind[36]. Der Grundsatz, der ihn dabei leitet, ist: "Non est fidendum neque credendum nisi soli deo[37]." Es geht darum, Christus dieselbe Ehre zu erweisen wie dem Vater, "quia honor ille nulli creaturae debet dari, quod in eam

---

30 BoA II, 47, 27 = Wa 7, 215, 1.
31 BoA II, 47, 31f. = Wa 7, 215, 4.
32 BoA II, 47, 32–35 = WA 7, 215, 5–8.
33 BoA II, 48, 6–8 = WA 7, 215, 16–18 vgl. WA 11, 52, 13ff. Zu dieser Unterscheidung von "credere" mit Dativ und "credere in" vgl. Augustinus, Migne PL 35, 1631.
34 BoA II, 48, 8–12 = WA 7, 215, 18–22. Dieser Gedanke ist nicht neu. Er kommt zuerst in Rufins Explanatio symboli (Migne PL 21, 373) und dann öfter vor. "Es steht fortab für die abendländischen Theologen durchweg fest, daß in der Nichtwiederholung des "in" vor sanctam ecclesiam eine Absicht liege, die, hinter Art. 9 einen Einschnitt zu machen und die Artikel, die das sacramentum divinitatis betreffen, abzugrenzen von denen, die die)menschlichen Dinge angehen(." (Kattenbusch, Das apostolische Symbol, Bd. II, 1900, S. 481) Auch Thomas zieht z.B. das "credo sanctam ecclesiam" gegenüber "in sanctam ecclesiam" vor. (S.th. II–II q.1 a.9)
Da Luther Rufins Symbolauslegung gekannt hat — er zitiert sie 1519 (WA 2, 190, 20–25) —, kann man annehmen, daß er diesen Gedanken direkt von Rufin übernommen hat (so auch W. Köhler, Luther und die Kirchengeschichte, 1900, S. 94.)
35 vgl. WA 11, 51; 30 I, 44 u. 86; 50, 263 (Die drei Symbola, 1538).
36 vgl. z.B. außer den Stellen, die innerhalb dieses Kapitels in anderen Zusammenhängen zitiert werden: WA 30 I, 91, 2f. (PIII): "3. articulus est de spiritu sancto, qui sunt unus deus cum patre et filio etc."
37 WA 30 I, 9, 30.

13

credamus sed soli deo . . ."[38]. Eine Kreatur kommt als Gegenstand des Glaubens (in dem oben angegebenen Sinne) deshalb nicht in Frage, weil sie dem Menschen nicht die Hilfe zuteil werden lassen kann, auf die der Glaubende baut: die Befreiung vom Tode. Glaube ist also nur sinnvoll und möglich, wenn er auf Gott gerichtet ist. Darum ist die Gottheit Jesu die Voraussetzung für den Glauben an seine Person[39].

Aufschlußreich ist nun die Wendung, die dieser Gedanke im letzten Satz des obigen Zitats aus der "Kurzen Form" erhält. Der *eine* und gleiche Glaube an ("in") alle drei Personen und der *eine* in drei Personen existierende Gott werden parallelisiert[40]. Zwischen beiden besteht also offenbar eine Analogie. Die Frage ist nur, *was* hier *wem* entspricht. Die Konstruktion des Satzes könnte zu der Ansicht verleiten, die Einheit Gottes werde hier als Folge der Einheit und Selbigkeit des Glaubens an die drei göttlichen Personen betrachtet. In Wirklichkeit verhält es sich gerade umgekehrt. Denn wie wir oben gesehen haben, wird der Glaube an die drei Personen ja erst durch ein göttliches Gegenüber ermöglicht und begründet. So läßt sich als vorläufiges Ergebnis festhalten, daß für Luther die Einheit Gottes die Bedingung der Möglichkeit des Glaubens an die drei göttlichen Personen ist. Der *eine* Glaube entspricht dem *einen* Gott.

Ist damit die Abhängigkeit des Glaubens von seinem Gegenstand beschrieben, so muß nun auf das Problem der Entstehung des Glaubens im Menschen eingegangen werden. Dieses Problem wird in der "Kurzen Form" unter der spezifischen Fragestellung aufgegriffen: "Wie komme ich zum Glauben an den Vater? "

Die "Kurze Form" antwortet auf diese Frage innerhalb der Auslegung des zweiten und dritten Artikels. Wir zitieren die entscheidenden Sätze:

Zweiter Artikel:

"Ich glaub / das yn den vatter glauben / und zu dem vatter niemant kummen mag / widder durch kunst / werck / vornunfft / noch alles das man nennen kan yn hymell und auff erden / dann allein / yn und durch Jhesum Christum seynen eynen Sun / das ist durch glauben / yn seynen namen / und hirschafft[41]."

Dritter Artikel:

"Ich glaub nit allein / das der heylig Geyst / ein warhafftiger gott ist mit dem Vatter und Sun / ssondern auch ynn und zu dem Vatter / durch Christum und seyn leben / leyden / sterben / und alles was von yhm gesagt ist / niemant kummen noch ettwas desselben erlangen mag / on des heyligen geysts werck / mit wilchem der Vatter und der Sun / mich und alle die seynen rueret, wecket,

38 WA 11, 51, 4f.
39 vgl. WA 50, 263, 3–5 (Die drei Symbola): "Denn wo er nicht rechter Gott were, muste er nicht mit gleichem glauben dem Vater gleich geehret werden."
40 vgl. BSLK 647, 18f. (Gr. Kat.): "Ein Gott und Glaube, aber drei Person, darümb auch drei Artikel oder Bekenntnis."
41 BoA II, 49, 28–32 = WA 7, 217, 11–15.

ruffet / tzeucht / durch und ynn Christo / lebendig / heylig und geystlich macht / und also zum Vatter bringt / dan er ist das / da mit der vatter durch Christum und ynn Christo / alles wirckt und lebendig macht[42]."

Um Luther wirklich zu verstehen, genügt es freilich nicht bei diesen thetischen Sätzen stehen zu bleiben. Diese müssen vielmehr in ihrem inneren logischen und theologischen Zusammenhang aufgedeckt werden. Es ist darum nötig, auch den Kontext zu betrachten und die fraglichen Sätze von da aus zu interpretieren. Wir gehen dabei die einzelnen Aussagen der Reihe nach durch.

a) Was heißt: "Zu dem Vater kommen? " Bereits die eben zitierte Stelle und die Auslegung des 2. Artikels zeigen, daß "zu dem vatter kummen" und yn den vatter glauben" von Luther hier als Synonyma gebraucht werden. Die Formulierung des 3. Artikels "ynn und zu dem Vatter . . . kummen" ist offenbar eine Abbreviatur, die durch Zusammenziehung der beiden Synonyma unter Weglassung des Wortes "glauben" entstanden ist. Um den Glaubensbegriff in diesem Zusammenhang näher zu präzisieren, können wir auf die Auslegung des 1. Artikels zurückgreifen, denn diese handelt ja vom Glauben. Der erste Teil dieser Auslegung redet ausführlich vom Glauben als der Zuversicht zu Gott mit ihren negativen und positiven Konsequenzen. Der Ton liegt dabei darauf, "daß Gott und niemandem sonst unser Vertrauen geschenkt wird"[43]. Fragt man, *worauf* wir denn vertrauen, wenn wir an Gott glauben, so erhält man im zweiten Teil die Antwort: darauf, daß uns alle Dinge zum besten dienen. "Ia wie wollen mir nit alle dingk zu gutt kummen und dienen / wan der mir gutt gan (= Gutes gönnt)/ dem sie alle gehorsam und unterthan seyn? "[44]

Fragt man nun weiter, inwiefern denn solches Vertrauen darauf, daß Gott uns alle Dinge zum besten dienen lassen will, gerechtfertigt und begründet ist, so wird man von Luther auf die vier Aussagen des 1. Artikels des Symbols selbst verwiesen. Aus Gottes Allmacht wird sein Vermögen und Können, aus seinem Schöpfer-Sein sein faktisches Herr-Sein über alle Dinge, aus seinem Gott-Sein seine Weisheit und aus seinem Vater-Sein sein Wille zu solchem Tun abgeleitet[45].

"Zum Vater kommen" oder "an den Vater glauben" heißt für Luther also: darauf vertrauen, daß Gott als der Herr aller Dinge mir alle Dinge zum Besten dienen lassen will[46].

b) Warum kann nun aber der Mensch *nur durch Christus* zu solchem Vertrauen (und das heisst ja zum Vater) kommen? Wir fragen dabei zunächst nach dem genauen Sinn des "durch Christus". Dieses wird in der Auslegung des 3. Artikels wieder aufgenommen und folgendermaßen präzisiert: "durch Christum und seyn leben / leyden / sterben ond alles was von ihm gesagt ist". Damit wird deutlich auf den Aufriß des 2. Artikels hingewiesen, in dem ja die

---

42 BoA II, 50, 38–51, 7 = WA 7, 218, 25–32.
43 J. Meyer, Die Doppelgestalt des 1. Artikels bei Luther, NKZ 28 Jg. 1917, S. 539.
44 BoA II, 49, 4–6 = WA 7, 216, 21–23.
45 vgl. WA 11, 50, 5f. (P23): "Quandoquidem est omnipotens, potest me iuvare, pater est: igitur faciet."
46 vgl. WA 11, 50, 35 (P23): "Concludo ex hoc articulo, quod omnia mihi serviunt, si pater meus est."

Bedeutung des Lebens (d.h. der Empfängnis und Geburt Jesu), Leidens, Sterbens und all dessen, was von ihm gesagt ist (d.h. der Höllenfahrt, Auferstehung, Himmelfahrt und Wiederkunft zum Gericht), dargelegt wird. Indem Jesus die Stationen seines Weges beschreitet, wird all das gereinigt und gesegnet und so unschädlich, ja sogar nützlich, heilsam und verdienstlich gemacht[47], was den Menschen daran hindert, zum Vater zu kommen: seine "sundlich / fleyschlich / unreyne / vordamplich / empfengniss", seine "sundlich und vordampte gepurt", "alle leyden unnd creutz", "den leyplichen todt", "der helle peyn". Letzteres hat Christus dadurch bewirkt, "das er zu der helle nidergestigen ist / den teuffell / und alle seyne gewalt / list und bossheyt mir und seynen glaubigen zu dempffen[48] und gefangen zu nhemen / das mir der teuffell / hynfurt nit schaden kan . . ."[49].

Der Zusammenhang zwischen 1. und 2. Artikel besteht also darin, daß es Mächte gibt — zu nennen sind hier vor allem Sünde, Tod und Teufel —, die den Menschen vom Vertrauen zum Vater abhalten. Auf diese Mächte wird bereits im 1. Artikel mehrfach hingewiesen, z.B. durch die Sätze: "Ich glaub nichts deste weniger / ob ich ein sunder byn." und "Widerrumb entsetze ich mich nit / ob aller bössheyt des teuffels / und seyner geselschafft / dan meyn gott uber sie alle ist"[50]. Durch den letzten Teil dieses Satzes wird nun auch angedeutet — was freilich nirgends explizit ausgesagt wird —, daß diese Mächte vom Menschen als solchem nicht überwunden werden können. Dass "Gott über sie alle ist" erweist sich konkret in der Geschichte Jesu Christi, in der die "ordnung vetterlicher barmhertzickait"[51] erfüllt wird. Darum ist Christus nach Auferstehung und Himmelfahrt vom Vater zum Herrn über alle Dinge gesetzt worden[52], und zwar — wie Luther ausdrücklich betont — nach der Menschheit. Denn als Sohn Gottes, d.h. als die zweite Person der Trinität, war er schon immer an dieser Herrschaft beteiligt, hat er doch als solcher zusammen mit dem Vater die Welt geschaffen[53]. So hat sich also durch die Geschichte Jesu Christi ein Wandel vollzogen: seit der Erhöhung herrscht nicht mehr Gott allein, sondern die Weltherrschaft wird von Gott durch die mit ihm unzertrennbar verbundene Menschheit Jesu ausgeübt; mit den Worten der traditionellen Christologie: durch die Person Jesu Christi nach der Menschheit.

---

47 Alle diese soteriologisch gebrauchten Ausdrücke begegnen — meistens mehrfach — in der Auslegung des 2. Artikels; vgl. BoA II, 49f. = WA 7, 217f.
48 = unterdrücken; vgl. A. Götze, Frühhochdeutsches Glossar, 7. Aufl. 1967, s. voce.
49 alle Zitate aus BoA II, 49f. = WA 7, 217f.
50 BoA II, 48, 32 u. 26f. = WA 7, 216, 10 u. 4f.
51 BoA II, 50, 1 = WA 7, 217, 23.
52 BoA II, 50, 20—23 = WA 7, 218, 8—11: "Ich glaub / das er auffgestigen sey zu hymell / und von dem vatter empfangen gewalt und ehre ubir alle engele und creaturen und alsso sitzet zu der rechten hand gottis / das ist / er ist eyn kunig und herr ubir alle gottis gütter yn hymell / hell und erden."
53 BoA II, 49, 23—27 = WA 7, 217, 6—10: "Ich glaub nit allein / das Jhesus Christus warhafftiger eyniger gottis Sun ist / . . . . / ssondern auch das ym von dem vatter alle ding unterworffen sein / und nach der menscheit meyn und aller ding ein herr gesetzt ist / die er mit dem vatter nach der gottheit geschaffen hatt."

Die Herrschaft Christi bedeutet nun für den Gläubigen, daß "er helffen kan mir und allen glaubigen / in allen unssern nötten / widder alle unsser widdersacher und feyndt"[54]. Denn diese sind ja vorläufig erst gefangengenommen und unterdrückt. Endgültig erlöst werden die Gläubigen von ihrer Gewalt erst bei dem mit der Wiederkunft Christi verbundenen Jüngsten Gericht.

Die Herrschaft Gottes erweist sich also in der Herrschaft Christi über die widergöttlichen Mächte. Denn in Christus — freilich nur in ihm — sind diese Mächte durch Gott selbst besiegt. Außerhalb der Person Jesu Christi sind sie jedoch noch wirksam, weil sie durch Christus zwar bereits gefangengenommen, unterdrückt und insofern besiegt, aber noch nicht endgültig beseitigt sind[55]. Der Mensch bleibt darum auf die Herrschaft Christi angewiesen, der "helffen kan mir und allen glaubigen / in allen unssern noetten / widder alle unsser widdersacher und feyndt"[56].

c) Wie aber wird den Menschen solche Hilfe zuteil? Damit stehen wir vor der Frage nach dem Zusammenhang zwischen dem Werk Christi und dem Werk des heiligen Geistes. Die in der Geschichte Jesu Christi intendierte Erlösung des Menschen kommt erst im Werk des hl. Geistes zum Ziel. Denn dieser stellt die Verbindung zwischen der Geschichte Jesu Christi und den Menschen her, indem er den Glauben schafft. Dadurch bekommen wir Anteil an der extra nos, aber pro nobis geschehenen Geschichte Christi und sind nun "in Christo".

Werk Christi und Werk des hl. Geistes gehören also für Luther eng zusammen. Darum kommt er bereits in der Auslegung des 2. Artikels, die die Bedeutung der Geschichte Jesu Christi pro me expliziert, gelegentlich auf das Wirken des hl. Geistes zu sprechen: "Ich glaub / das er sey aufferstanden am dritten tag von den todten / mir und alle seyne glaubigen ein news leben zu geben / und allso mit yhm in gnaden und g e y s t erwecket hatt / hynfurt nymmer zu sundigen / sondern yhm allein zu dienen in allerley gnaden und tugenden[57]."

Die Geschichte Jesu Christi zielt also auf den durch den Geist erweckten Glauben und das ihm entsprechende Leben ab[58]. Dieser Glaube ist notwendig, weil er allein die Not des von Sünde und Tod bedrängten Menschen wendet, indem er sich ganz der Herrschaft Christi über diese Mächte anvertraut. So ist es nicht zufällig, dass Luther das "allein yn und durch Jhesum Christum" weiterführt durch "das ist durch glauben / yn seynen namen und h i r - s c h a f f t"[59].

54 BoA II, 50, 24f. = WA 7, 218, 11f.
55 vgl. das die Höllenfahrt Jesu betreffende Zitat und BoA II, 50, 26–32 = WA 7, 218, 13–19: "Ich glaub / das er widder von dannen / von dem hymell kummen wirt am iungsten tag / zu richten / .... / mich und alle seyne glaubigen / zu erloessen von dem leyplichen todt und allen geprechen / und zu straffen ewiglich unsser feind und widder sacher / und von yhrer gewalt ewiglich zu erloessen."
56 ibid. Z. 24f.
57 BoA II, 50, 16–19 = WA 7, 218, 3–7 (Sperrung von mir).
58 Auch im Kleinen Katechismus wird das Ziel des Erlösungswerkes, das ausführlich dann im 3. Artikel beschrieben wird, bereits im 2. Artikel vorweggenommen: ".... auf daß ich sein eigen sei und in seinem Reich unter ihme lebe und ihme diene in ewiger Gerechtigkeit, Unschuld und Seligkeit ..." BSLK 511, 33–36.
59 Sperrung von mir.

Der Glaube an Christus ist also im Prinzip kein anderer als der Glaube an den Vater. Als solcher ist er aber erst durch die Geschichte Jesu Christi ermöglicht und durch den heiligen Geist im Einzelnen und in der Gemeinde verwirklicht worden. "Das Schöpfungswerk des Geistes besteht darin, daß er den Menschen in Christus zum Vater führt. So spricht Luther trinitarisch von der Erlösung[60]." Darum betont er, daß man erst durch Christus und den heiligen Geist zum Vater kommen und das heißt ja an ihn glauben kann.

Bezugspunkt der Symbolauslegung von 1520 ist — wie wir gesehen haben — der Glaube an den Vater. Auf ihn werden letztlich alle Aussagen über Christus und den Geist bezogen. Diese Priorität des ersten Artikels gegenüber dem zweiten und dritten wird in P23 noch deutlicher artikuliert: "Hic primus articulus, quod credo deum patrem esse meum, qui articulus *summus* est[61]." Der Weg zum Vater wird in P23 ähnlich wie in der "Kurzen Form" beschrieben: "Scriptura hunc habet morem, ut per Christum ad patrem nobis iter demonstret, et hoc facit zum dritten per spiritum sanctum, hoc est quod venio ad patrem auxilio Christi et opere spiritus sancti[62]." Die "Gewissheit der Vaterliebe wird auf Christus begründet"[63]. Luther hat also die Frage nach dem Weg zum Vater als leitende Fragestellung auch für P23 übernommen. Der Beschreibung dieses Weges liegt in beiden Symbolauslegungen der gleiche Gedankenschritt zugrunde:

1. Zum Vater kann man nur durch die Hilfe Christi kommen.
2. Die Hilfe Christi wird einem nur durch das Werk des heiligen Geistes zuteil.
3. Also kann man nicht ohne das Werk des heiligen Geistes durch Christus zum Vater kommen.

Dennoch ist P23 keineswegs nur eine ausgestaltete und überarbeitete Predigtfassung der Symbolauslegung der "Kurzen Form". Denn P23 geht ausführlich auf ein Problem ein, das 1520 noch nicht explizit zur Sprache kommt: das Verhältnis von Trinitätsglaube und Vernunft. So wenig der Glaube an die drei Personen für Luther der Einheit Gottes irgendwie Abbruch gut, so sehr ist er sich bewußt, daß das Nachdenken über das Verhältnis von Dreiheit und Einheit in Gott den Glaubenden in größte Schwierigkeiten bringen kann. In P23 warnt er davor, in dieser Frage zuviel wissen zu wollen: "abstine, ne quando prudens esse velis, de maiestate Trinitatis, quomodo pater et filius et spiritus sanctus sit unus deus, sed solum adhaere his verbis (sc.: den Worten des Symbols), si feliciter vis cognoscere trinitatem, si aliam viam quaeris, bist auss der ban[64]."

Warum diese Zurückhaltung gegenüber der Majestät der Trinität? Der Grund dafür ist jedenfalls nicht der, daß man in diesen Fragen überhaupt nichts Gewisses wissen kann. Man kann z.B. sehr wohl wissen, daß der Vater die "prior

60 R. Prenter, Spiritus Creator. Studien zu Luthers Theologie, dt. 1954, S. 197 (mit Bezug auf den oben zitierten Abschnitt der "Kurzen Form").
61 WA 11, 50, 27f. (Sperrung von mir); vgl. 11, 49, 4f.: "Hic articulus est altissimus, ad quem nos Christus per spiritum ducit." und 11, 49, 26 u. 51, 2.
62 WA 11, 51, 12—15.
63 J. Meyer, Historischer Komentar, S. 280.
64 WA 11, 51, 8—12.

persona" ist[65] und daß der Sohn aus ihm hervorgeht. Aber man soll nicht versuchen, derartiges mit der Vernunft zu begreifen, sondern sich damit zufrieden geben, daß Vater, Sohn und Geist ein Gott sind, sie mit einer und derselben Verehrung anbeten.

Eine nähere Begründung seiner Warnung vor dem Versuch rationalen Begreifens des Trinitätsglaubens gibt Luther in diesem Zusammenhang nicht. Aus dem Kontext läßt sich soviel erschließen, daß er den Beweggrund dieser Warnung im Wesen der Vernunft selber liegen sieht. Die ratio kann sich nicht mit dem begnügen, was sie durch die Offenbarung über den dreieinigen Gott erfährt. Das faktische Gegebensein der die Trinität betreffenden Glaubensaussagen ist ihr zu wenig. Sie möchte darüber hinaus die Denkbarkeit und den inneren logischen Zusammenhang dieser Aussagen ergründen. Nicht das "quod"[66] interessiert sie, sondern das "quomodo"[67].

Aber gerade die Möglichkeit der Verifizierung der Glaubensaussagen durch die Vernunft ist dem Menschen verwehrt. Gott läßt sich nicht direkt, d.h. unter Absehung von seiner Offenbarung in Jesus Christus, erkennen. Wer das trotzdem — etwa im Rahmen der Aussagen des 1. Artikels des Symbols — versuchen will, der stößt auf den deus nudus[68]. Der Anblick der bloßen Gottheit in ihrer Macht und Wahrheit bewirkt aber beim Menschen ein so großes Erschrecken, daß ihm Himmel und Erde zu eng werden[69]. Denn der deus nudus ist "der in seinem reinen Ansichsein schreckliche, unnahbare, vernichtende Gott"[70]. Weil die Begegnung mit Gott in seiner Majestät für das Geschöpf unerträglich ist, hat sich Gott selbst in seiner Offenbarung verhüllt und ins Fleisch gekleidet. Darum soll sich der Mensch an die Schrift halten, die uns durch Christus und den heiligen Geist den Weg zum Vater zeigt[71]. Auch dabei gilt es aufzupassen, daß man sich ja nicht Christus in seiner bloßen Gottheit, wie er zur Rechten des Vaters im Himmel sitzt, vorstellt, um damit wiederum vor dem deus nudus zu stehen[72].

Deshalb schärft Luther seinen Hörern ein: "Cave hanc cognitionem cum nuda divinitate, et laß dir got nit einpilden quam iacentem in sinu matris, tum videbis ipsum flere ut homo etc. facere miracula et nihil vides (quam?) amiciciam, pacem, charitatem[73]." Wenn man an Jesus "amiciciam, pacem, charitatem" sieht und weiß, daß er mit dem Vater eins ist, so kennt man die amicitia, pax und

65 WA 11, 51, 16—18.
66 WA 11, 51. 16—18: ... "tamen ratio non debet studere id complecti, sis contentus, q u o d deus pater et filius et spiritus sanctus unus deus." (Hervorhebung von mir).
67 vgl. das "quomodo" in dem obigen Zitat S. 18 mit Anmerkung 64 und WA 11, 52, 3f.: "Dic potius 'nolo scire, q u o m o d o deus gubernet mundum. sed ubi puer manct, ibi manebo'."
68 WA 11, 52, 7: "Primus articulus proponit nudum deum, 2us den eingewickelt."
69 WA 11, 51, 22—24: "quando deum comprehendis nudum, videbis potentiam, veritatem, tum terretur natura prae maiestate et magnitudine, ut celum et terra, omnia sint angusta etc."
70 Hellmut Bandt, Luthers Lehre vom verborgenen Gott, 1958, S. 187.
71 WA 11, 52, 12ff.
72 ibid. Z. 20—22: "Ne dicamus Christum sedere in celis, last dir filium nit furgeben mit bloser gotheit, sed in carnem volutum."
73 WA 11, 51, 24—26.

charitas als das Wesen Gottes[74]. Nur durch das Kind Jesus ist uns der Zugang zum Vater eröffnet. Das ist nach Luther nicht nur die Meinung der Schrift, sondern auch die des Symbols. Denn im Symbol folgt auf das Bekenntnis zum "filium unigenitum, dominum nostrum" das "natum ex virgine", welches auf die menschliche Natur zu beziehen ist[75]. Darum soll die christliche Unterweisung nicht bei der Trinität, sondern bei der menschlichen Natur Christi beginnen, obwohl für das Bekenntnis die umgekehrte Reihenfolge angemessen ist[76]. Freilich ist das nicht so zu verstehen, daß man zunächst einmal von Gott absehen und die menschliche Natur Christi isoliert und als solche betrachten müßte. Denn der puer Jesus ist nicht irgendein puer, sondern der deus in carne volutus[77]. Wo *dieser* puer ist, da sind der Tod und die andern Mächte, die uns von Gott trennen, überwunden[78]. Das geschieht nicht deswegen, weil Jesus ein puer ist, sondern weil er Gott selber ist und so die Mächte besiegen kann. Die Gottheit Jesu ist also letztlich die Voraussetzung seiner Herrschaft und — wie wir gesehen haben — insofern auch die Bedingung der Möglichkeit des Glaubens an ihn.

Weil der deus in carne volutus für Luther der "puer in pannis volutus" (vgl. Lk. 2,7) ist, beginnt die Erkenntnis der Trinität nicht im Himmel, sondern beim menschgewordenen Gottessohn in Bethlehem. Da diese Erkenntnis aber keine natürliche ist — etwa in dem Sinn, daß man durch den Anblick des puer oder des Mannes am Kreuz eo ipso zur Erkenntnis des Vaters käme —, bedarf es zu ihr der Wirkung des heiligen Geistes. Darum führt Luther in der gleichen Predigt weiter aus: "Nemo sentit, quam dulcis sit deus, Christus, nisi spiritus revelarit. A patre veniunt omnia et ad omnia iterum spiritus sanctus est, cum quo tangit cor nostrum, ut cognoscamus Christum et cum hoc patrem, ut fit in praedicatione Euangelii, quod cum audit, cor habet fiduciam in Christum et tandem sentit sic voluisse patrem. Spiritus sanctus furt durch sein (sc.: Christi) pild ad patrem, cum spiritu sancto per Christum venimus ad patrem[79].

Gott der Vater kann nur auf Grund seiner Selbstoffenbarung in Christus durch den heiligen Geist erkannt werden. Diesen noetischen Grundsatz für die Trinitätslehre hat Luther auch in den Katechismuspredigten und in den beiden

74 J. Meyer, a.a.O., S. 297.
75 WA 11, 51, 18—20: "fac ut serves carnem, quia non alius est aditus ad patrem nisi per puerum Iesum, ut dicit symbolum ⟩natum ex virgine⟨, hoc est totum de humana natura." Ibid. Z. 28: "Ita bei leib non est veniendum ad deum quam per hunc puerum."
76 WA 11, 51, 29f.: "In confessione oportet, ut a supremo incipias, in instructione a Christi humana natura." Vgl. 50, 28—31: "Im Euangelio dicimus, ⟩Christus venit, ut se nobis donaret⟨ . . . . Sed in fide (sc: im Apostolischen Glaubensbekenntnis) a supremo incipimus, quando confitemur ⟩Ich credo in deum patrem⟨ . . . ."
77 vgl. die Zitate aus WA 11, 52, 7 (s. S. 19) und WA 11, 51, 20ff. (s. S. 19).
78 WA 11, 51, 30—52, 3: "Cum audis Christum esse deum, quia unum cum patre, tum habes patrem, quia, ubi ille puer est, omnia subiecta sunt, mors, etc. Ne sinas tibi aliter obiicere, quia cogitationes de nuda divinitate sunt nimium difficiles."
79 WA 11, 52, 32—37. Der zweite Satz ist m.E. voll ausgeschrieben so zu lesen: "A patre veniunt omnia et ad patrem omnia iterum. Spiritus sanctus est . . ." Das ergibt sich 1.) aus 52, 30f. ("per filium venire ad patrem") und 2.) aus 53, 8f. ("Ita salus nostra venit a patre et per filium iterum ad patrem. Spiritui sancto . . .")

Katechismen festgehalten. Freilich läßt sich eine gewisse Akzentverschiebung beobachten, die sich in den Symbolauslegungen von 1520–1529, aber auch in anderen Predigten und Auslegungen dieser Zeit, deutlich abzeichnet. Diese Akzentverschiebung nehmen wir wahr bei einem Vergleich der ersten und der letzten Symbolauslegung dieses Zeitraums. Die "Kurze Form" und P23 antworten auf die Frage: "Wie komme ich zum Vater?" Im Kleinen Katechismus jedoch heißt es: "Ich gläube, daß ich nicht aus eigener Vernunft noch Kraft an Jesum Christ, meinen Herrn, gläuben oder zu ihm kommen kann, ..."[80] Die Frage, die hier im Mittelpunkt steht, lautet also: "Wie komme ich zu Christus?" Es hat also eine Schwerpunktverlagerung stattgefunden, die sich am sichtbarsten darin äußert, daß Luther seit 1528/29 nicht mehr (wie noch 1523) den ersten, sondern den zweiten Artikel als den Hauptartikel betrachtet[81].

Auf Grund seiner Auslegung von der trinitarischen Selbstoffenbarung Gottes bestimmt Luther im Grossen Katechismus 1.) sowohl das Verhältnis des christlichen Glaubens zu den nichtchristlichen Religionen als auch 2.) das Verhältnis des Symbols zum Dekalog.

1.) : "Darümb scheiden und sondern diese Artikel des Glaubens uns Christen von allen andern Leuten auf Erden. Denn was ausser der Christenheit ist, es seien Heiden, Türken, Jüden oder falsche Christen und Heuchler, ob sie gleich nur einen wahrhaftigen Gott gläuben und anbeten, so wissen sie doch nicht, was er gegen ihn gesinnet ist, können sich auch keiner Liebe noch Guts zu ihm versehen, darümb sie in ewigem Zorn und Verdammnis bleiben. Denn sie den HERRN Christum nicht haben, dazu mit keinen Gaben durch den heiligen Geist erleuchtet und begnadet sind[82]."

2.) : "Aus dem siehest Du nu, daß der Glaube gar viel ein andere Lehre ist denn die zehen Gepot. Denn jene lehret wohl, was wir tuen sollen, diese aber sagt, was uns Gott tue und gebe. Die zehen Gepot sind auch sonst in aller Menschen Herzen geschrieben, den Glauben aber kann keine menschliche Klugheit begreifen und muss allein vom heiligen Geist gelehret werden. Darümb machet jene Lehre noch keinen Christen; denn es bleibt noch immer Gottes Zorn und Ungnade über uns, weil wir's nicht halten können, was Gott von uns fordert.

---

80 BSLK 511, 45–512, 1.
81 Die direkte Bezeichnung des 2. Artikels als summus articulus begegnet nach J. Meyer (s.u.) zuerst in einer Predigt vom 4. Advent 1532 (WA 36, 387, 18). Indizien für diese Anschauung finden sich bereits in PIII, wo es mit Bezug auf den 2. Artikel heißt: "De illo articulo dicimur Christiani" und "Totum Euangelium ist gefaßt yhn den artickel. Nam Euangelium nihil aliud est quam praedicatio de concepto, nato etc. Christo." (WA 30 I, 89, 20f. u. 90, 8–10) Im Großen Katechismus betont Luther: "Auch stehet das ganze Evangelion, so wir predigen, darauf, daß man diesen Artikel wohl fasse, als an dem alle unser Heil und Seligkeit liegt." (BSLK 653, 11–14). In P23 hatte es noch in Bezug auf den 1. Artikel geheißen: "Nemo recte dicit haec verba nisi Christianus." (WA 11, 49, 6f.)
   Weitere Belege für diese Wandlung bei J. Meyer, Die Doppelgestalt des 1. Artikels bei Luther, NKZ, 28. Jg. 1917, S. 530ff., bes. S. 533–538.
82 BSLK 661, 5–18; vgl. WA 30 I, 9, 24–30.

Aber diese bringet eitel Gnade, machet uns fromm und Gott angenehme. Denn durch diese Erkenntnis kriegen wir Lust und Liebe zu allen Gepoten Gottes, weil wir hie sehen, wie sich Gott ganz und gar mit allem, das er hat und vermag, uns gibt zu Hülfe und Steuer, die zehen Gepot zu halten: der Vater aller Kreaturn, Christus alle sein Werk, der heilige Geist alle seine Gaben[83]."

Das Verhältnis zwischen trinitarischem Glauben und christlicher Ethik wird damit so bestimmt, daß die Erfüllung der zehn Gebote erst durch den Glauben an den dreieinigen Gott ermöglicht wird. Die in Luthers katechetischen Schriften — mit Ausnahme von "Eine einfältige Weise" — stets eingehaltene Reihenfolge von 1.) Dekalog, 2.) Symbol und 3.) Vaterunser ist nicht zufällig, sondern beruht auf einem klaren theologischen Grundgedanken. Seit etwa 1450 war in mittelalterlichen Schriften die Reihenfolge Vaterunser, Symbol, Dekalog herrschend. Diese Anordnung der Lehrstücke wurde im "Manuale Curatorum" (1503) des Basler Predigers und Professors Johann Ulrich Surgant begründet: "das Gebet . . . sei unkräftig ohne Glauben, der Glaube unkräftig ohne Halten der Gebote[84]." Bei dieser Begründung, die wohl nicht nur eine "persönliche Auffassung, sondern eine allgemeine Tradition darstellte", beruhte "die Erhörbarkeit unseres Betens auf der meritorischen Kraft unserer Gebotserfüllung"[85]. Auch Luther kannte die vor ihm übliche Anordnung[86]. Es macht den Anschein einer "bewusste(n) Antithese"[87], wenn er die von ihm bevorzugte Reihenfolge (Dekalog, Symbol, Vaterunser) folgendermaßen erklärt:

"Dan drey dingk seyn nott eynem menschen zu wissen / das er selig werden muege. Das erst / das er wisse was er thun und lassen soll. Zum andern wen er nu sieht das er es nit thun noch lassen kan auss seynen krefften / das er wisse wo erss nehmen und suchen und finden soll / damit er dasselb thun und lassen muege. Zum dritten / das er wisse / wie er es suchen und holen soll[88]."

Dekalog und Symbol verhalten sich also zueinander wie Gesetz und Evangelium.

Der Unterschied zwischen der Lehre des Dekalogs und der Lehre des Symbols ist — wie das obige Zitat aus dem Grossen Katechismus beweist — letztlich in dem Gegensatz von Vernunft- und Offenbarungserkenntnis begründet.

83 BSLK 661, 21–42. Vgl. WA 30, I, 44.
84 J. Meyer, Kommentar S. 82.
85 a.a.O., S. 82f.
86 vgl. die Vorrede zum Kleinen Katechismus, BSLK 503, 5, 502, 4f. 17.
87 vgl. J. Meyer, a.a.O., S. 83.
88 BoA II, 39, 3–9 = WA 7, 204, 13–18; vgl. WA 11, 55; WA 30 I, 43, 45, 94.

3. Die Dreiteilung des Apostolikums nach trinitarischem Prinzip

Bereits der erste Satz der ersten Symbolauslegung Luthers, der "Kurzen Form" von 1520, enthält eine fundamentale Aussage:

"Der Glauben teylet sich yn drey heubtstueck / nach dem die drey person der heyligen gottlichen dreyfaltickayt dreyn ertzelet werden / das erst dem Vatter / das ander dem Sun / das dritt dem heyligen Geyst / zu zueygen / dan das ist der hoechst artickell ym glauben / darynnen die andern alle hangen[89]."

Diese Dreiteilung des Apostolikums hat Luther auch später stets beibehalten. Während in P23 ein ausdrücklicher Hinweis auf das trinitarische Gliederungsprinzip fehlt, wird dieses in PI und PII deutlich hervorgehoben: "Symbolum est in tres partes divisum: In deum patrem, filium, spiritum sanctum credimus[90]."

In PIII schärft Luther seinen Zuhörern geradezu programmatisch ein: "Olim audistis praedicari de duodecim fidei articulis. Si quis velit partiri, plures etc. Sed vos dividite Symbolum ynn die heubtstucke, nach dem das drey person sind: Pater, filius, spiritus sanctus, Quia 'credo in deum patrem' etc. die ein Gott sind, Darnach mogt yhr einen sonderlichen artickel ynn seine stucke teilen. 1. articulus docet creationem, 2. redemptionem, 3. sanctificationem..."[91] Hier sind sowohl die drei trinitarischen Personen als auch die ihnen zugeschriebenen Werke als Prinzip der Gliederung angegeben. Auch ein Hinweis auf das dreimalige "credo" fehlt nicht. Damit ist Luthers Begründung der Dreiteilung des Apostolikums zum Abschluß gekommen. Sie wird in ähnlicher Form im Großen Katechismus wiederholt[92], zu dessen Vorbereitung der Reformator ja die Katechismuspredigten gehalten hatte. Der Kleine Katechismus nennt als Überschrift über die einzelnen Artikel nur das jeweilige Gotteswerk: Schöpfung, Erlösung, Heiligung[93].

Wie das Zitat aus der Kurzen Form zeigt, hat Luther die drei Teile des Apostolikums nicht von Anfang an als "Artikel" bezeichnet. Eine kurze Untersuchung der Terminologie soll die hier stattfindende Entwicklung in den Symbolauslegungen von 1520—29 aufzeigen:

In der "Kurzen Form" bezeichnet Luther die drei Teile des Apostolikums als die drei "heubtstueck"[94] oder "teyll"[95]. Während in P23 sowohl "pars"[96] bzw. "stuck"[97] als auch vor allem "articulus"[98] in diesem Sinne verwendet werden,

---

89 BoA II, 47, 23—27 = WA 7, 214, 25—28.
90 WA 30 I, 44, 26—28 (PII). Für PI vgl. WA 30 I, 9,24ff.
91 WA 30 I, 86, 8—13.
92 BSLK 646, 35 — 647, 21.
93 BSLK 510f.
94 BoA II 47, 23 = WA 7, 214, 25.
95 BoA II, 48, 13; 49, 14; 50, 33 = WA 7, 215, 23; 216, 30; 218, 20.
96 WA 11, 51, 3; 53, 3 u. 6.
97 WA 11, 49, 4; 52, 30.
98 WA 11, 49, 4; 50, 27.35; 51, 2.4; 52, 5.7.

bleiben in PI und PII "pars"[99] und "stuck"[100] für die Dreiteilung reserviert. "Artikel"[101] wird im traditionellen Sinne der zwölf (oder mehr) Artikel des Symbols gebraucht.

In PIII erfolgt eine terminologische Festlegung, die auch in den beiden Katechismen übernommen wird. Die drei Teile des Apostolikums heißen nun "Artikel" oder "heubtstuecke". Die einzelnen Glieder dieser Teile (also die 12 oder mehr "Artikel" im traditionellen Sinne) werden jetzt "stuecke" genannt[102].

In den späteren Predigten oder Schriften über das Symbol hat Luther sich nicht mehr an die klare Terminologie des Jahres 1529 gehalten. Es findet jetzt eine gewisse Vertauschung statt. "Stuck"[103] wird wieder für die drei Teile des Symbols, "articulus" hingegen sowohl im Sinne der Dreiteilung[104] als auch im Sinne der Zwölfteilung[105] verwendet. Diese terminologische Verschiebung bedeutet freilich nicht, daß Luther jemals die für seine Auffassung des Apostolikums konstitutive Dreiteilung aufgegeben hätte[106].

Die Aufteilung des apostolischen Symbols in drei Teile ist für das heutige kirchlich-theologische Normalbewusstsein ein fraglos anerkanntes Faktum. Der deutschsprachige Theologe versteht im allgemeinen sofort, was gemeint ist, wenn irgendwo im Bereich der Kirche beispielsweise vom 1. Artikel die Rede ist. Es ist überflüssig hinzuzufügen, daß es sich um den 1. Artikel des Apostolikums nach Luthers Einteilung handelt.

Die heute als selbstverständlich erscheinende trinitarische Gliederung des Symbols ist es aber keineswegs. Seit der Spätzeit der Alten Kirche (etwa seit 400)[107] und das ganze Mittelalter hindurch wurde das Symbol normalerweise in 12 Artikel geteilt. Daran ist wahrscheinlich die zuerst von dem Humanisten Laurentius Valla bestrittene Behauptung schuld, das Apostolikum sei von den zwölf Aposteln verfaßt worden. Gemäß der späteren kirchlichen Legende hatte

---

99 WA 30 I, 44, 27.
100 WA 30 I, 10, 18; 44, 35; 45, 20.
101 WA 30 I, 46, 4; ähnlich bereits WA 11, 54, 29.31; vgl. J. Meyer a.a.O., S. 92.
102 vgl. für alle drei Termini WA 30 I, 86, 9ff.; s.o. S. 23; "Häuptartikel": BSLK 555, 34 u. 647, 7; "Drei Artikel oder Bekenntniss" BSLK 647, 19.
103 WA 45, 16, 4; 17,9–16; 21, 22; 22. 3.6.13; 24, 17.
104 z.B. WA 34 I, 449, 2f.; WA 38, 373, 15.
105 WA 34 I, 451, 13; 452 15.29; 453, 17; ausnahmsweise auch in WA 30 I, 92, 5.19.21.
106 J. Meyer (a.a.O., S. 90) kommt auf Grund der terminologischen Entwicklung zu dem Urteil: "Auch Luther hielt anfangs an der Zwölfzahl fest. In der K.F. (sc.: "Kurze Form") gruppierte er zwar diese 12 Artikel in drei 〉Teile〈 oder 〉Hauptstücke〈, nannte diese aber noch nicht Artikel." Zu diesem Urteil kann man nur kommen, wenn man voraussetzt, daß Luther die für sein Verständnis primäre und konstitutive Gliederung des Symbols stets mit dem Terminus "Artikel" verbunden haben muß. Das Ergebnis unserer Untersuchung zeigt aber, daß die trinitarische Gliederung von Luther stets beibehalten wurde, die Terminologie aber wechselt. Freilich hat der Reformator stets von der Zwölfteilung gewußt. Aber nirgends wird in seinen Symbolauslegungen deutlich, daß er sie für eine sinnvolle Gliederung des Symbols hält. Denn alle in der Schrift enthaltenen Glaubensartikel können ohnehin nich auf die Zwölfzahl reduziert werden. (vgl. BSLK 646, 35–647, 3).
107 vgl. BSLK 646 Anm. 8.

24

jeder der zwölf Apostel unmittelbar nach der Ausgießung des heiligen Geistes einen Artikel des Symbols ausgesprochen[108]. Damit war ein für alle verpflichtendes gemeinsames Glaubensbekenntnis formuliert. Das verleitete natürlich dazu, das Symbol in zwölf Artikel zu zerlegen und je einem Apostel einen Artikel zuzuschreiben.

Diese Zwölfteilung des Symbols war besonders im Mittelalter außerordentlich populär. Sie findet sich nicht nur in zahlreichen literarischen Dokumenten wie z.b. der "Erklärung der zwölf Artikel des christlichen Glaubens" (1485)[109] und der "Auslegung des Glaubens" (um 1500)[110], sondern auch in Denkmälern der christlichen Kunst. So sind z.b. drei Holztafeldrucke aus der zweiten Hälfte des 15. Jh. bekannt, die den Inhalt des Apostolikums in 12 Tafeln darstellen, gewöhnlich unter Beifügung einiger erklärender Worte[111].

Daneben begegnet aber auch − vornehmlich in gelehrten Werken − eine Zählung von 14 Artikeln[112]. In der "Summa Angelica" des Angelus von Clavasio († 1493) liest man unter dem Stichwort "fides": "Communiter dicitur: sunt XII artt . . . sed verius dicendum est quod sunt XIV[113]."

Diese Zählung entstand dadurch, daß man die Lehren von der Trinität und Gottmenschheit einschob als Artikel, die zwischen den Zeilen zu lesen waren. So erhielt man "7 articuli divinitatis" und "7 articuli humanitatis". Vorformen dazu befinden sich in mittelalterlichen Gemeindebekenntnissen[114], die einzelne Artikel des Apostolikums ziemlich wörtlich übersetzen, andere paraphrasieren und meistens auch Neues hinzufügen wie u.a. die Lehren von der Trinität, der Gottmenschheit Jesu und dem Gericht nach den Werken. Die Zahl der mit "ich

---

108 Die Legende findet sich zuerst bei Tyrannius Rufinus, Commentarius in Symbolum Apostolicum, Migne PL 21, 337; dann u.a. bei: Leo d. Gr., Ep. 31 ad Pulcheriam, Migne PL 54, 794; Pirmin von Reichenau († 753), Dicta abbatis Pirmini de singulis libris canonicis scarpsus, bei A. Hahn, Bibliothek der Symbole und Glaubensregeln der Alten Kirche, 3. Aufl. 1897, § 92 (S. 96f.). Weiteres über diese Legende und ihre altkirchliche und mittelalterliche Bezeugung bei Hahn, a.a.O., S. 82f. Anm. 87.
109 vgl. F. Falk, Der Unterricht des Volkes in den katechetischen Hauptstücken am Ende des Mittelalters. Historisch-politische Blätter für das katholische Deutschland, Bd. 109, 1892, S. 726. Die Auslegung von Artikel 9 + 10 ist abgedruckt bei V. Hasak, Der christliche Glaube des deutschen Volkes beim Schlusse des Mittelalters, 1868, S. 85−96.
110 vgl. Falk, S. 727f.
111 Näheres bei Falk, S. 722ff.
112 z.B. bei: Bonaventura, Commentaria in 4 libros sententiarum; in tertium libr. sent. dist. 25, a. 1 q. 1 (S. Bonaventurae Opera Omnia, Tom. 3 Ad Claras Aquas, 1887, p. 536); Duns Scotus, in Sent. libr. II, dist 25 q. 1 a. 4; Gabriel Biel, Inventarium lib III. dist 25. q. 1. a. 1 nota 1; "Die Hymelstrasz", Augsburg 1501. Dieses Buch enthält auf Bl. 132ff. eine Auslegung des Apostolikums unter der Überschrift "Von den viertzehen artickeln desz glaubens." vgl. Hasak, a.a.O., S. 291−297.
Zur Vierzehnteilung vgl. J. Meyer, a.a.O., S. 90; A. Ritschl, Fides implicita, 1890 S. 15; C. A. G. v. Zezschwitz, System der christlichen Katechetik, Bd. II, 1. Abt. Der Katechismus oder der kirchl. Unterrichtsstoff, 2. Aufl. 1872, S. 134f.
113 Venedig 1487, S. 145; zitiert nach C. A. G. v. Zezschwitz, a.a.O., S. 133 Anm. 2.
114 Hahn § 100−117.

glaube" eingeleiteten Artikel ist unregelmäßig, überschreitet aber meistens die Zahl 12. In einem Fall[115] sind es 14 Artikel, doch scheint die Zahl dabei keine Rolle zu spielen.

Als Beispiel für eine besonders kunstvolle Gliederung in 14 Artikel sei nun noch Thomas[116] erwähnt:

"circa *maiestatem* autem *divinitatis*   Artikel des Apostolikums
tria nobis credenda propununtur.

a.) die unitas divinitatis: 1.) in Deum
b.) die trinitas Personarum: 2.) patrem omnipotentem
    3.) in Jesum Christum, filium eius unicum, Dominum nostrum
    4.) in spiritum sanctum
c.) die opera divinitatis propria pertinens
   1.) ad esse naturae: articulus creationis   5.) creatorem coeli et terrae
   2.) ad esse gratiae: omnia pertinentia ad sanctificationem humanam   6.) sanctam ecclesiam catholicam, sanctorum communionem, remissionem peccatorum
   3.) ad esse gloriae: de resurrectione carnis et de vita aeterna.   7.) carnis resurrectionem, vitam aeternam

Similiter etiam circa *humanitatem Christi* proponuntur septem articuli
1.) de incarnatione sive de conceptione Christi   1.) qui conceptus est de spiritu sancto
2.) de nativitate eius ex Virgine   2.) natus ex Maria Virgine
3.) de passione eius et morte et sepultura   3.) passus sub Pontio Pilato, crucifixus, mortuus et sepultus
4.) de descensu ad inferos   4.) descendit ad inferos
5.) de resurrectione   5.) tertia die resurrexit a mortuis
6.) de ascensione   6.) ascendit ad coelos, sedit ad dexteram Dei, patris omnipotentis
7.) de adventu ad iudicium   7.) inde venturus est iudicare vivos et mortuos.

Et sic in unverso sunt quatuordecim."

---

115 vgl. Hahn § 110: Ein Gemeindebekenntnis nach einer Benedictbeurer Handschrift d. 12. Jhdts.
116 S. th. II–II, q. 1 a. 8.

26

Zugleich weiß Thomas auch von einer Aufteilung in 2 x 6 Artikel zu berichten, die sachlich nach dem gleichen Prinzip einteilt, nur etwas anders zählt. Es stellt sich nun die Frage, ob neben den beiden genannten Einteilungen des Apostolikums auch die trinitarische Gliederung schon vor Luther bekannt war. Wir gehen dabei zunächst aus von der heutigen Gestalt des Symbolum Apostolicum, die auf lutherischer Seite im Konkordienbuch und auf römisch-katholischer Seite im Catechismus Romanus und im Rituale Romanum vorliegt und bereits bei Pirmin von Reichenau († 753) nachweisbar ist[117]. Innerhalb dieses Zeitraums findet sich m.w. nirgends eine wirkliche Dreiteilung des Symbols nach trinitarischem Prinzip[118]. Einen Ansatz dazu bietet die "umfangreichste populäre Symbolerklärung"[119] des 15. Jahrhunderts: die "Erklärung der zwölf Artikel des christlichen Glaubens" von 1485. Dort heißt es bei der Erklärung des 8. Artikels: "Nun sind ganz ausgericht die Artikel, die besonderlich beschauen die Person(en), den Vater und seinen einigen Sohn; nun gangen wir zu der Materie, die da berührt die dritte Person[120]." Daß in dieser Symbolauslegung freilich die Zwölfteilung dominierend bleibt, zeigt bereits der Titel der Schrift.

Die Vorform des heutigen Apostolikums ist das Symbolum Romanum, dessen Entstehung im allgemeinen im 2. Jh. angesetzt wird[121]. Auch in der Überlieferungsgeschichte dieses Symbols läßt sich m.w. nirgends eine direkte, Luthers Aufteilung in drei Artikel vergleichbare Gliederung nach trinitarischem Prinzip nachweisen.

Der Verfasser der dem Ambrosius zugeschriebenen "Explanatio Symboli ad initiandos"[122] vertritt zwar sowohl eine Zwölf- wie auch eine Dreiteilung des Symbols[123]. Er hält die Trinitätslehre für den bestimmenden Gedanken des Symbols[124] und geht auch in der Einzelauslegung vorwiegend auf trinitätstheolo-

---

117 vgl. Lietzmann in BSLK S. XI u. 22.

118 vgl. G. Krüger: Das Dogma von der Dreieinigkeit und Gottmenschheit, 1905, S. 41f.; J. Meyer S. 91.

119 J. Meyer S. 74.

120 zit nach J. Meyer S. 92.

121 Reinhold Seeberg nimmt an, daß es erst von Papst Kallist dem I. 217/18 abgefaßt worden ist. (Lehrbuch der Dogmengeschichte Bd. I, 3. Aufl. 1922, S. 225). vgl. aber H. Lietzmann, Symbolstudien Nr. IX, ZNW 22, 1923, S. 259–262 = Kleine Schriften Bd. III, S. 226–229.

122 Migne PL 17, 1193–96. Über die Echtheitsfrage vgl. Kattenbusch I, S. 85ff. und Hahn, S. 36 Anm. 39.

123 "in hoc symbolo divinitas Trinitatis aeternae evidentissime comprehensa est unius operationis. *Patrem et Filium et Spiritum sanctum,* hoc est venerabilem Trinitatem. Et quod fides nostra ita sit, ut pari genere credamus in Patrem et Filium et Spiritum sanctum. Ubi enim nulla discretio maiestatis est, nec fidei debet esse discretio." a.a.O., Sp. 1193.

124 Ergo quemadmodum duodecim apostoli, et duodecim sententiae. Signate vos. Quo facto: C r e d o i n D e u m . . . . S u b P o n t i o P i l a t o p a s s u s e t s e p u l t u s; habes passionem et sepulturam. Ecce quatuor istae sententiae. Videamus alias. *Tertia die . . . . iudicare vivos et mortuos.* Ecce aliae quatuor sententiae, hoc est octo sententiae. Videamus adhuc alias quatuor sententias. *Et in Spiritum sanctum . . . . resurrectionem.* Ecce secundum duodecim apostolos, et duodecim sententiae comprehensae sunt." (a.a.O., 1196).

gische Fragen ein. Man sollte darum eigentlich erwarten, daß er das Symbol wie Luther nach trinitarischem Schema gliedert. Das ist aber keineswegs der Fall. Warum er gerade nach dem 4. Artikel (passus et sepultus) abteilt, ist nicht ganz ersichtlich. Vielleicht hängt es mit der unvollkommenen, Lücken und Unklarheiten enthaltenden Zusammenfassung der Rede zusammen, welche uns ein Hörer (nicht der Verfasser selbst) überliefert hat. Möglicherweise liegt ihm aus besonderen Gründen einfach an dem Zahlenverhältnis 3 x 4, das sich so ergibt. Jedenfalls ist das Schema der zwölf Artikel ihm offenbar vertrauter und geläufiger als die hier von ihm propagierte Dreiteilung[125].

Wenn wir noch weiter zurückgehen, so begegnen uns im 1. und 2. Jh. eine Reihe von dreigliedrigen Trinitätsbekenntnissen, die ihre Grundlage wahrscheinlich in den neutestamentlichen triadisch-trinitarischen Formeln (wie 2. Kor. 13,13), insbesondere im Taufbefehl Mt. 28,19 haben[126]. Hier ist vor allem das bei Justin in Apologie I,63, aber auch anderswo (Apol. V,13; Dial. 63)[127] vorausgesetzte trinitarische Taufbekenntnis zu nennen, das von Lietzmann folgendermaßen rekonstruiert wurde[128]:

εἰς τὸν πατέρα τῶν ὅλων καὶ δεσπότην θεόν,
καὶ εἰς τὸν σωτῆρα ἡμῶν Ἰησοῦν Χριστόν,
τὸν σταυρωθέντα ἐπὶ Ποντίου Πιλάτου,
καὶ εἰς πνεῦμα ἅγιον,
τὸ κηρύξαν διὰ τῶν προφητῶν.

Besonders interessant ist im Rahmen unserer Fragestellung Irenäus, der aus der ihm bekannten längeren Symbolform die Trias "Gott Vater", "Christus Jesus" und "Heiliger Geist" herausnimmt und sie dem übrigen Symbolinhalt voranstellt[129]. Damit ist zwar noch keine direkte Dreiteilung geschaffen, aber die einzelnen Artikel des Symbols sind nach trinitarischem Gesichtspunkt umgestellt.

Diese zuletzt genannten Zeugnisse lassen sich freilich nicht als direkte Parallele zu Luthers Dreiteilung des Symbols bezeichnen[130]. Denn hier handelt es sich ja noch nicht um das Symbolum Romanum, sondern allenfalls um Vorformen desselben. Sie können uns aber dienlich sein bei der Beantwortung der Frage: Hat Luthers Dreiteilung Anhalt am Symbol selbst? Oder hat der Reformator an das Apostolikum ein ihm von Haus aus fremdes Gliederungs-

---

125 vgl. Kattenbusch, II 485.
126 vgl. Lietzmann BSLK S. XII.
127 Zusammengestellt bei Hahn, a.a.O., § 3, S. 4f.
128 H. Lietzmann, Symbolstudien Nr. VII, ZNW 21 (1922), S. 31–34 = Kleine Schriften Bd. III S. 220–223.
129 Adv. haer. I, 10, 1; bei Hahn § 5 (S. 6); vgl. dazu: Kattenbusch, II 478.
130 A. Adam (Lehrbuch der Dogmengeschichte Bd. I, 1965, S. 199f.) formuliert nach einem Hinweis auf die Zwölfteilung bei Rufin: "Die Einteilung in drei Artikel ist jedoch älter; schon Justin und Irenäus kennen sie, und Luther hat auf sie zurückgegriffen; sie entspricht dem geschichtlichen Werdegang, dessen Ausgangspunkt der Taufbefehl Mt. 28,19 ist." Das erweckt den Eindruck, als hätte Luther bei Justin und Irenäus bereits ein dreigeteiltes Apostolikum vorgefunden und dieses dann einfach übernommen.

prinzip von außen herangetragen? Um diese Frage beantworten zu können, müssen wir noch auf eine besondere Gruppe von Bekenntnissen eingehen, die wir bisher bewußt beiseite gelassen hatten. Es handelt sich um die sogenannten Tauffragen, die ihren konkreten Sitz im Leben in der Taufe haben. Die Spuren solcher Tauffragen sind schon sehr früh festzustellen, nach manchen Forschern bereits im Neuen Testament, in 1. Tim. 6,13[131] und im sekundären westlichen Text von Apg. 8,37[132].

Sehr bald waren die Tauffragen trinitarisch strukturiert[133]. Die ersten ausgeführten dreigliedrigen Tauffragen in Symbolform begegnen uns in Hippolyts Kirchenordnung (ca. 215)[134]. Hahns "Bibliothek der Symbole" enthält eine Reihe von weiteren "Interrogationes de fide", die freilich manchmal auch mehr als drei Fragen enthalten[135]. Diese interrogationes dürfen nicht verwechselt werden mit der im Abendland seit dem 4. Jahrhundert nachweisbaren "redditio symboli", dem Aufsagen des auswendig gelernten Symbols durch die Katechumenen[136]. In den traditionellen abendländischen Taufliturgien hatten die Tauffragen ihren Platz unmittelbar nach der abrenuntiatio diaboli, vor dem eigentlichen Taufakt[137]. Die durch "credis? " eingeleiteten Fragen ergaben

131 nach G. Kretzschmar (Studien zur frühchristlichen Trinitätstheologie 1956, S. 210f. Anm. 4): wahrscheinlich der erste Beleg für die Tauffragen. Auch J. Jeremias (NTD Bd. 9, 8. Aufl. 1963) bezieht 1. Tim. 6,13 auf das Taufbekenntnis. vgl. aber E. Käsemann (Das Formular einer neutestamentlichen Ordinationsparänese, Exegetische Versuche und Besinnungen Bd. I, 2. Aufl. 1960 S. 101ff.), der die Stelle als Teil einer neutestamentlichen Ordinationsparänese versteht.
132 Die Beziehung zur Taufe ist hier selbstverständlich. Freilich muß diese Stelle als sekundäre Angleichung an den Taufritus verstanden werden. (vgl. Conzelmann: Die Apostelgeschichte, 1963, S. 57, und E. Haenchen: Die Apostelgeschichte, 1961, S. 262).
133 vgl. L. Scheffczyk, Lehramtliche Formulierungen und Dogmengeschichte der Trinität in: Mysterium Salutis Bd. II, 1967, S. 152.
134 Die Hippolytische Kirchenordnung ist zwar nicht im griechischen Original, dafür aber in lateinischer, sahidischer, äthiopischer und arabischer Form erhalten. Der lateinische Text steht in trad. op. 21, 12–18 (dt. Übersetzung bei G. Kretzschmar a.a.O., S. 192f.). Eine Rekonstruktion aus den verschiedenen Übersetzungen ist abgedruckt bei H. Lietzmann, Symbolstudien Nr. XIV, ZNW 26, 1927, 75–83 = Kleine Schriften Bd. III, S. 260–266. Bereits in alter Zeit wurden aus dieser Kirchenordnung, die nur in arabischer Sprache erhaltenen Canones Hippolyti exzerpiert. Can. 19 enthält die interrogationes de fide. Lat. Rekonstruktion bei Hahn a.a.O., § 31 d (S. 35).
135 Hahn enthält folgende dreigliedrig strukturierte interrogationes de fide:
§ 31 e (Sacramentarium Gelasianum, 7. Jh. oder früher)
– f.) (Ordo romanus)
– g.) (Homilie eines unbekannten Verfassers)
§ 39 Anm. 71 (römische Form in Florenz)
§ 58 Anm. 151 (Mozarabisches Manual aus dem 10. Jh.)
§ 66 Nr. 2 (Sacramentarium Gallicanum d. 7. Jh.)
§ 97 (Düsseldorfer Handschrift d. 9. Jh.)
§ 118a (Glaubensfragen bei der Taufe in der sächsischen Kirche (9. Jh.))
Die unter §§ 31d; 66 Nr. 2; 97 notierten Glaubensfragen enthalten je ein vollständiges Symbol, die andern eine Kurzform. Vgl. dazu auch Kattenbusch, a.a.O., II 779 Anm. 62: Die Tauffragen des Sacramentarium Gregorianum.
136 vgl. Kretzschmar, a.a.O., S. 129.
137 vgl. G. Rietschel, Lehrbuch der Liturgik, Bd. II, 2. neubearbeitete Aufl. von P. Graff, 1952, S. 38.

zusammen meistens ein verkürztes trinitarisch strukturiertes Symbol, das auf die historischen Daten des Lebens Jesu keinen Bezug mehr nimmt[138]. Als Urbild für die spätere Entwicklung sind wahrscheinlich die Tauffragen im Sacramentarium Gelasianum anzusehen[139].

Die definitive, später vom Rituale Romanum (1614) wörtlich bestätigte Form begegnet zuerst im sogenannten "Ordo romanus vulgatus". Dieses Sammelwerk verschiedener Riten, dessen genauer Titel lautet "Ordo romanus antiquus de divinis catholicae ecclesiae officiis et ministeriis per totius anni circulum", wurde von seinen Herausgebern (im 17. Jh.) dem 8. oder 9. Jahrhundert zugeschrieben und enthält sicher auch "Stücke sehr hohen Alters"[140]. Die Tauffragen, die wörtlich auch in einem Schreiben eines unbekannten Metropoliten enthalten sind[141], lauten:

"Interr.: Credis in Deum patrem omnipotentem, creatorem coeli et terrae?
Resp.: Credo.
Interr.: Credis in Jesum Christum, Filium eius unicum, dominum nostrum, natum et passum?
Resp.: Credo.
Interr.: Credis in Spiritum sanctum, sanctam ecclesiam catholicam, sanctorum communionem, remissionem peccatorum, carnis resurrectionem et vitam aeternam?
Resp.: Credo[142]."

Diese dreigliedrige, ein klares Bekenntnis zur Trinität enthaltende Kurzform des Apostolikums war Luther aus der Taufliturgie bekannt. Er hat sie übersetzt und (mit zwei kleinen Abweichungen) in sein "Taufbüchlein"[143] übernommen. Es ist anzunehmen, daß er dadurch angeregt wurde, das vollständige Symbol entgegen der herkömmlichen Gliederung in drei Teile aufzuteilen. Wenn diese Annahme richtig ist, dann hat Luther also sein Gliederungsprinzip für das Apostolikum aus einer Symbolform entnommen, welche deutlicher als der Textus receptus die ursprüngliche Dreigliedrigkeit[144] des römischen Symbols bewahrt hat. Die These, daß der ursprüngliche Sitz im Leben des Symbols die Taufe ist, wird zwar heute

---

138 vgl. Kattenbusch, a.a.O., Bd. II, 485 Anm. 15.
139 vgl. Kattenbusch, a.a.O., Bd. II, 485; Hahn, a.a.O., § 31e (S. 35).
140 Kattenbusch, a.a.O., II, S. 760f Anm. 2; vgl. Hahn, a.a.O., S. 30 Anm. 22.
141 Kattenbusch, a.a.O., II, S. 826 Anm. 22a.
142 Hahn, § 31f. (S. 35f.).
143 WA 12, 45 u. WA 19, 540f. = BoA III, 315 = BSLK 540.
144 Nach allgemeinem Konsensus der wichtigsten Symbolforscher baut das Symbolum Romanum auf einem dreigliedrigen Bekenntnis auf, wobei allerdings die Bedeutung der Dreizahl für die Formel verschieden hoch veranschlagt wird. Vgl. F. Loofs, Symbolik Bd. I, 1902, S. 8; G. Krüger, Das Dogma von der Dreieinigkeit und Gottmenschheit in seiner geschichtlichen Entwicklung, 1905, S. 42; A. v. Harnack, Dogmengeschichte, 6. Aufl. 1922, S. 45; H. Lietzmann, Geschichte der Alten Kirche, Bd. II, 3. Aufl. 1961, S. 106. F. Kattenbusch hält sowohl Zwölfteilung wie Dreiteilung des Symbols für ursprünglich. Die Zwölfteilung ist für ihn nicht erst Ergebnis der Legende von der Verfasserschaft der zwölf Apostel (vgl. a.a.O., Bd. II, 1900 S. 473f.). Er hält es für möglich, daß "R als zur Taufe gehörige Glaubensformel so komponiert wurde, daß es

nicht mehr von allen geteilt[145]. Aber nach allgemeiner Anschauung hängen Symbol und Taufbekenntnis mindestens eng zusammen. Bereits die Tauffragen der Kirchenordnung Hippolyts sind mit dem römischen Symbol verwandt, wahrscheinlich sogar direkt von ihm abhängig[146].

Wenn damit nachgewiesen ist, daß Luthers Aufteilung des Apostolikums in drei Artikel der ursprünglichen Struktur des Symbols entspricht[147], so ergibt sich nun die viel schwierigere Frage, ob und inwiefern das Symbol bereits ein Bekenntnis zur Trinität enthält. Oft wird die ursprünglich dreigliedrige Formel zwar als "Trinitätsbekenntnis"[148] bezeichnet. Aber wie die Bekenntnisaussagen über Vater, Sohn und Geist im einzelnen verstanden werden müssen und welche "Trinitäts"- bzw. Gotteslehre dabei vorausgesetzt ist, darüber ist die dogmengeschichtliche Forschung unseres Jahrhunderts noch nicht zu einem Konsensus gekommen.

Wir können hier nur auf einige der stark differierenden Antworten hinweisen. *F. Kattenbusch* sieht einen deutlichen Zusammenhang zwischen dem Symbolum Romanum (R) und der trinitarischen Taufformel. *"R ist für uns die erste erreichbare Interpretation derselben*[149]." Im Symbol wird der Taufbefehl "eigentümlich praktisch" gefaßt. "Von Gott, dem allmächtigen Vater, ist ein

mit drei Teilen der Taufspendeformel . . . . . . und mit zwölf Artikeln der Zahl derer, die den Taufbefehl empfingen, entsprach." (S. 474, Anm. 3 v. S. 473). Auch W. Trillhaas hält es für möglich, daß die Zwölfteilung schon bei der Abfassung des Symbols beabsichtigt war (Das apostolische Glaubensbekenntnis, 1953, S. 22). Er sieht sich zu dem "Eingeständnis" gezwungen, "daß das trinitarische Schema im Aufbau des Glaubensbekenntnisses überhaupt nicht konsequent durchgeführt ist." (a.a.O., S. 24). R. Seeberg postuliert eine alte triadische Urform des Bekenntnisses (U), von der er über ein Zwischenglied (R1) das Symbolum Romanum (R2) ableitet. Letzteres betrachtet er offenbar nicht mehr als dreigliedrig. (Lehrbuch der Dogmengeschichte, Bd. I, 3. Aufl. 1922, S. 216 u. 225 Anm. 1). A. Adam urteilt: "In die ältere triadische Form der Tauffragen ist eine ausführliche christologische Aussage eingeschoben." (Artikel: Apostolikum, RGG I, 3. Aufl. Sp. 512).

145 Als Vertreter dieser traditionellen These müssen außer den schon Genannten noch A. v. Harnack (a.a.O., S. 45) und G. Krüger (a.a.O., S. 41) erwähnt werden. Letzterer sieht im römischen Symbol eine antimarcionitische Spitze. Nach A. Adam (Lehrbuch der Dogmengeschichte, Bd. I, S. 192 u. 196) ist die deklaratorische Form des Symbols direkt aus den Tauffragen erwachsen. Er sieht in den Tauffragen der Hippolytischen Kirchenordnung die "älteste Bezeugung des Symbols der römischen Gemeinde" (a.a.O., S. 195). G. Kretzschmar (a.a.O., S. 129ff.) bezweifelt die direkte Herkunft des Credo aus der Taufe. Er unterscheidet zwischen den ursprünglich fünfgliedrigen Symbolen, die im Unterricht verwendet wurden und den bald trinitarisch strukturierten Tauffragen. Beide Gattungen hätten sich dann wechselseitig beeinflußt, so daß bald auch die Symbole trinitarisch strukturiert gewesen seien.

146 vgl. Lietzmann, BSLK S. XI u. Kl. Schriften Bd. III, S. 267. Kattenbusch, a.a.O., II, S. 181 Anm. 3.

147 vgl. C. A. G. von Zezschwitz, System der Katechetik II, 2, S. 138: "Ob der Gedanke an den Zusammenhang der drei Artikel mit der T a u f e und Taufform bei Luther die Wahl der neuen Einteilung mitveranlaßt habe, muß sehr fraglich erscheinen. Jedenfalls war factisch diese Einteilung nichts anderes als die Gestaltung des Katechismushauptstückes nach dem ursprünglichen Charakter des Taufsymboles."

148 z.B. Lietzmann, Geschichte der Alten Kirche, Bd. II, 3. Aufl. 1961, S. 106.

149 F. Kattenbusch, Das Apostolische Symbol II, 1900, S. 476. – Ganz anders urteilt Kattenbusch noch in seinem Aufsatz "Aus der Geschichte des Apostolikums" in: Die christliche Welt, 6. Jg. 1892, Sp. 979 u. 998f.

Sohn erzeugt, den die Christen als ihren Herrn anerkennen, und kraft ihres Verhältnisses zu Gott und Jesus Christus haben sie Anteil am heiligen Geist[150]." Auch *Fr. Loofs* spricht sich für den Zusammenhang von R mit Mt. 28,19 aus. "Denn daß die Entstehung des Taufsymbols an Mt. 28,19 angeknüpft hat, ist eine Vermutung, die trotz ihres Alters — schon Tertullian sagt von der Taufe: ter mergitamur, *amplius* aliquid respondentes, quam dominus in evangelio determinavit — noch nicht veraltet ist[151]."

A. Harnack hat die Möglichkeit eines im eigentlichen Sinne trinitarischen Verständnisses des Symbols entschieden verneint, weil erstens in der Mitte des 2. Jh. bei dem Christusprädikat υἱὸν αὐτοῦ τὸν μονογενῆ (filium eius unicum) noch nicht an die vorzeitliche, ewige Sohnschaft Christi, sondern an die irdische Erscheinung des geschichtlichen Christus gedacht wurde und zweitens der heilige Geist in dieser Zeit noch nicht als Person, sondern als Kraft und Aufgabe aufgefaßt wurde[152]. "Wer also in das Symbol die Lehre von den drei Personen der Gottheit einführt, der erklärt das Symbol wider seinen ursprünglichen Sinn und deutet es um[153]." Harnack bestreitet allerdings nicht, daß dem Symbol eine dreigliedrige Taufformel zu Grunde liegt, es also "eine explizierte Taufformel" ist[154].

Noch schärfer urteilt *G. Krüger,* der überhaupt jeden Anhaltspunkt für einen trinitarischen Gottesbegriff im NT bestreitet und die mehrfache Zusammenstellung von Gott, Jesus Christus und heiligem Geist aus dem liturgischen Bedürfnis nach heiligen Zahlen entstehen lassen sein will[155]. Er macht darum den keineswegs überzeugenden Versuch, die Dreigliedrigkeit der Taufformel von der aus anderen Kulten übernommenen Sitte des dreimaligen Untertauchens bei der Taufe abzuleiten[156].

K. Holl[157] hat als erster die beiden durch "qui" (gr. τόν) eingeleiteten Partizipialsätze bzw. -konstruktionen des 2. Artikels mit den beiden christologischen Titeln verknüpft. So ergibt sich folgende Abhängigkeit:

filium eius unicum ↔ qui natus est de spiritu sancto et Maria virgine

dominum nostrum ↔ qui sub Pontio Pilato crucifixus est et sepultus.

In dieser Zuordnung begründet und interpretiert jeweils der Partizipialsatz den christologischen Titel. Die Gottessohnschaft Jesu beruht also gemäß Luk. 1,35 auf seiner übernatürlichen Geburt, während die κυριότης Jesu gemäß Phil. 2,6ff. in seiner Erniedrigung und Erhöhung gründet. Diese Fassung der

150 a.a.O., S. 476f., vgl. auch C. A. G. von Zezschwitz, II, 1, S. 81.
151 F. Loofs, Symbolik Bd. I, 1902, S. 28f.
152 A. v. Harnack, Das apostolische Glaubensbekenntnis (1892), Reden und Aufsätze Bd. I, 2. Aufl. 1906, S. 243 u. 247.
153 a.a.O., S. 247.
154 A. v. Harnack, Artikel: Apostolisches Symbolum, in RE 3. Aufl. 1896, Bd. I, S. 748 u. 754 (Zitat).
155 G. Krüger, a.a.O., S. 51.
156 a.a.O., S. 47.
157 K. Holl, Zur Auslegung des 2. Artikels des sog. apostolischen Glaubensbekenntnisses (1919), in: Gesammelte Aufsätze zur Kirchengeschichte, Bd. II, 1928, S. 115—122.

Gottessohnschaft Jesu schließt aber die Logoslehre aus. "Auch der Gedanke eines Zuvordaseins Christi als Gottessohn ist mit dem Wortlaut unverträglich. Denn danach ist der Gottessohn durch die Geburt, und das heißt in der Zeit geworden[158]."

Nach *H. Lietzmann,* der die Analyse Holls übernommen und weitergeführt hat, ist das römische Symbol durch Einfügung eines Christusbekenntnisses in ein "altes durch Dreigliederung jedes Artikels auf neun Glieder gebrachtes Trinitäts- bekenntnis" entstanden[159]. In bezug auf die dem Bekenntnis zum heiligen Geist folgenden Glieder des dritten Artikels betont er: "Natürlich ist der Sinn dieser Angliederung die Betonung des Glaubens, daß die genannten Dinge der Wirksamkeit des Hl. Geistes zu verdanken sind[160]."

R. Seeberg sieht die Bedeutung der von ihm rekonstruierten Urform des alten triadischen Bekenntnisses "vor allem in der theozentrischen Bestimmung der christlichen Gedankenwelt . . . Dadurch wird zugleich die tiefste Tendenz des triadischen Gedankens offenbar. Daß Gott der Herr des Weltalls, daß die Erlösung sein Werk ist und daß die Einfügung des einzelnen Menschen in die Erlösungsordnung durch Gottes Wirken geschieht — das sind die drei Gedanken- kreise, die ihr gemeinsames Zentrum an dem sich wirksam offenbarenden Gott haben. So will es ein Bekenntnis zu dem einen Gott in der Mannigfaltigkeit seines Wirkens sein. Das dreifache Wirken führt nun aber zugleich zu einem Bekenntnis zu drei Personen. Die Probleme, die hierin stecken, sind weder bezeichnet, noch gelöst, die Urheber werden die Lösung sich in der Weise der Theologen des 2. Jh. gedacht haben[161]." Seeberg betont im Gegensatz zu Har- nack, Holl und Lietzmann, aber auch zu Kattenbusch ausdrücklich, daß "kein geschichtlicher Grund" vorliege, an "der Präexistenz des Gottessohnes . . . oder an der Relation zwischen Vater und Sohn" zu zweifeln[162]. "Daß die Zusammen- ordnung mit dem Sohn und Vater die personale Fassung des Geistes einschließt, ist u.E. selbstverständlich[163]."

W. Trillhaas ist anderer Meinung und weist darauf hin, daß die auf das Bekenntnis zum Heiligen Geist folgenden Heilsgüter nicht als eine "Näherbe- stimmung der dritten göttlichen Person" verstanden werden können. Er sieht sich darum zu dem Eingeständnis genötigt, "daß das trinitarische Schema im Aufbau des Glaubensbekenntnisses überhaupt nicht konsequent durchgeführt ist. Schon die drei Bekenntnisse, welche sich auf die göttlichen Personen beziehen, sind nicht bis ins letzte Glied hinein analog aufgebaut. Das, was sich an das Bekenntnis zum Heiligen Geist anschließt, paßt in das trinitarische Bekenntnis überhaupt nicht mehr hinein. Es handelt sich hier um Zusätze in dem Sinn, daß im Anschluß an das trinitarische Bekenntnis noch das Bekenntnis zu den

---

158 a.a.O., S. 120.
159 H. Lietzmann, a.a.O., S. 106.
160 a.a.O., S. 109f.
161 R. Seeberg, a.a.O., S. 226.
162 a.a.O., S. 221 Anm. 1.
163 a.a.O., S. 228.

wichtigsten Heilsgütern aufgeführt ist[164]." Trillhaas bestreitet also nicht, daß das Symbol ein Bekenntnis zur Trinität enthält[165], wohl aber, daß die Trinität als ausschließliches Gliederungsprinzip des Symbols angesehen werden kann.

A. *Adam* kommt bezüglich des 2. Artikels zu einem ganz anderen Ergebnis als Harnack, Holl und Lietzmann: "Der zweite, christologische Artikel bezeugte in der Namensform Christus Jesus den johannëischen Logos, der sich in Jesus offenbart hat und von Gottes Heiligem Geist herkommt, also Gottes einzigartiger, unvergleichlicher Sohn ist[166]."

Dieses Spektrum verschiedener Rekonstruktionen und Interpretationen des ursprünglichen Symbolum Romanum ließe sich noch beliebig erweitern. Es zeigt, daß es außerordentlich schwer ist, den ursprünglichen Sinn des Symbols zu ergründen. Das hängt damit zusammen, daß sowohl der oder die "Verfasser" des Symbols als auch seine Entstehungszeit nicht bekannt sind und allenfalls nur durch Rekonstruktionen erschlossen werden können. Selbst die Analyse Holls — so bestechend sie ist — hat rein hypothetischen Charakter. Wir wollen uns darum insbesondere beim zweiten Artikel nicht auf eine der vorliegenden Interpretationen festlegen. Sicher scheint uns nur, daß es jedenfalls keine zwingenden Gründe gibt, die ausschließen, daß der Heilige Geist als "Person" gedacht wird. Sicher ist freilich auch, daß man hier noch nicht von Trinität im Sinne des späteren Dogmas reden kann.

Andererseits gibt es längst vor dem Trinitätsdogma ein — als Dogma freilich noch umstrittenes und nicht streng durchreflektiertes — Bekenntnis zur Trinität. Das läßt sich nur dann verneinen, wenn man der Meinung ist, daß zwischen der neutestamentlichen und urchristlichen Gotteslehre, Christologie und Pneumatologie und der auf den Synoden von Nicäa und Konstantinopel dogmatisierten Trinitätslehre der Alten Kirche nur radikale Diskontinuität besteht[167]. Dagegen läßt sich einwenden, daß immerhin die Frage, die das altkirchliche Trinitätsdogma beantworten will, bereits durch das Neue Testament gestellt ist. Mehrfach lassen sich dort sogar Ansatzpunkte für eine Beantwortung dieser Frage finden. Hier sind vor allem die johannëische Anschauung von Christus als dem Logos und dem Geist als dem Parakleten und dem Gedanken der Präexistenz des Gottessohnes bei Paulus zu nennen. Gewiß, es sind nur Ansätze, die von mancherlei anderen Motiven und Vorstellungen durchkreuzt werden, so daß in der apostolischen und nachapostolischen Zeit eine einheitliche Lösung der mit dem Bekenntnis zu Gott, Jesus Christus und dem heiligen Geist gegebenen

---

164 W. Trillhaas, a.a.O., S. 24f.
165 Auch der heilige Geist ist nach Trillhaas bereits im NT als "selbständige Persönlichkeit" aufgefaßt. (a.a.O., S. 82).
166 Lehrbuch der Dogmengeschichte I, S. 197.
167 Diese Ansicht vertritt vor allem M. Werner, Die Entstehung des christlichen Dogmas (Urban-Bücher Nr. 38), 1959, S. 86. Vgl. dazu A. Gilg, Bemerkungen zu M. Werners Buch: Die Entstehung des christlichen Dogmas, in: Fragen und Wege historischer und systematischer Theologie, 1968, S. 111–132.

Probleme noch nicht in Sicht kommt. Aber die Fragen bestehen, werden diskutiert und drängen auf eine einheitliche Lösung hin, die dann im arianischen Streit gefunden wird.

Das Apostolikum enthält noch keine Aussagen über das innertrinitarische Verhältnis von Vater, Sohn und heiligem Geist. Auch die Bezeichnung Gottes als "Vater" muß wahrscheinlich nicht christologisch (als Vater Jesu Christi), sondern eher kosmologisch (als Vater des Alls) verstanden werden. Das Symbol ist also nicht selber Produkt trinitarischen Denkens. Wohl aber enthält es "Antriebe zum trinitarischen Denken"[168], insbesondere durch die Anbetung der Person des Auferstandenen[169] und die durch das dreimalige "Credo in" hervorgehobene Dreiheit von Gott Vater, Jesus Christus und dem heiligen Geist. Hier liegt der Ansatzpunkt für die spätere Interpretation des Symbols im Sinne des trinitarischen Dogmas[170]. Der Wortlaut des Symbols sperrte sich nicht gegen eine solche progressive Neuinterpretation. Es kamen zwar im Laufe der Zeit noch Zusätze hinzu, aber der Grundbestand und die trinitarische Grundstruktur des Symbolum Romanum blieben bestehen. Bis zum Beginn der Neuzeit konnte jedes Jahrhundert das Apostolikum als Ausdruck seines Glaubens empfinden. Das von Vätern und Vorvätern übernommene Symbol war wohl das alte, nicht aber das veraltete Bekenntnis. Luther hat sich wie fast alle nachnicänischen Ausleger des Symbols auf seine Weise an der neuen trinitarischen Interpretation des Apostolikums beteiligt. Sein besonderer Beitrag innerhalb dieser Auslegungs-geschichte besteht in der Wiederentdeckung und deutlichen Markierung der trinitarischen Struktur des Symbols. Wenn er erklärt, das Glaubensbekenntnis sei nach den drei Personen der heiligen göttlichen Dreifaltigkeit in drei Artikel aufzuteilen, so ist das historisch gesehen natürlich ein Anachronismus. Denn es enthält ja noch nicht die Lehre von den drei Personen der heiligen göttlichen Dreifaltigkeit, setzt diese auch noch nicht voraus. Andererseits ist es doch ein Bekenntnis zu Gott dem Vater, Jesus Christus dem Sohn und dem heiligen Geist. Insofern kann man sagen, daß Luthers trinitarische Gliederung des Symbols nicht sachfremd ist, sondern Anhalt am Symbol selber hat und ihm entspricht.

4. Die Leitbegriffe für das Wirken der Trinität

Wir haben gesehen, daß Luther das Apostolikum nicht nur nach trinita-rischem Prinzip gliedert, sondern auch das Wirken von Vater, Sohn und heiligem Geist jeweils unter einen besonderen Leitbegriff stellt. Es ist nun unsere Aufgabe, die Entstehung und Bedeutung dieser Leitbegriffe, welche zum ersten Mal in P23 gebraucht werden, im einzelnen zu untersuchen.

168 A. Adam, a.a.O., S. 115.
169 vgl. a.a.O., S. 115ff.
170 Beispiele dafür bei Kattenbusch II, S. 433–471 und 478–488.

In folgenden Aussagen begegnen uns solche Leitbegriffe:

(1) Euangelium einim nihil aliud docet quam Iesum Christum, qui est dei filius et homo, qui omnem vitam suam, passionem etc. assumpsit propter me et patravit, ut ego patri reconciliarer. Id quod nostra causa fecit, donavit nobis, sed nobis non obvenit, nisi spiritus veniat in cor. Spiritus sanctus adfert Christum, qui nos cum patre reconciliat[171].

(2) Omnia veniunt ad (sc: patrem)[172] per filium cum spiritu sancto, per patrem omnia creata sunt, et ab eo exivit filius. Ita salus nostra venit a patre et per filium iterum ad patrem. Spiritui sancto datur honor, quod dicitur spiritus vivificans, quia id quod praedicatur, facit ut vivat in cordibus[173].

(3) Pater creavit etc. filius reconciliavit, spiritus sanctus facit, quod sit Christiana Ecclesia per totum mundum, da ist vergebung der sunde et etc.[174]

(4) Pater creavit omnia, Christus nos redemit ab omnibus malis, spiritus sanctus regit per suum verbum et donat ecclesiae varia dona[175].

(5) Maiora opera deus non potest facere quam creare, redimere, dare vitam aeternam. Quis deus hoc potest praeter deum nostrum? Pro simplicibus et pueris sol man so da von reden.
1. sciendum, was dein Gott fur ein man ist. Nomen eius est: Pater, filius, spiritus sanctus. Opus: creare caelum et terram, redimere a peccatis, dare vitam etc.[176].

(6) 1. articulus docet creationem,
2. redemptionem,
3. sanctificationem.
1. quomodo simus creati cum omnibus creaturis,
2. quomodo simus redempti,
3. wie wir solten heilig, rein sein et leben und rein bleiben.
Pueri et rudes sollens so auffs aller einfeltigst lernen: fides habet tres articulos
1. de patre,
2. de filio,
3. est de spiritu sancto.
Was heltestu de patre? responde, quod sit creator.
De filio? redemptor.
De spiritu sancto? sanctificator[177].

(7) Ergo credas Iesum, quod sit factus dominus tuus i.e. quod te redemerit a morte, peccatis et habe dich ynn seine schos genommen. Ideo bene dixi articulum 1. docere de Creatione, 2. de liberatione etc. ubi enim creati sumus,

171 WA 11, 48, 27–31.
172 vgl. WA 11, 53, Anm. 1.
173 WA 11, 53, 7–11.
174 WA 30 I, 9, 34–10, 1.
175 WA 30 I, 10, 11–13.
176 WA 30 I, 10, 37–11, 4.
177 WA 30 I, 86, 12–87, 2 (R).
     vgl. S. 86, 26ff. (N); 88, 16ff. (R); 94, 28f. (N).

diabolus nos decepit et factus est dominus noster, Iam Christus liberat nos a morte, diabolo, peccatis, dat iusticiam, vitam, fidem, potentiam, salutem, sapientiam etc.[178].

(8) Credo in deum, quod sit meus creator,
In Iesum Christum, quod sit meus dominus,
in spiritum sanctum, quod sit meus Sanctificator.
Creavit et dedit mihi vitam, animam, corpus et omnia bona,
Christus hat mich gebracht ynn sein herrschafft per suum corpus,
Et spiritus sanctus sanctificat me per verbum et Sacramenta, quae sunt in Ecclesia, et perfecte nos in extremo die sanctificabit[179].

(9) Der erste Artikel von der Schepfung
Der ander Artikel von der Erlösung
Der dritte Artikel von der Heiligung[180].

(10) Aber daß man's aufs leichteste und einfältigste fassen künnde, wie es fur die Kinder zu lehren ist, wöllen wir den ganzen Glauben kürzlich fassen in drei Häuptartikel nach den dreien Personen der Gottheit, dahin alles, was wir gläuben, gerichtet ist, also daß der erste Artikel von Gott dem Vater verkläre die Schepfung, der ander von dem Sohn die Erlösung, der dritte von dem heiligen Geist die Heiligung. Als wäre der Glaube aufs allerkürzste in soviel Wort gefasset: "Ich gläube an Gott Vater, der mich geschaffen hat, ich gläube an Gott den Sohn, der mich erlöset hat, ich gläube an den heiligen Geist, der mich heilig machet[181]."

a) Das Werk des Vaters:

Seit der Symbolpredigt von 1523 wird dem Vater durchgehend das Werk der Schöpfung (creatio) zugeschrieben. Daß Luther hier nicht geschwankt hat, ist nicht verwunderlich. Denn im Apostolikum folgt ja das Bekenntnis zum Schöpfer auf das zu Gott dem Vater.

b) Das Werk des Sohnes:

Wir stellen zunächst die seit 1523 verwendeten Leitbegriffe zusammen:

reconciliatio (mit dem Vater)	Nr. 1; 3
redemptio (ab omnibus malis)	Nr. 4; 5; 6
Erlösung	Nr. 9; 10
liberatio (a morte, diabolo, peccato)	Nr. 8
Herrschaftswechsel (Christus als dominus)	Nr. 9

---

178 WA 30 I, 89, 15–20 (R) vgl. 89, 26ff. (N).
179 WA 30 I 94, 14–19.
180 BSLK 510, 27; 511, 10 u. 39.
181 BSLK 647, 3–18.

Das Werk Christi wird also von Luther nicht von Anfang an und durchgehend mit dem gleichen Begriff beschrieben. Nennt er zunächst in der Symbolpredigt von 1523, aber auch noch in der ersten Reihe der Katechismuspredigten, die Versöhnung mit dem Vater, so wechselt er dann noch in der gleichen Predigt über zu dem Begriff der Erlösung. Diesen hat er dann bis 1529 stets festgehalten. Denn die beiden Vorstellungen von der liberatio und vom Herrschaftswechsel sind für Luther keine Alternativen zum Erlösungsgedanken[182]. "Liberatio" (in Nr. 8) ist ohnehin nur eine andere Übersetzung Rörers für Luthers deutsches Wort "erlösen"[183].

Auch die in der dritten Reihe der Katechismuspredigten auch außerhalb des Zitats Nr. 9 mehrfach begegnende Vorstellung vom Herrschaftswechsel[184] unterstreicht für Luther nur die Wirklichkeit der Erlösung von Sünde, Tod und Teufel. Es ist nicht zufällig, daß diese Vorstellung explizit erst in der dritten Reihe der Katechismuspredigten zur Sprache kommt. Denn hier hat Luther zum erstenmal seine Auslegung des zweiten Artikels auf das ". . . dominum nostrum . . ." des Symbols konzentriert. "Sequitur 2. articulus, quem etiam pueriliter tractabimus, et tantum urgebo vocem 'Dominum nostrum'. Cum interrogaris: was meinstu damit, quomodo dicis: 'Credo in Iesum Christum' etc.? responde: das meine ich damit, quod Iesus Christus verus dei filius, sit meus dominus factus. Quo modo? quod me liberaverit a morte, peccatis, inferis et omni malo[185]."

"Herr sey hie so viel als erlöser etc. Die andern stucke zeigen, wodurch er solches habe ausgerichtet und was er fur ein kost daran gewagt habe: Non per aurum, argentum, equitatum, sed per seipsum, hoc est: suo proprio corpore[186]."

Diese Zusammenschau von "dominus noster" und "Erlöser" ermöglichte es Luther, sein Verständnis des Wirkens Christi als Erlösung als das dem Symbol entsprechende darzulegen. Denn während im 1. Artikel dem Bekenntnis zu Gott, dem Vater, das zum Schöpfer folgt, enthält der 2. Artikel ja keine Aussage, die das Wirken Christi an uns und für uns zusammenfassend beschreibt. Das ist wohl auch der Grund dafür, daß Luther den 2. Artikel nicht von Anfang an unter den Leitbegriff der Erlösung gestellt hat.

Aus dieser Interpretation des Bekenntnissatzes "Jesus ist mein Herr" resultiert zugleich auch die übergeordnete Stellung, die dieser nun erhält. Die folgenden Aussagen des Symbols, die die Stationen des Weges Jesu anzeigen, haben nach dem obigen Zitat den Sinn zu beschreiben, wie und wodurch Jesus unser Herr geworden ist und uns somit erlöst hat.

Diese Anschauung wurde von Luther auch im Großen und Kleinen Katechismus beibehalten. Nachdem er im Großen Katechismus den Herrschaftswechsel

---

182 An einer Stelle werden alle drei Begriffe nacheinander genannt: "Igitur unum hoc verbum: 'Dominum nostrum' observate, scilicet Christum dominum, ut me redimeret, liberaret, in suam servitutem redigeret . . ." WA 30 I, 90, 25–27 (N).
183 vgl. J. Meyer, Kommentar S. 317.
184 vgl. WA 30 I, 89f.
185 WA 30 I, 89, 5–10.
186 WA 30 I, 90, 16–19.

mit ähnlichen und z.T. gleichen Worten wie in der 3. Reihe der Katechismuspredigten geschildert hat, faßt er seine Anschauung noch einmal in geradezu
klassischer Weise zusammen:

"Das sei nu die Summa dieses Artikels, daß das Wortlin HERR aufs
einfältigste soviel heiße als ein Erloser, das ist, der uns vom Teufel zu Gotte, vom
Tod zum Leben, von Sund zur Gerechtigkeit bracht hat und dabei erhält. Die
Stücke aber, so nacheinander in diesem Artikel folgen, tuen nichts anders, denn
daß sie solche Erlösung verklären und ausdrücken, wie und wodurch sie
geschehen sei, das ist, was ihn gestanden und was er daran gewendet und gewagt
hat, daß er uns gewönne und zu seiner Hirrschaft brächte, nämlich, daß er
Mensch worden, von dem heiligen Geist und der Jungfrauen ohn alle Sunde
empfangen und geporen, auf daß er der Sunden Herr wäre, darzu gelidden,
gestorben und begraben, daß er fur mich genug täte und bezahlte, was ich
verschuldet habe, nicht mit Silber und Gold, sondern mit seinem eigenen teuren
Blut. Und dies alles darümb, daß er mein HERR würde. Denn er fur sich der
keines getan noch bedurft hat. Darnach wieder aufgestanden, den Tod
verschlungen und gefressen und endlich gen Himmel gefahren und das Regiment
genommen zur Rechten des Vaters, daß ihm Teufel und alle Gewalt muß
untertan sein und zu Füßen liegen, solang bis er uns endlich am jüngsten Tage gar
scheide und sondere von der bösen Welt, Teufel, Tod, Sunde etc.[187]."

Auch im Kleinen Katechismus, in dessen Auslegung des 2. Artikels neben dem
Werk der Erlösung auch die Person des Erlösers (= Herr) und das Leben des
Christenmenschen unter seiner Herrschaft[188] behandelt wird, steht das Herrsein
Christi im Zentrum:

"Ich gläube, daß Jesus Christus . . .

sei mein HERR,

der mich verlornen und verdammpten Menschen erlöset hat, erworben, gewonnen und von allen Sunden, vom Tode und von der Gewalt des Teufels

nicht mit Gold oder Silber, sondern mit seinem heiligen, teuren Blut und mit
seinem unschüldigen Leiden und Sterben, ..."[189]

c) Das Werk des heiligen Geistes:

Vorangestellt sei auch hier ein Überblick über die verschiedenen Leitbegriffe,
unter die Luther das Wirken des heiligen Geistes stellt:

adfert Christum, qui nos cum patre reconciliat	Nr. 1
vivificatio (quia id, quod praedicatur, facit ut vivat in cordibus)	Nr. 2
facit, quod sit Christiana Ecclesia per totum mundum	Nr. 3
regit per suum verbum et donat ecclesiae varia dona	Nr. 4
dat vitam aeternam	Nr. 5
sanctificatio	Nr. 6, 8
Heiligung	Nr. 9, 10

187 BSLK 652, 25–653, 3.
188 vgl. Meyer a.a.O., S. 295ff.
189 BSLK 511, 23–33.

Bereits dieser Überblick zeigt, daß Luther es beim 3. Artikel offenbar wesentlich schwerer hatte, zu einer einheitlichen Anschauung vom Wirken des heiligen Geistes und damit auch zu einem einheitlichen Leitbegriff durchzudringen. Das hängt sicher damit zusammen, daß ja auch im Symbol selbst die dem Bekenntnis zum heiligen Geist folgenden Glieder den Charakter einer mehr oder minder zufälligen Aufzählung von Heilsgütern haben, von denen einzelne — wie die Geschichte des Symbols zeigt — gelegentlich auch durch andere ersetzt werden konnten.

In der Symbolpredigt von 1523 wird das Zusammenwirken der drei Personen der Trinität betont[190]. Das Wirken des Geistes wird im Anschluß an das Nicänum mehrfach als vivificatio[191] — einmal auch als fructificatio[192] — gewürdigt. Kirche, Vergebung und Auferstehung werden als die drei "opera spiritus sancti" verstanden.

PI und PII bringen dem gegenüber grundsätzlich nichts Neues. Erst in PIII begegnet der Leitbegriff, mit dem hinfort das Wirken des Geistes charakterisiert wird: die Heiligung (sanctificatio). Bereits in P23 hatte Luther das göttliche Handeln an der Kirche als sanctificare beschrieben: " 'Communio' dicitur 'sanctorum', quia sanctificata est per deum, quia sanctitatem quam deus habet, dat eis[193]." Jetzt, da sanctificare als Leitbegriff für das Wirken des heiligen Geistes verwendet wird, werden ihm die folgenden Glieder des Symbols untergeordnet: Kirche, Vergebung der Sünden, Auferstehung und ewiges Leben[194] "bedeuten die weise vel wege, per quam me sanctificat" (sc: spiritus sanctus)[195].

Da Auferstehung und ewiges Leben zusammengenommen werden, wird die Auslegung des dritten Artikels jetzt dreiteilig:

Der heilige Geist heiligt
 (1.) durch die Kirche[196]
 (2.) durch die Vergebung der Sünden[197]
 (3.) durch die Auferstehung des Leibes und ein ewiges Leben[198].

---

190 s.u. S. 59ff.
191 WA 11, 53, 10 (= Nr. 3); 53, 16; 54, 26.
192 WA 11, 53, 11.
193 WA 11, 53, 26f. In der "Kurzen Form" wird der Begriff zusammen mit anderen zur Charakterisierung des Werkes des hl. Geistes gebraucht: BoA II, 51, 2—5 = WA 7, 218, 28—30: "on des heyligen geysts werck, mit wilchem der Vatter und der Sun / mich und alle die seynen / rueret / wecket / ruffet / zeucht / durch und yhn Christo lebendig / heylig und geystlich macht."
194 WA 30 I, 91, 18f.; "Sic spiritus sanctus est sanctificator meus: sanctificat enim me per sequentia opera, per ⟩ remissionem peccatorum, Resurrectionem carnis⟨ etc."
195 WA 30 I, 94, 1.
196 WA 30 I, 91, 19—92, 18; rekapituliert 93, 11—14, 94, 1—5.
197 WA 30 I, 92, 18—93, 4; rekapituliert 94, 5f.
198 WA 30 I, 93, 4—8; rekapituliert 93, 14—20; 94, 6f.

Grundsätzlich ist auch im Großen Katechismus die dreiteilige Auslegung beibehalten[199].

Vergleicht man diese Auslegung des dritten Artikels mit der des zweiten Artikels, so erkennt man unschwer eine formale Parallele im Aufbau der Erklärungen. Aus dem Hoheitstitel ("Herr") bzw. Namen (hl. Geist) der jeweiligen Person der Trinität wird auf ihr Wirken geschlossen. Der so gewonnene Begriff wird für den betreffenden Artikel zum Leitbegriff, dem sich die folgenden Glieder des Symboles unterzuordnen haben. Daß diese strukturelle Parallele nicht zufällig, sondern gewollt ist, beweisen die folgenden Sätze aus dem Großen Katechismus: "Denn wie der Vater ein Schepfer, der Sohn ein Erlöser heißet, so soll auch der heilige Geist von seinem Werk ein Heiliger oder Heiligmacher heißen. Wie gehet aber solch Heiligen zu? Antwort: Gleichwie der Sohn die Herrschaft überkömmpt, dadurch er uns gewinnet durch seine Gepurt, Sterben und Auferstehen etc., also richtet der heilige Geist die Heiligung aus durch die folgende Stücke, das ist durch die Gemeine der Heiligen oder christliche Kirche, Vergebung der Sunden, Auferstehung des Fleisches und ein ewiges Leben, ..."[200] Damit hat Luther für seine Erklärung des 2. und 3. Artikels einen verhältnismäßig systematischen und durchsichtigen Aufbau gefunden. Man würde eigentlich erwarten, den gleichen Aufbau auch im Kleinen Katechismus wiederzufinden. Es fällt jedoch auf, daß Luther hier bereits bei der Erklärung des 2. Artikels z.t. von der bisherigen Struktur abgewichen ist. Vor allem der 3. Artikel weist eine wesentlich kompliziertere Struktur auf als bisher. Die Auslegung des Glaubensbekenntnisses im Kleinen Katechismus ist also keineswegs nur eine Kurzfassung derjenigen des Großen Katechismus. Entweder war Luther mit der Fassung des 3. Artikels im Großen Katechismus noch nicht ganz zufrieden oder sie erschien ihm für eine wesentliche Kürzung als ungeeignet[201].

Wir können und brauchen hier zwar auf Einzelheiten nicht weiter einzugehen, müssen aber eine nähere Bestimmung des Begriffes Heiligung im Zusammenhang der Auslegung des 3. Artikels vornehmen. Denn wenn man vom traditionellen —

---

199 Heiligung durch
   (1) die Kirche, BSLK, 655, 2–658, 2.
   (2) durch die Vergebung der Sünden, BSLK, 658, 10–42.
   (3) durch Auferstehung und ewiges Leben, BSLK, 659, 1–31.
200 BSLK, 654, 1–13.
201 P. Wernle meint, daß Luther im Kleinen Katechismus "die innerliche Verbindung zwischen der Erweckung des Einzelnen und der Kirche" noch nicht gelungen sei. "Erst die diesmal mit gutem Grund ausführlichere Erklärung des Großen Katechismus zeigt einigermaßen den Sieg Luthers über die widerstrebende Vielheit seiner Bausteine, indem er Kirche, Sündenvergebung, Auferstehung usw. dem heiligen Geist als Mittel für sein Heiligungswerk unterordnet." (Luther, S. 235f.) Diese These scheitert daran, daß die Symbolauslegung des Kleinen Katechismus erst nach der des Großen Katechismus entstanden ist. Vgl. oben S. 12.

mehr oder weniger scharf definierten — Begriff der Heiligung ausgeht[202], dann erwartet man unter der Überschrift "Von der Heiligung" etwas anderes als das, was Luther im 3. Artikel verhandelt. Es ist darum notwendig, alle wesentlichen Aussagen über das Wirken des heiligen Geistes zusammenzustellen, um von da aus eine Begriffsbestimmung vornehmen zu können. Wir gehen dabei aus vom Kleinen Katechismus, der ja zugleich die kürzeste Zusammenfassung und vorläufige Endgestalt einer Reihe von Symbolauslegungen Luthers darstellt. Etwas schematisiert erhalten wir folgendes Ergebnis:

Das Wirken des heiligen Geistes

Am einzelnen Gläubigen	*An der Kirche*
Berufung durch das Evangelium	Berufung
	Sammlung
Erleuchtung mit den Gaben des heiligen Geistes	Erleuchtung
Heiligung + Erhaltung im rechten Glauben	Heiligung Erhaltung bei Jesu Christo im rechten einigen Glauben.

durch die Kirche am Gläubigen
tägliche Vergebung der Sünden
Auferweckung am jüngsten Tage
ewiges Leben in Christo.

Die Gegenüberstellung zeigt, daß die Aussagen über das Wirken des Geistes am Einzelnen und diejenigen über das Wirken des Geistes an der Kirche sich nahezu wörtlich gleichen. Nur das Sammeln der Gemeinde und der Zusatz, "(im rechten) *einigen*[203] (Glauben)" sind hinzugekommen, damit sofort deutlich wird, daß der Christ in die Gemeinde hinein berufen wird[204]. Beide Aussagenreihen zeigen den gleichen inneren Gedankenfortschritt. Zunächst wird die Wirkungs*weise,* dann der Wirkungs*erfolg* des heiligen Geistes beschrieben[205]. Die Wirkungsweise ist eine doppelte. Zur äußeren Berufung durch das Wort kommt die innere Erleuchtung durch den Geist. Der Wirkungserfolg ist das Zum-Glauben-Kommen des Menschen und seine Erhaltung im Glauben.

Nachdem Wirkungsweise und -erfolg des Geistes am Einzelnen und an der Kirche beschrieben und damit gleichsam die innere organische Verbindung des Einzelnen mit der Kirche aufgezeigt wurde, wendet sich der Kleine Katechismus

---

202 Vgl. z.B. die Definition der Heiligung im "Katechismus oder Unterricht in der christlichen Religion" für die Zürcher Landeskirche, 1840, S. 82f.: "Die Frucht des wahren Glaubens in dem Wiedergeborenen ist die H e i l i g u n g, das ist, das unablässige und tägliche Fortschreiten in der Reinigung von Sünden, im freudigen Thun des göttlichen Willens, in der Ähnlichkeit mit Gott und Jesu Christo, wozu uns der heilige Geist bei eigenem ernstlichem Verlangen die noethige Kraft verleiht."
203 "einig" bedeutet zwar bei Luther meistens "einzig" (unicus), muß hier aber im Sinne von "einheitlich" (concors) verstanden werden; nähere Begründung bei J. Meyer, a.a.O., S. 368f.
204 vgl. J. Meyer, S. 369f.
205 nach J. Meyer, S. 365.

nun den Gaben des heiligen Geistes zu, die der Gläubige in der Kirche empfängt. Als solche werden die Vergebung der Sünden einerseits und die Auferstehung und das ewige Leben andererseits genannt[206].

Die wesentlichen Elemente der Erklärung des 3. Artikels im Kleinen Katechismus finden sich — wenn auch in anderer Anordnung — bereits in der 3. Reihe der Katechismuspredigten und im Großen Katechismus. Betrachtet man jedoch den Begriff der Heiligung, so läßt sich eine gewisse Akzentverschiebung gar nicht verkennen.

In PIII steht der häufig verwendete Begriff der Heiligung wirklich im Zentrum der dreiteiligen Auslegung. Bereits im Großen Katechismus wird die "straffe Gedankeneinheit"[207] von PIII durch die Aufnahme neuer Aussagen aufgelockert. Insbesondere der Glaubensbegriff, der in PIII nur in den Rekapitulationen am Schluß auftauchte[208], tritt jetzt neben dem Begriff der Heiligung in den Vordergrund. Noch deutlicher läßt sich diese Akzentverschiebung im Kleinen Katechismus beobachten. Hier begegnet das Wort "heiligen" außer in der Überschrift nur zweimal, das Wort "glauben" und seine substantivischen Derivate aber insgesamt sechsmal. Die Heiligung wird hier von Luther also nicht als Frucht des Glaubens verstanden, sondern als das dem Glauben vorangehende und ihn erst ermöglichende Wirken des heiligen Geistes am Menschen. Es ist also auch im dritten Artikel vom Werk Gottes (nicht des Menschen!) die Rede, freilich so, daß die Heiligung nun auf den Glauben des Menschen bezogen wird[209]. Aufschlußreich ist in diesem Zusammenhang auch, daß Luther in PIII an Stelle von sanctificare neben dem uns schon aus der Symbolpredigt von 1523 bekannten vivificare[210] auch iustificare[211] gebrauchen kann, ohne damit den Sinn der Aussage zu verändern. Das, was Luther in der Auslegung des 3. Artikels behandelt, ist also dem gedanklichen und vorstellungsmäßigen Inhalt des Begriffes "Heiligung" nicht deckungsgleich. Scheint es anfangs so, als ließen sich

206 Damit schließt Luther sich an den cyprianischen Typus des 3. Artikels des Symbols an. Bereits in der Alten Kirche war von manchen Theologen bemerkt worden, daß der 10.–12. Artikel des Symbols (nach der traditionellen Zählung) nicht eigentlich eine Näherbestimmung der Person oder des Wirkens des heiligen Geistes darstellen. In Cyprians Symbol und drei anderen afrikanischen Varianten wird darum der Versuch unternommen, durch eine Umstellung der Glieder des 3. Artikels zu einem sinnvollen Zusammenhang zu kommen. So lautet bei ihnen dieser Teil des Symbols: ". . . in remissionem peccatorum et vitam aeternam per sanctam ecclesiam." (Hahn, a.a.O., § 12, S. 17; vgl. W. Trillhaas a.a.O., S. 24).

207 J. Meyer, S. 355.

208 insbesondere: WA 30 I, 94, 4–6: "Per hanc (sc.: ecclesiam) praedicat, vocat te et macht dir Christum bekant und gibt dir ein den glauben, ut per sacramenta et verbum dei liber fias a peccatis, et sic liber es totus in terris." Auch sonst sind in den Rekapitulationen von PIII Gesichtspunkte aufgenommen, die im Hauptteil der Predigt noch nicht, wohl aber im Bekenntnis von 1528 begegnen.

209 vgl. v. Zezschwitz, a.a.O., Bd. 2, S. 404: "G o t t allein muß es thun, das dritte Werk so gut wie das erste und zweite. Er thut es in der dritten Person der heil. Dreieinigkeit: in dem h e i l i g e n G e i s t e."

210 WA 30 I, 91, 3: "officium eius sanctificare vel vivificare."

211 WA 30 I, 93, 20–94, 2: "Die andern stücke bedeuten die weise vel wege, per quam me sanctificat, quia spiritus sanctus non iustificat te extra ecclesiam."

alle Aussagen des 3. Artikels unter dem Oberbegriff der Heiligung zusammenfassen, so erweist sich im Verlaufe der Auslegung, daß noch andere Begriffe notwendig sind, um das Wirken des heiligen Geistes zu beschreiben. So erscheint es nicht als ausgeschlossen, daß Luther den 3. Artikel des Kleinen Katechismus statt "Von der Heiligung" ebensogut "Vom Glauben an Christus durch den heiligen Geist" hätte überschreiben können. Von theologischen Gesichtspunkten aus wäre andererseits der Begriff der vivificatio, der lebenschaffenden Macht des Geistes, als Leitbegriff für Luthers Auslegung des 3. Artikels m.E. ebenso geeignet wie der der Heiligung.

Dafür, daß Luther trotzdem die sanctificatio der vivificatio vorzieht, lassen sich m.E. verschiedene Gründe geltend machen.

(1.) Das Werk der sanctificatio läßt sich rein sprachlich im Lateinischen wie im Deutschen aus dem Namen des heiligen Geistes ableiten, was mnemotechnisch vorteilhaft ist.

(2.) Diese mnemotechnische Brauchbarkeit stellt aber nicht den entscheidenden Grund dar. Denn die ursprüngliche theologische Denkbewegung vollzieht sich für Luther gerade in entgegengesetzter Richtung: nicht vom Namen zum Werk, sondern vom Werk des heiligen Geistes zu seinem Namen. Das geht aus einer Stelle des Großen Katechismus hervor, die wir ausführlich zitieren: "Diesen Artikel kann ich nicht besser örtern, denn wie gesagt, von der Heiligung, daß dadurch der heilige Geist mit seinem Ampt ausgedrückt und abgemalet werde, nämlich daß er heilig machet. Darümb müssen wir fußen auf das Wort: "Heiligen Geist", weil es so kurz gefasset ist, daß man kein anders haben kann. Denn es sind sonst mancherlei Geist in der Schrift als Menschengeist, himmlische Geister und böser Geist. Aber Gottes Geist heißet allein ein heiliger Geist, das ist, der uns geheiliget hat und noch heiliget. Denn wie der Vater ein Schepfer, der Sohn ein Erlöser heißet, so soll auch der heilige Geist von seinem Werk ein Heiliger oder Heiligmacher heißen[212]."

Das Attribut "heiliger" hat also den Sinn, den Geist Gottes auf Grund seines Wirkens von anderen Geistern unterscheidbar machen zu können. Es hat ursprünglich die gleiche Funktion wie die Titel Schöpfer und Erlöser für Vater und Sohn. Wie man nach dem Werk der Schöpfung den Vater "Schöpfer" und nach dem Werk der Erlösung den Sohn "Erlöser" nennt, so nach dem Werk der Heiligung den Geist "Heiliger".

Schematisch dargestellt:

Schöpfung   →   Vater = Schöpfer
Erlösung   →   Sohn = Erlöser (=Herr)
Heiligung   →   Geist = Heiliger   →   heiliger Geist

Sekundär wird aber der das Wirken beschreibende Titel des Geistes in dessen Namen mitaufgenommen: der heilige Geist.

---

212 BSLK, 653, 32–654, 4.

Dadurch kann leicht der Anschein entstehen, als sei die Verbindung des heiligen Geistes mit dem Werk der Heiligung erst eine durch das Attribut des Geistes hervorgerufene freie sprachliche Assoziation oder Kombination des Theologen. Wenngleich diese Verbindung faktisch natürlich auf dem Wege einer Assoziation entstanden sein wird[213], so handelt es sich für Luther dabei keineswegs um eine bloße Assoziation, sondern um eine Entdeckung, die begründet ist in dem wahren und ursprünglichen Sprachgeschehen, in welchem der Geist sich selbst in der Glaubenserkenntnis als "der heilige" definiert. Die mnemotechnische und insofern katechetische Brauchbarkeit der Verbindung der sanctificatio mit dem spiritus sanctus ist also nur die Folge, nicht der Grund dieser Verbindung.

(3.) Hatten es die beiden bisher genannten, miteinander zusammenhängenden Argumente mit dem Namen des heiligen Geistes zu tun, so bezieht sich das folgende auf den Text des 3. Artikels des Apostolikums. Dieser enthält ja im Anschluß an das Bekenntnis zum heiligen Geist noch zweimal das Wort heilig: eine *heilige* christliche Kirche, die Gemeinde der *Heiligen*. Es ist anzunehmen — obgleich dies m.W. nirgends direkt ausgesprochen wird —, daß Luther auch dadurch mitveranlaßt wurde, dem heiligen Geist das Werk der Heiligung zuzuschreiben. Das ermöglichte es ihm dann in PIII und im Großen Katechismus mehrfach den Gegensatz zwischen der Heiligung durch den den Glauben wirkenden heiligen Geist und der Selbstheiligung durch die Werke zu betonen. Im Kleinen Katechismus wird zwar zur Beschreibung dieser Antithese — jedenfalls in erster Linie — nicht mehr nur der Begriff der Heiligung verwendet. Sachlich ist sie aber im ersten Satz der Erklärung des 3. Artikels enthalten: "Ich glaube, daß ich nicht aus eigener Vernunft noch Kraft an Jesum Christ, meinen Herrn, gläuben oder zu ihm kommen kann, sondern der heilige Geist hat mich berufen, . . . erleuchtet, . . . im rechten Glauben geheiliget und erhalten."

Das Ergebnis unserer Analyse ist also folgendes: Luthers Bestimmung des Werkes des heiligen Geistes als Heiligung ist doppelt begründet:

(1. + 2.) durch ein systematisch-theologisches Argument und dem sich daraus ergebenden katechetischen Vorteil gegenüber anderen möglichen Begriffen.
(3.) durch ein aus der Analyse des Symboltextes gewonnenes exegetisches Argument, das von Luther kontrovers-theologisch fruchtbar gemacht wird.

Diese Gründe sind es, die Luther offenbar veranlaßt haben, den Begriff der Heiligung anderen möglichen Begriffen, insbesondere dem der Lebendigmachung vorzuziehen. Die präzise Bedeutung des Begriffs Heiligung in diesem Zusammenhang ist damit freilich noch nicht angegeben. Ist er selber nur Sammelbegriff für

---

213 vgl. die Parallele in PIII zu der oben zitierten Katechismus-Stelle: WA 30 I, 91, 3–6: "Officium eius sanctificare vel vivificare, da sol man auch das Wort 'spiritus sanctus' fassen, was heisse spiritus sanctus. Est enim humanus spiritus, malus spiritus et spiritus sanctus. Hic dicitur spiritus sanctus, quare sic dicitur? quia sanctificat." – Diese Stelle zeigt noch deutlich, wie Luther von der Analyse des Begriffs "Spiritus sanctus" ausgeht und dann zu dem Gedanken vorstößt, der Geist habe sein Attribut erst auf Grund seines Wirkens erhalten.

die verschiedenen Funktionen des Geistes, wie sie z.B. im Kleinen Katechismus aufgezählt sind? Dann müsste der Inhalt des Begriffs Heiligung als die Summe der verschiedenen konkreten Tätigkeiten des heiligen Geistes bestimmt werden. Das ergäbe einen abstrakten Begriff, einen Begriff, unter dem man sich im Unterschied zu "Schöpfung" und "Erlösung" als den entsprechenden Begriffen für den 1. und 2. Artikel nichts Konkretes vorstellen kann. Daß Luther aber mit dem Begriff der Heiligung eine konkrete Vorstellung verbindet, beweist der folgende Satz aus dem Großen Katechismus: "Darümb ist das Heiligen nicht anders, denn zu dem HERRN Christo bringen, solch Gut zu empfahen, dazu wir von uns selbs nicht kommen künnten[214]." Es geht also beim Werk des heiligen Geistes um die Zueignung[215] des Erlösungswerkes Christi. Der Mensch kann nicht von sich aus zu Christus kommen, er muß dahin gebracht werden. Eben das bewirkt der heilige Geist durch den von ihm erweckten Glauben. Darum kann Luther "Zu-Christus-Kommen" und "An-Christus-Glauben" im Kleinen Katechismus synonym gebrauchen.

Der Begriff der Heiligung wird also näher als das Zu-Christus-Bringen bestimmt. Zu dieser Bestimmung ist ein Aufeinanderbezogensein des Werkes Christi und des Werkes des heiligen Geistes mitgesetzt[216]. Das Werk des Geistes kann nicht losgelöst vom Werk Christi betrachtet werden. Das gleiche gilt natürlich auch für das Werk des Vaters und das Werk des Sohnes.

Nachdem die Werke der drei Personen der Gottheit bisher je für sich betrachtet worden sind, wird noch zu untersuchen sein, was Luther über das Zusammenwirken von Vater, Sohn und heiligem Geist aussagt. Zunächst wenden wir uns jedoch noch einmal den Leitbegriffen zu.

d) Die Entwicklung der Leitbegriffe:

Während die "Kurze Form" noch keine Leitbegriffe enthält, wird in P23 das Wirken von Vater, Sohn und Geist mit Leitgedanken umschrieben, die sich freilich noch nicht auf drei Begriffe reduzieren lassen. PI zeigt deutlich, wie sich nun für den 1. und 2. Artikel schon die Begriffe Schöpfung und Erlösung herauskristallisiert haben. PII enthält überhaupt keine Leitbegriffe, statt dessen eine ausführliche Reflexion über das Verhältnis von Dekalog und Symbol. In PIII finden wir dann die Leitbegriffe in ihrer endgültigen Form, wie sie auch später noch oft verwendet werden: Schöpfung, Erlösung, Heiligung[217]. Freilich ist damit noch nicht alles über die Entstehung der drei Leitbegriffe gesagt. Denn

---

214 BSLK, 654, 38–42; vgl. WA 30 I, 91, 13–15: "Ut ergo Christi mors et resurrectio occulta non maneret, venit spiritus sanctus, praedicat, das heisst, quod spiritus sanctus te ducat ad dominum, qui te liberat."

215 vgl. das Wort "zueignen" in dem dem Zitat vorangehenden Satz: ".... hat Gott das Wort ausgehen und verkünden lassen, darin den heiligen Geist geben, uns solchen Schatz und Erlösung heimzubringen und zueignen." (BSLK 654, 36–38).

216 vgl. bereits P23, WA 11, 48, 31: "Spiritus sanctus adfert Christum, qui nos cum patre reconciliat."

217 vgl. z.B. WA 38, 374f. (Eine einfältige Weise zu beten für einen guten Freund, 1535). WA 29, 385, 30f. s.u. S. 153.

diese begegnen bereits im "Unterricht der Visitatoren", der im März 1528 – also noch vor dem Entstehen von PI, II + III – im Druck erschienen ist. Der betreffende Abschnitt steht in dem Kapitel "von teglicher ubung ynn der Kirchen"[218] und lautet: "Nach dem sol man die artickel des glaubens predigen und den leuten vleissig anzeigen diese drey fuernemliche artickel, so ynn glauben verfasset sind: Die schoepfung, die erloesung und die heiligung[219]." Der "Unterricht der Visitatoren" ist im wesentlichen von Melanchthon verfaßt. Dessen Vorentwurf hat allerdings Luther vorgelegen und ist von ihm nach eigenen Aussagen an einigen, wenigen Stellen geändert worden[220]. So läßt sich z.B. nachweisen, daß gerade in dem Kapitel "Von täglicher Übung in den Kirchen" ein Abschnitt auf ein von Luther abgegebenes Gutachten zurückzuführen ist[221]. Das könnte wiederum der Vermutung Anlaß geben, daß auch der Abschnitt, der die drei Leitbegriffe enthält, von Luther stammt oder wenigstens maßgeblich von ihm beeinflußt ist. Freilich läßt sich m.E. auf Grund mehrerer Indizien schlüssig nachweisen, daß dieser Abschnitt von Melanchthon stammen muß.

(1.) Wenn Luther bereits im "Unterricht der Visitatoren" die definitiven Leitbegriffe verwendet hätte, wäre es kaum erklärbar, warum er dann in PI im 3. Artikel wieder vom Begriff der Heiligung abgekommen wäre.

(2.) Während Luther für die katechetische Unterweisung die drei Hauptstücke stets in der Reihenfolge Dekalog, Symbol, Unservater verwendet[222], empfiehlt der "Unterricht" für die Unterweisung am Sonntagnachmittag zwar zunächst auch diese Reihenfolge[223], wechselt dann aber bei der Charakterisierung des Unterrichtszieles zu der Reihenfolge Dekalog, Vaterunser, Symbol über[224].

(3.) Dem "Unterricht der Visitatoren" gingen die von Melanchthon allein wahrscheinlich im Juli oder Anfang August 1527 verfaßten "Articuli de quibus egerunt (per) Visitatores in regione Saxoniae" voraus[225]. Diese ohne Wissen Melanchthons in Wittenberg gedruckten Visitationsartikel[226] sind der Vorläufer des "Unterrichts", der in Themenstellung und Inhalt weitgehend von den "articuli" abhängig ist. Der "Unterricht" geht insofern über seine Vorlage hinaus, als er auch die praktischen Fragen des Kultus und der Schulreform aufgreift[227]. Die "articuli" enthalten kein Kapitel, das dem "Von täglicher Übung in der

218 WA 26, 230ff.
219 WA 26, 231, 1–3.
220 vgl. Luthers Brief an den Kurfürsten Johann vom 12.10.1527: WABr. 4, 265, 2ff. = BoA VI, 207, 2ff:
   "Unser Pfarrherr, Herr Johann Pomer, und ich haben der Visitatoren Acta uberlesen und wenig darinnen geändert, ... Denn es uns alles fast wohlgefället, weil es für den Pöbel aufs einfältigst ist gestellet." vgl. auch WA 26, 176.
221 WA 26, 230, 17ff. vgl. dazu WA 26, 181.
222 s.o. S. 22.
223 vgl. WA 26, 230, 34f.
224 vgl. WA 26, 230, 38–231, 1 u. 231, 15ff.
225 CR 26, 3ff.
226 vgl. CR I, 919 (Brief Melanchthons an Camerarius vom 20.12.1527).
227 vgl. CR 26, 6.

Kirchen" im "Unterricht" entspricht. Wohl aber findet sich im 1. Kapitel ("Primum quid sit fides") ein Passus, der das Wirken von Vater, Sohn und Geist folgendermaßen beschreibt: "Sic igitur diligenter ostendatur populo Christus, cur miserit eum Pater, ut scilicet satisfaceret pro peccatis nostris, et ut propter Christum receptis in gratiam detur Spiritus sanctus, a quo sanctificentur, regantur et custodiantur electi credentes[228]." Die Aussagen über das Wirken des heiligen Geistes entsprechen genau denen im "Unterricht". Die drei Verben sanctificare, regere und custodire tauchen auch im deutschen Text des "Unterrichts" wieder auf: heiligen, regieren und behüten, wobei "heiligen" inzwischen freilich zum Leitbegriff geworden ist[229]. Diese Abhängigkeit beweist, daß der fragliche Abschnitt des "Unterrichts" auf Melanchthon zurückzuführen ist. Luther hat also wenigstens den Leitbegriff der Heiligung für den dritten Artikel von Melanchthon übernommen[230].

Daß Luther auch schon bei dem bereits in PI verwendeten Leitbegriff der Erlösung (redemptio) von Melanchthon abhängig wäre, ist m.E. nicht anzunehmen. Denn der Begriff der Erlösung hatte von jeher eine so zentrale Bedeutung für Luthers Theologie, daß er, als er einmal dazu übergegangen war, Leitbegriffe zu verwenden, mit der Zeit von selbst auf den Begriff der Erlösung kommen mußte. Außerdem ist nicht einzusehen, warum Luther dann nicht bereits in PI den Leitbegriff für den dritten Artikel übernommen hat.

Spricht schon einiges dagegen, daß Luthers PI von Melanchthons "Unterricht" abhängig ist, so spricht noch mehr dafür, daß er erst in PIII auf Melanchthons "Unterricht" zurückgreift. Denn erst hier erfolgt die terminologische Festlegung, der zufolge die drei Teile des Symbols drei "Artikel" genannt werden[231]. Eben dieser Sprachgebrauch begegnet aber auch schon im "Unterricht der Visitatoren"[232]. Auch sonst "verrät PIII deutlich die Angleichung an den

228 CR 26, 11.
229 WA 26, 231, 11: "Der dritte artickel, die Heiligung, ist von des heiligen geists wirckung..."
230 so auch J. Meyer (Kommentar, S. 354), der allerdings alle drei Leitbegriffe vom "Unterricht der Visitatoren" abhängig sein läßt und sich nicht weiter darüber äußert, ob der betreffende Teil des "Unterrichts" von Melanchthon oder Luther verfaßt wurde. Auch in der sonstigen katechetischen Literatur dieser Zeit läßt sich die explizite Verbindung des heiligen Geistes mit dem Werk der Heiligung feststellen. Christoph Hegendorfer schreibt in seiner "Christiana studiosae iuventutis institutio, die 1526 gedruckt, aber wahrscheinlich schon 1525 verfaßt wurde (vgl. Cohrs, a.a.O., III, 353): "Ich gleube yn den heiligen Geist, den warhafftigen Gott, der vom Vater und vom Sone herkömpt, der alle ding heiliget, ausserhalb wilchem nichts heilig ist." (a.a.O., S. 372) — Und Petrus Schultz führt in seinem "Büchlein auf Frag und Antwort" (1528) im Rahmen des dritten Artikels folgende Fragen an: "90. Warumb heist er heylig? Antwort. Das er uns heylig macht. 91. Warumb heyst er geyst? Antwort. Darumb, das er uns geistlich heylig und lebendig macht." (a.a.O., S. 218) — Dieser letzte Satz ist entlehnt aus Luthers Auslegung des dritten Artikels in der "Kurzen Form" (vgl. BoA II, 51, 5 = WA 7, 218), deren entscheidende Sätze überhaupt mehrfach von Katechismen aus der Zeit 1520—29 zitiert werden (z.B. die Katechismen Kaspar Gräters, Cohrs a.a.O., II, S. 341 und Johann Toltz' (1526—27), a.a.O., IV, 36).
231 s.o. S. 24.
232 s. das Zitat aus WA 26, 231, 1—3 oben S. 47.

U.d.V."[233]. Diese mehrfache Übereinstimmung ist dadurch bedingt, daß Luther PIII (Oktober 1528) "mitten aus der Visitationsarbeit . . . heraus gehalten" hat[234], während er in PI (Mai 1528) selbst noch nicht an der Visitationsarbeit beteiligt war.

e) Die Bedeutung der Leitbegriffe

Luthers Dreiteilung des Apostolikums wurde bereits vor dem Erscheinen seiner beiden Katechismen von mehreren evangelischen Katechismen übernommen. Vor allem sind hier zu nennen:

Johann Agricola, Elementa pietatis congesta. Christliche Kinderzucht in Gottes Wort und Lehre (1527)[235]
Petrus Schultz, Ein Büchlein auf Frag und Antwort (1527)[236]
Konrad Sam, Christliche Unterweisung (1529)[237]
Christoph Hegendorfer, Christiana studiosae iuventutis institutio (1526)[238]
Johann Toltz, Wie man junge Christen in drei Hauptstücken kurz unterweisen soll (1526–27?)[239]
Die meisten Katechismen bis 1529 bleiben freilich bei der traditionellen Zwölfteilung:
Johann Bader, Gesprächsbüchlein (1526)[240]
Kaspar Gräter, Catechesis (1528)[241]
Andreas Althamer, Katechismus (1528)[242]
Johannes Brenz, Fragestücke des christlichen Glaubens (1529)[243]
Johannes Pinicianus, Tabula (1529)[244]
Kaspar Loener, Unterricht des Glaubens (1529)[245]
Johannes Zwick, Bekenntnis der zwölf Artikel des Glaubens (1529–30)[246]

Nach dem Erscheinen der beiden Katechismen Luthers im Jahre 1529 hat sich die Situation gewandelt. Im deutschsprachigen Bereich setzt eine wahre Flut von Katechismen und katechismusartigen Handbüchern ein. Luthers Gliederung des Apostolikums hat sich weitgehend, wenn auch nicht überall durchgesetzt. Auch seine Leitbegriffe für die drei Artikel begegnen häufig wieder. Da wir hier nicht

---

233 J. Meyer, Kommentar, S. 56.
234 a.a.O., S. 55.
235 Cohrs, a.a.O., II, S. 45–66.
236 a.a.O., S. 215–219.
237 a.a.O. III, S. 96–111.
238 a.a.O., S. 369–373.
239 a.a.O., IV, S. 35f. Toltz ist, wie er selbst am Schluß seines Katechismus angibt, von Luthers "Betbüchlein" und insofern von der "Kurzen Form" abhängig. (a.a.O. 38).
240 a.a.O., I, S. 268–272.
241 a.a.O., II, S. 326 u. 333f.
242 a.a.O., III, S. 21–23.
243 a.a.O., S. 147f. u. 159–176.
244 a.a.O., S. 437 (Zwölfteilung nur durch den Druck).
245 a.a.O., S. 473–476.
246 a.a.O., IV, S. 83–141; zur Datierung vgl. a.a.O., S. 48.

alle Katechismen aus der Reformationszeit und den folgenden Jahrhunderten aufzählen, geschweige denn untersuchen können, beschränken wir uns auf einige wenige. Darunter sind vor allem solche, die besondere geschichtliche Bedeutung erlangt haben, daneben aber auch solche, die weniger bekannt sind und uns mehr zufällig begegneten.

Wir beginnen mit einem Katechismus, der nicht nur in der Gliederung, sondern auch in der Auslegung des Apostolikums bis in den Wortlaut hinein, weitgehend von Luthers Katechismen abhängig ist: Jacob Other, Ein Kurtze ynleytung in die bekantnuß rechtgschaffner christenlicher leer und glaubens für die kinder und eynfaltigen, Basel 1530. Other[247] teilt das Symbol in drei Artikel, weist darauf hin, daß man es früher in 12 oder 14 Teile aufgeteilt habe[248] und nennt als Leitbegriffe Schöpfung, Erlösung und Heiligung. Auch seine Zusammenfassung des Glaubens ist stark von Luthers Großem Katechismus abhängig: "Diß ist die gantz summ des Christenlichen glaubens / das du glaubst an Gott den vatter / der dich erschaffen hat / An Gott den sun / der dich erlößt hat / An Gott den heyligen geyst / der dich geheyliget hat[249]."

Auch "der bedeutendste und verbreiteste Katechismus der Reformationszeit"[250] neben Luthers Enchiridion hat sowohl die Dreiteilung des Apostolikums als auch die Leitbegriffe von Luther übernommen. Die 24. Frage des Heidelberger Katechismus lautet: "Wie werden diese Artickel abgetheilt? Antwort: In drey theil. Der erst ist von Gott dem Vatter / und unser erschöpffung. Der ander von Gott dem Son / und unser erlösung. Der dritt von Gott dem heiligen Geist / und unser heiligung[251]."

Als spätere Katechismen, welche ebenfalls Dreiteilung und Leitbegriffe von Luther übernehmen, sind zu nennen:

W. Arnold, Unterricht in der christlichen Lehre für Unmündige, Basel 1864[252];
Hans Asmussen, Christliche Lehre anstatt eines Katechismus, Berlin und Hamburg, 1968[253].

Natürlich sind nur verhältnismäßig wenige Katechismen bei der Auslegung des Apostolikums in so hohem Maße von Luther abhängig wie die genannten. Eine Reihe von Katechismen hat Luthers Dreiteilung übernommen, ohne jedoch seine Leitbegriffe für die Auslegung zu reproduzieren. Wir nennen folgende Beispiele: Christoffel Wißgerwer, Lehrmeyster zu Basel by Sant Martin, Ein kurtze underricht der Jugent im Vaterunser / Glauben, 10 Geboten. Auch D. Johann Oekolampadii Kinderfragen und 25 stuck christenliche wesens, Basel 1540. Hier

247 1485–1547, oberdeutscher Reformator, der in verschiedenen oberdeutschen und schweizerischen Städten tätig war; seit 1532 Reformator der Reichsstadt Eßlingen (nach B. Moeller, Artikel: Jacob Otter, RGG IV, 3. Aufl. Sp. 1746.
248 Bl. C III (Rückseite).
249 Bl. C IV (Rückseite).
250 H. Graffmann, Artikel: Heidelberger Katechismus, RGG III, 3. Aufl. Sp. 127.
251 Bekenntnisschriften und Kirchenordnungen der nach Gottes Wort reformierten Kirche, ed. W. Niesel, 3. Aufl., S. 155, 5–9.
252 S. 45.
253 S. 43; 51 u. 65.

wird das Apostolikum in drei Fragen abgefragt, wobei jeweils je einer der drei Artikel kerygmatisch zusammengefaßt wird[254]. In Oekolampads "Kinderbericht" (um 1527), der in diesem Katechismus wiederabgedruckt ist, wird das ganze Apostolikum auf einmal abgefragt.

Die beiden folgenden Katechismen teilen das Symbol in drei Hauptartikel ein, die von Gott dem Vater, Gott dem Sohn und Gott dem heiligen Geist handeln:

Martin Butzer, Der Kuertzer Catechismus. Das ist: Christliche Underweisung von den Articklen unsers glaubens / Vatter unser / Zehen gebotten / h. Sacramenten. Von der Kinderzucht und anderen christlichen uebungen, (erweiterte Ausgabe), Straßburg 1544[255].
Catechismus und anweisung zu Christlichem glauben, Worms 1543[256].

Ferner sind zu nennen:

Philipp Melanchthon, Die Zehen Gebot: Der Glaube: Das Vater Unser mit kurtzer Erklärung, 1549[257].
Kleiner Katechismus: Das ist ein kurtzer und Einfaltiger Kinderbericht / von den fuernembsten Hauptstucken Christenlicher Leer / Bern 1601[258].

Daneben begegnen, vor allem auch in der Schweiz, auch Katechismen, in denen sowohl eine Zwölf- als auch eine Dreiteilung des Symbols vertreten wird. Als Prototyp ist hier der alte "Zürcher Katechismus" zu nennen. Dieser entstand 1609, als Markus Bäumlein den in Zürich gebräuchlichen Katechismus Leo Juds mit dem Heidelberger Katechismus zusammenarbeitete. Dieser Zürcher Katechismus war mit Änderungen bis zum Jahre 1839 in Zürich in Gebrauch[259]. Wir zitieren aus einem 1764 in Zürich gedruckten Exemplar: "Katechismus / Das ist: Unterricht Wahrer Christenlicher Religion. Samt den Zertheilungen einer jeden Antwort und Zeugnussen der heiligen Schrift. Eingetheilt in XLVIII. Sonntage durch das ganze Jahr. Für die Jugend der Stadt und Landschaft Zürich." Dort heißt es:

254 Bl. A VIII.
255 Die erste Ausgabe erschien bereits 1537; die fragliche Stelle auf Bl. II.
256 Nach F. Cohrs (Artikel: Katechismus und Katechismusunterricht, RE 3. Aufl., Bd. 10, S. 140) handelt es sich hier um eine durch Leonhart Brunner erweiterte Ausgabe der Katechismen von Martin Butzer. Die betreffende Stelle findet sich auf S. 12 des vom Altertumsverein in Worms herausgegebenen Neudrucks aus dem Jahre 1895. Der Wormser Katechismus ist nur noch bruchstückhaft vorhanden. (vgl. F. Fricke, Luthers kleiner Katechismus in seiner Einwirkung auf die katechetische Literatur des Reformationsjahrunderts, 1898, S. 98f.).
257 Nach Fricke, a.a.O., S. 106.
258 ohne Seitenzahlen bzw. Blattangaben.
259 vgl. F. Cohrs, RE 3. Aufl., Bd. 10, S. 154, und Leo Jud, Katechismen, bearbeitet von O. Farner, 1955, S. 20. Die beiden Katechismen Leo Juds – der "Grössere Katechismus" von 1534 und der "Kürzere Katechismus" von 1541 – haben überhaupt keine deutliche Aufteilung des Apostolikums, also weder Drei- noch Zwölfteilung. Im "Grösseren Katechismus" wird das Apostolikum in insgesamt 17 Teile zerlegt.

34. Fr. "Was ist einem Christen zur seligkeit zu glauben vonnöthen?

Ant. Zwar alles das, was Gott in seinem wort hat geoffenbaret: aber sonderlich die verheissung seiner gnaden in Christo: welche summarischer weis in den zwölf Artickeln des allgemeinen Christenlichen glaubens begriffen.

36. Fr. Wie werden die Artickel des Christenlichen glaubens abgetheilt?

Ant. In drey theil. Die erst handlet von Gott dem Vater, und unserer kindschafft und erschaffung. Der ander von Gott dem Sohn, und unserer erlösung. Der dritt von Gott dem heiligen Geist, und unser heiligung zum ewigen leben[260]."

Der neue Zürcher Katechismus von 1840 redet ebenfalls von 12 Artikeln des christlichen Glaubens, teilt dann aber das Apostolikum in drei Teile auf, freilich ohne Luthers Leitbegriffe weiterhin zu gebrauchen[261].

Die Katechismen für die evangelischen Gemeinden in St. Gallen und im Thurgau aus dem 19. Jahrhundert sind — mit leichten Änderungen — weithin dem alten Zürcher Katechismus gefolgt[262].

Freilich hat sich trotz Luthers Katechismen und dem Heidelberger Katechismus die Dreiteilung des Apostolikums nicht überall durchgesetzt. Es lassen sich eine ganze Reihe von Katechismen finden, die die alte Zwölfteilung beibehalten bzw. wieder eingeführt haben:

Urbanus Rhegius, Catechismus minor (1535) und Catechesis (1541)[263]
Caspar Huberinus, Der klain Catechismus, Augsburg 1544[264]
Johann Werner, Catechismus. Ein newer recht Christlicher Catechismus für die Kinder Gottes. Auff die zwölff gemeinen Artickel deß Glaubens, und der Sacrament, Tauff und Nachtmahl gestellet, 1546[265]
Catechismus oder Kurtzer Underricht Christlicher Lehre wie der in Kirchen unnd Schulen der Stadt Basel getrieben wirdt, Basel 1602[266]
Vorbereitung zu dem heiligen Abendmahl / oder: Kurtze und einfältige Fragstück / welche vermög der fünff Haupt-artickeln der Christlichen Religion / an die Tisch=genossen des HERRN / vor der Empfahung des heiligen Nachtmahl mögen gethan werden, von Johann Wolleb[267], Basel, o.J.[268].

260 beide Zitate S. 212.
261 Katechismus oder Unterricht in der christlichen Religion nach dem evangelisch-reformierten Lehrbegriffe, für die reifere Jugend, Zürich 1840, S. 12f.
262 Katechismus für die evangelischen Gemeinden des Kantons St. Gallen, St. Gallen 1853, S. 25 u. 27.
Katechismus für die evangelischen Gemeinden des Kantons Thurgau, Frauenfeld 1857, S. 41 u. 47.
263 vgl. Fricke, a.a.O., S. 105.
264 vgl. a.a.O., S. 109.
265 vgl. a.a.O., S. 165.
266 Blatt B. III (Rückseite).
267 1586–1629.
268 Blatt A V (Rückseite).

Fragen und Antworten über die Fünf Hauptstücke der christlichen Religion für die Kirchen zu Basel, Basel (Nachdruck) 1811, herausgegeben von Peter Werenfels[269].

Aber auch dort, wo das Apostolikum ausdrücklich in 12 Artikel aufgeteilt wird, lassen sich gelegentlich Spuren der trinitarischen Auslegung des Apostolikums durch Luther entdecken. So heißt es z.B. im "Inbegriff der Christlichen Religions=Lehren in Fragen und Antworten nach Anleitung des Basler=Catechismus" (Basel 1817) bei der Lehre von der Trinität: "Nach der H. Schrift haben an der Schöpfung, Erlösung und Heiligung alle drey Personen der Gottheit Anteil; indessen wird doch gemeiniglich der Vater unser Schöpfer, der Sohn unser Erlöser; und der H. Geist unser Heiligmacher und Tröster genannt[270]."

Neben der traditionellen Zwölf- bzw. Vierzehnteilung und der von Luther eingeführten Dreiteilung begegnet in der Reformationszeit auch noch eine andere Einteilung des Symbols. Besonders aufschlußreich ist in diesem Zusammenhang Erasmus, dessen katechetische Verdienste wohl lange Zeit unterschätzt worden sind. Erasmus hat insgesamt dreimal das Apostolikum ausgelegt. 1514 erschien seine Schrift "Christiani hominis institutum", ein in lateinischen Hexametern verfaßtes "Schulbüchlein für den christlichen Elementarunterricht"[271], dessen unmittelbares Vorbild das "Catechyzon" des englischen Humanisten John Colet war[272]. In dieser Schrift geht Erasmus ebenso wie Colet von der traditionellen Zwölfteilung des Symbols aus. Aber bereits in der "Inquisitio de fide", welche 1524 in die "Colloquia familiaria" aufgenommen wurde, teilt er das Apostolikum anders auf. Nachdem er zunächst das trinitarische Einteilungsprinzip zugrunde gelegt hat[273], behandelt er dann die Kirche in einem vierten Teil[274]. Gemäß der von Rufin herkommenden alten theologischen Tradition lehnt er den Glauben *"in* sanctam ecclesiam" ausdrücklich ab. Auch in seinem umfangreichen Katechismus von 1533 (Symboli Apostolorum, Decalogi praeceptorum et Dominicae precationis Explanatio[275]) hat Erasmus diese Einteilung beibehalten. In einem Überblick auf den Aufbau des Symbols verweist er zunächst auf das trinitarische Einteilungsprinzip[276]. Dann nennt er aber doch noch einen vierten

269 S. 27 und 31ff. Dieser Katechismus ist eine Zusammenfassung des Heidelberger und Basler Katechismus in Anlehnung an Wollebs Vorbereitung zum heiligen Abendmahl. Werenfels war von 1655–1703 in Basel als Archidiakon, dann als Antistes der Basler Kirche und Prof. an der Theologischen Fakultät in Basel tätig.
270 S. 51.
271 R. Padberg, Erasmus als Katechet, 1956, S. 44.
272 a.a.O., S. 44ff. und Cohrs IV, S. 421–423.
273 vgl. Padberg, a.a.O., S. 50.
274 vgl. C. R. Thompson, Inquisitio de fide, A Colloquy by Desiderius Erasmus Roterdamus 1524 (Text und Kommentar), 1950, S. 66.
275 Opera omnia, Bd. V, ed. J. Clericus, 1704, Sp. 1133–1196.
276 a.a.O., Sp. 1139 B: "Trium una Deitas & tres unus Deus. Hinc summa oritur Symboli distinctio. Principem locum obtinet Pater, secundum Filius, tertium Spiritus Sanctus, qui caritas est, & utriusque nexus quidem ineffabilis: Pater condidit universa, Filius restituit prolapsa, Spiritus sanctus utrique cooperatur."

Teil, der von der Kirche als dem "Corpus Christi mysticum" handelt[277]. Wie schon in der "Inquisitio de fide" wird also auch hier das Apostolikum faktisch in vier Teile aufgeteilt[278]. Freilich decken sich diese vier Teile nicht mit den vier Katechesen, in denen das Apostolikum in Frage und Antwort ausführlich behandelt wird[279]. Da Erasmus diese Einteilung des Symbols vor Erscheinen von Luthers "Kurzer Form" im Jahre 1520 noch nicht vertreten hat, dürfen wir annehmen, daß er sich hierin von Luther hat inspirieren lassen. Er hat Luthers Einteilungsschema modifiziert, indem er die Kirche als vierten Teil hinzufügte. Damit wollte er freilich nach seinen eigenen Worten das trinitarische Einteilungsschema keineswegs desavouieren. Im übrigen war er sich der mittelalterlichen Einteilung in 12 oder 14 Artikel wohl bewußt[280].

Noch eindeutiger als Erasmus hat Calvin das Symbol in vier Teile aufgeteilt, obwohl er Luthers Dreiteilung zweifellos kannte. Es ist anzunehmen, daß der Genfer Reformator diese Vierteilung von Erasmus übernommen hat. Bereits in der ersten Auflage der Institutio von 1536 wird das in Kapitel II (De fide) ausgelegte Symbol deutlich in vier Teile gegliedert. Dabei entsprechen die drei ersten Teile den Personen der Trinität und der vierte beginnt mit dem Bekenntnis zur Kirche: Credo sanctam ecclesiam catholicam, ...[281] Diese Vierteilung hat Calvin stets beibehalten. In den Ausgaben der Institutio von 1543—54 ist das alte Kapitel "De fide" in vier Kapitel aufgeteilt. Die Erklärung des Symbols ist auf drei Kapitel verteilt, wobei der erste und vierte Teil des Symbols je ein Kapitel beanspruchen, während der zweite und dritte in einem

---

277 a.a.O., Sp. 1139 C: "Corpus igitur Christi mysticum quartam Symboli partem occupat. Sunt aliae divisiones, sed haec ingredienti nonnihil lucis aperiet."
Sp. 1139 E/F: "Habes quartam Symboli partem, quae depingit mysticum Christi corpus, Ecclesiam. Iam si totum Christum accipias, non sunt nisi tres personae, Et congruenter Ecclesia sancta sancto Spiritui annectitur. Illius autem munere sanctum est, quidquid in rebus conditis vere sanctum est, unde & a Paulo dictus est Spiritus sanctificationis." — Wie dieses Zitat zeigt verbindet Erasmus den heiligen Geist ebenso wie Luther mit dem Werk der Heiligung. Aber während Heiligung für Luther in den Katechismen "Zu Christus-Bringen" bedeutet, meint Erasmus hier die Heiligung alles Geschaffenen.
278 K. Bornkamm weist darauf hin, daß Erasmus "sich für die Behandlung des Bekenntnisses nach dem trinitarischen Einteilungsprinzip" entschieden habe. Die faktische Vierteilung des Symbols bei Erasmus hat sie offenbar übersehen. (Das Verständnis christlicher Unterweisung in den Katechismen von Erasmus und Luther, ZThK 65. Jg., 1968 S. 206). R. Padberg schreibt demgegenüber richtiger: "Erasmus teilt das Symbolum in der Explanatio in vier Hauptaussagen auf. Es ist die alte trinitarische Einteilung mit der Kirche als Anhang." (a.a.O. S. 86).
279 Von den sechs Katechesen behandeln vier den Inhalt des Apostolikums. Folgendes wird in den Katechesen nach Padberg (S. 73f.) behandelt:
I. Prolegomena zu den Begriffen fides und symbolum
II. Gotteslehre
III. Menschwerdung und Geheimnis Christi
IV. Kreuz und Auferstehung Christi, Hl. Geist und Kirche
V. Gemeinschaft der Heiligen, Sakramente, Schluß des Symbols
VI. Doppelgebot der Liebe, Dekalog, Vaterunser.
280 vgl. a.a.O., Sp. 1140 C/D.
281 vgl. CR I, Sp. 63f u. 71f.

Kapitel zusammengenommen sind[282]. In der abschließenden Ausgabe von 1559 hat Calvin die Vierteilung sogar als Einteilungsprinzip für die ganze Institutio übernommen. Den vier Teilen des Apostolikums entsprechen nun die vier Bücher der Institutio. Freilich enthält das Werk auch viele andere Stoffe, so daß man es nicht einfach als eine Auslegung des Apostolikums betrachten kann[283].

Auch im Genfer Katechismus von 1542 vertritt Calvin ausdrücklich die Vierteilung des Apostolikums. Dort heißt es in Frage 17 und 18:

"17. Pour bien expliquer ceste confession par le menu, en combien de parties la diviserons-nous? En quatre principales.

18. Quelles?

La premiere sera de Dieu le Pere. La seconde de son Filz Iesus Christ: en laquelle est recitée toute l'histoire de nostre redemption. La troisiesme du sainct Esprit. La quatriesme de l'Eglise, et des graces de DIEU envers icelle[284]."

Eine direkte Erklärung darüber, warum er die Vierteilung der Dreiteilung des Symbols vorgezogen hat, gibt Calvin m.W. nirgends. Andererseits weist er in § 95 des Genfer Katechismus darauf hin, daß in den ersten drei Teilen des Symbols Von der Ursache und Grundlage des Heils die Rede ist, während im vierten die Wirkung und Erfüllung des trinitarischen Heilswerkes angedeutet wird[285].

Auch im Catechismus Romanus (1566) taucht das credo insgesamt viermal auf. Es wird — freilich ohne "in" — vor "sanctam ecclesiam" wiederholt[286].

Wahrscheinlich haben Erasmus und Calvin diese Vierteilung nicht selbst erfunden, sondern eine alte Tradition aufgegriffen. Spuren dieser Tradition begegnen bereits in Augustins "Enchiridion de fide, spe et charitate". Dort geht Augustin in einem besonderen Abschnitt kurz auf die Zusammenstellung des heiligen Geistes und der Kirche im Symbol ein: "Cum autem de Jesu Christo Filio Dei unico Domino nostro, quod ad veritatem Confessionis pertinet, dixerimus, adiungimus sic credere nos et in Spiritum sanctum, ut illa Trinitas compleatur, quae Deus est: deinde sancta commemoratur Ecclesia ... Rectus itaque Confessionis ordo poscebat, ut Trinitati subiungeretur Ecclesia, tamquam

282 Vgl. CR I, Sp. 477; 513; 536f.
283 vgl. François Wendel, Calvin, Ursprung und Entwicklung seiner Theologie, (dt.) 1968, S. 100: "Dem äußeren Anschein zum Trotz bleiben also die Beziehungen der letzten Ausgabe der Institutio zum traditionellen Aufbau des Apostolischen Glaubensbekenntnisses verhältnismäßig äußerlich und formal." Vgl. auch: Wilhelm Niesel, Die Theologie Calvins, 2. Aufl. 1957, S. 39 u. Alexandre Ganoczy, Le jeune Calvin. Genese et evolution de sa vocation reformatrice, 1966, S. 141.
284 Bekenntnisschriften und Kirchenordungen der nach Gottes Wort reformierten Kirche, 3. Aufl., S. 4f.
285 a.a.O., S. 13: "Tu dis donc, que iusques à ceste heure, il a esté parlé de la cause et du fondement de salut: entant que Dieu nous a receu en dilection, par le moyen de Jesus Christ, et confermé en nous ceste grace par son sainct Esprit. Mais que maintenant est demonstré l'effect et l'accomplissement de tout cela, pour en donner meilleure certitude."
286 vgl. Hahn, a.a.O., § 29 (S. 33) und § 30 (Ein griechischer Text des Apostolikums nach einer Handschrift des 16. und 17. Jahrhunderts).

habitatori domus sua, et Deo templum suum, et conditori civitas sua[287]." Diese Sätze zeigen, daß Augustin wenigstens eine relative Zäsur zwischen dem Bekenntnis zum heiligen Geist und dem im Symbol folgenden Artikel sieht. Vermutlich gab es im Mittelalter weitere Beispiele für eine Vierteilung des Apostolikums. Jedoch sind uns solche nicht bekannt[288]. Sehr deutlich ist die Vierteilung in der Professio fidei, die der byzantinische Kaiser Michael Palaeologus 1274 dem Unionskonzil von Lyon vorgelegt hat[289]. Freilich handelt es sich dabei nicht um das Apostolikum, sondern um ein selbständiges Symbol, welches sich sowohl an das Apostolikum als auch an das Nicäno-Constantinopolitanum anlehnt. Das letztere könnte auch den Anlaß für die Vierteilung gegeben haben. Denn das Nicäno-Constantinopolitanum ist folgendermaßen aufgebaut:

Credo in unum Deum . . .
    Et in unum Dominum Jesum Christum . . .
    Et in spiritum sanctum . . .
    Et unam, sanctam, catholicam et apostolicam ecclesiam
Confiteor unum baptisma in remissionem peccatorum et expecto resurrectionem mortuorum et vitam venturi saeculi.

Innerhalb der Bekenntnisaussagen, die auf das credo zu beziehen sind, ergibt sich also eine klare Vierteilung, wie sie dann später in Calvins Aufteilung des Apostolikums wiederkehrt. Freilich folgen im Nicäno-Constantinopolitanum selber noch weitere durch confiteor und expecto eingeleitete Bekenntnisaussagen, so daß man das Nicäno-Constantinopolitanum in seiner jetzigen Form wohl nicht als vierteilig bezeichnen kann[290].

Wir haben gesehen, daß die von Luther eingeführte Dreiteilung des Symbols von zahlreichen anderen evangelischen Katechismen übernommen wurde. Daneben haben aber auch die alte Zwölfteilung und die von Calvin aufgegriffene Vierteilung des Apostolikums geschichtliche Wirksamkeit entfaltet.

287 Migne PL 40, 258.
288 Paul Wernle schreibt: "Als vierter Glaubensartikel folgt – laut einer von Augustins Encheiridion bis zu Erasmus herabreichenden Tradition – "die heilige katholische Kirche." (Der evangelische Glaube nach den Hauptschriften der Reformatoren, Bd. III: Calvin, 1919 S. 49.)
Auch Karl Barth weist darauf hin, daß Calvin bei der Vierteilung "dem Beispiel der mittelalterlichen Scholastik" folgt. (Das Glaubensbekenntnis der Kirche. Erklärung des Symbolum Apostolicum nach dem Katechismus Calvins, 1967, S. 27.) Er beurteilt diese Teilung folgendermaßen: "Eine solche Einteilung ist nicht etwas für Calvin besonders Eigentümliches. Sie ist mehreren Theologen des Mittelalters bekannt. Wenn sie dazu beiträgt, die Wichtigkeit des Heiligen Geistes hervorzuheben, so muß man doch bemerken, daß sie dem Sinn des alten Symbols nicht entspricht. Dieses ist offensichtlich trinitarisch und ordnet die Früchte des Heiligen Geistes in denselben Teil ein wie den Heiligen Geist." (a.a.O., S. 107).
289 vgl. Denzinger, 851–854.
290 vgl. BSLK S. 26f. und Hahn § 144 (S. 162ff.). In der Ausgabe der BSLK ist das Nicäno-Constantinopolitanum im Druck auf fünf Abschnitte verteilt. Ob das der ursprünglichen Struktur dieses Symbols entspricht, vermag ich nicht zu beurteilen.

Bei der Frage der Einteilung des Symbols geht es freilich keineswegs nur um die rein praktische Frage, welche der von uns skizzierten Gliederungen des Symbols sich für den Volks- oder Jugendunterricht als besonders günstig und brauchbar erweisen. Zwar erweist sich Luthers Dreiteilung gegenüber der traditionellen Zwölfteilung auch für den Katechismusunterricht als wesentlich praktischer. Denn sie ist übersichtlicher und macht zudem die wirkliche Struktur des Symbols evident. Aber der katechetische Fortschritt ist hier — wie jeder echte katechetische Fortschritt! — zugleich auch ein theologischer. Durch die traditionelle Gliederung wurde das Symbol in zwölf einzelne Teile zerlegt. Ein Artikel wird an den anderen gereiht. Alle zwölf Artikel geben zusammen die Summe dessen, was der Christ zu glauben hat[291]. Diese Aufteilung ist also durch das Prinzip des Aneinanderreihens der hauptsächlichen Gegenstände des christlichen Glaubens bestimmt. Das jedoch könnte den Anschein erwecken, als "wäre der Glaube, mit Verlaub zu sagen, ein leerer Sack, dessen Wesen es ist, als Behälter für bestimmte Gegenstände zu dienen. Enthält er die vorgeschriebenen christlichen Glaubensgegenstände, so ist er dadurch christlicher Glaube. Enthält er sie vollständig und unversehrt, so ist er rechtgläubiger, orthodoxer Glaube. Sind dagegen nur einige spärliche Gegenstände darin enthalten und dazu noch in nicht ganz korrekter Gestalt, so ist es mit solchem Glauben schlecht bestellt. Denn das Wesentliche am Glauben ist sein Inhalt. Wer es mit dem Glauben ernst nimmt, ist darauf bedacht, diesen Sack bis obenhin zu füllen und alles zu übernehmen, was notwendiger Inhalt des Glaubens ist, auch wenn er unter dieser Last schier zusammenbricht[292]." Freilich liegt ein solches Verständnis des Glaubens im Sinne eines bloßen Aneinanderreihens zahlreicher Glaubensartikel durchaus nicht in der Intention der Symbolausleger vor Luther. Insbesondere die Scholastik versucht diesem Mißverständnis entgegenzuwirken, indem sie das Symbol nach systematisch-theologischen Gesichtspunkten gliedert und darum 14 Artikel zählt. Diese Systematisierung ist bei Thomas so weit fortgeschritten, daß das Symbol nun als äußerst kunstvoll strukturierte Komposition erscheint. Aber gerade diese höchst komplizierte Struktur ist — so sehr sie für den Theologen ein Genuß ist — für den katechetischen Zweck kaum noch brauchbar. Thomas hat darum auch in seiner mehr für das Volk bestimmten Auslegung des Apostolikums die Zwölfzahl beibehalten[293].

Luther hat demgegenüber das Symbol nach trinitarischem Gesichtspunkt gegliedert und damit die dem Symbol entsprechende Struktur wiederentdeckt. Das Gliederungsprinzip ist auch hier ähnlich wie bei Thomas ein dogmatisches. Durch die Verbindung mit den Leitbegriffen gewinnt der Trinitätsglaube die

291 vgl. F. Kattenbusch, Aus der Geschichte des Apostolikums, in: Die christliche Welt, 1898, Sp. 999f.: "Man begreift, daß der Gedanke von den >zwölf Artikeln< sich jetzt so gestaltete, daß das Symbol immer wieder in sie >zerlegt< wurde, wie wenn es nur andeutende Titel für Gottes wunderbares Wesen und eine Summe bloßer >nackter Tatsachen< konstatire."
292 Gerhard Ebeling, Das Wesen des christlichen Glaubens, 1959, S. 15.
293 vgl. In Symbolum Apostolorum scilicet "Credo in Deum" expositio, in: S. Thomae Aquinatis Opuscula theologica Vol. II, 1954, p. 193–217.

beherrschende Bedeutung für die verschiedenen Bekenntnisaussagen des Symbols. "Die Einzelglieder jedes der drei Hauptteile" werden "als Factoren eines in sich einheitlichen göttlichen Werkes"[294] verstanden. Gott erscheint als der dreifach in Schöpfung, Erlösung und Heiligung Handelnde. Durch diese theozentrische Interpretation des Symbols wird der dreieinige Gott in den Mittelpunkt gerückt. Auf ihn richtet sich der christliche Glaube, nicht auf eine Reihe von Gegenständen oder Sachverhalten, die man fürwahrhalten muß. Damit ist bereits durch Luthers Gliederung des Symbols das Mißverständnis aus dem Wege geräumt, als habe die Höllenfahrt Christi innerhalb des Glaubens die gleiche Stellung und Bedeutung wie das Bekenntnis zu Jesus Christus, unserem Herrn.

Luthers Einteilung und Auslegung des Credo ist also nicht nur in formaler, sondern auch in materieller Hinsicht neu. Sie führt über eine bloße fides historica hinaus, indem sie "das Symbol als Ganzes kerygmatisch versteht und seine soteriologische Einheit herausstellt"[295]. So systematisch geprägt Luthers Gliederung des Symbols einerseits ist, so einfach ist sie andererseits. Gerade sie eignet sich in ausgezeichneter Weise für den katechetischen Unterricht[296]. Denn "der Sinn für die innere Einheit des Bekenntnisses hebt Luthers Erklärung über alle andern Erklärungen weit hinaus"[297].

Schließlich sei noch darauf hingewiesen, daß durch Luthers Katechismen die drei Leitbegriffe Schöpfung, Erlösung und Heiligung auch außerhalb der katechetischen Literatur "weithin Allgemeingut"[298] geworden sind.

294 C. A. G. v. Zezschwitz, a.a.O. II, 1, S. 138.
295 H. W. Surkau, Art.: Katechismus, II: Geschichtlich, RGG, III, 3. Aufl., Sp. 1183.
296 C. A. G. v. Zezschwitz schreibt dazu: "Das war die Dreitheilung durch welche sich die ganze kirchliche Theologie, sei es eine gab, hindurchbewegt hatte, aber so aufgezeigt am Glauben der Katechumenen und Kinder, den Eintheilungen . . . des Mittelalters, in so viel Dunkelheit eingehüllt hatten, wars in der That als ob plötzlich der Nebel sänke und der originale Grundgedanke aller kirchlichen Wahrheit in seiner Einfachheit und Notwendigkeit hervorträte" (a.a.O., S. 138).
297 P. Wernle, Luther, S. 231; vgl. auch F. Kattenbusch, Aus der Geschichte des Apostolikums, a.a.O., Sp. 1023f.
298 vgl. O. Weber, Grundlagen der Dogmatik, I, 3. Aufl. 1964, S. 436. Auch K. Barth gebraucht gelegentlich die drei Leitbegriffe Luthers, so z.B. in dem Büchlein: Das Glaubensbekenntnis der Kirche. Erklärung des Symbolum Apostolicum nach dem Katechismus Calvins, S. 40. Selbst im Katholischen Bereich werden diese Leitbegriffe gelegentlich verwendet. So redet Leo Scheffczyk von der ökonomischen Trinität "wie sie aus den göttlichen Werken von Schöpfung, Erlösung und Heiligung erkennbar wurde". (Lehramtliche Formulierungen und Dogmengeschichte der Trinität, in: Mysterium Salutis, Bd. II, S. 184.) Bereits Rupert von Deutz habe darauf hingewiesen, daß "Schöpfung, Erlösung und Heiligung . . . das opus tripartitum Trinitatis sind". (a.a.O., S. 215) — Remigius Storf redet in Bezug auf das pseudoaugustinische(?) 2. Buch "De Symbolo ad catechumenos" von der Dreiheit von Schöpfung, Erlösung und Heiligung, obwohl diese Begriffe im Text selber nicht vorkommen. (vgl. Ausgewählte Schriften des hl. Aurelius Augustinus, Bd. IV, in: Bibliothek der Kirchenväter, 1877, S. 377.)

5. Die ökonomische Trinität und die
Appropriationen

Wir nehmen nun noch einmal die Sätze auf, mit denen Luther in der "Kurzen Form" seine Ausführungen zum dritten Artikel beginnt:

"Ich glaub nit allein / das der heylig Geyst / ein warhafftiger gott ist mit dem Vatter und Sun / ßondern auch ynn und zu dem Vatter / durch Christum und seyn leben / leyden / sterben und alles was von yhm gesagt ist / niemant kummen noch etwas desselben erlangen mag / on des heyligen geysts werck / mit wilchem der Vatter und der Sun / mich und alle die seynen / rüret / wecket / ruffet / tzeucht / und durch und ynn Christo lebendig / heylig und geystlich macht / und alßo zum Vatter bringt / dan er ist das / da mit der Vatter durch Christum und ynn Christo / alles wirckt und lebendig macht[299]."

Diese Sätze enthalten nicht nur eine Antwort auf die Frage nach dem Weg zum Vater[300], sondern auch Aussagen über das Zusammenwirken der drei göttlichen Personen. Solche Aussagen begegnen uns in der "Kurzen Form" vor allem im ersten und letzten Abschnitt der Auslegung des dritten Artikels. Weil hier besonders das Wirken des Geistes im Mittelpunkt der Betrachtung steht, versuchen wir uns zuerst darüber Klarheit zu verschaffen. Der erste Teil des ersten Abschnitts bis "on des heyligen geysts werck" erweckt zunächst den Eindruck, als sei der heilige Geist als selbständig handelndes Subjekt gedacht. Dieser Eindruck wird aber durch die folgenden Sätze sofort wieder aufgehoben. Denn der Geist erscheint nun als abhängig von Vater und Sohn. Die in diesem Zusammenhang verwendete Präposition "mit" läßt darauf schließen, daß dem Geist die Rolle des Instrumentes zugedacht wird, mit dem Vater und dem Sohn gemeinsam zu wirken. Freilich ergibt sich bei der Beantwortung der Frage nach dem handelnden Subjekt bzw. den handelnden Subjekten noch eine zusätzliche Schwierigkeit. Denn neben die Aussage, daß der V a t e r und d e r S o h n mit dem Geist wirken, tritt jene andere: der V a t e r wirkt d u r c h u n d i n C h r i s t u s mit dem heiligen Geist. So drängt sich die Frage auf, wer nun eigentlich als Subjekt dieses Wirkens zu denken ist: der Vater? oder: der Vater und der Sohn? Liegt hier nicht ein Widerspruch zwischen beiden Aussagen vor? Oder lassen sich beide widerspruchslos vereinbaren?

Um diese Frage beantworten zu können, müssen wir kurz die Struktur der traditionellen Trinitätslehre skizzieren. Seit der Anerkennung der Homousie des Sohnes und des Geistes mit dem Vater auf den Konzilien von Nicäa (325) und Konstantinopel (381) stand fest, daß das Verhältnis der drei aus der Schrift bekannten Größen Vater, Sohn und Geist nicht subordinatianisch gedacht werden darf. Zugleich war aber auch eine modalistische Trinitätslehre abgelehnt. Denn wenn die Offenbarung Gottes als Vater, Sohn und Geist nur drei Momente des einen Gottes darstellt, dessen einheitliches Wesen hinter seiner Offenbarung

---

299 BoA II, 50, 38−51, 7 = WA 7, 218, 25−32.
300 s. oben S. 14ff.

verborgen ist, dann ist damit letztlich geleugnet, daß wir es in der Offenbarung mit Gott *selbst* zu tun haben. Darum ist nicht nur Gottes Offenbarung, sondern Gottes Sein selbst trinitarisch zu denken. Freilich soll damit keineswegs die Einheit Gottes angetastet werden. Einheit und Dreiheit in Gott werden im Anschluß an die Arbeit der drei großen Kappadokier begrifflich so bestimmt, daß zwischen dem einen Wesen (οὐσία) und den drei Hypostasen (ὑποστάσεις, personae) zu unterscheiden ist. Bei der Lösung der mit dem Gegenüber von drei Hypostasen und einem Wesen gegebenen Probleme gehen östliche und westliche Theologie z.T. verschiedene Wege. Das Morgenland geht von der Dreiheit aus und versucht von da aus die Einheit zu erreichen, während das Abendland von der Einheit ausgeht und diese stärker betont. Gemeinsam ist beiden Traditionsbereichen, daß die Eigentümlichkeiten der drei Hypostasen nur auf Grund ihrer gegenseitigen Beziehungen (Relationen) bestimmt werden können. Diese ergeben sich "aus der Rangfolge des Auseinanderhervorgehens"[301], welche aus einzelnen Bibelstellen und aus der Analyse der Begriffe "Vater", "Sohn" und "Geist" erschlossen wird. Dem Vater eignet das Zeugen, dem Sohn das Gezeugtwerden vom Vater, dem Geist das nicht näher bestimmbare Hervorgehen aus dem Vater (nach abendländischer Tradition aus Vater und Sohn).

Da alle drei Personen das gleiche Wesen und die gleiche Substanz haben, wirken sie nach außenhin stets zusammen: opera trinitatis ad extra sunt indivisa[302]. Man kann darum bestimmte göttliche Eigenschaften und Taten nicht so auf die Personen verteilen, daß die betreffende Eigenschaft oder Tat *nur* der jeweiligen Person eigentümlich ist. Denn das würde zur Aufspaltung Gottes in drei Subjekte und damit zum Tritheismus führen.

Andererseits muß aber auch berücksichtigt werden, daß Gott sich als Vater, Sohn und Geist offenbart. Durch diese dreifache Offenbarung wissen wir ja überhaupt erst von dem dreieinigen Gott. Die sich daraus ergebende Schwierigkeit läßt sich in der Frage zusammenfassen: Wie vermag sich die wesentliche Einheit der drei Personen "im Wirken Gottes zu äußern, ohne deren Unterschiedenheit preiszugeben? "[303].

Dieses Problem versuchte man durch die Lehre von den Appropriationen zu lösen. Die "klarste und vollständigste Definition des Begriffs Appropriation"[304] stammt von Thomas von Aquino. Wir zitieren sie zusammen mit dem Beispiel, an dem er sie durchführt (utrum liber vitae approprietur Filio):

"Dicendum, quod appropriare nihil est aliud, quam commune trahere ad proprium.

Illud autem quod est commune toti Trinitati, non potest trahi ad proprium alicuius personae, ex hoc quod magis uni personae quam alii conveniat: hoc enim aequalitati personarum repugnaret; sed ex hoc quod id quod est commune,

---

301 F. H. Kettler, Artikel: Trinität, III: Dogmengeschichtlich, RGG VI, 3. Aufl., Sp. 1030.
302 Diese alte trinitätstheologische Regel findet sich der Sache — wenn auch nicht dem Wortlaut nach — schon bei Augustin, z.B. De trin I, 4: "Sicut inseparabiles sunt, inseparabiliter operantur." Vgl. K. Barth, Kirchliche Dogmatik, I, 1 S. 395.
303 E. Jüngel, Gottes Sein ist im Werden, 1965, S. 47.
304 K. Barth, a.a.O., S. 394.

maiorem habet similitudinem ad id quod est proprium personae unius quam cum proprio alterius; sicut bonitas habet quamdam convenientiam cum proprio Spiritus sancti, qui procedit ut amor (est enim bonitas obiectum amoris); et similiter potentia appropriatur Patri, quia potentia inquantum huiusmodi est quoddam principium: Patri autem proprium est esse principium totius divinitatis; et eadem ratione sapientia appropriatur Filio, quia habet convenientiam cum proptio eius: procedit enim Filius a Patre ut verbum, quod nominat processionem intellectus.

Unde cum liber vitae ad notitiam pertinet nominat processionem intellectus[305]."

Durch die Appropriationen werden also bestimmte Eigenschaften oder Taten jeweils einer der drei Personen Gottes zugeeignet, freilich so, daß dabei die betreffende Eigenschaft oder Tat keinesfalls von den jeweiligen anderen Personen ausgeschlossen wird. "Daß er (sc.: Gott) je in dieser für uns unverwischbaren charakteristisch anderen entgegengesetzten Tat oder Eigenschaft je in dieser und dieser Seinsweise b e s o n d e r s sichtbar wird, kann und darf nicht bedeuten, daß wir Gott nicht auch in den jeweils verborgenen anderen Seinsweisen zu glauben und anzubeten hätten[306]."

Die Lehre vom indivisum opus S. Trinitatis ad extra ermöglicht also zusammen mit ihrem "dialektischen Gegenstück"[307], der Lehre von den Appropriationen, die Dreieinigkeit Gottes nicht nur in bezug auf das Wesen, sondern auch in bezug auf das Wirken Gottes zu denken. Weil Gott sich *selbst* offenbart, entspricht die ökonomische Trinität der immanenten Trinität.

Auf dem Hintergrund der trinitätstheologischen Tradition sind nun auch die oben zitierten Sätze aus der "Kurzen Form" zu betrachten. Zunächst muß hervorgehoben werden, daß Luther in dieser Schrift deutlich zwischen immanent-trinitarischen und ökonomisch-trinitarischen Aussagen unterscheidet. Diese Unterscheidung wird bereits durch den parallelen Aufbau der Erklärung des 2. und 3. Artikels unterstrichen. Sowohl der 2. wie auch der 3. Artikel beginnt mit einem kurzen durch "Ich glaub nit allein" eingeleiteten immanent-trinitarischen Satz, dem dann ökonomisch-trinitarische Aussagen folgen, welche durch "sondern auch" eingeleitet werden. Die Struktur ist also folgende:

	"nicht allein": immanent-trinitarische Aussage
Ich glaube	
	"sondern auch": ökonomisch-trinitarische Aussage.

Das, was über die ökonomische Trinität gesagt wird, läßt sich thesenhaft so zusammenfassen: Der Vater wirkt durch und in Christus alles mit dem heiligen Geist. — Ausgehend von unserer Analyse des Zusammenhangs zwischen den drei Artikeln in der "Kurzen Form"[308] läßt sich dieser Satz so präzisieren:

305 S. Thomae Aquinatis Quaestiones disputatae, Vol. I: De veritate, 1964 p. 131.
306 Karl Barth, a.a.O., S. 395. Barth gebraucht statt des innerhalb der Trinitätslehre problematischen Begriffs der "Person" den Begriff der "Seinsweisen".
307 Barth, a.a.O., S. 394.
308 s.o. S. 14ff.

Der Vater wirkt

durch und in Christus: Die Gottesherrschaft wird durch Christus ausgeübt, in dem die widergöttlichen Mächte besiegt sind.

mit dem heiligen Geist: Der heilige Geist bewirkt, daß der Mensch sich dieser Herrschaft anvertraut, indem er ihn zum Glauben und so unter die Herrschaft Christi bringt.

Diese Zusammenschau des Wirkens von Vater, Christus und Geist zeigt deutlich, daß es dabei letztlich nur um *ein* Wirken geht. Denn es wird nur ein handelndes Subjekt genannt: der Vater. Für sich genommen könnte diese Aussage den Anschein erwecken, daß Christus und der heilige Geist hier subordinatianisch gedacht werden, so daß ihr Wirken nur ein integraler Bestandteil des Wirkens des Vaters wäre. Dann käme nur der ersten Person der Trinität ein selbständiges Wirken zu, den beiden anderen bloß ein unselbständiges Mitwirken. Daß das aber nicht Luthers Meinung ist, darauf weisen die Sätze über die immanente Trinität hin, die jeden Subordinatianismus ausschließen. Deutlich wird betont, "das der heylig Geyst / ein warhafftiger gott ist mit dem Vater und Sun . . ."[309].

Die ökonomisch-trinitarischen Aussagen können daher überhaupt nur dann richtig interpretiert werden, wenn dabei die Sätze über die immanente Trinität gebührend berücksichtigt werden. Denn beide Aussagenreihen meinen ja den gleichen Gott: zunächst in seinem Wirken, seinem Verhältnis zur Welt, dann in seinem Wesen, seinem Verhältnis zu sich selbst betrachtet.

Für Gottes Verhältnis zur Welt gilt die alte Regel: opera trinitatis ad extra sunt indivisa. Sie wird zwar von Luther in den für Laien bestimmten Symbolauslegungen nicht ausdrücklich als solche hervorgehoben. Daß sie aber vorausgesetzt ist, läßt sich mehrfach zeigen. In der "Kurzen Form" heißt es, daß Christus "nach der menscheit meyn und aller ding ein herr gesetzt ist / die er mit dem vatter nach der gottheit geschaffen hat"[310]. Es klingt fast wie eine Anspielung auf diese Regel, wenn Luther in P23 erklärt: "Im Euangelio dicimus 'Christus venit ut se nobis donaret'. Qui hunc habet, et patrem (habet)[311], quia et ipse deus, quia pater et filius non possunt seiungi[312]."

Wenn aber Vater und Sohn nicht getrennt werden können, dann begegnet uns in Christus nicht eine Person der Trinität, sondern der *eine* Gott selber. Dieser Sachverhalt spiegelt sich in Luthers Sprachgebrauch so, daß er im gleichen Zusammenhang einmal vom "Vater" und dann wieder von "Gott" reden kann,

309 BoA II, 50, 38f. = WA 7, 218, 25f.
310 vgl. S. 16 Anm. 53.
311 Konjektur der WA.
312 WA 11, 50, 27–30; vgl. WA 11, 51, 30–52, 1: "Cum audis Christum esse deum, quia unum cum patre, tum habes patrem, quia, ubi ille puer est, omnia subiecta sunt, mors etc."

wobei der Sinn der Aussage nicht verändert wird. Wir zitieren ein Beispiel aus P23: "Ita bei leib non est veniendum ad *deum* quam per hunc puerum"[313] und ". . . quia per illum (sc.: filium) involutum in carnem venimus ad *patrem*[314]."

Von daher läßt sich nun auch die Frage beantworten, ob in der oben zitierten Stelle aus der "Kurzen Form" ein Widerspruch vorliegt oder nicht. Achtet man genau auf den Wortlaut der fraglichen Stelle und vergleicht man ihn mit der sonstigen Ausdrucksweise der "Kurzen Form", so läßt sich ein deutlicher Unterschied zwischen "Sohn" und "Christus" erkennen. Wo nur vom "Sohn" geredet wird, da ist die innertrinitarische Person des Sohnes in seiner göttlichen Natur gemeint. "Christus" aber bezeichnet die Person des inkarnierten Erlösers nach seiner göttlichen und menschlichen Natur[315]. Wenn es daher einmal heißt, der Vater wirke durch und in Christus, dann aber: "der Vater und der Sohn wirken durch und in Christus", so ist beidemale das gleiche Subjekt gemeint: der in seinem Wesen und Wirken untrennbare Gott. Der Sinn der Aussage ist also: Durch die Person Christi (und in ihr) handelt Gott. In Christus begegnet uns *Gott selbst,* und im heiligen Geist begegnet uns wiederum *Gott selbst.* Weil es darum geht, daß Gott sich uns in Christus und im heiligen Geist *ganz* zugewendet hat, darum betont Luther am Schluß der Symbolauslegung der "Kurzen Form" noch einmal ausdrücklich: "Ich glaub / . . . und tzweyffell on dem allen nit / der Vatter durch den Sun Jhesum Christum unßern herrn / mit unnd yn dem heyligen / Geyst / werd mir diße stuck alle lassen geschehen / das heyßt / AMEN / das ist. Es ist trewlich und gewiß ware[316]." Die Gewißheit dieses Glaubens beruht darauf, daß wir es in Christus und dem Geist ganz und gar mit dem Gott zu tun haben, der uns alle Dinge zum Besten dienen lassen kann und will. Dieser Gott ist aber für Luther der Vater.

Damit sind wir bei Luthers Verständnis des Vaterseins Gottes angelangt. Der Begriff des Vaters kann in bezug auf Gott in einem doppelten Sinn verwendet werden: (1.) der Vater als trinitarische Person und (2.) Gottes Vaterschaft gegenüber der Welt, besonders den Gläubigen.

Innerhalb der Auslegung des ersten Artikels wird Gottes Vatersein sowohl in der "Kurzen Form" als auch in P23 nur in dem zweiten Sinn expliziert. Deshalb wird im 1. Artikel der "Kurzen Form" — anders als im 2. und 3. Artikel — nicht

313 WA 11, 51, 28 (Sperrung von mir).
314 WA 11, 52, 5 (Sperrung von mir).
315 Luther versteht die beiden Hoheitsprädikate Christi im Apostolikum ("filium eius unigenitum" und "dominum nostrum") als Ausdruck der Zweinaturenlehre. "Sohn" ist dabei auf die göttliche Natur, "Herr" auf die menschliche Natur zu beziehen. Darum lautet der Beginn der Auslegung des zweiten Artikels: "Ich glaub nit allein / das Jhesus Christus warhafftiger eyniger gottis S u n ist / in eyner ewigen gottlichen natur und weßen von ewickeit ymmer geporen / ßondern auch das ym von dem vatter alle ding unterworffen sein / und nach der menscheit meyn und aller ding ein h e r r gesetzt ist / die er mit dem vatter nach der gottheit geschaffen hatt." (BoA II, 49, 23—27 = WA 7, 217, 6—10.) "Christus" meint dementsprechend die Einheit der beiden Naturen in der Person des Gottmenschen, vgl. BoA II, 52, 2 = WA 7, 220, 3: ". . . durch den Sun Jhesum Christum unßern herrn . . ."
316 BoA II, 51, 40—52, 4 = WA 7, 220, 1—5.

zwischen ökonomisch-trinitarischer und immanent-trinitarischer Aussage unterschieden. Thema der ganzen Auslegung des 1. Artikels ist ja der Glaube an Gott. Das Vatersein Gottes wird parallel zum Schöpfersein und zur Allmacht Gottes auf sein Verhältnis zum Gläubigen bezogen. In der Auslegung des zweiten Artikels begegnet dagegen bereits im ersten Abschnitt der trinitarische Vaterbegriff. Dieser ist mit Sicherheit überall dort vorauszusetzen, wo neben dem Vater der Sohn genannt wird.

Ähnlich verhält es sich in den beiden Katechismen. Als Subjekt der Schöpfung wird im ersten Artikel "Gott" genannt. Dort wo der Vaterbegriff attributiv[317] oder adjektivisch[318] auf Gott bezogen wird, ist er als Vaterliebe Gottes seinen Geschöpfen gegenüber verstanden. Der trinitarische Vaterbegriff begegnet in den Katechismen erst im zweiten Artikel.

Freilich läßt sich diese klare Unterscheidung keineswegs immer treffen, wenn in den Symbolauslegungen Luthers von Gott als dem Vater die Rede ist. In nicht wenigen Fällen scheint eine Bedeutung in die andere überzugehen, so z.B., wenn im zweiten Abschnitt des 2. Artikels der "Kurzen Form" − unmittelbar nach der Verwendung des Vaterbegriffs im trinitarischen Sinne − betont wird, daß es unmöglich ist, ohne Christus zum Vater zu kommen. Daß "Vater" hier auch durch "Gott" ersetzt werden kann und darum nicht spezifisch trinitarisch gemeint ist, haben wir bereits gesehen. Aber es schwingt doch etwas von der trinitarischen Bedeutung mit, wenn der Vater, Christus und der heilige Geist hier und in ähnlichen Sätzen gegenübergestellt werden[319].

Diese "doppeldeutige" Verwendung des Wortes ist aber nur darum möglich, weil zwischen beiden Bedeutungsmöglichkeiten eine Ähnlichkeit, eine Analogie, besteht. Erst auf Grund dieser Analogie ist es möglich, daß die Vaterschaft Gottes gegenüber den Gläubigen auf die trinitarische Person des Vaters bezogen, ihr also appropriiert wird. Diese auf der zweifachen Bedeutung des Vaterbegriffs beruhende Appropriation ist von Luther nicht erfunden worden. Denn beide Bedeutungen des Vaterbegriffs begegnen uns bereits im Neuen Testament. Die Vaterschaft Gottes gegenüber den Gläubigen kommt z.B. Mt. 5,16; Joh. 8,42; Röm. 1,7 u.a. zur Sprache. Mindestens ebenso häufig wird aber auch von Gott als dem Vater Jesu Christi geredet: z.B.: Mt. 7,21; 11,27; Joh. 2,16; 5,17; Röm. 15,6.

Es ist nun weiter danach zu fragen, ob sich in der "Kurzen Form" noch weitere Appropriationen aufzeigen lassen. In dieser Schrift wird die Schöpfung als Werk Gottes bezeichnet, nicht aber einer Person der Trinität appropriiert. Die

---

317 vgl. BSLK 647, 42f. u. 648, 49.
318 BSLK 511, 3ff.: ". . . und das alles aus lauter v ä t e r l i c h e r göttlicher Güte und Barmherzigkeit."
319 Beide Bedeutungen werden kombiniert in WA 17 I, 263, 30−32: "Agnosco patrem, quando scio deum non solum Christi patrem, sed quando agnosco voluntatem dei." (Predigt v. 28.5.1525 über Joh. 15,26ff.).

Ausführungen zum zweiten Artikel stehen unter dem in verschiedenen Variationen vorgetragenen Leitgedanken: "Jesus reinigt und heiligt durch seinen heiligen Leib die Unreinheit unseres irdischen Lebens[320]."

Die Wirksamkeit des heiligen Geistes wird im ersten Abschnitt des dritten Artikels als Erweckung, Berufung und Zeugung beschrieben und scheint damit zunächst auf den Bereich der Neuschöpfung der Gläubigen eingeschränkt zu sein. In den folgenden Abschnitten werden sowohl die Versammlung, Erhaltung und Regierung der Kirche als auch die Auferstehung der Toten speziell auf den Geist bezogen[321]. Seine Wirksamkeit wird dann jedoch auch auf den ganzen Bereich der Schöpfung ausgedehnt. Denn der definitionsartige Schlußsatz des ersten Abschnittes lautet: "dan er (sc.: der heilige Geist) ist das / da mit der vatter durch Christum und ynn Christo / alles wirckt und lebendig macht[322]." Der Geist ist für Luther also der spiritus creator, der in Schöpfung und Neuschöpfung gleicherweise aus dem Nichts schafft[323]. – Zweimal werden innerhalb des dritten Artikels die Heilsgüter als Werk der ganzen Trinität bezeichnet.

Zusammenfassend läßt sich sagen: In der "Kurzen Form" lassen sich in der Auslegung des zweiten und dritten Artikels zwar Ansätze zu Appropriationen aufweisen. Aber eigentliche Appropriationen in dem Sinn, daß begrifflich klar umrissene Werke bestimmten Personen der Trinität zugeeignet würden, fehlen. Die Einheit und Unzertrennbarkeit der göttlichen Werke wird demgegenüber erheblich stärker betont.

Die bisherige Untersuchung hat gezeigt, daß sich in den Symbolauslegungen seit P23 Leitbegriffe für das Wirken der drei Personen der Trinität herauskristallisieren. Wir können hier auf die Ergebnisse der Untersuchung zurückgreifen, müssen sie aber noch unter dem Gesichtspunkt betrachten, daß es sich bei diesen Leitbegriffen um Appropriationen handelt.

In P23 wird an zwei Stellen deutlich die Lehre von den Appropriationen vorausgesetzt. Der zunächst zu betrachtende Abschnitt lautet: "Omnia veniunt ad (patrem) per filium cum spiritu sancto, per patrem omnia creata sunt, et ab eo exivit filius. Ita salus nostra venit a patre et per filium iterum ad patrem. Spiritui sancto datur honor, quod dicitur spiritus vivificans, quia id quod praedicatur, facit ut vivat in cordibus. Hilarius: Eternitas in patre. Usus Evangelii, quod fructificet, est proprium spiritui sancto. Pater et filius et spiritus sanctus legts an, verum von vater per filium cum spiritu sancto. Audimus quidem

320 J. Meyer, Kommentar, S. 308.
321 Die Vergebung der Sünden wird jedoch auf die der Kirche von Christus gegebenen Schlüssel zurückgeführt, also mit dem Wirken Christi verbunden. Vgl. BoA II, 51, 25ff. = WA 7, 219, 17ff.
322 BoA II, 51, 5–7 = WA 7, 218, 31f.
323 vgl. dazu R. Prenter, Spiritus Creator, Studien zu Luthers Theologie, dt. 1954, S. 188. Prenter zitiert an entscheidender Stelle den oben zitierten Abschnitt aus der "Kurzen Form".

praedicari patrem esse nostrum deum etc. sed non prodest, nisi spiritus sanctus illustret cor in Christo. Deus misit spiritum in cor ... Ita dat scriptura spiritui, quod in nobis vivificet, id quod praedicatum est, das gedein[324]."

Nachdem Luther kurz noch einmal an den Weg zum Vater als das Ziel der Heilsgeschichte erinnert hat[325], geht er ausführlicher auf die Bedeutung des heiligen Geistes ein. Sein Werk ist das Lebendig- und Fruchtbarmachen dessen, was gepredigt wird: der usus Evangelii, die Verwirklichung des Evangeliums[326]. Das geschieht dadurch, daß der heilige Geist das Herz in Christus erleuchtet. Dabei fällt die indirekte Ausdrucksweise auf, mit der das Wirken des Geistes beschrieben wird. An Stelle eines direkten thetischen Satzes heißt es stilistisch etwas schwerfällig, aber sachlich berechtigt: "Ita dat scriptura spiritui, quod in nobis vivificet." Ist schon damit angedeutet, daß die vivificatio als Wirkung dem heiligen Geist zugeteilt (appropriiert) wird, so wird das noch deutlicher durch die Bezeichnung der fructificatio als proprium des heiligen Geistes ausgesprochen. Daß dieses Proprium wirklich im Sinne einer Appropriation verstanden werden muß, zeigt bereits der nächste Satz, der die Einheit und Unterschiedenheit im Wirken der drei göttlichen Personen betont: "Pater et filius et spiritus sanctus legts an, verum von vater per filium cum spiritu sancto."

Die zweite in unserem Zusammenhang wichtige Stelle begegnet ebenfalls innerhalb der Auslegung des dritten Artikels: "Pater creavit celum et terram cum spiritu sancto. Filius fit homo et facit Christianos cum spiritu sancto. Proprium opus spiritus sancti est, quod ecclesiam faciat[327]." Auch hier sehen wir wieder, daß Luthers Leitbegriffe für das Wirken von Vater, Sohn und Geist als Appropriationen gedacht sind. Die Beantwortung der Frage, was denn hier dem heiligen Geist appropriiert wird, bietet freilich einige Schwierigkeiten. Man muß sich nämlich vergegenwärtigen, daß das "ecclesiam facere" im Text nur das erste Werk des heiligen Geistes ist, dem noch zwei weitere folgen: remissio peccatorum und resurrectio mortuorum. Ist nur das erste Werk, die Kirche, als Proprium des heiligen Geistes gemeint oder alle drei? Diese Frage läßt sich nur sachgemäß beantworten, wenn man unsere Stelle mit dem vergleicht, was Luther vorher als das Proprium des Geistes bezeichnet hatte: das Lebendig- und Fruchtbarmachen der Predigt. Das vivificare wird im Verlauf der Predigt aber auch auf die Auferstehung als das dritte Werk des Geistes bezogen[328]. Auch die

---

324 WA 11, 53, 7–16.
325 WA 11, 52, 27ff., s.S. 20.
326 Luther bezieht sich dabei auf einen Satz des Hilarius von Poitiers, in welchem dieser seine Appropriationen zusammenfasst: "Nec deesse quidquam consummationi tantae reperietur, intra quam sit, in Patre et Filio et Spiritu sancto, infinitas in aeterno, species in imagine, usus in munere." (De trin., II, 1 = Migne PL 10, 51). Luther hat offenbar die augustinische Fassung dieser Formel vorgelegen: "Aeternitas in Patre, species in Imagine, usus in Munere." (Augustinus, de trin., VI, 10, 11 = Migne PL 42, 931). Im Kontext der Predigt Luthers hat diese Formel rein assoziativen Charakter. Ihr drittes Glied veranlaßt ihn, dem heiligen Geist den usus des Evangeliums zu appropriieren.
327 WA 11, 53, 30–33.
328 WA 11, 54, 25f.: "3m opus spiritus sancti 'R e s u r r e c t i o m o r t u o r u m'. Ibi datur potentia spiritui, quod possit vivificare."

Auferstehung gehört also zum opus proprium spiritus sancti. Die Sündenvergebung jedoch scheint mit der ganzen Trinität verbunden zu sein: "R e m i s -
s i o n e m   p e c c a t o r u m hoc est 2. opus spiritus sancti. Christus remittit
peccatum et pater, pater vult, filius meruit, spiritus sanctus der richtets auss. Ita
remissio peccatorum nullibi est quam in communione sanctorum. Si est remissio
peccatorum, oportet, ut habeat signum, quia non potest esse ecclesia, nisi
cognoscatur per signum, quia ubi est fides, oportet ut sit aliquid externum, per
quod moveatur illa fides. Remissio peccatorum comprendit baptismum, panem,
confessionem. Ubi illa externa signa sunt, ne dubita certissimum patrem et filium
et spiritum sanctum adesse et remissionem peccatorum, ubi Euangelium est et
ubi baptismus, mess recte, oportet ut adsit remissio peccatorum, qua hoc longo
tempore abusi sunt[329]."

Auf Grund dieser Sätze kommt Johannes Meyer zu dem Schluß: "P23 sucht
eine Verbindung aller Teilaussagen mit dem h. Geist dadurch herzustellen, daß
Kirche, Vergebung und Auferstehung als die drei opera des Geistes bezeichnet
werden, freilich mit der bemerkenswerten Einschränkung, daß nur die Kirche
opus proprium des Geistes sei (d.h. Vergebung und Auferstehung sind
gemeinsame opera der Trinität). Vergebung und Kirche sind im Unterschied von
der K.F. ("Kurzen Form") nicht unter sich verbunden[330]."

Dagegen läßt sich folgendes einwenden:

(1.) Die Sündenvergebung wird zunächst als (zweites) Werk des heiligen
Geistes bezeichnet, nicht aber als Werk der Trinität.

(2.) Wenn andererseits aber auch auf das Zusammenwirken von Vater, Sohn
und Geist bei der Sündenvergebung hingewiesen wird, so deshalb, weil es sich bei
dem opus proprium des Geistes eben nur um eine Appropriation handelt. Eine
Appropriation findet dann statt, wenn das commune auf das proprium bezogen
wird[331]. Das commune liegt in diesem Falle darin, daß alle drei Personen bei der
Sündenvergebung gemeinsam wirken und darum auch dort anwesend sind, wo
Taufe, Abendmahl und Beichte als die äußeren Zeichen der Sündenvergebung
vollzogen werden. Das proprium des Geistes bei der Sündenvergebung sieht
Luther darin, daß er das ausrichtet, was der Sohn nach dem Willen des Vaters
durch sein Verdienst erworben hat. Dieses dem Geist appropriierte Ausrichten
entspricht aber genau dem, was vorher als das proprium des Geistes bezeichnet
wurde: das Fruchtbringen und Lebendigmachen.

(3.) Kirche und Vergebung der Sünden sind sehr wohl miteinander verbunden, und zwar grundsätzlich in der gleichen Weise wie in der "Kurzen Form":
"Illa remissio peccatorum nullibi est quam in communione sanctorum[332]."

329 WA 11, 54, 1–10.
330 Meyer, a.a.O., S. 354f.
331 vgl. die Definition des Thomas, s.o. S. 60f.
332 WA 11, 54, 3f.; vgl. Z. 11f.: ". . . ubi ergo est ecclesia, est remissio peccatorum . . ."

Diese Indizien sprechen m.E. dafür, daß die drei genannten Werke zusammen als proprium opus spiritus sancti betrachtet werden müssen. Meyer kommt zu seinem entgegengesetzten Urteil nur deshalb, weil er die Appropriationenlehre nicht gebührend berücksichtigt.

Schließlich erhalten wir in P23 auch Aufschluß über die wichtige Frage, wer denn eigentlich das Subjekt der Appropriationen ist. Die zunächst liegende Antwort scheint zu sein: der Theologe Luther. Aber in beiden von uns behandelten Stellen bezieht sich Luther auf bereits vorgegebene Appropriationen. Die vivificatio wird bereits in der Schrift dem heiligen Geist zugeteilt: "Ita dat scriptura spiritui, quod in nobis vivificet." Ähnlich verhält es sich bei dem dem heiligen Geist appropriierten dreifachen opus: Kirche, Vergebung der Sünden, Auferstehung – das ist nur eine Zusammenfassung der Aussagen, die im Apostolikum auf das Bekenntnis zum Geist folgen. Luther verweist also auch hier auf eine im Text bereits vorgegebene Appropriation. Da das Apostolikum für Luther nur eine Zusammenfassung des wesentlichen Inhaltes der Schrift ist, läßt sich folgendes Ergebnis festhalten: "Das Appropriieren als hermeneutisches Vorgehen des Theologen ist also ein Nachvollzug des in der Schrift schon vollzogenen Vorgangs der Appropriation[333]."

Es sei noch darauf hingewiesen, daß die gegenseitige Abgrenzung der dem Sohn und dem heiligen Geist appropriierten Werke in P23 noch nicht ganz gelungen zu sein scheint. Von Christus wird gesagt, daß er den lebendigen Glauben wirke[334]. Dem heiligen Geist aber wird zugeschrieben, daß er die Kirche mache[335]. Die Kirche ist aber nichts anderes als: "omnes fideles, qui sunt in orbe ... Christenheit, quod omnis multitudo Christianorum[336]." Werk Christi und Werk des heiligen Geistes überschneiden sich hier also.

Die folgenden Symbolauslegungen enthalten viel weniger direkte Hinweise darauf, daß es sich bei den Leitbegriffen (Schöpfung, Erlösung und Heiligung) um Appropriationen handelt, die den Satz "opera trinitatis ad extra sunt indivisa" nicht aufheben, sondern nur bestätigen. In PI werden die drei Leitbegriffe sowohl auf die drei Personen als auch auf den einen Gott bezogen: "Pater creavit omnia, Christus nos redemit ab omnibus malis, spiritus sanctus regit per suum verbum et donat ecclesiae varia dona. Nonne haec sunt eximia opera? Nonne deus noster est magnus? qui creavit caelum, terram et omnia? Qui deinde potest nos redimere suo sanguine? Qui denique concordem fidem et doctrinam anrichtet, qui mortuos excitabit? Die heiden stossen sich allein daran, quod nos tres deos facimus[337]."

Hatten wir es bisher mit Leitbegriffen zu tun, die das dreifache Handeln Gottes umschreiben, so begegnet uns in PII zum erstenmal das Verständnis der opera trinitatis als dreifache Gabe, in der sich Gott uns ganz gegeben und

---

333 Jüngel, a.a.O., S. 49.
334 WA 11, 49, 24f.: "Vivam fidem operatur in nobis Christus et illa dicit ⟩Credo in deum patrem⟨.
335 s.o. S. 66f.
336 WA 11, 53, 23–25.
337 WA 30 I, 10, 11–17; vgl. 10, 37–11, 4 (= Zitat Nr. 4, S. 36).

ausgeschüttet hat. Diese Auslegung des Handelns Gottes als dreifaches Geben wird in PII folgendermaßen ausgeführt: Der Vater gibt sich uns mit seiner Stärke, die sich in dem äußerlichen Werk der Schöpfung manifestiert. Der Sohn gibt sich uns mit seinen Werken und Verdiensten. Der Geist gibt sich uns mit seiner Gnade in der allgemeinen Kirche, in der Sündenvergebung und im ewigen Leben. — Wichtig ist dabei, daß hier nicht einfach drei Geber und drei Gaben aneinandergereiht werden. Luther geht vielmehr von der Einheit Gottes aus und betont, daß Gott sich uns *ganz* gegeben hat, um dann dieses Sich-Uns-Geben entsprechend den drei Personen dreifach zu spezifizieren[338]. Der innere Zusammenhang zwischen dem Geben des Vaters, des Sohnes und des heiligen Geistes wird dadurch angedeutet, daß nicht jede Person etwas für sich gibt, sondern daß der Sohn zu den Gaben des Vaters und der Geist zu den Gaben des Sohnes jeweils etwas hinzufügt.

Auch der große Katechismus nimmt diese Vorstellung vom dreifachen Geben Gottes auf, greift in der Terminologie allerdings auf das etwa ein halbes Jahr vor PII entstandene Bekenntnis Luthers zurück. Neben den in ausgeprägter Form verwendeten Leitbegriffen erscheint dieser Gedanke im Großen Katechismus an zentraler Stelle. Nachdem er bereits am Ende des ersten und am Anfang des zweiten Artikels[339] deutlich zur Sprache kam, begegnet er uns am Schluß der ganzen Symbolauslegung: "Aber diese (sc. Lehre des Glaubens) bringet eitel Gnade, machet uns fromm und Gott angenehme. Denn durch diese Erkenntnis kriegen wir Lust und Liebe zu allen Gepoten Gottes, weil wir hie sehen, wie sich

338 WA 30 I, 44, 28–45, 13: "Nos credimus die 3 person einen Gott, vater, son, heiliger Geist, et credimus, quod hae tres personae verus deus, sich gantz uns gegeben hat zu huelffe und stercke, ut servemus ista 10 praecepta, Pater suo robore, filius suis operibus, spiritus sanctus sua gratia. Non frustra ista 3 sic urgeo, ne contemnantur sic, etc.)Credo in deum(etc. Da bey ergreiff ich den vater, nempe an dem euserlichen werck, quod creavit celum et terram. Dadurch sol ich an yhn glauben. Creaturae illae sollen mir dienen, die Sonne mus scheinen, aqua waschen etc. Das ist ein stuecke, Das were weit auszustreichen. Pater hat sich ausgeschutt cum omnibus creaturis, quas creavit.
2.)Credo in Iesum Christum(etc. Der ist auch ausgeschutt et dedit nobis all sein thun ad servanda IO praecepta. Pater dedit omnes creaturas, Christus gibt dazu, quod est conceptus e spiritu sancto, pro nobis natus e virgine, passus, cruxifixus etc. ut acquireret nobis gratiam per suam mortem, ut lo praecepta impleremus. Creaturae datae, ut serviant, Christus filius dedit omnia sua opera et merita, ut impleremus 10 praecepta. Ipse enim non indigebat, ut moreretur, sed ideo tulit, ut imponeret sibi nostra peccata, ut faceremus et quod nos omiseramus, ipse solveret. Ideo hat er sich lassen damnirn, ne nos damneremur.
3.)Credo in spiritum sanctum(. Der thut auch dazu, gibt Catholicam ecclesiam, Remissionem peccatorum etc. quia spiritus sanctus ad hoc datus est, ut Catholicam ecclesiam regat. Sequitur statim)Ecclesia Catholica(, quod Christus sua passione meruit, das richt spiritus sanctus aus per suam Ecclesiam."
339 BSLK 650, 27–33: "Denn da sehen wir, wie sich der Vater uns gegeben hat sampt allen Kreaturen und aufs allerreichlichste in diesem Leben versorget, ohn daß er uns sonst auch mit unaussprechlichen, ewigen Gütern durch seinen Sohn und heiligen Geist überschüttet, wie wir hören werden." BSLK 651, 10–15: "Hie lernen wir die andere Person der Gottheit kennen, daß wir sehen, was wir über die vorigen zeitlichen Guter von Gott haben, nemlich wie er sich ganz und gar ausgeschüttet hat und nichts behalten, das er nicht uns gegeben habe."

Gott ganz und gar mit allem, das er hat, uns gibt zur Hülfe und Steuer, die zehen Gepot zu halten: der Vater alle Kreaturn, Christus alle seine Werk, der heilige Geist alle seine Gaben[340]."

Sowohl in PII als auch im Großen Katechismus ist das dreifache Sich-Geben Gottes die Voraussetzung für die Erfüllung der 10 Gebote. Im Bekenntnis von 1528, wo diese für den Katechismus wichtige Beziehung zwischen Dekalog und Symbol fehlt, wird das dreifache Sich-Ausschütten Gottes als heilsgeschichtliches Nacheinander expliziert. Entsprechendes gilt auch für die in den Symbolauslegungen verwendeten Leitbegriffe Schöpfung, Erlösung und Heiligung. Die Erlösung setzt nicht nur sachlich, sondern auch zeitlich die Schöpfung voraus. Die Erlösung durch Christus ist Reaktion auf die Sünde, die durch den Teufel in die Welt kam[341]. Auch die Heiligung durch den heiligen Geist setzt sachlich und zeitlich die Erlösung voraus[342].

Die zeitliche Abfolge der drei opera trinitatis wird in PIII an einer Stelle besonders deutlich ausgesprochen: "Die creationem haben wir hinweg et Christus suum officium implevit. Sed spiritus sanctus est adhuc in suo officio, quia remissio peccatorum ist noch nicht gar ausgerichtet, nondum liberati a morte, Sed post resurrectionem carnis[343]." — Das hier und im Großen Katechismus[344] ähnlich beschriebene Nacheinander von Schöpfung, Erlösung und Heiligung darf freilich nicht so verstanden werden, als ob jedes der drei Werke durch das nächstfolgende abgelöst und insofern aufgehoben würde[345]. Die Werke der Schöpfung und der Erlösung bleiben in Kraft. Denn das Werk des Geistes besteht ja eben darin, daß er zu Christus führt, und allein durch Christus kommen wir zum Vater.

340 BSLK 661, 33–42.
341 BSLK 651, 42 – 652, 2: "Denn da wir geschaffen waren und allerlei Guts von Gott, dem Vater, empfangen hatten, kam der Teufel und bracht uns in Ungehorsam, Sunde, Tod und alle Unglück, daß wir in seinem Zorn und Ungnade lagen, zu ewigem Verdamnis verurteilet, wie wir verwirkt und verdienet hatten. Da war kein Rat, Hülfe noch Trost, bis daß sich dieser einige und ewige Gottessohn unsers Jammers und Elends aus grundloser Güte erbarmte und vom Himmel kam, uns zu helfen." Vgl. auch WA 30 I, 89, 17–20: "Ideo bene dixi articulum 1. docere de Creatione, 2. de liberatione etc. ubi enim creati sumus, diabolus nos decepit et factus est dominus noster. Iam Christus liberat nos a morte, diabolo, peccatis, dat iusticiam, vitam, fidem, potentiam, salutem, sapientiam etc."
342 vgl. S. 46.
343 WA 30 I, 94, 10–13.
344 BSLK 659, 44 – 660, 5: "Das ist nu der Artikel, der da immerdar ins Werk gehen und bleiben muß. Denn die Schepfung haben wir nu hinweg, so ist die Erlösung auch ausgerichtet, aber der heilige Geist treibt sein Werk ohne Unterlaß bis auf den jünsten Tag, dazu er verordnet eine Gemeine auf Erden, dadurch er alles redet und tuet, Denn er seine Christenheit noch nicht alle zusammengebracht noch die Vergebung ausgeteilet hat."
345 Dieses Nacheinander hat J. Meyer zu wenig berücksicht, wenn er schreibt (Kommentar, S. 271): "Diese (sc. Werke) werden nicht als längst erledigte, vielleicht einander in heilsgeschichtlicher Folge ablösende Betätigungen verstanden, wobei dem 1. Art. die alttestamentliche, den beiden folgenden die neutestamentliche Stufe zufallen würde, sondern als gegenwärtiges Tun. Der Weltschöpfer schafft und sorgt noch immer, der Erlöser deckt die von den Tyrannen Befreiten durch sein schützendes Regiment, und der die Christenheit einigende Geist sammelt und heiligt sie fort und fort."

Der Große Katechismus überbietet insofern alle vorherigen Symbolauslegungen, als er im Schluß zu allen drei Artikeln das trinitarische Problem noch einmal ausdrücklich aufnimmt[346]. Im Symbol ist "das ganze göttliche Wesen, Willen und Werk mit ganz kurzen und doch reichen Worten aufs allerfeinste abgemalet." Die Welt trachtet zwar seit jeher danach, Gottes Wesen ("was doch Gott wäre") und Willen ("was er im Sinn hätte und täte") von sich aus zu erkennen, muß aber scheitern, solange sie entweder Gottes Offenbarung nicht kennt oder bewußt von ihr absieht. Gott offenbart sich aber in seinem dreifachen Werk: Schöpfung, Erlösung und Heiligung. Genauer: in seinem Werk offenbart Gott nicht irgendetwas, sondern sich *selbst:* sein Wesen und seinen Willen.

Gottes Wesen ist streng auf sein Werk bezogen: es ist das Wesen seines Wirkens. Dieses ist in Schöpfung, Erlösung und Heiligung das gleiche: in allen drei Artikeln hat Gott "den tieffsten Abgrund seines väterlichen Herzens und eitel unaussprechlicher Liebe" aufgetan. Damit ist die zunächst noch formale Aussage über Gottes Wesen inhaltlich näher bestimmt: Gottes Wesen ist die Liebe. In allen drei Artikeln offenbart sich der liebende Vater.

Zu dieser Erkenntnis gelangen wir freilich erst auf Grund aller drei Artikel. Ohne Christus, "der ein Spiegel ist des väterlichen Wesens", könnten wir "des Vaters Hulde und Gnade" nicht erkennen, weil wir als Sünder Gott nur als den "zornigen und schrecklichen" Richter sehen und fürchten müßten. Von Christus wiederum wüßten wir nichts ohne den heiligen Geist. So ist also die dreifache Selbstoffenbarung Gottes in seinem Werk nötig, damit wir sein Wesen und seinen Willen erkennen.

Luther hat also am Schluß seiner Symbolauslegung im Großen Katechismus noch einmal seine Lehre von der ökonomischen Trinität zusammengefaßt. Die Ausführungen des Großen Katechismus gehen in zweifacher Hinsicht über die vorherigen Symbolauslegungen hinaus. (1.) Es wird deutlicher betont, daß Gott in seinem dreifachen Werk sein Wesen offenbart. (2.) Dieses Wesen wird als die Liebe bestimmt.

---

346 BSLK 660, 18–47. Wir zitieren den ersten Abschnitt des Schlusses vollständig: "Siehe, da hast Du das ganze göttliche Wesen, Willen und Werk mit ganz kurzen und doch reichen Worten aufs allerfeineste abgemalet, darin alle unser Weisheit stehet, so über alle Menschen Weisheit, Sinn und Vernunft gehet und schwebt. Denn alle Welt, wiewohl sie mit allem Fleiß darnach getrachtet hat, was doch Gott wäre und was er im Sinn hätte und täte, so hat sie doch der keines je erlangen mögen. Hie aber hast Du es alles aufs allerreicheste. Denn da hat er selbs offenbaret und aufgetan den tieffsten Abgrund seines väterlichen Herzens und eitel unaussprechlicher Liebe in allen dreien Artikeln. Denn er hat uns eben dazu geschaffen, daß er uns erlösete und heiligte und über (= außerdem), daß er uns alles geben und eingetan (= verliehen) hatte, was im Himmel und auf Erden ist, hat er uns auch seinen Sohn und heiligen Geist geben, durch welche er uns zu sich brächte. Denn wir künnden (wie droben verkläret) nimmermehr dazu kommen, daß wir des Vaters Hulde und Gnade erkenneten ohn durch den HERRN Christum, der ein Spiegel ist des väterlichen Herzens, außer welchem wir nichts sehen denn einen zornigen und schrecklichen Richter. Von Christo aber künnten wir auch gar nichts wissen wo es nicht durch den heiligen Geist offenbaret wäre."

In bezug auf die Aussagen über das Wesen Gottes läßt sich in den Symbolauslegungen eine gewisse Entwicklung beobachten. Vor dem Großen Katechismus wird noch nicht der Begriff des Wesens Gottes[347], wohl aber der Begriff der göttlichen Natur in ökonomisch-trinitarischem Kontext verwendet: "Natura dei nostri est, quod creavit caelum et terram, Et habet filium, quem misit in mundum . . ."[348] Ganz allgemein läßt PI das Symbol auf die Frage antworten: "qualem deum habes?"[349] Die Antwort, welche die simplices et pueri auf die Frage, "was dein Gott für ein man ist", geben sollen, nennt den dreifachen Namen und das dreifache Werk Gottes[350]. Der Große Katechismus übernimmt im ersten Artikel diesen Ansatz, wobei sich sowohl in der katechetischen Gestaltung als auch in der theologischen Aussage deutlich ein Fortschritt abzeichnet. Dieser besteht darin, daß Luther gleich im ersten Satz des ersten Artikels thetisch und programmatisch erklärt: "Da ist aufs allerkürzste abgemalet und furgebildet, was Gottes des Vaters Wesen, Wille, Tuen und Werk sei[351]." Damit wird zugleich proleptisch auf den Schluß dieser Symbolauslegung hingewiesen. Diese Entsprechung von Anfang und Ende zeigt sehr schön den systematischen Aufbau des zweiten Hauptstücks des Großen Katechismus.

6. Die immanente Trinität

Es ist nun noch unsere Aufgabe, die wenigen Aussagen Luthers über das innertrinitarische Verhältnis der drei Personen zueinander zusammenzustellen und zu würdigen.

In der "Kurzen Form" wird das gegenseitige Verhältnis von Vater und Sohn als ewiges Gezeugtwerden beschrieben[352]. Beim heiligen Geist fehlt dagegen der entsprechende Begriff, der in der traditionellen Trinitätslehre die Relation zu den beiden anderen Personen bezeichnet: die processio ex patre filioque. Es wird nur hervorgehoben, "das der heylig Geyst / ein warhafftiger Gott ist mit dem Vatter und Sun"[353]. Auch in den folgenden Symbolauslegungen findet sich nirgends ein Hinweis darauf, wie das innertrinitarische Verhältnis des Geistes zu Vater und Sohn vorzustellen sei.

347 Der Begriff des Wesens Gottes begegnet in den Symbolauslegungen vor dem Großen Katechismus insgesamt nur zweimal: in der "Kurzen Form" in einem Satz über das innertrinitarische Verhältnis des Sohnes zum Vater (BoA II, 49, 24 = WA 7, 217, 7) und in P23 in einer antipelagianischen Auslegung der omnipotentia dei (WA 11, 49, 29).
348 WA 30 I, 10,9f. Fortsetzung des Zitates Nr. 4, S. 36.
349 WA 30 I, 9, 18.
350 WA 30 I, 11, 2ff. s.S. 36 Zitat Nr. 5.
351 BSLK 647, 27–29.
352 BoA II,49, 23–25 = WA 7, 217, 7–9: "Ich glaub nit allein / das Jhesus Christus warhafftiger eyniger gottis Sun ist / in eyner ewigen gottlichen natur unnd wesen von ewickeit ymmer geporen."
353 BoA II, 50, 38f. = WA 7, 218, 25f.; vgl. WA 30 I, 9, 33f. (PI) u. 91, 2f. (PIII).

Auch in P23 weist Luther hin auf die innertrinitarische Verschiedenheit der Personen kraft ihrer Relationen zueinander: "Quamquam pater et filius idem sit deus et eodem honore colatur, tamen filius a patre processit, pater prior persona est, tamen ratio non debet studere id complecti, sis contentus quod deus pater et filius et spiritus sanctus unus deus, quem uno cultu veneraris[354]." Hier wird also das Verhältnis von Vater und Sohn nicht wie üblich durch den Begriff des Zeugens umschrieben, sondern durch den etwas allgemeineren des Hervorgehens. Luther legt offenbar in den Predigten nicht unbedingt Wert darauf, die präzisen theologischen Termini zu verwenden. Ebensowenig wie das Imperfekt "processit" darf uns die Bezeichnung des Vaters als "prior persona" dazu verleiten, das Hervorgehen des Sohnes aus dem Vater als einen in der Zeit geschehenen und abgeschlossenen Vorgang vorzustellen. Es geht hier um logische, nicht um chronologische Priorität des Vaters vor dem Sohn.

Auch die dritte hier noch zu nennende Äußerung über die immanente Trinität findet sich im gleichen Kontext wie diejenigen aus der "Kurzen Form" und P23: in der Auslegung des Beginns des zweiten Artikels: "credo in Jesum Christum, filium eius unicum, dominum nostrum." PIII nimmt zwar auf diese beiden christologischen Titel bezug, läßt aber im Gegensatz zur "Kurzen Form" und P23 alle christologischen und trinitarischen Implikationen fort und bekennt, den Artikel kindgemäß auslegend[355]: "das meine ich damit, quod Iesus Christus, verus dei filius, sit meus dominus factus[356]." Der Große Katechismus übernimmt diesen Passus aus PIII und übersetzt ihn wörtlich: "Ich gläube, daß Jesus Christus, wahrhaftiger Gottessohn, sei mein Herr worden[357]." Der Kleine Katechismus geht an dieser Stelle über seine Vorlage hinaus, indem er in das Bekenntnis noch eine Aussage über die zwei Naturen Christi aufnimmt: "Ich gläube, daß Jesus Christus, wahrhaftiger Gott vom Vater in Ewigkeit geborn und auch wahrhaftiger Mensch von der Jungfrau Maria geborn, sei mein Herr . . ."[358] Auch hier ist es also wieder das traditionelle Theologumenon von der ewigen Zeugung des Sohnes durch den Vater vorausgesetzt. Freilich liegt dabei der Ton mehr auf dem Vor-Aller-Zeit-*Sein* des Gottessohnes als auf dem ewigen Gezeugt*werden*[359].

354 WA 11, 51, 15–18.
355 WA 30 I, 89, 5f.: "Sequitur 2. articulus, quem etiam pueriliter tractabimus."
356 a.a.O. S. 89, 8f.
357 BSLK651, 31–33.
358 BSLK 511, 23–26.
359 J. Meyer kommt (Kommentar S. 314) zu einem anderen Ergebnis: "In den Worten vom Vater ynn ewigkeit geborn könnte man versucht sein, das Theologumenon der generatio aeterna wiederzufinden, das Luther an sich gebilligt und auch in der K. F. [= Kurze Form] (yn eyner ewigen gottlichen natur und wesen von ewickeit y m m e r geporen, WA 7, 217, 7) vorgetragen hat. Aber hiergegen wird doch sprechen: 1. das Fehlen der in der K.F. damit verbundenen theologischen Terminologie (gottliche natur und wesen) im KK [= Kleiner Katechismus]; 2. die wiederholte Umschreibung durchs Perfekt in P32 [= Predigten des Jahres 1532] (dieselbige Person, die vor der Welt vom Vater in ewigkeit und von der Jungfrau in der Welt geboren ist, WA 36, 77, vgl. das sie (diese Person) geboren ist vor der Welt, und auch vor der Welt geboren, S. 78); 3. die untheologische populäre Deutung der Wendung im Mittelalter, wonach Jesus dreimal

Wir haben gesehen, daß Luther zwar oft betont, daß Vater, Sohn und heiliger Geist *ein* Gott sind. Im allgemeinen läßt er es aber bei der Behauptung der Einheit bewenden[360]. Die wenigen Aussagen über die immanente Trinität sind kurz und z.T. formelhaft. Es ist symptomatisch, daß sie jeweils im Kontext der christologischen Ausführungen der Symbolauslegungen Luthers stehen. Denn die Erkenntnis der Trinität muß ja ausgehen von Christus als dem "deus in carne volutus"[361]. Nirgends läßt sich in den Symbolauslegungen auch nur ein Ansatz zur rationalen Spekulation über die immanente Trinität feststellen. Luthers Haltung zu dieser Frage läßt sich am besten noch einmal mit seinen eigenen Worten zusammenfassen: "... ratio non debet studere id complecti, sis contentus, quod deus pater et filius et spiritus sanctus unus deus, quem uno cultu veneraris, fac ut serves carnem, quia non alius est aditus ad patrem nisi per puerum Iesum[362]."

7. Die Bedeutung der Trinitätslehre für Luthers Katechismen

Bevor wir ein vorläufiges Ergebnis formulieren, müssen wir noch ausführlicher auf die Trinitätslehre der Katechismen eingehen. Diese wird nämlich in der Lutherforschung sehr verschieden interpretiert und beurteilt. Als Einstieg in die

geboren ist 1. ewig, 2. menschlich, 3. gnadsamlich (d.h. in uns . . .). Wahrscheinlich will also Luther in Anlehnung an biblische Wendungen wie Micha 5,1 sagen, Jesus sei vor dem Anfange aller Dinge Gottes Sohn gewesen. Ewigkeit ist dann im Sinn zeitlicher Unendlichkeit zu verstehen wie im Schluß der Erklärung (lebet und regieret ynn ewigkeit). Luthers Auslegung verfolgt mithin das Leben des Herrn zurück in die Unendlichkeit seines Anfangs und hinaus bis in die Unendlichkeit seiner Zukunft. Christus vere deus de aeterno (Pr. 32: WA 36, 411, vgl. 36, 77)". – Gegen diese Argumentation ist folgendes einzuwenden:
ad 1) Luther verwendet, wenn er von der ewigen Zeugung redet, keineswegs immer die gleiche Terminologie wie in der "Kurzen Form". – ad 2) Die zitierten Stellen aus dem Jahre 1532 machen zwar den Anschein, als sei hier die Zeugung des Sohnes durch den Vater als ein perfektisches Geschehen gedacht. Aber für Luther schließt die Aussage, daß Christus schon vor Anfang der Welt gezeugt wurde, keineswegs den Gedanken der ewigen Zeugung aus. Das läßt sich z.B. einer Predigt Luthers aus dem Jahre 1533 entnehmen. Dort heißt es (WA 37, 38, 10ff.): "Und dennoch der Son ein ander person sey inn dem selbigen einigen wesen und maiestet, also daß der Son sey vom Vater inn ewigkeit geborn, nicht der Vater vom Son". Diese Aussage, die in dem fraglichen Teil genau derjenigen aus dem Kleinen Katechismus entspricht, folgt dann aber jene andere: "Das heisst nu Einiger Son, warer Gott so wol als der Vater, unter welchen beiden wir kein unterscheid wissen zu machen, on das der Vater ewiglich zeuget und der Son ewiglisch gezeuget wird." (WA 37, 41, 14ff.). – ad 3) Da hier nur von der zweifachen Geburt Jesu die Rede ist, wird man jene mittelalterliche populäre Redeweise von der dreifachen Geburt Jesu als Vorstellungshorizont nicht ohne weiteres voraussetzen können.

360 z.B. WA 11, 54, 30ff.; 30 I, 44, 28f.; 91, 2; BSLK 647, 18f.
361 vgl. dazu das Kapitel über den Glauben an den dreieinigen Gott, S. 13ff.
362 WA 11, 51, 16–19.

74

Diskussion bietet sich die schon lange bekannte Tatsache, daß Luther im Großen Katechismus überhaupt nicht explizit von der immanenten Trinität redet. Wie ist dieses Faktum zu verstehen und zu erklären? Welche Schlüsse sind daraus zu ziehen? Diesen Fragen wollen wir nun nachgehen, indem wir uns mit den Interpretationen verschiedener Lutherforscher auseinandersetzen.

Bereits Albrecht Ritschl hat aus dieser Tatsache geschlossen, der Große Katechismus lasse im Unterschied zum Kleinen Katechismus die Lehren von der Dreieinigkeit und den zwei Naturen dahingestellt. Nach den Maßstäben der "Kurzen Form" von 1520 "ist der Glaube an die ewige Erzeugung Christi, und der Glaube, daß er unser Herr sei, ebenso verschieden wie die verständige Zustimmung in seiner theoretischen Wahrheit, und das Vertrauen auf eine lebendige und wirksame Person"[363].

Auch Friedrich Loofs hat darauf hingewiesen, daß Luther "im kleinen Katechismus alle, im großen Katechismus fast alle trinitarischen Formeln" weggelassen hat[364]. Er rechnet das zusammen mit einigen Bemerkungen Luthers zur Terminologie der Trinitätslehre zu den "Ansätzen zur Kritik" an den "drei sog. ökumenischen Symbolen und den in ihnen enthaltenen altkirchlichen dogmatischen Formeln"[365]. Freilich sind es für Loofs nur Ansätze. Denn grundsätzlich hat Luther durch die Nachwirkung altkatholischer Anschauungen davor Halt gemacht, seine Grundgedanken auch kritisch auf die hl. Schrift und auf die ökumenischen Symbole anzuwenden. Und "daß der Sache nach die altkirchliche Christologie und Trinitätslehre korrekt, d.h. biblisch sei, hat Luther nie bezweifelt"[366].

Loofs hingegen bezweifelt es, wie bereits aus dem Titel des § 79 seiner Dogmengeschichte hervorgeht: "Die von Luther beibehaltenen alt-katholischen Voraussetzungen und Dogmen und die formalen Mängel seiner neuen Erkenntnis[367]." Er kommt darum zu dem Ergebnis: "Wenn Luther das Apostolikum f ü r G e l e h r t e u n d , d i e e t w a s l ä u f t i g s i n d , hätte a u s s t r e i c h e n sollen, so würde er unbefangen auch alle Formeln des Athanasianums hineininterpretiert haben. Man übernahm also faktisch, auch wenn zunächst religiös umgedeutet, die lex fidei der alten Kirche, obwohl dieselbe, richtig verstanden, von dem wiederentdeckten r e l i g i ö s e n Glauben so gut wie gar nichts sagt, vielmehr seine Bedeutung durch Betonung der fides historica und dogmatica verhüllt, ja (man denke an den Eingangssatz des Athanasianum) unter falschen Vorstellungen vom Glauben begräbt[368]." Für Loofs stehen also das in der Alten Kirche ausgebildete trinitarische Dogma und Luthers religiöser Glaube im Gegensatz zueinander. Aber bereits hier ist folgendes kritisch einzuwenden: Wohl kann die altkirchliche Trinitätslehre zur lex fidei werden, wie es ja im

363 A. Ritschl, Fides implicita, 1890, S. 62.
364 F. Loofs, Leitfaden zum Studium der Dogmengeschichte, 4. Aufl., 1906, S. 751.
365 a.a.O., S. 750.
366 a.a.O., S. 751.
367 a.a.O., S. 740.
368 a.a.O., S. 752.

Athanasianum tatsächlich geschehen ist. Die Frage ist aber: Muß sie es auf jeden Fall werden? Kann sie sich nicht zur organischen Einheit mit der Rechtfertigungslehre verbinden? Und ist das nicht bei Luther der Fall? Für Loofs kommt die Trinitätslehre offenbar nur als Glaubensg e s e t z in Frage. Er betont, daß es sich bei Luther nur um eine Umdeutung des altkirchlichen Trinitätsdogmas handeln könne, führt jedoch nicht weiter aus, inwiefern die Reformatoren die altkirchlichen Dogmen umgedeutet haben.

Adolf von Harnack schreibt: "Zweitens hat Luther eine unsägliche Verwirrung hinterlassen in Bezug auf die Bedeutung der alten Dogmen im engsten Sinne des Worts. Von seinem rechtfertigenden Heilsglauben führt keine Brücke zu ihnen, nicht weil dieser Glaube sie nicht erreicht, sondern weil jene Dogmen das Wesen Gottes nicht so wunderbar und tröstlich beschreiben, wie es der evangelische Glaube erkennt. Auf diesen Satz kann man überall die Probe machen, wo Luther sein Christenthum unmittelbar und lebendig zum Ausdruck bringt. Christus ist ihm nicht eine göttliche Person, welche die Menschheit angenommen hat, sondern der Mensch Jesus ist die Offenbarung selbst, und Vater, Sohn und Geist sind nicht drei nebeneinander stehende Personen, sondern ein Gott und Vater hat uns in Christi Wort und Werk sein väterliches Herz aufgethan und offenbart durch seinen Geist Christum in den Herzen. Was hat diese Betrachtung des Glaubens mit den Speculationen der Griechen zu thun?"[369] Mit diesen Worten weist Harnack hin auf die berühmte Zusammenfassung am Schluß der Auslegung des Apostolikums im Großen Katechismus[370]. Aber ist sie wirklich so zu verstehen, wie Harnack es will? Denn Harnack deutet sie offensichtlich modalistisch. Diese Deutung ist jedoch darum nicht möglich, weil Luther selbst ja seine Auslegung nach den drei Personen der Gottheit und ihrem dreifachen Wirken aufgeteilt hat. Vater, Sohn und Geist sind also zunächst einmal doch "drei nebeneinander stehende Personen". Gott hat den Abgrund seines väterlichen Herzens ja gerade in allen d r e i Artikeln geoffenbart. Zudem sagt Luther ja gar nicht, daß Gott sich nur im M e n s c h e n Jesus Christus offenbart. Nicht der Mensch Jesus ist Spiegel des väterlichen Herzens, sondern Christus, der Herr, der Sohn Gottes. Hätte Luther seine Ausführungen modalistisch gemeint, hätte er die Auslegung des zweiten Artikels nicht mit den Worten beginnen dürfen: "Hier lernen wir die andere Person der Gottheit kennen . . ."

Hatte Harnack Luthers Trinitätslehre im Großen Katechismus modalistisch gedeutet, so sieht Karl Thieme in ihr gerade die gegenteilige Tendenz: "Daß der dreieinige Gott der Katechismen nach der Richtung eines naiven Tritheismus wirkt, ist unleugbar[371]." Als Begründung für diese These führt Thieme an, daß im Kleinen Katechismus zwar das Wort "Person" nicht vorkomme, daß aber auch nicht gelehrt werde, "daß die auf Vater, Sohn und Heiligen Geist verteilten drei Werke ungeteilte Werke der ungeteilten Dreifaltig-

369 Lehrbuch der Dogmengeschichte, Bd. III, 4. Aufl. 1910, S. 874.
370 s.o. S. 71, Anm. 346.
371 Karl Thieme, der Gott der Katechismen, ZThK N.F. 10 Jg. 1929, S. 191.

keit, des Einen Gottes sind"[372]. Und wenn im Großen Katechismus von der andern Person der Gottheit gesagt werde, "bis daß sich dieser einige und ewige Gottessohn unsers Jammers und Elends aus grundloser Güte erbarmete und vom Himmel kam, uns zu helfen", so sei sie "natürlich als ein seiner selbst bewußtes und mächtiges, mitfühlendes, wollendes Einzelwesen vorgestellt"[373]. Das gleiche gelte auch vom Heiligen Geist, der "nicht nur als Gottes Instrument wirkt, sondern wie der Schöpfer und Erlöser selbstmächtig sein Amt und Werk treibt, z.B. durch s e i n e heilige Gemeine, die er in der Welt hat, als sein Instrument hat"[374].

Zu dem ersten Argument ist zu sagen, daß Luther in den Katechismen zwar nicht ausdrücklich lehrt, daß die Leitbegriffe als Appropriationen zu verstehen sind. Aber daß die drei Werke "ungeteilte Werke der ungeteilten Dreifaltigkeit" sind, geht aus den Vorläufern der beiden Katechismen hervor, ebenso aber auch aus dem Satz des Großen Katechismus: "Denn er hat uns eben dazu geschaffen, daß er uns erlösete und heiligte[375]."

Interpretieren wir Luthers Katechismen auf dem Hintergrund seiner sonstigen Symbolauslegungen, so ist klar, daß die Trinitätsaussagen nicht tritheistisch gemeint sind. Eine andere Frage ist freilich, ob diese Aussagen im einfachen Kirchenvolk tritheistisch gewirkt haben. Diese Frage soll erst dann erörtert werden, wenn wir uns einen Überblick über das weitere Material verschafft haben.

Weder modalistisch noch tritheistisch[376] möchte Georg Wobbermin Luthers Trinitätsaussagen deuten. Auch ihm ist aufgefallen, daß im Großen Katechismus die immanent-trinitarischen Aussagen fehlen. In seinem Aufsatz "Die Frage nach Gott in Luthers Großem Katechismus"[377] hat er eine eigene Interpretation der Trinitätslehre des Reformators vorgelegt. Wobbermin geht aus von Luthers Satz, daß der Glaube in drei Hauptartikel einzuteilen sei "nach den drei Personen der Gottheit". Mit diesen Worten gebraucht Luther die Terminologie der altdogmatischen Trinitätslehre. Die Frage ist aber, "o b m i t d i e s e r T e r m i n o l o g i e a u c h d i e a l t d o g m a t i s c h e T r i n i t ä t s l e h r e s e l b s t v e r t r e t e n w i r d"[378]. Wobbermin bestreitet nicht, "daß Luther die altkirchlich-griechische Trinitätslehre herübergenommen und vertreten hat"[379]. Er meint jedoch zu sehen, "daß trotz Luthers Herübernahme der altkirchlichen

372 a.a.O., S. 190f.
373 a.a.O., S. 191f.
374 ebd.
375 BSLK 660, 32f.
376 vgl. E. Schlink, Theologie der lutherischen Bekenntnisschriften, 1948, S. 102f.; F. Brunstäd, Theologie der lutherischen Bekenntnisschriften, 1951, S. 35; R. Prenter, a.a.O., S. 240.
377 Festgabe für D. Dr. Julius Kaftan zu seinem 70. Geburtstage, 1920, S. 418–435. Einen Teil dieser Ausführungen hat Wobbermin in Bd. III seiner Systematischen Theologie wiederabgedruckt: Wesen und Wahrheit des Christentums, 1925, S. 181–186 u. 453–458.
378 a.a.O., S. 427.
379 G. Wobbermin, Luthers trinitarischer Monotheismus, ZThK N.F. 9. Jg. 1928, S. 243.

Trinitätslehre die seiner innersten Überzeugung und ihrem tiefsten Interesse entsprechende Betrachtung in eine andere Richtung geht, nämlich in die Richtung des trinitarischen Monotheismus"[380]. Wobbermin möchte nachweisen, daß Luther die von ihm (Wobbermin) vertretene Position des trinitarischen Monotheismus zwar nicht "eindeutig ausgesprochen", wohl aber "vorbereitet" habe.

Bevor wir auf seine weiteren Ausführungen über Luthers Trinitätslehre eingehen, müssen wir versuchen, zu klären, was Wobbermin unter dem trinitarischen Monotheismus versteht. Dieser ist "das eigentliche Grundwesen des Christentums"[381]. Religions-psychologisch gesehen ist der christlich-trinitarische Glaube begründet in einer Dreiheit religiöser Gefühle, die sich in irgendeiner Form in allen Religionen findet: dem Abhängigkeitsgefühl, dem Geborgenheitsgefühl und dem Sehnsuchtsgefühl. "Diese Dreiheit der religiösen Grundgefühle erhält nun ihre spezifische christliche Ausprägung (und Vollendung) im christlichen Gottesglauben, wie er sich als trinitarischer Monotheismus gestaltet[382]." Freilich darf der christlich-trinitarische Glaube auf keinen Fall mit der überlieferten kirchlichen Trinitätslehre identifiziert werden. Denn diese ist nur "eine mit den Denkmitteln und Vorstellungsformen der antiken Philosophie gearbeitete dogmatische Konstruktion", die das Neue Testament selber nicht kennt[383]. Wobbermin ist sich mit vielen evangelischen Theologen seiner Zeit einig in der Ablehnung der kirchlich-dogmatischen Trinitätslehre als einer physisch-metaphysischen Lehre, "die sich einer naturhaft orientierten Gesamtbetrachtung der christlichen Religion eingliedert"[384]. Das eigentlich Verwerfliche an dieser Religions- und Heilsauffassung ist, daß sie "als Ziel die naturhafte Vergottung der Gläubigen ansieht"[385]. Freilich lehnt Wobbermin die in der neueren evangelischen Theologie oft vertretene Meinung ab, nur die ökonomische Trinitätslehre sei legitim, die ontologische dagegen abzulehnen. Denn: "D a sich im Christentum die Trinität durchaus auf Gott selbst bezieht, so muß sie auch ontologisch gefaßt werden[386]." Nicht das ist der Fehler der altkirchlichen Trinitätslehre, daß sie ontologisch gefaßt ist; das ist vielmehr gerade ihr Vorzug. "Ihr Fehler ist die physisch-metaphysische Ausprägung der ontologisch gefaßten Trinität[387]." Und diese physisch-metaphysische Ausprägung der ontologischen Trinitätslehre

380 ebd.
381 Wobbermin, Syst. Theol. Bd. III, S. 389.
382 a.a.O., S. 432.
383 a.a.O., S. 390.
384 a.a.O., S. 434.
385 ebd.
386 a.a.O., S. 440.
387 ebd.

"widerstreitet ebenso dem monotheistischen Charakter des christlichen Gottesglaubens wie einem streng personalistischen Gottesbegriff"[388]. M.a.W.: Die
altkirchliche Trinitätslehre hat mindestens einen gefährlichen Hang zum Tritheismus.

Aus diesen Voraussetzungen ergibt sich für Wobbermin eine Doppelforderung
an die Trinitätslehre, die nur von einem echten trinitarischen Monotheismus
erfüllt wird: sie muß ontologisch, darf aber nicht physisch-metaphysisch gefaßt
sein. Diese Doppelforderung ist wenigstens dem Ansatz nach bei Luther erfüllt.

Zur Unterstützung seiner These führt Wobbermin an, daß in Luthers
Ausführungen über die Dreiteilung des Symbols in der Einleitung zum
Glaubensbekenntnis die innergöttlichen Beziehungen zwischen den drei Personen
der Gottheit gar nicht berücksichtigt werden, sondern eben nur die opera ad
extra: Schöpfung, Erlösung und Heiligung. Das zeigt bereits, "in welcher
Richtung das eigentliche Interesse Luthers liegt"[389]. Der für Wobbermin
entscheidende und stringente Satz ist jedoch Luthers Schlußbemerkung in der
Einleitung: "Ein Gott und Glaube, aber drei Person, darümb auch drei Artikel
oder Bekenntnis[390]." In diesem Satz offenbart sich Luthers "doppelseitige"
Stellung zur Trinität. "S i e u m s c h l i e ß t g l e i c h z e i t i g d i e
G e b u n d e n h e i t a n d i e a l t k i r c h l i c h e L e h r e u n d d o c h
a n d r e r s e i t s d e n A n s a t z z u e i n e m g a n z n e u e n V e r -
s t ä n d n i s[391]."

Da Wobbermin seine Argumentation fast ganz auf diese Schlußbemerkung
Luthers aufbaut, wollen wir seine Auslegung jenes Satzes zitieren: "Der Satz
besteht aus zwei Gliedern; das Verhältnis der beiden Glieder zueinander ist ganz
eigenartig. Ein Gott und ein Glaube — sagt das vordere Satzglied. Das ist also das
erste, was Luther im Rückblick auf die trinitarische Formulierung des Gottesglaubens einzuschärfen hat. Die trinitarische Formulierung ist die Näherbestimmung des monotheistischen Gottesglaubens. Denn der Einheit und Einheitlichkeit des Glaubens entspricht die Einheit und Einheitlichkeit Gottes. Ein Glaube
und Gott — so müßte eigentlich der vorherbesprochenen Gesamtposition Luthers
gemäß — die Reihenfolge der Begriffe gewählt sein. Auch bei der Umstellung, die
sich aus der Rücksicht auf die zweite Satzhälfte erklärt, bleibt doch jedenfalls
das volle Wechselverhältnis der Begriffe vorbehalten. Anders ist es dagegen bei
dem zweiten Satzglied: aber drei Personen, darum auch drei Artikel oder
Bekenntnis. Hier verläuft der Gedankengang ausschließlich in der Richtung von
der objektiven Größe zur subjektiven. Das ist nur daraus zu erklären, daß hier die
objektive Größe — die "drei Personen" — aus der Tradition aufgenommen und
traditionell-autoritativ eingeführt wird. Fände diese Einwirkung der traditionellen Trinitätslehre nicht statt, dann müßte der Gedankengang im zweiten
Satzglied folgender sein: wie der Glaube sich durch die Beziehung auf die

388 a.a.O., S. 441.
389 Festgabe für Kaftan, S. 427.
390 BSLK, S. 647, 18f.
391 Wobbermin, a.a.O., S. 427.

verschiedenen der religiösen Erfahrung zugänglichen Wirkungsweisen Gottes differenziert, so umschließt Gottes Wesen selbst die drei Momente oder Seiten, welche jene erfahrbaren Wirkungsweisen begründen. D a s w ü r d e a b e r e i n e g a n z n e u e F a s s u n g d e s t r i n i t a r i s c h e n G e d a n k e n s z u r F o l g e h a b e n. Es würde sich in ihm dann nicht um drei in selbständiger individueller Existenz nebeneinander stehende Potenzen der Gottheit handeln, sondern um die drei Momente oder Seiten ihres Wesens, die den drei Hauptrichtungen der religiösen Erfahrung entsprechen und sie bedingen[392]." Mit dieser Interpretation Luthers durch Wobbermin ist nun auch die obgenannte Doppelforderung an die Trinitätslehre erfüllt. Aber ist diese Interpretation auch wirklich stichhaltig?

Bereits Karl Thieme hat darauf hingewiesen, wie sehr Wobbermin hier seine eigene Auffassung vom trinitarischen Monotheismus in Luther hinein-projiziert[393]. Das zeigt sich besonders dort, wo Wobbermin sich genötigt sieht zuzugeben, daß es bei Luther heißt "ein Gott und ein Glaube", während es nach Wobbermins Interpretation doch eigentlich heißen müßte: "ein Glaube und ein Gott". Wobbermin kommt zu dieser Umstellung aufgrund seines Verständnisses des berühmten Anfangs der Auslegung des ersten Gebotes im Großen Katechis-mus. Aber wie auch immer der Satz "die zwei gehören zuhaufe, Glaube und Gott"[394] zu verstehen sein mag, Wobbermins Interpretation wird einfach falsch, wenn er erklärt: "Denn der Einheit und Einheitlichkeit des Glaubens entspricht die Einheit und Einheitlichkeit Gottes[395]." Dieser Satz beruht auf einem krassen Mißverständnis der Worte "Ein Gotte und Glaube". Luther selbst hat nämlich diese knappe, thetische Aussage in der "Kurzen Form" etwas näher erläutert. Dort heißt es: "Und wie es eyn gleych glaub ist in alle drey person / ßo seyn die drey person auch eyn gott[396]." Und was unter diesem "einen gleichen Glauben" an alle drei Personen zu verstehen ist, hat Luther unmittelbar vor diesem Satz so umschrieben: "Und den glauben soll man niemant geben / dann alleyn gott / darumb / wirt die gottheyt Jhesu Christi und des heyligen geystes damit bekant / das wir ynn yhn gleich wie in den vatter glauben[397]." In diesen Ausführungen Luthers sind zwei Grundgedanken zu unterscheiden:

1) Es ist der g l e i c h e Glaube. Bereits das Apostolikum mit seinem dreifachen "credo in" weist ja darauf hin, daß es nicht drei ganz verschiedene Glaubens-weisen sind, mit denen wir dem Vater, Jesus Christus oder dem heiligen Geist gegenüberstehen. Diese Gleichheit des Glaubens ist dadurch bedingt, daß wir es auch im Sohn und im heiligen Geist mit Gott selbst zu tun haben.

392 a.a.O., S. 427f.
393 Karl Thieme, Zur Trinitätsfrage, ZThK N.F. 8. Jg., 1927, S. 251–268.
394 BSLK 560, 21f.
395 Wobbermin, a.a.O., S. 428.
396 BoA II, 48, 11f. vgl. o. S. 13.
397 BoA II, 48, 8–10, vgl. o. S. 13.

2) Es ist e i n Glaube. Der Glaube an den dreieinigen Gott ist ungeteilt und unteilbar. Es ist nicht eine dreifache Wiederholung des gleichen Glaubensaktes, sondern es ist ein Glaube. Dieser Glaube ist darum ungeteilt, weil er sich auf den einen Gott richtet. Wir brauchen hier nur noch an den Satz aus P23 zu erinnern: "sis contentus, quod deus pater et filius et spiritus sanctus u n u s deus, quem u n o cultu veneraris[398]." Auch der Kultus ist also ungeteilt, weil er auf den einen Gott bezogen ist: "wie opera trinitatis ad extra sunt indivisa, so cultus trinitatis ab extra est indivisus[399]."

Der Vergleich mit den entsprechenden Sätzen aus der "Kurzen Form" ergibt also, daß Luther an der fraglichen Stelle des Großen Katechismus folgendes sagen will: Es sind zwar drei verschiedene Glaubensartikel, die sich auf die drei Personen beziehen. Aber weil diese drei Personen ein Gott sind, darum ist nur ein Glaube angemessen. Der Gedankengang verläuft — wie Wobbermin selber zugesteht — im zweiten Teil des Satzes eindeutig von den Personen zu den Artikeln. Weil es drei Personen sind, d a r u m drei Artikel. Von einem Wechselverhältnis ist hier nicht die Rede. Es ist schon deshalb nicht einzusehen, warum es im ersten Teil des Satzes unbedingt anders sein soll. Zwar ist es richtig, daß Luther hier den Monotheismus betont. Aber in diesem Monotheismus entspricht die Einheit und Einheitlichkeit des Glaubens der Einheit und Einheitlichkeit Gottes, und nicht umgekehrt[400]. Das ist prinzipiell gesehen gar nichts Neues gegenüber der Tradition, auch wenn Luther hier und da die Akzente anders setzt. Nicht nur die "drei Personen" sind Einwirkung der traditionellen Trinitätslehre, sondern bereits der "unus deus". In b e i d e n Teilen des Satzes hat Luther also "altdogmatische Gedanken" gehabt[401].

Wobbermin kommt zum entgegengesetzten Urteil, weil er die drei Wirkungsweisen (Schöpfung, Erlösung und Heiligung) gegen die drei Personen ausspielt. Aber im Sinne Luthers sind die drei Wirkungsweisen gerade auf die drei Personen zu beziehen. Denn nicht umsonst sagt Luther, daß das Glaubensbekenntnis nach den "drei Personen der Gottheit" (und nicht nach den drei Wirkungsweisen!) aufgeteilt ist. Es mag sein, daß Luther die drei Wirkungsweisen gegenüber der Tradition stärker betont. Aber das ist kein Grund dafür, die drei Personen durch drei Seiten oder Momente des göttlichen Wesens, welche den drei Hauptrichtungen der religiösen Erfahrung entsprechen, zu ersetzen. Der fragliche Satz Luthers enthält keine Basis für den trinitarischen Monotheismus im Sinne Wobbermins. Nachdem Wobbermin den neuen Ansatz Luthers in der Trinitätslehre dargelegt hat, prüft er, wie sich die Einzelausführungen des Reformators im Großen Katechismus dazu verhalten. Er kommt dabei zu folgendem Ergebnis: "Von einer Trinität im Sinne der altdogmatischen Trinitätslehre, von ihren Bestimmungen über die Verhältnisse der drei Personen der Gottheit zueinander ist in dieser übergreifenden und die Gesamtanschauung beherrschenden Gedankenreihe

398 WA 11, 51, 17f. (Sperrung von mir) vgl. o. S. 19 Anm. 66.
399 So Thieme, a.a.O., S. 257, ohne das Zitat von Luther.
400 vgl. bereits S. 14.
401 vgl. Thieme, a.a.O., S. 257.

Luthers keine Spur. Man kann sich das aufs konkreteste veranschaulichen durch die Verlegenheit, in die man gerät, wenn man an diese Betrachtung Luthers die berühmte Streitfrage der altdogmatischen Trinitätslehre heranbringt, ob der heilige Geist vom Vater allein oder vom Vater und Sohn gleichmäßig ausgeht. Die Einheitlichkeit der Gott-Persönlichkeit, der einheitliche Personcharakter Gottes ist feststehende Voraussetzung des ganzen Gedankengefüges[402]."

Bereits Thieme hat demgegenüber darauf hingewiesen, daß Luther nicht einmal im Kleinen Katechismus dem Hausvater und seinem Gesinde das Theologumenon der ewigen Zeugung erspart[403]. Im Großen Katechismus wird die ewige Zeugung zwar nicht expressis verbis erwähnt. Aber immerhin beginnt Luther seine Auslegung des zweiten Artikels mit den Worten: "Hie lernen wir die andere Person der Gottheit kennen..."[404] Im Verlaufe der Auslegung wird Christus der "einige und ewige Gottessohn" genannt[405]. Wie wir gesehen haben, wird die ewige Zeugung des Sohnes durch den Vater in Luthers Symbolauslegungen mehrfach erwähnt. Daß er auf die alte Streitfrage nach dem Ausgang des Geistes hier nicht näher eingeht, ist noch kein Beweis dafür, daß er es nicht hätte tun können. Seit 1528 hat er das abendländische filioque in seinen Predigten häufig erwähnt.

Wobbermin versuchte nun seinerseits in seiner Replik "Luthers trinitarischer Monotheismus" den Hinweis auf die ewige Zeugung als Argument gegen seine These zu entkräften. Er behauptet, die altkirchliche Trinitätslehre komme "erst in der Beziehung der beiden Momente (generatio und spiratio) aufeinander ... zu ihrer vollen Geltung"[406]. Bei Luther fehle aber die spiratio. Die Vorstellung von der ewigen Zeugung jedoch sei hier "dem spezifischen Gefüge des griechischen Dogmas so völlig entnommen und so sicher und fest dem Gefüge des evangelischen Heilsglaubens eingeordnet, daß sie als Beweis für die uneingeschränkte Geltung der altkirchlichen Trinitätslehre nicht in Anspruch genommen werden kann"[407]. Dieser Satz zeigt einmal mehr, daß Wobbermin von einem kontradiktorischen Gegensatz zwischen dem altkirchlich-griechischen Dogma und dem "evangelischen Heilsglauben" ausgeht. Er beschreibt diesen Gegensatz folgendermaßen: "Denn so sehr auch von Luther die dogmatische Formulierung der altkirchlich-griechischen Trinitätslehre beibehalten wird, die dieses Dogma beherrschende naturhafte Gesamtbetrachtung, der sich die Rede von den drei Personen der Gottheit dort eingliedert, und die auch in der römisch=katholischen Scholastik nachwirkt: sie fehlt bei Luther vollständig. Sie steht nicht nur nicht im beherrschenden Mittelpunkt seiner Gedankenführung, sondern hat für diese jede Bedeutung

402 Wobbermin, a.a.O., S. 429.
403 Thieme, a.a.O., S. 255.
404 BSLK 651, 10f.; vgl. Thieme, S. 255.
405 BSLK 651, 50.
406 Wobbermin, ZThK 1928, S. 246.
407 a.a.O., S. 246f.

v e r l o r e n . Der Gedankengang ist vielmehr streng vom evangelischen Heils-glauben aus im Hinblick auf Gottes Betätigung seines heiligen Liebeswillens in Schöpfung, Erlösung und Heiligung entworfen[408]."

Die von Luther vorbereitete ontologische Trinitätslehre faßt Wobbermin kurz so zusammen: "Der Gott, der der allmächtige Schöpfer aller Dinge ist, ist also nach einer andern Seite seines Wesens, ein solcher, der die Welt, zumal die Geschichte lebendig durchwaltet und in ihr die Offenbarung seiner selbst vollzieht, und er ist wiederum ein solcher, der geistiges Personenleben weckt und fördert und in die Gemeinschaft mit sich selbst hinführt[409]."

Wie diese Gegenüberstellung zeigt, beruht für Wobbermin der Unterschied zwischen altkirchlicher und Luther'scher Trinitätslehre auf dem schlechthinnigen Gegensatz von "naturhafter Gesamtbetrachtung" und "geistigem Personen-leben". Seine weiteren Argumente stehen und fallen mit dieser äußerst fragwürdigen Voraussetzung. Der schlechthinnige Gegensatz zwischen Natur und Geist ist jedoch ein Axiom der Ritschl'schen Theologie, nicht aber der Luther'schen. Man lese nur Luthers Schrift "Von Abendmahl Christi, Bekennt-nis", und man wird sehen, daß Luthers Verhältnis zur altkirchlich-mittelalter-lichen Tradition nicht nach dem Schema "geistig-sittliches Personenleben" hie und "naturhafte Gesamtbetrachtung" dort beurteilt werden kann[410].

Wobbermin scheint aufgrund dieser Voraussetzung von der Alternative auszugehen, daß man entweder die ganze altkirchliche Trinitätslehre reproduzie-ren müsse oder sonst eben im Gegensatz zu ihr stehe. Da aber jene Voraussetzung nicht stimmt, ist auch diese Alternative nicht zwingend. Wir müssen darum zunächst einmal feststellen, daß Luther in den von uns bisher behandelten Schriften und Predigten gewisse Elemente der altkirchlichen Trinitätslehre übernommen hat, gewisse andere jedoch nicht zur Sprache gebracht hat.

Den Gedanken der ewigen Zeugung des Gottessohnes durch den Vater hat Luther übernommen. Von den "drei Personen der Gottheit" hat er ebenfalls häufig geredet. Auch wenn die innergöttliche Beziehung des heiligen Geistes zu den anderen Personen bisher kaum zur Sprache kam, so läßt sich jedenfalls nicht leugnen, daß Luther die Person und Gottheit des Geistes mehrfach unterstrichen hat. Darum ist es auch nicht stichhaltig, wenn gelegentlich darauf hingewiesen wird, "daß Luthers Erklärung zum dritten Artikel in den Katechismen im Gegensatz zu der des zweiten Artikels nichts über die Person des Geistes aussagt und weder ein klares Bekenntnis zur Gottheit des Geistes noch eine Aussage über sein Verhältnis zu den andern Personen der Dreieinigkeit enthält, sondern gleich

408 a.a.O., S. 243f.
409 Festgabe für Kaftan, S. 430.
410 Bei der Beurteilung dieser Frage durch Wobbermin scheint auch das heimliche Axiom mancher Luther-Forscher mitzuspielen: Luther muß auf jeden Fall ganz anders gedacht haben als die Tradition. — Damit soll die Berechtigung und Notwendigkeit der Frage nach dem Neuen in der Theologie eines Mannes oder einer Epoche keineswegs geleugnet werden. Aber: Gibt es in der Theologie Neues, das schlechthin in keinem Zusammen-hang mit der Tradition steht?

dazu übergeht das A m t des Geistes zu beschreiben"[411]. Denn abgesehen davon, daß die Katechismus-Predigten das Bekenntnis zur Person und Gottheit des Geistes enthalten, hat Luther auch im Großen Katechismus den heiligen Geist als Gottes Geist allen anderen Geistern gegenübergestellt. Zudem ist ja bereits am Anfang der Auslegung des Apostolikums im Großen Katechismus von den drei Personen der Gottheit die Rede. So wäre es ganz verfehlt, Luther hier die Anschauung zuschreiben zu wollen, der heilige Geist sei nur eine Kraft Gottes. Wenn wir also Luthers Katechismen auf dem Hintergrund seiner vorhergehenden Symbolauslegungen betrachten, so kommen wir zu dem eindeutigen Ergebnis, daß der Reformator einen trinitarischen Monotheismus im Sinne Wobbermins ebensowenig vertreten hat wie eine modalistische oder tritheistische Trinitätslehre. —

Nach dieser Abgrenzung gegenüber anderen Anschauungen fassen wir nun die wichtigsten Ergebnisse unserer bisherigen Untersuchung zusammen. Die Trinitätslehre ist die Grundlage der Symbolauslegungen Luthers. Denn Luther hat als erster das Apostolikum deutlich in drei Teile aufgeteilt. Diese Dreiteilung hat sich bis in die heutige Zeit durchgesetzt. Sie ist sachgemäß, da sie der ursprünglich dreigliedrigen Struktur des Symbols entspricht, welche sich noch in den Tauffragen erhalten hat.

Freilich ist diese Neugliederung des Symbols keineswegs nur formaler Natur. Denn 1528 hat Luther die Leitbegriffe für das Wirken der Trinität gefunden: Schöpfung, Erlösung und Heiligung. Durch diese Leitbegriffe vermag der Reformator sowohl der Einheit als auch der Differenzierung im Wirken der Trinität genügend Rechnung zu tragen. Die innere Einheit des Glaubensinhaltes wird dabei viel stärker als in der Tradition betont. Durch die trinitarische Gliederung wird die ganze Auslegung des Credo in die theozentrische Perspektive gerückt. Der e i n e Gott ist der in Schöpfung, Erlösung und Heiligung Handelnde[412]. Das Werk des Vaters, des Sohnes und des heiligen Geistes wird nicht für sich betrachtet, sondern ganz im Lichte des Trinitätsglaubens gesehen.

Wie die Tradition so unterscheidet auch Luther deutlich zwischen ökonomisch-trinitarischen und immanent-trinitarischen Aussagen. Keine der beiden Aussagenreihen kann ohne die andere richtig verstanden werden. Die alte trinitätstheologische Regel "opera trinitatis ad extra sunt indivisa" ist ebenso vorausgesetzt wie die Lehre von den Appropriationen. Beide werden jedoch nicht weiter expliziert. Deutlich ist, daß die Leitbegriffe als Appropriationen zu verstehen sind, nicht als reale Aufteilung der Werke der Trinität.

Fragen wir nun nach Bedeutung und Funktion der Trinitätsaussagen Luthers, so müssen wir feststellen: Die L e h r e von der Trinität bleibt als solche meistens im Hintergrund und wird nicht weiter expliziert. Aber das B e k e n n t n i s zur Trinität wird dafür umso stärker unterstrichen. Denn die Trinität ist für den Reformator nicht ein isolierter oder isolierbarer Glaubensartikel. Die Trinitäts-

---

411 Beleg für diese Anschauung bei R. Prenter, Spiritus Creator, S. 239; vgl. zur Widerlegung Prenter, a.a.O., S. 239f.
412 vgl. H. Fagerberg, Theologie der lutherischen Bekenntnisschriften, 1965, S. 118.

lehre muß vielmehr im Zusammenhang der Theologie Luthers betrachtet werden. Insbesondere fällt immer wieder die enge Verbindung zwischen der Trinitätslehre einerseits und der Soteriologie und Christologie Luthers andererseits auf.

In der Trinitätslehre geht es um die Anerkennung der Gottheit Christi und des heiligen Geistes[413]. Mit der Anerkennung der Gottheit Christi und des heiligen Geistes steht und fällt aber zugleich auch Luthers Soteriologie. Die Ablehnung der Gottheit Jesu und des heiligen Geistes sind für Luther nur die Folgen der Werkgerechtigkeit, welche sich zutraut, sich das Heil selbst zu schaffen. Umgekehrt werden in der Trinitätslehre nur die Linien der Rechtfertigungstheologie Luthers auf Christologie, Pneumatologie und Gotteslehre ausgezogen. Ganz ähnlich läßt sich auch der Zusammenhang zwischen Luthers Trinitätslehre und seinem Glaubensbegriff beschreiben. Denn mit dem Glauben a n Jesus und a n den heiligen Geist ist bereits deren Gottheit vorausgesetzt. Dabei gilt der Grundsatz: "Non est fidendum neque credendum nisi soli deo[414]." Der Glaube an eine Kreatur wäre für Luther eine contradictio in adiectu. Denn nur Gott kann dem Glaubenden die Hilfe zuteil werden lassen, die er braucht: Überwindung der Sünde und Erlösung vom Tode. Die Gewißheit des Glaubens beruht also ganz und gar darauf, daß wir es in Christus und im heiligen Geist mit Gott selbst zu tun haben, der uns alle Dinge zum Besten dienen lassen will.

Luther hat in diesem Zeitraum stets an der wesensmäßigen Einheit der drei göttlichen Personen festgehalten. Freilich wird die logische Denkbarkeit von Dreiheit und Einheit in Gott nicht aufgezeigt. Mehrfach tritt deutlich eine gewisse Scheu vor dem rational-spekulativen Durchdenken der Trinitätslehre zutage. Jedoch ergibt sich für Luther daraus keine Skepsis gegenüber der Trinitätslehre, wohl aber eine Selbstbescheidung gegenüber dem Geheimnis der Trinität, verbunden mit der Warnung vor der rationalen Spekulation. Diese würde den Menschen nur bis zum deus nudus führen und ihn damit in einen tiefen Abgrund des Erschreckens stürzen. Die wahre Gotteserkenntnis, die nur durch den heiligen Geist gegeben werden kann, geht aus von dem in Jesus Christus offenbaren Gott. An Christus vorbei und abgesehen von ihm gibt es keine Gotteserkenntnis.

In den von uns bisher untersuchten Symbolauslegungen läßt sich deutlich eine gewisse Entwicklung beobachten. In den Jahren 1520–1523 wird stark die Einheit und Unzertrennbarkeit des göttlichen Werkes betont. Die Appropriationen sind noch nicht klar umrissen. Auch was die ohnehin spärlichen Aussagen über die immanente Trinität betrifft, so sind diese viel stärker am Anfang des von uns untersuchten Jahrzehntes vertreten. Überhaupt übt Luther in den Symbolauslegungen größere Zurückhaltung gegenüber der dogmatischen Terminologie der Alten Kirche. So fehlt z.B. im Großen Katechismus der Begriff der Dreieinigkeit und im Kleinen Katechismus auch die Begriffe Wesen und

---

413 vgl. F. Brunstäd, a.a.O., S. 30: "Für Luther wie die Urkirche ist die Christologie der Grund der Trinitätslehre, die Gottheit Christi; alle Unitarier machen ja aus Christus den bloßen geistbegabten Menschen."
414 WA 30 I, 9, 30; vgl. o. S. 13.

Person[415]. Andererseits werden die Leitbegriffe und das Wirken der Trinität in der Welt kräftiger hervorgehoben als vorher. Gegenüber der Tradition liegt hier ein Fortschritt in den Katechismen Luthers, daß hier ganz deutlich wird, daß der dreieinige Gott noch nicht erkannt wird, wenn eine "korrekte" Lehre über die gegenseitigen Beziehungen der drei göttlichen Personen vertreten wird. Zugleich müssen auch die Werke dieser drei Personen bekannt werden. Denn für Luther gehören ja gerade "das ganze göttliche Wesen, Willen und Werk" zusammen. Wir erkennen Gottes Wesen und seinen Willen erst auf Grund seines dreifachen Werkes, in dem er den Abgrund seines väterlichen Herzens und seine unaussprechliche Liebe offenbart. "Die Lehre von der immanenten Trinität darf nicht gelöst werden von der ökonomischen Trinität, die Lehre von den opera trinitatis ad intra nicht von den opera trinitatis ad extra. In Wahrheit wird der dreieinige Gott nur von dem erkannt, der ihn bekennt als den Herrn, der an ihm, dem bekennenden Menschen selbst, täglich schaffend, erlösend und heiligend handelt[416]."

415 E. Schlink, a.a.O., S. 101.
416 a.a.O., S. 104.

II. DIE TRINITÄT IN LUTHERS BEKENNTNISSEN

1. Luther – ein Arianer?

Nach dem bisher vorgelegten Material erübrigt es sich, diese Frage zu beantworten.

Trotzdem galt Luther in der katholischen Kirche lange als Trinitätsgegner. Es waren nicht unwissende Obskuranten, sondern gelehrte Theologen wie Robert Bellarmin und Gregor von Valencia, welche diesen Vorwurf gegen Luther erhoben[1]. Wie kamen sie dazu?

Die Äußerung, welche Luther diesen Verdacht eingebracht hatte, steht in seiner Streitschrift gegen den Löwener Theologen Latomus: Rationis Latomianae Confutatio (1521). In der Auseinandersetzung um die schriftgemäße Lehre von der Sünde greift Luther die Frage auf, ob immer dort, wo das rechte Verständnis einer Bibelstelle umstritten ist, die von den Kirchenvätern vertretene Auslegung als die einzig richtige anzunehmen sei. Dabei verweist der Reformator auf 1. Tim 6,20 (Vulgata): "O Timothee, depositum custodi, devitans profanas vocum novitates." Dann geht er auf ein Argument des Latomus gegen Luthers "Zurückstellung der Tradition hinter die alleinige Autorität der Schrift"[2] ein, welches jener wahrscheinlich aus den Akten der Leipziger Disputation entnommen hat. Dort hatte Eck gelegentlich darauf hingewiesen, daß Arius den Athanasius gefragt habe, wo in der heiligen Schrift das Wort "homousios" vorkomme. Latomus zog daraus die Konsequenz, daß Luther auch das Wort "homousios" verwerfen müsse, da es ja nicht in der Schrift begegne. Darauf entgegnet Luther:

"Nec est, quod mihi 'homousion' illud obiectes adversus Arrianos receptum. Non fuit receptum a multis iisque praeclarissimis, quod et Hieronymus optavit aboleri, adeoque non effugerunt periculum hoc invento vocabulo, ut Hieronymus queratur nescire, quid veneni lateat in syllabis et literis, adeo illud Arriani magis quam scripturas etiam exagitabant. Nec Hilarius hic aliud habuit, quod responderet, quam quod idem per id vocabuli significaretur, quod res esset et tota scriptura haberet, id qod in praesenti non datur . . .[3] Iam si esset similitudo et exemplum valeret, tamen non esset trahendum in consequentiam, sed indulgendum patribus, qui semel extra scripturam posuissent vocem profanam. Alioqui, si exemplum statuas, totam scripturam licebit in alias voces mutare, sicut sophistae fecerunt. Quod si odit anima mea vocem homousion, et nolim ea uti, non ero haereticus. Quis enim me cogit uti, modo rem teneam, quae in concilio per scripturas definita est? Es si Arriani male senserunt in fide, hoc

---

1   Nähere Angaben dazu bei: J. G. Walch, D. Martin Luthers Sämtliche Schriften, 1746, Bd. 18, S. 73ff.
2   W. Köhler, Luther und die Kirchengeschichte, 1900, S. 156; vgl. auch Köstlin-Kawerau, Bd. I, S. 448.
3   bezieht sich zusammen mit dem ausgelassenen Nachsatz auf das rechte Verständnis des Wortes "peccatum".

tamen optime, sive malo sive bono animo exegerunt, ne vocem prophanam et novam in regulis fidei statui liceret. Scripturae enim sinceritas custodienda est, ne praesumat homo suo ore eloqui, aut clarius aut securius, quam deus elocutus est ore suo[4]."

Aus diesen Sätzen können wir folgendes entnehmen:

1) Luther weist das Argument des Latomus als nicht stichhaltig zurück. Denn in Wirklichkeit besteht keine direkte Parallele zwischen dem gegenwärtig von Luther und Latomus geführten Streit um die Sünde und dem Streit um das "homousios". Den Vorkämpfern des homousios — wie etwa Hilarius[5] ging es ja gerade darum, daß mit der Vokabel "homousios" das Verhältnis von Vater und Sohn entsprechend dem Schriftzeugnis beschrieben wird. Latomus versucht dagegen sein ganz und gar unbiblisches Verständnis der Sünde mit Väterzitaten gegen die Schrift zu untermauern.

2) Trotzdem übt Luther nun doch eine gewisse Kritik an den Vorkämpfern des homousios. Denn in diesem Zusammenhang bewertet der Reformator das eigentliche Anliegen der Arianer verhältnismäßig positiv — so positiv wie er es später nie mehr getan hat. Die Arianer haben nämlich ihren Kampf mehr gegen die Einführung des neuen Wortes "homousios" als gegen das schriftgemäße Verständnis des Verhältnisses von Vater und Sohn gerichtet. Auch wenn sie sich materiell im Irrtum befanden, weil das auf dem Konzil zu Nicäa dogmatisierte Verständnis wirklich dem der Schrift entspricht, so konnten sie formal doch ein gewisses Recht für sich in Anspruch nehmen. Sie kämpften — ob subjektiv aus lauterer Gesinnung oder nicht, darüber will Luther jetzt nicht urteilen — gegen die Möglichkeit, ein neues und profanes Wort in das Glaubensbekenntnis aufzunehmen. Diese — und nur dieses! — Anliegen der Arianer war berechtigt. Denn sie kämpften damit gegen die Möglichkeit, die ganze Schrift in andere Worte zu übersetzen, wie es nach Luthers Meinung die Scholastiker (= Sophisten) wirklich getan haben. Um darauf hinzuweisen, daß die Aufnahme des homousios in das Bekenntnis der Kirche auch im vierten Jahrhundert durchaus als Problem empfunden wurde, betont Luther, daß damals viele — unter ihnen die hervorragendsten Männer — das homousios nicht akzeptiert hätten. Als Beispiel hierführ führt er Hieronymus an. Freilich ist Luther hier eine Verwechslung unterlaufen, die ihm seine Gegner sehr übel genommen haben. Hieronymus hat

---

4 WA 8, 117, 20–118, 5.
5 Luther bezieht sich dabei auf Hilarius, Contra Constantium Imperatorem, cap. 16, Migne PL 10, 594. Schon damals scheint die von Luther zitierte Schriftstelle 1. Tim. 6,20 eine wichtige Rolle gespielt zu haben: "Novitates vocum, sed profanas devitare iubet Apostolus (1. Tim. VI, 20): tu cur pias excludis? cum praesertim ab eo dictum sit: Omnis Scriptura divinitus inspirata utilis est (II. Tim. III,16). Innascibilem scriptum nusquam legis: numquid ex hoc negandum erit, quia novum est? Decernis similem Patri Filium, Evangelia non praedicant: quid est quod non refugis hanc vocem? In uno novitas eligitur, in alio submovetur. Ubi impietatis occasio patet, novitas admittitur: ubi autem religionis maxima et sola cautela est, excluditur."

nämlich in dem von Luther anvisierten Satz nicht vor dem homousios, sondern vor dem Gebrauch des Wortes "Hypostasis" in der Trinitätslehre gewarnt, weil "Hypostasis" für Abendländer praktisch nicht von "Substantia" zu unterscheiden war[6].

Die eigentliche Intention seiner Ausführungen hat der Reformator in dem programmatischen Satz zusammengefaßt: "Scripturae enim sinceritas custodienda est, nec praesumat homo suo ore eloqui, aut clarius aut securius, quam deus elocutus est ore suo[7]."

3) Im Lichte dieser Intention ist nun auch der von Luthers Gegnern besonders beanstandete Satz zu betrachten: "Quod si odit anima mea vocem homousios et nolim ea uti, non ero haereticus." Dieser Satz ist darum häufig so mißverstanden worden, weil man nicht gesehen hat oder nicht sehen wollte, daß es sich hier um einen Konditionalsatz handelt[8]. Betrachtet man diese Äußerung isoliert vom Kontext, so kann man allenfalls mit J. G. Walch sagen: "Es kan seyn, daß er sich damals, als er das geschrieben, einigermaßen an dies Wort gestossen; welches doch nicht schlechterdings zu behaupten ist." Geht man aber vom Kontext und den übrigen Äußerungen Luthers zur Trinität aus, so spricht alles dafür, daß es sich hier um eine bloße suppositio ficti handelt[9]. Es geht ihm ja darum, die vom Konzil in Nicäa definierte Sache (res) festzuhalten[10]. Er wendet sich also nicht gegen das Bekenntnis, das im homousios gipfelt, sondern gegen die Notwendigkeit, dogmatische Termini, zu übernehmen, welche dem Sprachgebrauch der Schrift nicht entsprechen[11]. M.a.W.: Die Sache läßt sich auch festhalten, wenn man das Wort homousios nicht gebraucht[12]. Umgekehrt ist ja die bloße Verwendung des Wortes noch nicht unbedingt eine Garantie dafür, daß auch die

6 Hieronymus ad Damasum (Epistola XV), Migne PL 22, 357: "Aut si rectum putatis tres hypostases cum suis interpretationibus debere nos dicere, non negamus. Sed mihi credite, venenum sub melle latet; transfiguravit se angelus Satanae in angelum lucis (2. Cor. 11,14)."
7 WA 8, 117, 4f.
8 So bereits J. G. Walch in seiner Einleitung zu Bd. 18, S. 80: "Er sagt nicht: anima mea odit hoc verbum ὁμοούσιος wie Bellarminus die Worte anführt; sondern quodsi odit anima mea vocem homousion, folglich redet er bedingungsweise, daß wofern ihm dieses Wort nicht anstünde, so könnte man ihn darüber nicht zu einem Ketzer machen." Auch der sonst mit Vorwürfen gegenüber Luther nicht gerade zimperlich verfahrende Hartmann Grisar erkennt ausdrücklich an, daß Luther es an dieser Stelle nicht beabsichtigte, etwas gegen die Trinitätslehre zu sagen. (Luther, Bd. II, 1911, S. 574). Umso unverständlicher erscheint es, daß ein so bedeutender Reformationsforscher wie Walter Köhler den fraglichen Satz folgendermaßen zitieren kann: "Meine Seele hasst das Wort homousios, ich will es nicht gebrauchen." (W. Köhler, Luther und die Kirchengeschichte, S. 157.)
9 So auch Theodosius Harnack, Luthers Theologie, Bd. 2, Neudruck 1927, S. 148.
10 so auch Grisar, a.a.O., S. 574.
11 vgl. R. Frick, in: MüA, Erg. Bd. 7 (Wider den Löwener Theologen Latomus), 1953, S. 179 (= Anmerk. zu S. 121).
12 Bereits Athanasius hat den nicht schriftgemäßen Ausdruck homousios damit entschuldigt, daß die Arianer angefangen hätten auf Worte zu pochen, die nicht in der Schrift vorkommen (vgl. Migne PG 25, 453f.).

Sache angemessen zur Sprache kommt. Gerade das Wort "homousios" wurde ja auf der Synode zu Antiochia 269 verworfen, weil Paul von Samosata es in einem vom späteren Nicänum abweichenden Sinne gebraucht hatte[13].

In den fraglichen Sätzen Luthers zeigt sich also eine gewisse Relativierung der dogmatischen Termini, vor allem solcher, die nicht aus der biblischen Sprache stammen. Diese Tendenz begegnet auch sonst häufig in den Äußerungen des Reformators zur Trinitätslehre.

Auch wenn das Wort "homousios" ihm als solches keineswegs sakrosant war, so hat Luther es später doch verteidigt als ein Wort, welches die in der Schrift bezeugte Wesenseinheit von Vater und Sohn zum Ausdruck bringt. Als Erasmus ihm vorwarf, daß er Worte gebrauche, die in der Schrift nicht zu finden seien, entgegnete Luther: "Quantas victorias Arriani iactabant, quod syllabae istae et literae Homousios non haberentur in scripturis, nihil morati, quod aliis verbis idem efficacissime probaretur!"[14]. Und in der Schrift "Von den Konziliis und Kirchen" (1539) hat er, nachdem er auf die obengenannte "Disputation" zwischen Athanasius und Arius hingewiesen hatte, den Gebrauch des Wortes "homousios" auch grundsätzlich legitimiert. "Denn es ist ja war, Man soll ausser der schrifft nichts leren in Göttlichen sachen, wie S. Hilarius schreibt. 1. de Tri.[15] das meinet sich nicht anders, Denn man sol nichts anders leren, Aber das man nicht solt brauchen mehr oder ander wort, weder in der Schrifft stehen, das kan man nicht halten, sonderlich in zanck, und wenn die Ketzer die sachen mit blinden griffen wollen falsch machen und der schrifft wort verkeren. Da war von nöten, das man die meinung der Schrifft, so mit vielen sprüchen gesetzt, in ein kurtz und summarien wort fasset und fragt, ob sie Christum homousion hielten, wie der Schrifft meinung in allen worten ist, welchen sie mit falschen glosen bey den iren verkereten, aber fur dem Keiser und im Concilio frey bekennet hatten[16]."

Latomus warf dann in seiner "Responsio ad Lutherum" dem Reformator vor: "Arrianos contra Ecclesiam propter vocabulum Homousion defendis[17]." Luther hielt es nicht für nötig, zu diesem Vorwurf Stellung zu nehmen. Auch seine späteren eindeutigen Äußerungen zur Trinitätslehre haben seinen alten Gegner Johann Eck nicht davon abgehalten, diesen Vorwurf noch einmal aufzuwärmen. Vor Beginn des Reichstags zu Augsburg hatte Erzherzog Ferdinand in einem Mandat die Universität Wien und andere theologische Fakultäten aufgefordert, die in den Schriften Luthers und der anderen Neuerer vorhandenen Ketzereien

13 vgl. z.B. Leo Scheffczyk, Lehramtliche Formulierungen und Dogmengeschichte der Trinität, in: Mysterium Salutis Bd. II, 1967, S. 165.
14 WA 18, 741, 34–742, 1 = BoA III, 239, 19–22 (De servo arbitrio).
15 Hilarius, de trin. lib. I, cap. 18: "Cum itaque de rebus Dei erit sermo, concedamus cognitionem sui Deo, dictisque eius pia veneratione famulemur, Idoneus enim sui testis est, qui nisi per se cognitus non est." (Migne PL 10, 38).
16 WA 50, 572, 20–30.
17 zitiert nach WA 8, 40.

zusammenzustellen. Daraufhin schrieb Eck seine 404 Artikel[18]. Da er nicht nur das gewünschte Summarium liefern sondern auch noch auf dem Reichstag disputieren wollte, verfaßte er sein inquisitorisches Werk in Thesenform. These 82 lautet:

"Anima mea odit hoc verbum: homousion, hoc est, quod pater et filius sint eiusdem essentiae.

Lutter contra Latomum   Arius[19]."

Hier ist also nicht nur die konditionale Einleitung des Satzes übergangen, sondern gegen Luthers ausdrücklichen Vorbehalt ("modo rem teneam") behauptet worden, Luther leugne die Wesenseinheit von Vater und Sohn. Man sieht, wie leicht es ist, mit aus dem Zusammenhang gerissenen Zitaten, Ketzer zu machen. Von Ecks These 82 aus wird der Verdacht auf arianische Ketzerei gegen Luther weitergegangen und direkt oder indirekt zu Bellarmin und anderen katholischen Kontroverstheologen des 17. Jahrhunderts gelangt sein. Jedoch lohnt es sich nicht, noch weiter auf diese Kontroverse einzugehen.

2. Warnung vor Trinitätsgegnern

Bereits vier Jahre nachdem Luther zum erstenmal als Trinitätsgegner verleumdet worden war, beginnt seine eigene Auseinandersetzung mit den nun langsam aufkommenden antitrinitarischen Strömungen. Die erste Bemerkung Luthers zu diesem Thema finden wir in einem Brief an Spalatin vom 27. März 1525: "Novum genus prophetarum ex Antwerpia hic habeo asserentium, spiritum sanctum nihil aliud esse quam ingenium et rationem naturalem. Quam furit Satan ubique adversus verbum! Et hoc inter signa non minima numero, Quod et ipse Satan diem illum sentire videtur, ideo novissimam evomit iram[20]."
Die Propheten, auf die Luther hier anspielt, waren einige Antwerpener unter der Leitung von Eloy Pruystinck. Dieser niederländische Schieferdecker hatte in Antwerpen eine neue Sekte gegründet, die nach ihm "Loyisten" genannt wurde. Er lehrte einen rationalistisch gefärbten Pantheismus, der konsequent durchgeführt wurde. "Während der Mensch bezüglich seiner körperlichen Natur sich in Nichts vom Tier unterscheidet, ist sein geistiges Wesen nach der Lehre der Loisten göttlicher Substanz, oder, mit anderen Worten ausgedrückt, jeder besitzt den hl. Geist. Da die beiden Seiten des menschlichen Wesens durchaus selbständig und ohne Einfluß aufeinander sind, so trifft den Geist des Menschen

---

18 vgl. W. Gussmann, D. Johann Ecks vierhundertvier Artikel zum Reichstag zu Augsburg, in: Quellen und Forschungen zur Geschichte des Augsburgischen Glaubensbekenntnisses, Bd. II, 1930, S. 7f.
19 zitiert nach Gussmann, a.a.O., S. 113.
20 WABr 3, 464, 9–13.

keinerlei Verantwortung für die Schwachheit des Fleisches. Diese findet durch irdische Strafen und durch Vernichtung des Körpers seine Sühne; der Geist als solcher ist sündlos. Die Lehre vom Fegfeuer, von der Auferstehung und vom letzten Gericht findet in diesem Systeme ebensowenig einen Platz, wie die Begriffe der Sünde und der Buße[21]."

Mitte März war Eloy Pruystinck mit einigen seiner Anhänger nach Wittenberg gekommen, um sich entweder von Luther einen Rat zu holen oder gar seine Lehre von ihm autorisieren zu lassen. Nachdem Melanchthon mit ihnen im Beisein Luthers disputiert hatte, erlitten sie eine scharfe Abfuhr von seiten der Wittenberger[22]. Bald darauf, wahrscheinlich bereits im April 1525[23], verfaßte Luther ein Sendschreiben an die Christen zu Antwerpen. Darin kommt er auch auf seine Besucher aus Antwerpen zu sprechen und faßt ihre Lehre kurz zusammen: "Also, lieben freunde, ist auch unter euch komen eyn leybhafftiger rumpel geyst, welcher euch will yrre machen, und vom rechten verstand furen auff seyne dunckel, Da sehet euch fur und seyt gewarnet. Auff das aber yhr deste bas seyne tücke meydet, will ich hie der selber ettliche erzelen. Eyn artickel ist, das er hellt, Eyn iglich mensch hat den heyligen geyst. Der ander, der heylige geyst ist nichts anders denn unser vernunfft und verstand. Der dritte, Eyn iglich mensch gleubt . . . Der achte, Wer den heyligen geyst nicht hat, der hat auch keyne sunde, Denn er hat keyne vernunfft[24]." Nur auf die Frage nach dem Verhältnis vom offenbaren und verborgenen Willen Gottes geht Luther kurz ein. Im übrigen rät er den Antwerpenern, solche "Rumpelgeister" zu verachten und sich nicht um sie zu kümmern. – Dieser Brief Luthers scheint nicht ohne Wirkung gewesen zu sein. Denn am 26. Februar 1526 mußte Pruystrinck öffentlich seinen Ketzereien abschwören[25]. Gleichwohl blieb ihm das Geschick so vieler Andersdenkender nicht erspart: am 25. Oktober 1544 wurde er als rückfälliger Ketzer auf dem Scheiterhaufen verbrannt. Luther hatte es hier zum erstenmal mit solchen Leuten zu tun bekommen, die die kirchliche Lehre von der Trinität in ihren Grundzügen leugneten. Freilich hatten die Loyisten nicht speziell das Trinitätsbekenntnis angegriffen. Ihre Lehre vom heiligen Geist als der Vernunft des Menschen ergab sich einfach aus ihrem Dualismus von Fleisch und Geist und ihrer im ganzen häretischen Lehre. Insofern unterschieden sie sich von vielen späteren Antitrinitariern, welche es speziell auf die Lehre von der Trinität abgesehen hatten, im übrigen aber verhältnismäßig "orthodox" blieben.

21 H. Haupt, Artikel: Loisten, RE 3. Aufl., Bd. 11, S. 615.
22 a.a.O., S. 614; WA 18, 544 u. WABr 3, 464f. Anm. 4.
23 vgl. WA 18, 545.
24 WA 18, 548, 31–549, 7.
25 Haupt, a.a.O., S. 614 u. WA 18, 545.

Wie wir noch genauer sehen werden, warnt Luther in seinen zahlreichen Trinitatispredigten zum erstenmal in der Predigt vom 27. Mai 1526 vor zukünftigen Trinitätsgegnern[26]. Bereits am 2. April 1527 wurde Luther von Nikolaus Gerbel aus Straßburg das Auftreten von Antitrinitariern mitgeteilt. In diesem Brief bittet Gerbel den Wittenberger, endlich gegen die "Sakramentarier" zu schreiben und womöglich, ein Bekenntnis seines Glaubens herauszugeben. Dann fährt er fort: "Tu, mi Luthere, quia a me supra quam dicere ausim amaris, vel semel scribe de rebus tuis, num deliveraveris te scripturum adversus detestabiles istas otiosorum hominum opiniones[27]. Video enim, etiam sopita hac, aliam superesse multo formidabiliorem. Iam enim alas sumsere Icaromenippi isti et in secretissima Trinitatis arcana penetrarunt, nescio quid de Personis excogitaturi, turbaturi sapientia sua miseram et novarum rerum cupidam plebem[28]."

Wer sind diese "Icaromenippi"[29], die wie der Kyniker in Lukians Dialog im Himmel herumfliegen und dabei zu Anschauungen gelangen, welche noch viel schlimmer sind als die der "Sakramentarier"? Zweifellos sind damit die beiden Spiritualisten Hans Denck und Ludwig Hätzer gemeint, welche gerade für kürzere Zeit in Straßburg weilten. Beide gelten seit langer Zeit als die ersten bekannten Antitrinitarier im deutschsprachigen Bereich[30]. In den wenigen späteren Schriften der Jahre 1527/28, die wir von Hätzer haben, tritt an mehreren Stellen klar eine antitrinitarische Tendenz zu tage[31]. Seine bekannteste Äußerung ist der von Sebastian Franck überlieferte Vers aus seiner letzten gedruckten, heute aber nicht mehr erhaltenen Schrift "Lieder unter dem Kreuzgang" (1527/28):

---

26 vgl. o. S. 149. Bereits in der Schrift "Wider die himmlischen Propheten" (1524/25) hatte Luther eine Parallele zwischen Trinitätsglauben, Rechtfertigungslehre und Realpräsenz gezogen. Alle drei werden gleichermaßen von der Vernunft angefochten. Bei der Trinitätslehre denkt Luther hier freilich an die Arianer, nicht an gegenwärtige Trinitätsleugner (vgl. WA 18, 63).
27 bezieht sich auf Luthers Gegner im Abendmahlsstreit.
28 WABr. 4, 189, 37–43.
29 bezieht sich auf Lukians Dialog Ἰκαρομένιππος ἢ ὑπερνέφελον. vgl. Lexikon der Alten Welt, 1965 Sp. 1777.
30 vgl. z.B. F. Trechsel, Die protestantischen Antitrinitarier vor Faustus Socin, Bd. I: Michael Servet und seine Vorgänger, 1839, S. 13–26; Wilhelm Möller, Lehrbuch der Kirchengeschichte, 3. Aufl. bearbeitet von G. Kawerau, Bd. II, 1907, S. 95. O. Clemen (WA Br. 4, 190 Anm. 1) rechnet zu den von Gerbel gemeinten Antitrinitariern auch Martin Cellarius. Cellarius wird zwar gelegentlich zu den Antitrinitariern gerechnet, doch offenbar zu Unrecht. Schon Alexander Schweizer macht darauf aufmerksam, daß Röhrich in seinem Werk "Geschichte der Reformation im Elsaß" das 1527 von Martin Cellarius geschriebene Werk "De operibus dei" aufgrund eines Irrtums als antitrinitarisch bezeichnet habe (Die protestantischen Centraldogmen, Bd. I, 1854, S. 434f.).
31 vgl. dazu J. F. G. Goeters, Ludwig Hätzer (ca. 1500–1529), Spiritualist und Antitrinitarier, 1957, S. 131 u. 134f.

"Ich bin allein der einig Gott,
der on gehilff all ding beschaffen hatt.
Fragstu, wievil meiner sey?
Ich bins allein meinr seind nit drey.
Sag auch darbey on allen won,
dz ich glat nit weiß von keinr person.
Bin auch weder dis noch das,
wem ichs nit sag, der weißt nit was[32]."

Genauen Aufschluß über die Christologie Hätzers und seine antitrinitarischen Gedanken würde uns nur sein "Büchlein von Christo" geben. Dieses Buch ist aber nie zum Druck gelangt, sondern wurde Hätzer vor seiner Enthauptung in Konstanz (1529) abgenommen. Es befand sich lange Zeit in den Händen von Thomas Blaurer. Nach Aussagen verschiedener Zeitgenossen enthielt es arianische Irrtümer. Hätzer habe darin die Gottheit Jesu geleugnet[33]. Bullinger berichtet in seiner Reformationsgeschichte, daß Zwingli beim Marburger Gespräch 1529 zur Verteidigung seiner eigenen Rechtgläubigkeit darauf hingewiesen hat, er habe die Drucklegung von Hätzers Buch in Zürich verhindert. Zwingli selber scheint Hätzers Schrift also gekannt zu haben. In der Zürcher Prophetenausgabe von 1529 findet sich die Behauptung, Hätzer und Denck, welche 1527 in Worms eine Prophetenübersetzung erscheinen liessen (die sog. "Wormser Propheten"), hätten die Gottheit Christi geleugnet. Auch dafür dürfte Zwingli der Gewährsmann sein[34].

Daß Hätzer ein Gegner der kirchlichen Trinitätslehre war, steht also fest, auch wenn man sich aus seinen gelegentlichen Äußerungen kein präzises Bild seiner von mystischem Gedankengut beeinflußten Christologie machen kann. Denck hingegen scheint nach neueren Forschungen kein Antitrinitarier im eigentlichen Sinn gewesen zu sein[35]. Freilich wird Gerbel in seinem Brief Denck ebenso wie Hätzer gemeint haben. Die beiden hatten, als Gerbel schrieb, Straßburg bereits wieder verlassen und waren nach verschiednen Zwischenstationen nach Worms gekommen. Dort hatten sie in dem Prediger Jakob Kautz von Bockenheim einen Anhänger gewonnen. Dieser schlug am 9. Juni 1527 sieben Artikel an die Tür der Predigerkirche und lud zu einer öffentlichen Disputation ein. Diese meistens negierend gehaltenen Artikel gehen zwar nicht speziell auf die Trinitätslehre ein, heben aber u.a. das innere Wort stark hervor und beschränken die Erlösung durch Christus auf sein Vorbild[36]. Neben den lutherischen Predigern in Worms reagierten auch die Straßburger Reformatoren. In ihrem Namen verfaßte Butzer eine Widerlegungsschrift, die am 2. Juli 1527 im Druck ausging unter dem Titel: "Getrewe warnung der Prediger des Euangelii zu Straßburg über die Artickel, so

---

32 zitiert nach Goeters, a.a.O., S. 138.
33 Goeters a.a.O., S. 141–145.
34 Goeters a.a.O., S. 142f. u. 103.
35 vgl. Goeters a.a.O., 146 Anm. 2.
36 vgl. Trechsel, a.a.O., S. 18; Goeters a.a.O., S. 104f.

Jacob Kautz, Prediger zu Wormbs, kärtzlich hat lassen außgehn, die frucht der schrifft und Gottes worts, den kinder Tauff und erlösung unsers herren Jesu Christi sampt anderm darin sich Hans Dencken und anderer widertäuffer schwere yrrthumb erregen, betreffend[37]."

Antitrinitarische Stimmungen sind auch sonst im Täufertum dieser Zeit zu beobachten, wenn auch keineswegs alle Täufer Antitrinitarier waren[38]. Ein Zeugnis dieser antitrinitarischen Strömungen sind die Nikolsburger Artikel — auch "Artikel der Augsburger neuen Christen" genannt —, die in Süddeutschland zirkulierten. Dort heißt es u.a.: "Christus sei in der erbsunden entphangen. Die junckfraw Maria sei nicht ein mutter Gottes, si sei allein ein mutter Christi. Christus sei nit Got, sunder ein prophet, dem das gesprech oder wort Gottes bevollen worden. Christus hab nit genug gethan fur die sunt der ganczer welt[39]."

Bereits 1527 schrieb Andreas Althamer in Nürnberg eine Schrift gegen diese antitrinitarischen Strömungen: "Das unser Christus Jesus warer Gott sey, zeugnuß der heyligen geschrifft, wider die newen Juden und Arrianer, unter Christenlichem namen, welche die Gottheyt Christi verleügnen[40]." Freilich traten solche Tendenzen zu wenig an die Öffentlichkeit, als daß Luther sich genötigt gefühlt hätte, eigens gegen sie zu schreiben. Zudem war er ja in dieser Zeit ganz und gar mit der Auseinandersetzung um das Abendmahl beschäftigt. Der Abendmahlsstreit bot ihm nun allerdings auch Gelegenheit, seinen Glauben an den dreieinigen Gott in seinem Bekenntnis von 1528 deutlich zur Sprache zu bringen.

Bevor wir darauf eingehen, wollen wir kurz Luthers weitere Auseinandersetzung mit den Antitrinitariern skizzieren. Der Antitrinitarier mit dem Luther persönlich am meisten zu tun hatte, war Johannes Campanus, von den Zeitgenossen wegen seiner Herkunft aus Jülich auch Juliacensis genannt[41]. Ca 1500 in Maaseyck im Bistum Lüttich geboren, kam er 1527 für zwei Jahre zum Studium nach Wittenberg. 1529 tauchte er plötzlich in Marburg während des Religionsgespräches auf und brachte eine ganz neue Erklärung der Abendmahlsworte mit. Nachdem er damit wenig Erfolg hatte, erschien er plötzlich unverhofft im März 1530 in Torgau, wo die Wittenberger Theologen auf Wunsch des Kurfürsten Beratungen abhielten. Er bat um die Gewährung einer Disputation mit Luther vor bestellten Richtern. Jetzt ging es ihm nicht mehr nur um einen einzelnen Artikel, sondern um ein ganzes theologisches System. Das

37 vgl. Goeters, S. 108; Trechsel, S. 18.
38 vgl. D. Cantimori, Italienische Häretiker der Spätrenaissance, dt. v. W. Kaegi, 1949, S. 25ff.
39 zitiert nach C. A. Cornelius, Geschichte des Münsterischen Aufruhrs, Bd. 2: Die Wiedertaufe, 1860, S. 279f. Ob die Nikolsburger Artikel mit Hätzer in Verbindung zu bringen sind (so G. Kawerau, in W. Moeller, Lehrbuch der Kirchengeschichte, Bd. III, 3. Aufl. 1907, S. 459), ist heute fraglich. vgl. Goeters a.a.O. S. 145.
40 vgl. Goeters a.a.O., S. 145 u. Möller-Kawerau, a.a.O., S. 459.
41 Über ihn: C. A. Cornelius, a.a.O., Bd. II, S. 158ff.; Hegler, Art: Campanus, RE Bd. III, 3. Aufl., S. 696ff.; J. F. G. Goeters, Art.: Campanus, in RGG I, 3. Aufl. Sp. 1605; Köstlin-Kawerau, Luther, Bd. II, S. 149; 313; 322f.

hervorstechendste und originellste ist seine Trinitätslehre oder eigentlich müßte man sagen: seine Binitätslehre. Ausgehend von Gen. 1,26f. lehrte er, daß Gott und Christus zwei Personen eines Wesens sind. Der Mensch sei nach ihrem Ebenbild geschaffen, denn auch die Ehe (Adam und Eva) bestehe nicht aus zwei wesensverschiedenen Menschen, sondern aus zwei Personen in einem Wesen. Während er den Sohn subordinatianisch dachte, bestritt er die Personalität und Gottheit des heiligen Geistes und sah in ihm das gemeinsame Wesen des Vaters.

Wegen dieser und anderer anabaptistischer und spiritualistischer Irrlehren liess der Kurfürst ihn für kurze Zeit einsperren. 1532 erschien dann sein dem König von Dänemark gewidmetes Buch: "Göttlicher und heiliger Schrift vor vielen Jahren verdunkelt und durch unheilsame Lehr und Lehrer aus Gottes Zulassung verfinstert, Restitution und Besserung durch den hochgelehrten Johannem Campanum."

Luther und Melanchthon haben mehrfach in Briefen über ihn berichtet und vor ihm gewarnt[42]. Aber Luther hielt Campanus einer Widerlegung seiner Schrift nicht für würdig, denn durch jede Gegenschrift sei er noch hartnäckiger geworden[43]. In seinem "Kurzen Bekenntnis vom heiligen Sakrament" (1544) hat er die merkwürdige Deutung der Abendmahlsworte durch Campanus noch einmal aufgegriffen[44]. In der Schrift "Wider die Antinomer" (1539) nennt er ihn bei der Aufzählung der zahlreichen "Rotten", gegen die er kämpfen mußte: "Etliche haben auch wider die alte lerer, Bapst und Luther zu samen getobet, als Serveto, Campanus und der gleichen[45]."

Dies ist auch zugleich eine der ganz wenigen Stellen, wo Luther Bezug nimmt auf Michael Servet. In einer Tischrede hat Luther nach dem Erscheinen von Servets Trinitäts-Dialogen im Jahre 1532 geäußert: "Sie denken nit, die leut, das ander leut auch von dem articulo tentationes gehabt haben, aber es hellt ja den stich nit, opponere meam cogitationem verbo Dei et Spiritui Sancto[46]." Als Melanchthon später klagte, daß die Irrtümer Servets in Italien grosse Zustimmung fänden, antwortete Luther: "Italia ist voll vieler grosser, sehr schädlicher Opinionen und Irrthumen; kommen solche Irrthumen dahin, so werden erschreckliche Gräuel da entstehen[47]." – Offenbar kannte Luther Servets Bücher nur vom Hörensagen, "sonst wäre er über den Angriff auf seine Lehre von der Rechtfertigung und vom freien Willen noch zorniger gewesen"[48].

Im Gegensatz zu Calvin hat die direkte Auseinandersetzung mit den Antitrinitariern für Luthers Theologie keine große Bedeutung. Darum erübrigte es sich, auf spätere vereinzelte Äußerungen Luthers über Antitrinitarier näher

42 Luthers Briefe aus den Jahren 1530–31: WABr. 5, 270; 6, 231f.; 232f.; Melanchthons
    Briefe aus dem Jahre 1530: CR II, 13; 33f.; 228.
43 vgl. WATR 2, 546, Nr. 2615 a + b.
44 WA 54, 151.
45 WA 50, 475, 33f.; vgl. auch WATR 5, 616 Nr. 6351, wo Campanus und Servet ebenfalls
    gemeinsam genannt werden.
46 WATR 1, 99, 19–21 = Nr. 237.
47 WATR 2, 50, 11f. = Nr. 1327 (vgl. WATR 5, 510 = Nr. 6143).
48 R. Bainton, Michael Servet 1511–1553, 1960, S. 47.

einzugehen. Als Frucht antitrinitarischer und sonstiger häretischer Strömungen ist auch die Tatsache zu werten, daß von 1533 an die Doktoranden der Theologischen Fakultät von Wittenberg einen Doktoreid auf das apostolische, nicänische und athanasianische Symbol zu leisten hatten[49].

3. Das Bekenntnis von 1528

a) Das Bekenntnis zum Trinitätsglauben

Luthers letzte große Schrift im Abendmahlsstreit erschien im Frühjahr 1528 mit dem Titel "Vom Abendmahl Christi Bekenntnis". Der dritte und letzte Teil dieser umfangreichen Schrift enthält Luthers erstes großes, öffentliches Bekenntnis. In dem Vorwort dazu beklagt Luther sich darüber, daß die "Rotten" und "Schwärmer" immer mehr zunehmen. Um zu vermeiden, daß sie nach seinem Tode sich zur Bekräftigung ihrer Irrtümer auf Luther selbst berufen, wie sie es jetzt schon zu seinen Lebzeiten getan haben, schreibt Luther dieses Bekenntnis. Es wurde verfaßt als in Wittenberg die Pest wütete und Luther, der bei seiner Gemeinde in Wittenberg ausharrte, während die gesamte Universität nach Jena übergesiedelt war, von schwerer Krankheit und schwersten Anfechtungen heimgesucht wurde. So hat dieses Bekenntnis also geradezu den Charakter eines Testaments. Von daher erklärt sich auch der feierliche Stil in den folgenden Sätzen: "So wil ich mit dieser schrifft fur Gott und aller welt meinen glauben von stueck zu stueck bekennen / darauff ich gedencke zu bleiben bis ynn den tod / drynnen (des mir Gott helffe) von dieser welt zu scheiden / und fur unsers herrn Jhesu Christi richtstuel komen / Und ob yemand nach meinem tode wuerde sagen / wo der Luther itzt lebet / wuerde er diesen odder diesen artickel anders leren und halten / Denn er hat yhn nicht gnugsam bedacht etc. Da widder sage ich itzt als denn / und denn als itzt / Das ich von Gotts gnaden alle diese artickel habe auffs vleyssigst bedacht / durch die schrifft und widder herdurch offtmals gezogen / und so gewis die selbigen wolt verfechten / als ich itzt habe das sacrament des altars verfochten. Ich byn itzt nicht truncken / noch unbedacht / Ich weis / was ich rede . . ."[50] Welche trinitätstheologischen Aussagen enthält dieses Bekenntnis? Zunächst ist einmal darauf hinzuweisen, daß dieses Bekenntnis deutlich in drei Teile geteilt ist und das Einteilungsprinzip das trinitarische ist[51]. Der erste Teil ist ziemlich kurz gehalten, so daß wir ihn vollständig zitieren können: "Erstlich gleube ich

49   vgl. z.B. A. Adam, Lehrbuch der Dogmengeschichte, Bd. 2, 1968, S. 322.
50   BoA III, 507, 35–508, 5 = WA 26, 499, 7–500, 4.
51   vgl. BoA III, 508, 11 = WA 26, 500, 10: Erstlich gleube ich;
     BoA III, 508, 18 = WA 26, 500, 16: Zum andern
     BoA III, 511, 12 = WA 26, 505, 29: Zum dritten

von hertzen den hohen artickel der göttlichen maiestet / das Vater / son / heiliger geist drey unterschiedliche personen / ein rechter / einiger / natürlicher / warhafftiger Gott ist / schepffer hymels und der erden / aller dinge widder die Arrianer / Macedonier / Sabelliner / und der gleichen ketzerey / Gen. 1 wie das alles bis her beyde ynn der der Römischen kirchen und ynn aller welt bey den Christlichen kirchen gehalten ist[52]."

Luthers Bekenntnis beginnt also bereits mit dem Glauben an die Trinität. Der "hohe Artikel der göttlichen Majestät" wird präzisiert als der Glaube an die Dreieinigkeit. Die drei Personen, nach denen das Bekenntnis ja gegliedert ist, sind als e i n Gott anzusprechen. Im Gegensatz zu den erdachten Götzen ist er der rechte, wahre Gott: Gott von Natur. Dieser Gott ist der Schöpfer. Die Schöpfung wird hier nicht direkt der Person des Vaters appropriiert, sondern einfach an das Bekenntnis zur Trinität angehängt. Damit wird wiederum die alte trinitätstheologische Regel "opera trinitatis ad extra sunt indivisa" bestätigt. Als Schriftstelle gibt Luther Gen. 1 an. Da diese Stelle erst nach der Abweisung der trinitätstheologischen Ketzereien der Alten Kirche angeführt wird, ist sie vor allem auf die Trinität, nicht so sehr auf die Schöpfung zu beziehen. Inwiefern Luther in Gen. 1 einen Schriftbeweis für die Trinität sieht, werden wir seinen Genesispredigten entnehmen können.

Wie viele öffentlichen Bekenntnisse der Kirche verwirft auch Luther die abweichenden, häretischen Lehrmeinungen. Neben den dogmengeschichtlich allgemein bekannten Arianern und Sabellianern nennt Luther auch die "Macedonier". Damit sind die Pneumatomachen gemeint, also die Gruppe von Theologen, die am Ende des trinitarischen Streits, die volle Gottheit des heiligen Geistes bestritt und sich den Geist eher im Sinne des Origines als erstes Geschöpf des Sohnes dachten. Die seit 380 allgemein übliche Bezeichnung der Pneumatomachen als "Macedonianer" geht zurück auf die Anhänger des homöusianisch denkenden Bischofs Macedonius des I. von Konstantinopel, der 360 abgesetzt wurde und wohl bald darauf starb[53]. Luther wollte mit der Ablehnung der Macedonianer bereits hier keinen Zweifel über seine Auffassung des heiligen Geistes aufkommen lassen.

Was die Trinität betrifft, sieht Luther sich also ganz in der Tradition der Alten Kirche stehend, wobei er ausdrücklich anerkennt, daß die Römische und die anderen christlichen Kirchen ebenfalls in dieser Tradition stehen. Er sieht sich hier offenbar in keiner Weise genötigt, seine Trinitätsauffassung von der der Altgläubigen abzusetzen.

---

52 BoA III, 508, 11–17 = WA 26, 500, 10–15.
53 vgl. F. Loofs, Dogmengeschichte, 4. Aufl. 1906, S. 256 und H. Chadwick Artikel: Macedonius I., RGG IV, 3. Aufl., Sp. 563.

b) Die trinitätstheologische Bedeutung der Christologie Luthers im Abendmahlsstreit

Der zweite Teil des Bekenntnisses enthält zunächst Ausführungen über Christus. Sie sind deutlich aufgeteilt in zwei Abschnitte, wobei der erste die Person und der zweite das Werk Christi behandelt. Wir zitieren zunächst den Anfang des ersten Abschnitts: "Zum andern gleub ich / und weis das die schrifft uns leret / Das die mittel person ynn Gott / nemlich der Son / allein ist warhafftiger mensch worden / von dem heiligen geist on mans zuthun empfangen / und von der reynen heiligen iungfraw Maria / als von rechter natürlichen mutter / geborn / wie das alles S. Lucas klerlich beschreibt und die Propheten verkündigt haben. Also / das nicht der Vater oder heiliger geist sey mensch worden / wie etliche ketzer geleret[54]."

Luther bekennt hier die Menschwerdung des Sohnes zusammen mit der Jungfrauengeburt. Er betont dabei, daß weder der Vater noch der Geist Mensch geworden ist, sondern nur der Sohn[55].

Aber wie ist das zu verstehen? Hat sich etwa nur "ein Drittel" der Gottheit inkarniert? Das würde ja eine Aufspaltung der Einheit Gottes bedeuten. Die Trinitätslehre müßte dann quantitativ verstanden werden: drei Teile ergeben zusammen ein Ganzes.

Um die hier aufbrechenden Fragen zu klären, greifen wir auf den ersten Hauptteil der Schrift "Vom Abendmahl Christi Bekenntnis" zurück. Im Abschnitt "De praedicatione identica" wird an einer Stelle auch die Trinitätslehre gestreift. Freilich müssen wir uns zunächst den Kontext vergegenwärtigen. Es geht Luther hier um das rechte Verständnis des Satzes "Das ist mein Leib". Wie kann das Brot der Leib Christi sein? Sowohl Wiclif als auch die Scholastiker, die sich intensiv mit diesem Problem beschäftigt haben, bestreiten, "das zweyerley unterschiedliche natur solten ein ding sein"[56].

Luther gesteht zunächst einmal zu, daß zwei verschiedene Wesen nicht e i n Wesen sein können: ein Esel ist ein Esel und nicht ein Ochse. Die Scholastiker und Wiclif haben diese an sich vernünftige Ansicht auch auf das Abendmahl übertragen und daraus die Konsequenzen gezogen: die Scholastiker indem sie lehren, nach der Wandlung sei nur noch der Leib Christi da; Wiclif, indem er darauf beharrt, im Abendmahl sei nur das Brot da. Luther hingegen ist überzeugt, daß im Abendmahl beides da ist: das Brot und der Leib Christi. Freilich betrachtet Luther das nicht als eine Ausnahme, die schlechthin gegen

---

54 BoA III, 508, 18–24 = WA 26, 500, 16–501, 5.
55 vgl. WA 11, 450, 28–32 (Vom Anbeten des Sakraments, 1523):
"... das yhr von Gott recht halltet, nemlich das eyn Gott ist und drey person, Gott vater, Gott son und Gott heyliger geyst ynn eynem gleychen weßen, maiestet, gewalt, werck und ehren, der hymel und erden geschaffen hat. Aufs ander, Das nicht der vatter noch der heylig geyst, ßondern nur der ßon, unßer herr Jhesus Christus sey mensch worden."
56 BoA III, 456, 8f. = WA 26, 439, 1f.

alle Vernunft und Logik verstößt. Wohl betont er auch hier, "das man ynn Gottes wercken und worten / sol vernunfft und alle klugheit gefangen geben ... und sich blenden und leiten / furen, leren und meistern lassen / auff das wir nicht Gotts richter werden ynn seinen worten"[57]. Aber dann versucht er doch darzulegen, "das zwey unterschiedliche wesen / wol ein wesen sein und heissen muegen"[58]. Daß das nicht etwa nur in der Abendmahlslehre zutrifft, sondern auch im übrigen weder der Hl. Schrift noch der Vernunft widerspricht, das möchte Luther anhand einiger Beispiele aus der Schrift und aus der gewöhnlichen Redeweise darlegen. Das erste Beispiel betrifft die Trinitätslehre und sei darum vollständig zitiert:

"Der hohe artickel der heiligen dreyfaltickeit leret uns gleuben und reden also / das der Vater und son und heiliger geist seyen drey unterschiedliche persone / Dennoch ist ein iglich der einige Gott. Hie wird von der einigen Gottheit gesprochen / das sie sey dreyerley / als drey persone / Welchs gar viel hoeher und herter widder die vernunfft ist / denn das holtz stein sey / Denn freylich / holtz an yhm selber nicht so ein einig wesen hat als die Gottheit / Und widderumb / holtz und stein / nicht so gewis und unvermischlich unterschieden sind / als die personen sind. Kan nu hie die einickeit der natur und des wesens machen / das unterschiedliche personen / dennoch einerley und ein / wesen gesprochen werden / so mus es freylich nicht widder die schrifft noch artickel des glaubens sein / das zwey unterschiedliche ding / einerley odder ein wesen gesprochen werden / als brod und leib. Es sey aber gleich dieser artickel zu hoch / wir wollen einen andern fur uns nemen[59]."

War im "Bekenntnis" davon die Rede, daß alle drei Personen ein Gott sind, so wird hier darüber hinaus ausdrücklich hervorgehoben, daß jeder der drei Personen der einige Gott ist. Ein quantitatives Verständnis der drei Personen wird dadurch abgewehrt. Freilich versucht Luther auch hier nicht, die Unterschiedenheit der Personen auf Kosten der Einheit Gottes abzuschwächen. Sowohl die Einheit als auch die Unterschiedenheit in Gott ist größer als in den geschaffenen Dingen. Das Wesen Gottes ist also in sich einheitlicher als das Wesen des Holzes. Andererseits sind die göttlichen Personen unterschiedlicher als Holz und Stein. Daraus schließt Luther, daß so verschiedene Dinge wie Brot und der Leib Christi in einem "Wesen" zusammengefaßt werden können. Ob der hier angestellte Vergleich zwischen den göttlichen Personen und zwei verschiedenen Substanzen (Holz und Stein) wirklich geeignet ist, Licht auf die Lehre von der immanenten Trinität zu werfen, sei dahingestellt. Denn nach Luthers eigener Auffassung sind ja die drei Personen nur innergöttliche Relationen ("Seinsweisen"). Lassen sich diese aber ohne weiteres mit verschiedenen Substanzen wie Holz und Stein vergleichen? Bedauerlich ist jedenfalls, daß Luther hier den Begriff der trinitarischen Person nicht weiter expliziert. Hat er ihn wirklich genügend bedacht?

57 BoA III, 457, 1–4 = WA 26, 439, 31–35.
58 BoA III, 456, 39f. = WA 26, 439, 30f.
59 BoA III, 457, 32–458, 5 = WA 26, 440, 21–33.

Wenn jede der drei Personen der wahre Gott ist, so läßt sich fragen: Können der Vater, der Sohn oder der heilige Geist je für sich (ohne die jeweiligen anderen Personen) irgendwo anwesend sein? Diese Frage läßt sich nur auf dem Umweg über die Christologie beantworten, die ja in dieser Schrift ausführlich erörtert wird. Zur christologischen Perspektive des Abendmahlsstreites zwischen Luther und Zwingli können wir hier nur wenige Bemerkungen machen. Es geht um das christologisch angemessene Verständnis der biblischen Aussage: Christus ist zur Rechten des Vaters erhöht. Zwingli behauptet, daß Christus nur seiner göttlichen Natur nach allgegenwärtig, seiner menschlichen Natur nach hingegen zur Rechten Gottes im Himmel sei. Der Leib Christi könne darum im Abendmahl nicht real präsent sein[60]. – Luther jedoch geht von der realen communicatio idiomatum der beiden Naturen in Christus aus. Er kommt zu dem entgegengesetzten Ergebnis wie Zwingli. Insofern Christus nach seiner Menschheit an der Gottheit partizipiert, partizipiert er auch seiner Menschheit nach an deren Allgegenwart. Daraus ergibt sich die lutherische Lehre der Ubiquität des Leibes Christi.

Im Zusammenhang dieser Überlegungen macht Luther Aussagen, die für die oben gestellte Frage indirekte Bedeutung haben. "Denn hie mustu stehen und sagen / Christus nach der Gottheit / wo er ist / da ist er eine natürliche Göttliche person / und ist auch natürlich und personlich daselbst / wie das wol beweiset sein empfengnis ynn mutterleibe / Denn solt er Gottes son sein / so müste er natürlich und personlich ynn mutterleibe sein / und mensch werden. Ist er nu natürlich und personlich wo er ist / so mus er daselbs auch mensch sein / denn es sind nicht zwo zurtrennete personen / sondern eine einige person / Wo sie ist / da ist sie die einige unzurtrennete person / Und wo du kanst sagen / Hie ist Gott / da mustu auch sagen / So ist Christus der mensch auch da[61]."

Um diese Aussagen zu verstehen, müssen wir uns zunächst kurz ihren altkirchlichen Hintergrund vergegenwärtigen. Die Synode von Chalcedon (451) hatte bestimmt: "Einundderselbe Sohn Gottes ist nicht Eine Natur, sondern aus zwei Naturen zusammengesetzt; auch die menschliche ist vollständig; die Einheit ist dadurch verbürgt, daß die beiden Naturen, ohne zu verschmelzen, ohne sich zu wandeln, ohne sich zu teilen und unzertrennlich zu Einer Person (πρόσωπον) und Einer Hypostase zusammengehen[62]." Die Einheit Christi wird hier also durch die Begriffe "Person" und "Hypostase" bezeichnet. Der Begriff der Person darf hier freilich nicht im Sinne des modernen Begriffs der Persönlichkeit verstanden werden. Er wird praktisch gleichgesetzt mit dem Begriff der Hypostase. Hypostase bezeichnet aber in der für die spätere Lehrentwicklung maßgebenden Dogmatik des Johannes Damascenus das, "was selbständig existiert, was sich der Zahl nach ... von der Gattung im ganzen unter-

---

60 vgl. z.B. Zwinglis Sämtliche Werke, Bd. V, S. 917ff. (Das dise wort Jesu Christi . . . ., 1527.)
61 BoA III, 397, 10–19 = WA 26, 332, 24–32.
62 W. Elert, Der Ausgang der altkirchlichen Christologie 1957, S. 140.

scheidet"[63]. Der Begriff meint die konkrete Existenz und kann ebenso für ein Exemplar der Gattung Pferd wie der Gattung Mensch gebraucht werden, ist also nicht auf das Personale im heutigen Sinne beschränkt. Die Hypostase verleiht der Natur ($\varphi\acute{\upsilon}\sigma\iota\varsigma$, $o\mathring{\upsilon}\sigma\acute{\iota}\alpha$) erst die individuelle Sonderexistenz.

Das Problem, das seit Chalcedon gestellt war, ist folgendes: Wie können zwei total verschiedene Naturen (Gott und Mensch) in einer Person oder Hypostase, d.h. in einer konkreten Existenz zusammenkommen? Die Monophysiten behaupteten, das sei ganz und gar unmöglich, denn zu jeder Natur gehöre nun einmal eine Hypostase, Von da aus erschien das Chalcedonense rein logisch gesehen als unauflöslicher Widerspruch. Es war vor allem das Verdienst von Leontius von Byzanz (ca. 485—543) durch scholastische Begriffsdefinitionen eine Lösung zu finden, welche für die spätere dogmengeschichtliche Entwicklung wegweisend wurde: sie ist angedeutet mit dem Begriff der Enhypostasie. Leontius hielt den Monophysiten entgegen, daß eine Hypostase auch sonst keineswegs eine schlechthin einheitliche Größe zu sein braucht, sondern daß sie auch aus Dingen verschiedener Natur zusammengesetzt werden kann. Als Beispiel führte er den Menschen an, der aus zwei verschiedenen Naturen, Leib und Seele besteht, und doch nur eine Person (= Hypostase) bildet. Ähnlich verhält es sich nach Leontius auch beim glühenden Eisen. Die eine Substanz ist der anderen enhypostasiert. "Das Enhypostatische hat seine konkrete Existenz also nur in oder an einer anderen Usie, darin ist es dem Accidens zu vergleichen; während aber letzteres nur an dem anderen bestehen kann, kann das Enhypostatische auch für sich bestehen, denn es wäre an sich eine selbständige Substanz[64]." Übertragen auf die Christologie ergibt sich daraus folgende Lösung des seit Chalcedon anstehenden Problems: Die menschliche Natur Christi ist in der göttlichen Natur (im Logos) enhypostasiert. Die menschliche Natur Christi hat zwar keine eigene Hypostase, aber sie ist auch nicht $\mathring{\alpha}\nu\upsilon\pi\acute{o}\sigma\tau\alpha\tau o\varsigma$ (ohne Hypostase). Denn sonst käme ihr ja keine konkrete, individuelle Existenz zu. Der alte Begriff $\mathring{\epsilon}\nu\omega\sigma\iota\varsigma$ $\kappa\alpha\vartheta$' $\mathring{\upsilon}\pi\acute{o}\sigma\tau\alpha\sigma\iota\nu$ bedeutet jetzt: nicht Einigung der Substanz (Monophysitismus), sondern Einigung der Substanzen in einer konkreten Existenz[65]. Die menschliche Natur hat Teil an der göttlichen Natur, am Logos. M.a.W.: erst durch den göttlichen Logos kommt Jesus zur konkreten individuellen Sonderexistenz neben anderen Menschen. "Aus der hypostatischen Einigung der beiden Naturen ergibt sich dann, ohne daß eine Vermischung der beiden Naturen eintritt, eine $\kappa o\iota\nu\omega\nu\acute{\iota}\alpha$ und $\mathring{\alpha}\nu\tau\acute{\iota}\delta o\sigma\iota\varsigma$ $\tau\mathring{\omega}\nu$ $\mathring{\iota}\delta\iota o\mu\acute{\alpha}\tau\omega\nu$"[66] (communicatio idiomatum). Jede der beiden Naturen bleibt wohl, was sie ist mit ihren besonderen Eigenschaften (Idiomen), aber diese Eigenschaften können von Christus als der "einen Hypostase der Gottheit und Menschheit" ausgesagt werden.

63 Elert, a.a.O., S. 143; Zum Folgenden vgl.: Elert, a.a.O., S. 143f.; Loofs, a.a.O., S. 305; R. Seeberg, a.a.O., Bd. II, S. 276ff.
64 R. Seeberg, a.a.O., S. 278.
65 vgl. R. Seeberg, a.a.O., S. 279.
66 ibid.

Daß der Logos (die göttliche Natur) der menschlichen Natur Christi die Hypostase gibt und nicht umgekehrt, ist rein logisch schon daraus abzuleiten, daß in Gott kein realer Unterschied besteht zwischen seiner Natur oder essentia und seiner Existenz. Für den christlichen Glauben gibt es nicht die Gattung "Gottheit" und dann noch ein oder mehrere Exemplare derselben. Gott ist einer: Natur und konkrete Existenz (= Hypostase) fallen hier zusammen. Theologisch besagt die Lehre von der Enhypostasie der menschlichen Natur Christi in der göttlichen, daß die menschliche Natur Christi als solche ein Abstraktum ist. Der Mensch Jesus kann also nicht unter Absehung seiner Gottessohnschaft erkannt werden. Gott und Mensch sind in der konkreten Existenz Jesu Christi *eine* Person.

Auf dem Hintergrund dieser Lehre sind die Aussagen Luthers zu sehen: Gott und Mensch sind in Jesus Christus ein und dieselbe Person. Gestützt auf die Lehre von der communicatio idiomatum wehrt sich Luther vehement gegen jede Trennung dieser Person[67]. Die negativen Konsequenzen einer solchen Trennung schildert er im Anschluß an das obige Zitat: "Und wo du einen ort zeigen wurdest / da Gott were und nicht der mensch / so were die person schön zurtrennet / weil ich als denn mit der warheit kund sagen / Hie ist Gott / der nicht mensch ist / und noch nie mensch ward / Mir aber des Gottes nicht /[68] Denn hieraus wolt folgen / das raum und stette / die zwo naturn voneinander sonderten und die person zutrenneten / so der tod und alle teuffel sie nicht kundten trennen noch von einander reissen / Und es solt mir ein schlechter Christus bleiben / der nicht mehr denn an einem eintzelen ort zu gleich eine Göttliche und menschliche person were / Und an allen andern orten muste er allein ein blosser abgesonderter Gott und Göttliche person sein / on menscheit / Neine geselle, wo du mir Gott hinsetzest / da mustu mir die menscheit mit hin setzen / Sie lassen sich nicht sondern und von einander trennen / Es ist eine person worden / und scheidet die menscheit nicht so von sich / wie meister Hans seinen rock auszeucht und von sich legt / wenn er schlaffen gehet[69]."

Gott und Mensch sind in der konkreten Existenz Jesu Christi untrennbar verbunden. Darum ist es für Luther als Theologe ganz und gar unmöglich, nach der Inkarnation, einen Gott zu denken, der "nicht Mensch ist und noch nie Mensch ward". Denn das hieße ja von der Offenbarung Gottes in Christus

---

67 F. Loofs behauptet mit Bezug auf eine Stelle aus den Tischreden: "Zu der Anhypostasie der menschlichen Natur Christi, die Dogma war . . ., passen Luthers Aussagen von Christus zumeist nicht." (a.a.O., S. 751, Anm. 6). Wieweit das sonst für Luther zutrifft, wollen wir dahingestellt sein lassen. Daß die Anhypostasie bzw. Enhypostasie der menschlichen Natur Christi an der oben zitierten Stelle vorausgesetzt ist, scheint mir unbestreitbar.

68 Kommt mir aber nicht mit dem Gott!

69 BoA III, 397, 20–33 = WA 26, 332, 33–333, 10; vgl. BoA III, 400, 9–14 = WA 26, 335, 24–28: "Die menscheit sey an einem ort / odder an allen orten / so umbzeunet sie die Gottheit nicht / viel weniger denn der stein / so an einem ort war / seinen leib umbzeunet / Sondern sie ist mit Gott eine person / das wo Gott ist / da ist auch der mensch / Was Gott thut / das heist auch der mensch gethan / Was der mensch leidet / das heist auch Gott gelidden."

abzusehen. "Dieses leidenschaftliche Festhalten an der Einheit der gottmensch-
lichen Person Christi ist im Grunde nichts anderes, als das Festhalten an dem
Grundsatz, Gott niemals in seiner nackten Majestät unter Umgehung der von ihm
gegebenen Offenbarungszeichen zu suchen[70]."

Welche Konsequenzen ergeben sich aus dieser Christologie für die obenge-
stellte Frage: Kann eine der beiden Personen irgendwo anwesend sein ohne die
beiden anderen? Auf diese Frage erhalten wir zwar keine direkte Antwort. Wohl
aber begegnet uns dort ein Hinweis, wo Luther seine Gegner polemisch fragt:

"Zum andern / solte der geist antworten / weil Christus Gott und mensch
ist / und seine menscheit mit Gott eine person worden / und also gantz und gar
ynn Gott gezogen uber alle creatur / das er gleich an yhn klebt / wie es müglich
sey / das Gott etwo sey / da er nicht mensch sey? und wie es on zurtrennung
der person geschehen müge / das Gott hie sey on menscheit / und dort sey mit
der menscheit? so wir doch nit zween Götter / sondern nür einen Gott haben /
und derselbige doch ia gantz und gar mensch ist / nach der einen person /
nemlich des sons[71]."

Zwinglis Fassung der Zweinaturenlehre mit ihrer räumlichen Begrenzung der
menschlichen Natur Christi reißt für Luther also nicht nur die Person Jesu Christi
auseinander, sondern hat — konsequent durchgeführt — letztlich auch den
Ditheismus zur Folge. Mit der Christologie steht also auch die Trinitätslehre auf
dem Spiel. Nur durch die communicatio idiomatum kann für Luther auch der
strenge Monotheismus gewahrt werden.

Luther betont hier generell die Unmöglichkeit, daß Gott post Christum
natum, "hie sey on menscheit / und dort sey mit der menscheit". Es ist sicher
kein Zufall, daß der Reformator hier und im Verlauf der christologischen
Ausführungen dieser Schrift ständig von Gott spricht, trinitarisch aber nicht
weiter differenziert. Man wird die Aussage also nicht so abschwächen können,
daß man sagt: als Sohn könne Gott nicht ohne die menschliche Natur Christi
irgendwo anwesend sein, als Vater oder als heiliger Geist könne er es durchaus.
Denn dann ergäbe sich ja daraus das, was Luther ablehnt: "ein bloßer
abgesonderter Gott und eine göttliche Person ohne die Menschheit Christi." Im
Grunde wäre auch das eine Aufhebung des Monotheismus. Für Luthers
Christologie und Trinitätslehre ließe sich also der Satz formulieren: praesentia
trinitatis in mundo est indivisa. Oder von einem anderen Blickwinkel aus
formuliert: "Die unio mit Christus ist die unio mit dem dreieinigen Gott[72]."

---

70 vgl. Prenter, a.a.O., S. 267.
71 BoA III, 405, 11–18 = WA 26, 340, 14–21.
72 A. Peters, Realpräsenz, 1960, S. 60.

Schon 1523 hatte Luther die Präsenz der Trinität im Abendmahl betont: "Und sprich: myr ist nicht befolen tzu forschen noch tzu wissen, wie gott vater, son, heyliger geyst oder Christus seel im Sacrament sey, Myr ist gnug, das ich weiß, wie das wort, das ich hore, und der leyb, den ich neme, ist warhafftig meyns herrn und gottis[73]."

c) Das Leiden Gottes und die Trinität

Wie wir gesehen haben, ergeben sich aus Luthers Christologie im Abendmahls-streit auch bestimmte Konsequenzen für seine Trinitätslehre. Wir wollen diese nun auf dem Hintergrund der dogmengeschichtlichen Tradition betrachten, um dabei Luthers eigenes theologisches Anliegen deutlicher herauszuarbeiten. Wir gehen dabei aus von dem bereits zitierten Satz aus Luthers Bekenntnis: "Das die mittel person ynn Gott / nemlich der Son / allein ist warhafftiger mensch worden / . . . Also / das nicht der vater oder heiliger geyst sey mensch worden / wie etliche ketzer geleret[74]."

Die Ketzer, von denen Luther sich hier abgrenzt, sind die Modalisten. Als Modalismus bezeichnet man "diejenige Denkweise, die prinzipiell nicht zwischen den drei Personen der Trinität unterscheidet, sondern Eigenschaften oder Werke, die der einen Person angehören, auch von der anderen aussagen kann"[75]. Man muß dabei freilich unterscheiden zwischen modalistischen Tendenzen, die sich schon im Neuen Testament und dann immer wieder (vor allem) in der abendländischen Theologiegeschichte feststellen lassen, und dem eigentlichen Modalismus. Dieser wurde zu Beginn des dritten Jahrhunderts nach heftigen dogmatischen Kämpfen von der Großkirche als häretisch ausgeschieden. Seine wichtigsten Vertreter waren Noet, Praxeas und Sabellius, nach welchem diese ganze theologische Richtung auch den Ketzernamen Sabellianismus erhielt. Diese Modalisten sahen in Vater, Sohn und Geist drei verschiedene Erscheinungsweisen des e i n e n Gottes. Eine Unterscheidung in drei innergöttliche "Personen", wie sie sich dann in der späteren dogmatischen Entwicklung der Trinitätslehre herauskristallisierte, kam für sie nicht in Frage. Nach ihrer Anschauung sind Vater und Sohn e i n e Person, weswegen sie auch vom υἱοπάτωρ reden konnten. Im Grunde ist in Schöpfung, Erlösung und Vollendung immer nur die eine Person am Werke, die drei verschiedene πρόσωπα (Masken) annimmt. Sabellius hat in diese Lehre auch noch die Vorstellung von einer heilsökonomischen Aufeinanderfolge der Manifestationen Gottes aufgenommen. "Der eine Gott ist für Sabellius nicht gleichzeitig Vater, Sohn und Geist, sondern er wird stufenweise in diesen Offenbarungsformen der Welt kund[76]."

---

73 WA 11, 450, 9–13 (Vom Anbeten des Sakraments des heiligen Leichnams Christi); vgl. WA 20, 389, 4f. (Vorlesung über den 1. Joh.-Brief): "Si verbum adest, Christi blut, tod, leben; si sic, et spiritus eius, si spiritus eius, deus est." vgl. auch WA 10 I, 1, 711.
74 BoA III, 508, 18–24 = WA 26, 500–501.
75 A. Adam, Lehrbuch der Dogmengeschichte, Bd. I, 1965, S. 74.
76 R. Seeberg, a.a.O., Bd. I, S. 574.

Die Aussage, die Luther hier als ketzerisch ablehnt, findet sich vor allem bei Praxeas und Noet. Beide haben ausdrücklich gelehrt, daß der Vater Mensch geworden sei und gelitten habe[77]. Darum hat sich für sich Modalisten bereits seit Tertullian der Name Patripassianer eingebürgert. "Dieser Patripassianismus führte zu der Konsequenz, daß ein selbständiger Logos neben dem Vater nicht mehr gedacht werden konnte, da er ja nur eine andere Erscheinungsweise des Vaters sei; wenn der Name Logos von Christus gebraucht werde, so sei das eine bildliche Redeweise[78]."

Luther begründet zwar nicht direkt, warum er den Modalismus ablehnt. Aber es ist offenkundig, daß er Gott den Vater, Christus und den heiligen Geist nicht so identifizieren will, daß sie nur als drei verschiedene Erscheinungsweisen des einen Gottes zu verstehen sind. Bei dieser direkten Identifizierung käme das biblische Gegenüber zwischen Christus und dem Vater nicht mehr angemessen zum Zuge. Deshalb betont Luther, daß die "mittel person ynn Gott" Mensch geworden ist. Die Unterscheidung Gottes in drei Personen findet also für Luther nicht erst in der Offenbarung statt, sondern gründet im Sein Gottes selbst. Wie diese Unterscheidungen im Sein Gottes zu denken sind, darüber äußert Luther sich hier nicht weiter. Aber soviel ist deutlich geworden, daß Luther an der Einheit Gottes in seinen Beziehungen zur Welt festhalten will. Andererseits darf die Unterscheidung in Gott auch nicht zu einer Aufspaltung seines Wesens führen.

Freilich mit dem bisher Ausgeführten steht Luther zunächst nur in einer mehr als tausendjährigen theologischen Tradition. Die Modalisten waren schließlich von der entstehenden Großkirche als Häretiker ausgeschieden worden. Insofern war Luthers Abgrenzung von ihnen noch nichts Besonderes sondern allenfalls ein Zeichen seiner "Orthodoxie" im Rahmen der Tradition. Das zentrale t h e o - l o g i s c h e Motiv seiner Ablehnung des Modalismus finden wir erst, wenn wir wiederum auf den Hauptteil der Schrift "Vom Abendmahl Christi Bekenntnis" zurückgreifen. — Wenn zwei Denker die Anschauung eines Dritten ablehnen, so kann es sein, daß sich die beiden in ihrer Position einig sind. Es kann aber auch sein, daß sie ihre Ablehnung von unterschiedlichen, ja sogar gegensätzlichen Standpunkten aus bekräftigen. Um Luthers spezifische Begründung der Trinitätslehre klarer zu sehen, wollen wir zunächst einmal in einem Exkurs auf wesentliche Momente der altkirchlichen Ablehnung des Modalismus hinweisen.

---

77 R. Seeberg, a.a.O., S. 572f.; W. Pannenberg, Artikel: Christologie II. Dogmengeschichtlich, RGG I, 3. Aufl. Sp. 1764; L. Scheffczyk, a.a.O., S. 165.
78 A. Adam, a.a.O., S. 170.

Der Ketzername "Patripassianismus" zeigt deutlich an, was viele altkirchlichen Theologen am Modalismus als störend und ketzerisch empfanden: hier wurde in direkter Weise ausgesagt, daß Gott leidet. Aber kann Gott überhaupt leiden? Darf man die Aussagen über das Leiden Christi, die nun einmal durch die Evangelien vorgegeben sind, in direkter Weise auf Gott beziehen? Damit ist die theopaschitische Frage gestellt. Die jeweilige Antwort auf diese Frage hat die ganze Dialektik der altkirchlichen Christologie entscheidend mitbestimmt[79]. Wir wollen versuchen die Bedeutung des theopaschitischen Problems für die altkirchliche Christologie auszugsweise zu skizzieren, beabsichtigen aber nicht, die verschiedenen christologischen Anschauungen als solche zu würdigen. Auch die kirchenpolitischen Hintergründe, deren faktische Bedeutung nicht zu unterschätzen ist, lassen wir ganz beiseite[80].

Bis zur zweiten Hälfte des zweiten Jahrhunderts konnten bedeutende Theologen der Großkirche gelegentlich "Leidensprädikate unbedenklich mit dem Gottesnamen"[81] verbinden, weil für sie Aussagen über Christus zugleich Aussagen über Gott waren. Alle gnostischen Richtungen hingegen gingen von der "Überzeugung von der absoluten Leidensfremdheit Gottes"[82] aus, was normalerweise eine doketische Christologie zur Folge hatte. Die Apologeten bedienten sich in ihrer Gotteslehre und Christologie in stärkerem Maße philosophischer Anschauungen und Kategorien. Sie wollten ja den christlichen Glauben auch dem philosophisch Denkenden zugänglich machen. Schon von daher ist es verständlich, daß nun die platonische ἀπάϑεια Gottes immer stärker auch als theologisches Axiom an Bedeutung gewinnt. Für Justin steht fest, daß Gott ἀπαϑής ist. Trotzdem kann er noch ohne Bedenken sagen, daß der menschgewordene Logos unseretwegen gelitten hat. "Das Leidensprädikat wird jetzt nicht mehr auf Gott ohne Zusatz bezogen, aber es wird auch jetzt noch nicht auf die Menschseite Christi beschränkt[83]." — Auch Tertullian gebrauchte in seiner Auseinandersetzung mit Marcion theopaschitische Wendungen. Er redet vom "mortuum deum" und vom "deus crucifixus", dazu auch vom Leiden Gottes. In seiner Auseinandersetzung mit Praxeas bekämpfte er ausdrücklich nur den P a t r i-passianismus der Modalisten, also die aus der modalistischen Lehre sich ergebende Konsequenz, daß der Vater gelitten habe und gestorben sei. Aber die Art, wie er es tat, zeigte, daß Tertullian es mit seinen theopaschitischen Wendungen doch nicht so ernst gemeint haben konnte. Um den Satz, der Vater habe gelitten, zu widerlegen, zitierte er auch Bibelstellen. Für die Unsterblichkeit

---

79 Vgl. W. Elert, Die theopaschitische Formel, ThLZ 75. Jg. 1950, Sp. 196.
80 Wenn wir uns dabei vor allem auf Werner Elerts Forschungen stützen, so deswegen, weil er u.W. auf protestantischer Seite der einzige ist, der dieser Frage gründlich nachgegangen ist.
81 W. Elert, a.a.O., Sp. 195.
82 W. Elert, Der Ausgang der altkirchlichen Christologie, S. 73.
83 ebd.

Gottes berief er sich auf 1. Tim. 6,16, wo ja davon die Rede ist, daß Gott allein die Unsterblichkeit ($\dot{\alpha}\vartheta\alpha\nu\alpha\sigma\dot{\iota}\alpha$) zukommt. Aber er gebraucht darüber hinaus auch die Begriffe passibilis, impassibilis und compassibilis. "Passibilis ist nur der Mensch. Gott aber ist impassibilis, daher auch nicht compassibilis. Man darf deshalb auch nicht sagen: compassus est pater filio[84]." Tertullian, der ja mit seinen christologischen Formeln die abendländische Zweinaturenlehre begründet hat, verfährt dabei "gemäß dem Befehl des Königs Salomo: Teilet das lebendige Kind in zwei Teile und gebt dieser die Hälfte und jener die Hälfte (1. Kön. 3,25). Der göttlichen Substanz ist die impassibilitas wesentlich, die passibilitas ist auf die menschliche beschränkt. Infolgedessen ist der Vater überhaupt passibilis, weil er sozusagen nur Gott ist. Der Sohn dagegen ist nicht nur Gott, sondern auch Mensch. Daher ist der eine Teil von ihm, die göttliche Substanz, impassibilis, der andere, die menschliche Substanz, passibilis[85]." – W. Elert urteilt: "Der Satz von der Impassibilitas, der $\dot{\alpha}\pi\dot{\alpha}\vartheta\epsilon\iota\alpha$ Gottes, tritt hier als reines Axiom auf, für das eine biblische Begründung zu geben überhaupt nicht versucht wird[86]." Der Begriff der Apathie kann dabei sowohl im Sinne der Leidensunfähigkeit im heutigen Sinne als auch der Affektlosigkeit überhaupt verwendet werden. Bei Clemens Alexandrinus "blickt man in das unbewegliche, affektlose Antlitz des Gottes Platos, vermehrt um einige Züge der stoischen Ethik. Das Christusbild ist dabei nur Vordergrund. Die Platonische Apathie Gottes bildet von jetzt ab das Apriori der gesamten orthodox=kirchlichen Gottesvorstellung[87]."

Die weitere Entwicklung können wir nur noch kurz skizzieren. Für die Arianer galt der Satz von der Apathie Gottes als absolutes Axiom. Sie beziehen zwar die Leidensaussagen der Evangelien auf den menschgewordenen Logos, müssen aber, um ihrem Axiom gerecht zu werden, den Unterschied zwischen dem Logos und Gott möglichst stark herausstreichen. Denn nur so läßt sich ihrer Meinung nach verhindern, daß Gott direkt mit dem Leiden in Berührung kommt. – Seit der Durchsetzung der nicänischen Beschlüsse stand die Homousie des Logos mit dem Vater fest. Der Satz von der Apathie Gottes galt aber weiterhin "für alle Parteien (als) eine unbestreitbare Prämisse"[88]. So stand man nun vor der Alternative: "entweder die a b s o l u t e Geltung des Axioms zu behaupten, dann mußten die Leidensaussagen streng auf die Menschseite begrenzt werden[89]." Oder aber die Leidensaussagen waren vermittelnd mit der Homousie in Einklang zu bringen, was letztlich "auf eine Begrenzung des Apathiesatzes hinauslaufen" mußte[90].

---

84 a.a.O., S. 73f.
85 a.a.O., S. 74f.
86 a.a.O., S. 74.
87 ebd.
88 a.a.O., S. 78.
89 W. Elert, Die theopaschitische Formel, Sp. 197.
90 ebd.

Den ersten Weg beschritt z.B. Amphilochius von Ikonium, der die trinitäts-theologischen Aussagen der Kappadokier zusammenfasste. Er setzte sich vor allem mit dem Monophysiten Apollinaris und seinen theopaschitisch klingenden Formeln auseinander und schloß vom wirklichen Leiden Christi auf "die Notwendigkeit, von zwei Naturen zu reden. Nur die angenommene (sc. menschliche) Natur leidet, die annehmende (sc. göttliche Natur) ist $\alpha\pi\alpha\vartheta\eta\varsigma$[91]."
— Die Antiochener bauten auf diesem Grunde weiter, indem sie die Begriffe $\alpha\pi\alpha\vartheta\eta\varsigma$ und $\pi\alpha\vartheta\eta\tau\acuteο\varsigma$ als die entscheidenden Merkmale der beiden Naturen Christi erklärten. Theodoret gab einem Kapitel eines Buches den Titel: $\dot\alpha\pi\alpha\vartheta\eta\varsigma$! Er behauptet darin, sowohl die Natur wie die Schrift lehre die *Apathie* Gottes. Als wichtigsten Schriftbeweis führt er an: Jes. 40,28: "Der Herr ermüdet und ermattet nicht". Freilich ein paar Kapitel später hätte er auf das Wort stoßen müssen: "Mir hast du Mühe gemacht mit deinen Sünden und hast mich ermattet mit deinen Verschuldungen." (Jes. 43,24) — Nestorius gab einer verlorenge-gangenen Schrift den polemisch gemeinten Titel: $\Theta\epsilon o\pi\alpha\sigma\chi\eta\tau\eta\varsigma$. Bei den Antiochenern hatte das platonische Apathieaxiom also nahezu unumschränkte Geltung, welche auch durch die Inkarnation des Logos nicht angetastet wurde. Auch ihre vehemente Ablehnung der Bezeichnung Maria als der Theotokos hängt damit zusammen. Denn auch das Geborenwerden war für sie ein Erleiden. Und dieses Erleiden durfte ja auf keinen Fall vom Logos ausgesagt werden.

Den zweiten Weg beschritten vor allem die Alexandriner. Wir beschränken uns hier auf den für unser Problem wichtigsten Vertreter Kyrill. Auch für ihn gilt das Apathieaxiom. Aber für ihn "ist es ein abstrakter Satz, der sich vor der Offenbarungswirklichkeit rechtfertigen muß. Er wird durch die Fleischwerdung *begrenzt*[92]." So konnte Kyrill sagen, "daß der Logos Gottes auch den Tod erlitten hat und das Kreuz durch sein eigenes Fleisch, damit er uns vom Tod und vom Verderben erlöse"[93]. Solche und ähnliche Aussagen werden bei ihm soteriologisch begründet. Unsere Erlösung vom Tode beruht darauf, daß es der fleischgewordene L o g o s war, der in Christus den Tod auf sich nahm. Bei Kyrill werden im Gegensatz zu vielen anderen Theologen seiner Zeit (und vor ihm) die Leidensaussagen der Evangelien nicht doketisch umgedeutet, so daß das Leiden Christi schließlich nicht mehr als echtes Leiden aufgefaßt wurde. "Für Kyrill ist nicht vorstellbar, daß sich der Logos kraft seiner Gottnatur etwas von den mit der Leiblichkeit verbundenen Leiden erspart haben sollte. Weil er Gott im Fleisch war, darum war das von ihm vergossene Blut Gottes Blut, als Gott im Fleisch gab er seinen Leib als Lösegeld für das Leben aller[94]." Zwar hätte Kyrill niemals das Apathieaxiom als t h e o r e t i s c h e n Satz in Frage gestellt: "Der Logos ist und bleibt $\dot\alpha\pi\alpha\vartheta\eta\varsigma$, er wird jedoch mit der Fleischwerdung auch $\pi\alpha\vartheta\eta\tau\acuteο\varsigma$ $\sigma\alpha\rho\kappa\acuteι$, und er wird das bereits dadurch, daß er sich im Geborenwerden aus der Jungfrau 〉passiv〈 verhält[95]." Für Kyrill ist die Herrschaft des Apathie-

91 W. Elert, Ausgang, S. 87.
92 W. Elert, Formel, Sp. 199.
93 W. Elert, Ausgang, S. 90; Zitat: Migne PG 75, 1417B.
94 ebd.
95 a.a.O., S. 97.

axioms in der Christologie gebrochen oder wenigstens stark eingeschränkt durch das Bild des geschichtlichen Christus, wie er es aus der Exegese des Johannesevangeliums gewonnen hat[96]. — Auch die Hauptgruppe der Monophysiten, die Severianer, bewegten sich mit ihren theopaschitischen Aussagen in den Bahnen Kyrills, wenn auch teilweise mit anderer Stoßrichtung als er.

Der eigentliche theopaschitische Streit verlief dann in zwei Etappen. Unter Proklus von Konstantinopel (434—447), dem Zeit- und Kampfgenossen Kyrills, wurde ein neues Trishagion in die Liturgie aufgenommen: "Heiliger Gott, heiliger Starker, heiliger Unsterblicher, erbarme dich unser!" Diese liturgische Formel wurde durch Petrus Fullo von Alexandrien nach 470 durch einen theopaschitischen Zusatz erweitert, so daß sie nun lautete: "Heiliger Gott, heiliger Starker, heiliger Untsterblicher, der für uns gekreuzigt ist, erbarme dich unser!" Diese Formel wurde von den Monophysiten ebenso begeistert aufgenommen wie sie von den Chalcedoniern im Osten entschieden abgelehnt wurde. Sie wurde für die Monophysiten zum Kriterium rechten Glaubens und ist es bis heute geblieben. "Natürlich hat kein Monophysit daran gedacht, die Kreuzigung von der Trinität auszusagen[97]." Sie behaupteten, daß damit selbstverständlich nur die Person des Sohnes gemeint sei. Allein durch diese Behauptung "wurde nach Meinung der Gegner, die sich von dem trinitarischen Verständnis des Trishagion nicht abbringen ließen, die Sache nur noch schlimmer. Denn wenn man von der Trinität etwas aussage, was gar nicht von ihrer Gesamtheit gelte, so werde tatsächlich noch eine vierte Person eingeführt, die Trinität also zur Quaternität erweitert. Wolle man das aber nicht, so müsse eben doch der Zusatz 〉der für uns gekreuzigt ist〈 auf die ganze Trinität bezogen werden. Es sei aber eine Blasphemie, das auch vom Vater und dem hl. Geist auszusagen[98]." — Dieses theopaschitische Trishagion wurde von den nicht-monophysitischen Kirchen nie rezipiert, auch wenn diese zunächst als Kampfparole gegen Chalcedon gedachte Formel keineswegs nur eine monophysitische Angelegenheit war, sondern sich der Sache nach auf eine lange Tradition theopaschitischer Aussagen berufen konnte.

In der zweiten Etappe des theopaschitischen Streites ging es dann um den Satz "unus ex trinitate passus est". Seit 519 versuchten die skythischen Mönche unter der Führung von Johannes Maxentius diese Formel in Anerkennung zu bringen. Als Chalcedonier wollten sie damit eine Brücke zu den Monophysiten schlagen, wurden aber vom Abendland zunächst abgelehnt. Auch die Nestorianer lehnten diese wie alle anderen theopaschitischen Formeln von der Grundlage des Apathieaxioms her ab. Die skythischen Mönche konnten sich freilich auf Proklus von Konstantinopel berufen, der "sowohl im Westen als im Osten in hohem Ansehen" stand[99]. Er wandte sich "gegen den 〉fadenscheinigen Syllogismus〈,

---

96 vgl. a.a.O., S. 91ff.
97 a.a.O., S. 106; vgl. auch A. Adam, a.a.O., S. 362f. und R. Seeberg, a.a.O., Bd. II, S. 282f.
98 W. Elert, ebd.
99 a.a.O., S. 111.

daß weil die Trinität impassibel sei, es auch der Logos sei und daß deshalb der Gekreuzigte ein anderer sein müsse als der Logos. Allein ⟩wenn wir sagen, er habe gelitten, so sagen wir nicht, er habe hinsichtlich seiner Gottheit gelitten, denn die göttliche Natur ist für jedes Leiden unempfindlich . . ., sondern wenn *wir bekennen, daß der Gott-Logos, der eine aus der Trinität, inkarniert wurde,* . . . so machen wir dem gläubig Fragenden den Grund verständlich, weswegen er inkarniert ist.⟨ Der Grund: der Gott-Logos wollte die Leiden, deren Vollendung der Tod ist, bezwingen. Der Gott-Logos ⟩hat das ganze Geschlecht der Menschen errettet, indem er in seinem Fleisch die Leiden bezwang, obwohl er die Gottheit impassibel bewahrte⟨."[100] — Wie dieses Zitat zeigt, wurde der Ausdruck "unus ex trinitate" bereits von Proklus gebraucht, der freilich auf diesen Ausdruck selber keinen besonderen Wert legte. Wie Kyrill ging es ihm vor allem darum, daß der Logos als Inkarnierter Subjekt des Erleidens ist.

Welche Bedeutung haben nun diese theopaschitischen Formeln für die dogmengeschichtliche und dogmatische Entwicklung? Im Chalcedonense fehlt jede theopaschitische Aussage. Interpretiert man das Chalcedonense vom Lehrbrief Leo d.I. her, dann ist "die Anwendung von Leidensprädikaten auf den Logos, wie sie von Kyrill und Proklus vertreten wurde, tatsächlich ausgeschlossen"[101]. Freilich lassen sich die canones von Chalcedon und der Lehrbrief Leos auch nicht ohne weiteres auf einen Nenner bringen. Genau genommen enthalten die Bestimmungen Leos die gefährliche Tendenz, das einheitliche Christusbild in zwei handelnde Subjekte aufzuspalten: während der Logos in den Wunden Christi aufleuchtet, erduldet die menschliche Natur dir Kränkungen. Gegen diese Aufspaltung der Person Christi in zwei handelnde Subjekte wendet sich die theopaschitische Formel, die dann auf dem fünften allgemeinen Konzil zu Konstantinopel 553 dogmatisiert wurde. Dieses Konzil sanktionierte den Satz, daß "unser *nach dem Fleisch gekreuzigter* Herr Jesus Christus wahrhaftiger Gott, Herr der Herrlichkeit und einer aus der Trinität ist" (can.10)[102]. Es verdammt diejenigen, die sagen, "der Logos Gottes, der Wunder tut, sei ein anderer als der leidende Christus"[103]. — Damit ist der theopaschitische Streit offiziell zum Abschluß gekommen. Das Chalcedonense, zu dem sich dieses Konzil bekennt, ist im Sinne des Kyrill und Proklus interpretiert.

Obwohl damit theopaschitische Sätze formell durch ein Konzil angenommen waren, blieb das Wort "Theopaschismus", das ja von Nestorius in polemischer Absicht gebraucht (und wahrscheinlich auch geprägt) worden war, weiterhin ein Schimpfwort, ein Ketzername. Keiner will mit diesem Etikett bedacht werden. Auch die Monophysiten, an denen dieses Etikett schließlich kleben bleibt, wehren sich dagegen, so bezeichnet zu werden. Bis in die altprotestantischen Dogmatiken hinein blieb das Wort "Theopaschismus" ein Ketzername.

100 ebd.; Zitat: Migne PG 65, 365.
101 W. Elert a.a.O., S. 114.
102 a.a.O., S. 117; Denzinger 432.
103 Denzinger 423.

Der theologische Ertrag dieser ganzen Auseinandersetzung liegt nicht darin, daß eine weitere christologische Formel zur Anerkennung gebracht wurde. Die theopaschitischen Sätze — wie immer sie zu verstehen sind — berühren das Zentrum des christlichen Glaubens. "Wenn aber der Sohn Gottes selbst und als solcher Mensch und damit leidensfähig geworden ist, dann steht er i n n e r - h a l b der Zone des Leidens und des Todes, und die Christologie erhält erst von daher ihren ganzen Ernst. Denn entweder hat der Sohn Gottes selbst gelitten, oder aber er ist überhaupt nicht Mensch geworden!"[104] Nach dem biblischen Zeugnis ist der Logos nicht nur Fleisch geworden, sondern ein ganz bestimmter Mensch, dessen Leiden und Sterben nun einmal im Zentrum des Neuen Testaments steht. "Entweder ist also Christus auch als leidender und sterbender der inkarnierte Logos Gottes, oder aber er ist es überhaupt nicht. Das ist das A und O aller theopaschitischen Formeln. Jede Inkarnationschristologie ohne theopaschitische Aussage ist unvollständig, und wenn sie ihr bewußt ausweicht, Betrug oder Selbstbetrug[105]."

Das, was von Anfang an den theopaschitischen Aussagen entgegenstand, war die Platonische Lehre von der Apathie Gottes, derzufolge auch der Logos Gottes nicht leiden konnte und durfte, wenn er wirklich Gott sein sollte. Diese Lehre ist nicht schon deshalb höchst fragwürdig, weil sie aus der Philosophie stammt. Sondern sie ist deswegen als Axiom für die Theologie untauglich, weil sie faktisch die Inkarnation in Frage stellt. Die Heilige Schrift redet zwar wohl von der Unsterblichkeit Gottes (1. Tim. 6,16), aber nirgends von seiner Leidensun-fähigkeit[106]. Nach dem philosophischen Gottesbegriff "ist Gottes Sein unvergänglich, unveränderlich, unteilbar, leidensunfähig und unsterblich; das menschliche Sein hingegen vergänglich, veränderlich, teilbar, leidensfähig und sterblich"[107]. Das Apathieaxiom hängt eng zusammen mit dem Gedanken der Unveränderlichkeit Gottes. Schon der Apologet Athenagoras führte aus, daß ein Werden nur im Bereich des nicht voll Seienden stattfindet, während das wahrhaft Seiende — Gott — über alles Werden und damit auch über alles Leiden erhaben ist[108]. Freilich läßt sich der so begründete Gedanke der Unveränderlichkeit Gottes ebensowenig wie das Apathieaxiom mit dem biblischen Zeugnis in Einklang bringen. Dieses redet vielmehr von der Treue Gottes zu sich selbst und zu den Menschen, die "sich als freier Akt gerade in seinem kontingenten geschichtlichen Handeln"[109] vollzieht.

---

104 H. Mühlen, Die Veränderlichkeit Gottes als Horizont einer zukünftigen Christologie, 1969, S. 17.
105 W. Elert a.a.O., S. 122.
106 vgl. H. Mühlen a.a.O., S. 18.
107 J. Moltmann, Der gekreuzigte Gott, 1972, S. 214.
108 W. Pannenberg, Die Aufnahme des philosophischen Gottesbegriffs als dogmatisches Problem der frühchristlichen Theologie (1959), in: Grundfragen systematischer Theologie, 1967, S. 328.
109 a.a.O., S. 329.

Die Leidensunfähigkeit des Logos wurde zudem auch von der Unteilbarkeit der einen göttlichen Natur her begründet. "So sagt — um nur eines von vielen Beispielen zu nennen — Gregor von Nyssa, der Verlassensschrei Jesu am Kreuz (Mk. 15,34; Mt. 27,14) könne nicht auf die *göttliche* Natur bezogen werden." Die eine Natur könne im Leiden nicht geteilt werden, "so daß ein Teil verlasse und ein anderer verlassen sei, ein Teil sterbe und der andere im Leben verharre"[110]. — Freilich nicht nur die Gegner sondern auch die Befürworter und Vorkämpfer theopaschitischer Aussagen können sich bei der Interpretation des Verlassenheitsrufes Christi am Kreuz der Wirkung des Apathieaxioms nicht ganz entziehen. Selbst Kyrill, der ja "auf das Ganze gesehen, die Vorherrschaft dieses Satzes ins Wanken gebracht hat"[111], schreckt davor zurück, den Ruf "Mein Gott, mein Gott, warum hast du mich verlassen? " auf die Person Christi und sein eigenes Leiden zu beziehen. "Gewiß, es ist Christus, der das sagt, aber es ist nicht seine eigene, persönlich-menschliche Not, die ihn dazu veranlaßt. Wer behauptet, sagt Kyrill, Christus sei hier von Furcht und Schwäche überwältigt worden, der verweigert ihm das Bekenntnis, er sei Gott ... Christus sagt das nicht in seinem eigenen Namen, sondern im Namen der Gesamtnatur, ... weil nur diese, nicht er selbst dem Verderben verfallen war. Er ruft nach dem Vater nicht für sich selbst, sondern für uns[112]."

Wichtig für das Verständnis der theopaschitischen Aussagen ist ferner, daß ihre Befürworter immer betonten, das Leiden beziehe sich nicht auf die göttliche Natur als solche. Diese sei vielmehr vom Leiden nicht tangiert, weil für das Leiden nicht empfänglich. Leiden konnte nur der inkarnierte Gottessohn, der Logos im Fleisch. "Voraussetzung ist dabei die Unterscheidung zwischen deus und deitas, zwischen dem ϑεὸς λόγος und seiner ϑεότης. Nach seiner deitas ist und bleibt er impassibel, er leidet nur als Inkarnierter nach der menschlichen caro, aber hierdurch ist er auch deus passibilis[113]." Wie wir gesehen haben, gilt diese Voraussetzung für Proklos[114] und für Kyrill. Sie gilt aber auch mutatis mutandis für die meisten Monophysiten[115]. Man kann sich fragen, ob in dieser Limitation der theopaschitischen Aussagen nicht auch noch eine Fernwirkung des Apathieaxioms zu sehen ist.

(Ende des Exkurses)

110 H. Mühlen, a.a.O., S. 17.
111 W. Elert, a.a.O., S. 97.
112 a.a.O., S. 95.
113 a.a.O., S. 112.
114 vgl. das Zitat oben S. 111.
115 vgl. W. Elert a.a.O., S. 125.

Wir kehren zu Luther zurück. Wie wir gesehen haben, lehnt der Reformator den Modalismus und damit auch den direkten Patripassianismus ab. Denkt auch er von dem Axiom der impassibilitas, der Leidensunfähigkeit Gottes aus? In der Auseinandersetzung mit Zwingli kam auch diese Frage zur Sprache. Wir zitieren zunächst die entscheidenden Aussagen Luthers: "Du aber lieber bruder / solt an stat der Alleosi das behalten / weil Jhesus Christus warhafftiger Gott und mensch ist / ynn einer person / so werde an keinem ort der schrifft / eine natur fur die ander genommen / Denn das heist er Alleosin / wenn etwas von der Gottheit Christi gesagt wird / das doch der menscheit zu stehet / odder widderumb / als Luce ult. Must nicht Christus leiden und also ynn seine ehre gehen? Hie gauckelt er / das Christus fur die menschlichen natur genomen werde. Hüt dich / Hüt dich / sage ich / fur der Alleosi / sie ist des teuffels larven / Denn sie richtet zu letzt einen solchen Christum zu / nach dem ich nicht gern wolt / ein Christen sein / Nemlich / das Christus hinfurt nicht mehr sey / noch thu / mit seinem leiden und leben / denn ein ander schlechter [= schlichter] heilige / Denn wenn ich das gleube / das allein die menschliche natur fur mich gelidden hat / so ist mir der Christus ein schlechter heiland / so bedarff er wol selbs eines heilands / Summa / es ist unsaglich /, was der teuffel mit der Alleosi sucht. ... Also spricht aber der heilige geist / Johan. 3. Also liebet Gott die welt / das er seinen einigen son dahin gibt / Ro. 8. Er hat seines eigen sons nicht verschonet / sondern fur uns alle dahin gegeben / Und so fort an / alle werck / wort / leiden / und was Christus thut / das thut / wirckt / redet / leidet der warhafftige Gottes son / und ist recht gered / Gottes son ist fur uns gestorben / Gottes son predigt auff erden / Gottes son wescht den iüngern die füsse / wie die Epistel Ebre. 6 sagt / Sie creutzigen yhn selbs den son Gottes. 1. Cor 2 hetten sie erkand / sie hetten nymer mehr den Herrn der ehren gecreutzigt. Ob nu hie die alte wettermecherynn [= Hexe] fraw vernunfft / der Alleosis grosmutter / sagen würde / Ja die Gottheit kan nicht leiden noch sterben / Soltu antworten / Das ist war / Aber dennoch weil Gottheit und menscheit ynn Christo eine person ist / so gibt die schrifft / umb solcher personlicher einickeit willen / auch der Gottheit alles / was der menscheit widderferet / und widderumb / Und ist auch also ynn der warheit / Denn das mustu ia sagen / Die person (zeige Christum) leidet, stirbet / Nu ist die person warhafftiger Gott / Drumb ist recht gered / Gottes son leidet / Denn ob wol das eine stück (das ich so rede) als die Gottheit / nicht leidet / so leidet dennoch die person / welche Gott ist / am andern stücke / als an der menscheit / ... Und ist dazu auch die warheit / Denn yn der warheit / ist Gottes son fur uns gecreutzigt / das ist / die person / die Gott ist / Denn sie ist / Sie (sage ich) die person ist gecreutzigt nach der menscheit[116]."

116 BoA III, 390, 31–391, 38 = WA 26, 319, 27–322, 5.

Luther warnt hier also vor der Alloiosis, jener rhetorischen Figur, die nach Zwingli in den christologischen Aussagen der Bibel oftmals vorliegt. Alloiosis und communicatio idiomatum — das ist für Zwingli das Gleiche[117]. In Abhängigkeit von der Scholastik versteht er die communicatio idiomatum freilich rein als sprachlogisches Phänomen. "Zu einer wesensmäßigen communicatio idiomatum der beiden Naturen"[118] in Christus kann es dabei jedenfalls nicht kommen. Mit Hilfe des Begriffs der Alloiosis versucht Zwingli zu zeigen, daß die Schrift zwischen dem, was Christus als Gott und zwischen dem, was ihm als Mensch zukommt, nicht streng scheidet. Alle neutestamentlichen Aussagen über Christus, welche Prädikate der einen Natur von der anderen auszusagen scheinen, sind deshalb als tropologische, d.h. uneigentliche Redeweise zu betrachten. Auch dort, wo die Schrift wie in Lk. 24,26 ("Mußte nicht Christus solches leiden und zu seiner Herrlichkeit eingehen?") von Christus redet, ist eigentlich nur die eine der beiden Naturen gemeint, in diesem Falle: die menschliche[119]. Zwingli geht es hier vor allem um die Souveränität Gottes, die auch durch die Annahme der menschlichen Natur Christi und ihres Leidens nicht berührt oder eingeschränkt werden soll.

Wie vehement Luther diese Auffassung und die ihr zugrundeliegende Zweinaturenlehre ablehnt, haben wir bereits gesehen. An dieser Stelle sind es vor allem die Konsequenzen dieser Lehre, die der Wittenberger Reformator bekämpft. Wenn es gilt, daß nur die menschliche Natur Christi gelitten hat und die göttliche Natur in keiner Weise daran beteiligt ist, dann hat Christus mit seinem Leiden nicht mehr erreicht als irgendein Heiliger. Dann beschränkt sich das Werk Christi auf sein Vorbild für die Gläubigen[120]. Dann bedürfte aber die menschliche Natur Christi letztlich selber eines Heilandes oder Erlösers. Damit wird wiederum deutlich, wie eng christologische Zweinaturenlehre und Soteriologie bei Luther verbunden sind. Das entscheidende Argument gegen Zwinglis Christologie bezieht Luther aus der Soteriologie. Für Luther ist es also geradezu ein theologisches Axiom, daß Christus auch seiner göttlichen Natur nach vom Leiden mitbetroffen sein m u ß. Anders ist für ihn die Erlösung durch das Leiden und Sterben Christi nicht denkbar.

Neben diesem soteriologischen Argument beruft sich Luther auch darauf, daß die Schrift das christologische Geheimnis angemessen zur Sprache bringt. Die communicatio idiomatum ist für ihn eine wesensmäßige, nicht nur ein sprachlogisches Phänomen. Die biblische Ausdrucksweise, daß Gottes Sohn

---

117 "Dann communicatio idiomatum i. gemeynsame der eygenschafften, heyßt uns alloeosis." Zwinglis Sämtliche Werke VI/II (Über D. Martin Luthers Buch, Bekenntnis genannt, 1528), S. 128, 20f.
118 E. Jüngel, Vom Tod des lebendigen Gottes, ZThK 65, 1968, S. 100.
119 Zwingli, Bd. V, 1934, S. 926 (Das dise wort Jesu Christi . . . , 1527.)
120 Daß der vorhergehende Satz so gemeint ist, geht hervor aus der Vorrede zur Kirchenpostille von 1522. Dort gebraucht Luther die Formulierung daß "Christus dyr nichts mehr nutz denn eyn ander heylig" sei, zur Kennzeichnung einer reinen Exempel-Christologie, dem Luther eine Kombination von Christus als exemplum und sacramentum gegenüberstellt (WA 10 I, 1, 11f.; vgl. E. Jüngel, a.a.O., S. 102 Anm. 14).

gelitten hat, entspricht also der Wahrheit[121]. Die Bibel meint wirklich das, was sie sagt. Luthers Intention dabei ist, die Redeweise der Schrift nicht durch eine vermeintlich theologisch präzisere Ausdrucksweise zu ersetzen oder zu korrigieren, sondern vielmehr das in der neutestamentlichen Redeweise vorausgesetzte Verständnis der Person Jesu Christi zu explizieren.

Die Schrift aber bekennt nun einmal, daß Gottes Sohn leidet. Auch wenn diese Aussage zunächst auf die menschliche Natur Christi zu beziehen ist, so ist doch die göttliche Natur mitgemeint. Denn die Schrift verteilt ihre Aussagen über Christus eben nicht fein säuberlich auf beide Naturen, sondern bezieht sie auf die Person. Die Person Christi ist aber — kraft der Enhypostasie der menschlichen Natur Christi in der göttlichen — Gottes Sohn, "wahrhaftiger Gott". Luther denkt also die Einheit der Naturen in Christus so, daß jede Aussage über die eine Natur sofort auch die andere tangiert. Alles, was der menschlichen Natur Christi widerfährt, widerfährt auch der Gottheit und umgekehrt. Wenn die menschliche Natur Christi leidet, so leidet auch die göttliche Natur mit.

In seiner Schrift "Von den Konziliis und Kirchen" (1539) hat Luther diese Frage noch einmal aufgegriffen. Das Konzil zu Ephesus (431) hat — wie der Reformator in seiner Zusammenfassung betont — darüber entschieden, daß Christus nicht zwei, sondern eine Person sei[122]. In seiner ausführlichen Darlegung zeigt er dann, daß Nestorius nicht eigentlich deswegen verurteilt worden sein könne, weil er die Einheit der Person Christi leugnete, sondern weil er die communicatio idiomatum zwischen den beiden Naturen Christi nicht verstand[123]. Als das eigentliche Motiv der Theologie des Nestorius sieht Luther das Axiom der impassibilitas Gottes. "Und ligt im das das im sinn (wie Tripartit anzeigt[124]), wie Gott und sterben sich nicht zusamen reimen, Denn es dünckt in schrecklich zu hören sein, das Gott solt sterben, Und ist das seine meinung gewest, Christus sei nach der Gottheit unsterblich, hat aber so viel verstandes nicht gehabt, das ers also hette können aussprechen[125]."

Luther hat inzwischen erkannt, daß Nestorius im Prinzip nichts anderes lehrte als Zwingli und er argwöhnt, daß es auch unter den Altgläubigen noch viele Nestorianer gibt, die es nur noch nicht gemerkt haben[126]. Das, was er dem Antiochener zu entgegnen hat, faßt er so zusammen:

121 Daß es in Luthers Verständnis der communicatio idiomatum nicht nur um "sprachlogische Probleme", sondern um "eine ontische Kommunikation der beiden Naturen aneinander" (E. Jüngel, a.a.O., S. 100) geht, zeigt sehr schön seine eigene Ausdrucksweise: zweimal folgt auf das "und ist recht geredet" die Betonung, daß es sich auch in Wahrheit so verhält. Vgl. BoA III, 391, 14f.; 22–24 u. 34–36 = WA 26, 320, 22, 321, 6–8, 322, 2f.
122 vgl. WA 50, 546 u. 605.
123 vgl. WA 50, 587.
124 vgl. Cassiodor, Historia tripartita, XII, 4 = Migne, PL 69, 1206f.
125 WA 50, 589, 6–10.
126 vgl. WA 50, 591. Dogmengeschichtlich gesehen lässt sich Zwinglis Christologie wohl kaum auf Nestorius zurückführen. Als Anreger käme wohl eher Duns Scotus in Frage (vgl. R. Seeberg, a.a.O., Bd. IV, 1, S. 461, Anm. 1). Luthers Position erinnert wohl am meisten an Kyrill von Alexandria (vgl. a.a.O., S. 467).

"Denn wir Christen müssen die idiomata der zwo naturn in Christo, der Personen, gleich uns alle zu eigen, Als, Christus ist Gott und mensch in einer Person, darumb, was von ihm gered wird als menschen, das mus man von Gott auch reden, Nemlich, Christus ist gestorben, Und Christus ist Gott, drumb ist Gott gestorben, Nicht der abgesonderte Gott, sondern der vereinigte Gott mit der Menschheit, Denn vom abgesonderten Gott ist beides falsch, Nemlich, das Christus Gott sey und Gott gestorben sey, Beides ist falsch, denn da ist Gott nicht mensch. Dünckts aber Nestorium wünderlich sein, das Gott stirbt, solt er dencken, das ja so wünderlich ist, das Gott mensch wird. Denn damit wird der unsterbliche Gott dasjenige, so sterben, leiden und alle menschliche idiomata haben mus, Was were sonst derselb mensch, mit dem sich Gott Personlich vereinigt, wenn er nicht rechte menschliche idiomata haben solt? Es müste ein gespenst sein, wie die Manicheer zuvor hatten gelert. Widerumb was man von Gott redet, mus auch dem menschen zugemessen werden, Nemlich Gott hat die welt geschaffen und ist allmechtig. Der mensch Christus ist Gott, darumb hat der mensch Christus die welt geschaffen und ist allmechtig, Ursache ist, Denn er ist eine Person worden aus Gott und mensch, darumb fürt die Person beider natur idiomata. ... Denn wir Christen müssen das wissen, wo Gott nicht mit in der woge [= Wage] ist und das gewichte gibt, so sincken wir mit unser schüssel [= Wagschale] zu grunde, Das meine ich also: Wo es nicht solt heissen, Gott ist fur uns gestorben, sondern allein ein mensch, so sind wir verloren, Aber wenn Gottes tod und Gott gestorben in der wogeschüssel ligt, so sincket er unter und wir faren empor, als eine leichte ledige schüssel, Aber er kan wol auch wider emporfaren oder aus seiner schüssel springen. Er kündte aber nicht in die schüssel sitzen, Er müste uns gleich ein mensch werden, das es heissen kündte, Gott gestorben, Gottes marter, Gottes blut, Gottes tod, Denn Gott in seiner natur kan nicht sterben, Aber nu Gott und mensch vereinigt ist in einer Person, so heissts recht Gottes tod, wenn der mensch stirbt, der mit Gotte ein ding oder eine Person ist. Es hat auch dis Concilium viel zu wenig verdampt an dem Nestorio, Denn es handelt allein, das einige idioma, das Gott von Maria geborn sey, daher die Historien schreiben, das in diesem Concilium sey beschlossen, wider Nestorium, Maria solle Theotocos, das ist Gottesgebererin heissen, so doch Nestorius alle idiomata menschlicher natur von Gott in Christo leugnete, als sterben, creutz, leiden und alles, was sich mit der Gottheit nicht reimet, Darumb solten sie nicht allein beschliessen, das Maria Theotocos were, sondern auch, das Pilatus und die Jüden Gottes creutziger und mörder weren, und dergleichen[127]."

Luther versucht hier also das Konzil zu Ephesus besser zu verstehen als es sich selber verstand. Denn für Luther ging es ja bei diesem Konzil nicht nur um die Legitimation der Aussage, Maria sei Gottesgebärerin, sondern um die communicatio idiomatum. Wer diese leugnet, der leugnet damit in effectu auch die göttliche Natur Christi, ob er es will oder nicht[128]. Mit dieser Interpretation liest Luther natürlich spätere theologische Gedanken in das Konzil hinein. Denn über die L e h r e von der communicatio idiomatum hat ja das Konzil noch nicht verhandelt. –

Wie in der Abendmahlsschrift begründet Luther seine Aussagen über das Leiden und Sterben Gottes in Christus auch hier wieder soteriologisch. Der Tod eines M e n s c h e n kann gegen den Tod a l l e r Menschen nichts ausrichten. Um die Menschen von der Todverfallenheit zu erlösen, muß in Christus Gott mit-sterben. Das will Luther mit dem Bild von der Wage veranschaulichen. Wenn er dabei betont, daß Gott auch wieder emporfahren und aus der Wagschale springen kann, will er damit offenbar sagen, daß Gott nicht im Tode bleibt, weil der Tod keine Macht über ihn hat. Er läßt sich im Leiden und Sterben Christi mit dem Tod konfrontieren, setzt sich ganz seiner Macht aus, bleibt aber Sieger über den Tod.

Sowohl im Abendmahlsstreit als auch in seiner Schrift über die Konzilien hat Luther die Frage nach dem Leiden Gottes aufgegriffen. Er steht damit in der Tradition theopaschitischen Denkens bestimmter Theologen der Alten Kirche. Er scheut sich nicht von Gottes Martyrium zu reden und gebraucht den schon Apg. 20,28 verwendeten Ausdruck "Gottes Blut". Daß Gott gelitten habe und sogar gestorben sei, sagt Luther mehrfach. Auch wenn er die berühmte theopaschitische Formel "unus ex trinitate passus est" nicht direkt gebraucht, steht er mit seinen Aussagen doch keineswegs hinter den altkirchlichen Vorkämpfern theopaschitischer Aussagen zurück. Wie in seiner Auffassung der communicatio idiomatum steht er auch hierin ziemlich nahe bei Kyrill. Mit diesem verbindet ihn auch die soteriologische Begründung solcher Aussagen.

Freilich auch darin steht Luther in der Tradition theopaschitischen Denkens, daß er betont, Gott in seiner Natur könne nicht leiden. Wie seine Auseinandersetzung mit Nestorius zeigt, kennt er das Apathieaxiom, "daß Gott und Sterben sich nicht zusammenreimen". Ebenso gesteht er zu, daß man auf den Einwand der Vernunft "Ja die Gottheit kann nicht leiden noch sterben" antworten soll:

---

128 vgl. WA 50, 591, 1–4: "wiewol Nestorius bekennet, das Christus, rechter Gott und Mensch, eine Person sey, Aber weil er die idiomata menschlicher natur derselben Göttlichen Person Christi nicht gibt, ists unrecht und eben so viel, als leugnete er die natur selbs." – Ebenfalls mit Bezug auf Nestorius schreibt Luther: "Daraus sihet man, das er ein gantz toller Heilig und unverstendiger man gewest ist, Denn nachdem er zugibt, das Gott und Mensch in einer Person vereinigt und v e r m i s c h t ist, So kan er ja mit keiner Weise weren, das die idiomata der naturen nicht auch solten vereiniget und v e r m i s c h e t sein, Was were sonst Gott und mensch in einer Person vereiniget? ″ (WA 50, 588, 15–19; Sperrungen von mir.) – Hier liesse sich immerhin fragen, ob Luther damit nicht das ἀσυγχύτως (unvermischt) des Chalzedonense preisgibt. Denn wenn die beiden Naturen in Christus nicht vermischt werden dürfen, – dürfen es dann die spezifischen Eigenschaften der Naturen? Kann man überhaupt noch von den Idiomen der beiden Naturen reden, wenn sie vermischt werden? – vgl. dazu K. Holl, Luther 7. Aufl. 1948, S. 71f.): "Luther will das Göttliche, den göttlichen Willen ganz u n m i t t e l b a r in dem menschlich sich darstellenden Tun und Leiden Christi angeschaut wissen. .... Aber wenn Luther dies in der alten Weise mit den zwei "Naturen" ausdrücken wollte, dann kam er hart an den Monophysitismus heran."

"Das ist wahr." Das hindert den Reformator dann freilich nicht, kräftige theopaschitische Aussagen zu machen, deren Tenor es ist, daß Gott und Sterben in der Person Jesu Christi zusammenkommen und zusammengehören.

Man kann sich fragen, ob Luther hier gleichsam einen Kompromiß schließt zwischen den für ihn aus soteriologischen Gründen notwendigen theopaschitischen Aussagen und dem alten platonischen Apathieaxiom. Das würde bedeuten, daß er sich einer alten Denkgewohnheit nicht ganz entziehen kann, die im Widerspruch zu dem steht, was er eigentlich sagen möchte.

Fragen wir jedoch, welche Bedeutung Luthers theopaschitische Tendenz für seine Trinitätslehre hat, dann sehen wir, daß der Satz, daß Gott in seiner Natur nicht leiden kann, hier eine positive Funktion erfüllt und durchaus in Luthers Denken integriert ist. Er betont ja einerseits, daß Gott sich in Christus ganz dem Negativen, dem Leiden, dem Schmerz und dem Tod aussetzt. Andererseits liegt ihm natürlich daran, daß Gott sich gerade darin als der Lebendige erweist, als der Herr, der den Tod besiegt. Wie ist es aber möglich, daß Gott in Christus leidet und stirbt und sich zugleich doch als der Lebendige erweist? Obwohl Luther diese Frage s o nicht stellt, können wir aus seinen Aussagen indirekte Hinweise zu ihrer Beantwortung entnehmen. In der Abendmahlsschrift schreibt er: "Christus ist Gott und mensch in einer Person, darumb, was von ihm gered wird als menschen, das mus man von Gott auch reden, Nemlich, Christus ist gestorben, Und Christus ist Gott, drumb ist Gott gestorben, Nicht der abgesonderte Gott, sondern der vereinigte Gott mit der Menschheit, Denn vom abgesonderten Gott ist beides falsch, Nemlich, das Christus Gott sey und Gott gestorben sey, Beides ist falsch, denn da ist Gott nicht mensch[129]."

Luther stellt hier Gott in Christus und den "abgesonderten Gott" gegenüber. Wer ist der letztere? Gott jenseits der Inkarnation — das ist eigentlich die "Person" des Vaters. Diese ist nach der Trinitätslehre Luthers (und auch der Tradition) der Ursprung der Gottheit, von dem her erst der Sohn und der heilige Geist ihre Gottheit haben. Wir haben ja bereits in den Symbolauslegungen gesehen, daß Luther dort, wo er von der trinitarischen Person des Vaters redet, häufig einfach "Gott" sagt. In diesem Sinne dürfte auch der Satz "Gott in seiner Natur kann nicht leiden" zu verstehen sein: als der Vater ist Gott der Urquell alles Lebens, der sich als der Sieger über den Tod erweist[130].

129 s.o. S. 117.
130 J. Moltmann schreibt zu dem Satz "Gott in seiner Natur kann nicht leiden" (WA 50, 590, 19, s.o. S. 117): "Dies entspricht seiner Unterscheidung zwischen der Natur Gottes (nach außen) in der Relation zur Welt und der Person des Gottessohnes (nach innen) in den Relationen der Trinität." (Der gekreuzigte Gott, S. 221). "Gott in seiner Natur" bezeichnet terminologisch bei Luther zwar auch Gott in seiner Beziehung zur Welt, d.h. die Trinität als Ganze. Geht man aber von der Gegenüberstellung "der abgesonderte Gott" und "Gott in Christus" aus, dann sieht man, daß hier eigentlich nur die Person des Vaters gemeint sein kann. — Moltmann kommt zu dem Schluß: "Luthers Christologie des gekreuzigten Gottes bleibt im Rahmen der altkirchlichen Zwei-Naturen-Lehre, stellt eine wichtige Weiterentwicklung der communicatio idiomatum-Lehre dar und radikalisiert die Inkarnationslehre auf das Kreuz. Indem er den aus der

Die Frage nach dem Leiden Gottes wirft also auch ein neues Licht auf die Trinitätstheologie Luthers. Während Gott als der Sohn dem Leiden und Sterben Jesu mitausgesetzt ist, bleibt er als der Vater doch der, dem Leiden und Tod letztlich nichts anhaben kann. Damit erweist sich Gott in Kreuz und Auferstehung Jesu Christi als der souveräne Herr über Leben und Tod, der das Leiden und Sterben für uns durchlitten hat. Die Souveränität Gottes, "der keiner Nötigung durch Nichtgöttliches unterliegt"[131], und seine Treue zum Menschen sind aber der eigentliche theologische Sinn der traditionellen Aussagen von der Unveränderlichkeit (immutabilitas) und Leidensunfähigkeit (impassibilitas) Gottes. Insofern hat Luther auch das legitime Anliegen des in seinen Konsequenzen so fragwürdigen Apathieaxioms aufgenommen und in seine Theologie integriert.

Luthers theopaschitische Tendenz ist also von entscheidender Bedeutung für seine Trinitätstheologie. Er versucht die Trinitätslehre so zu denken, daß sie von vornherein die Inkarnation und Passion Gottes in Christus einschließt: daß Inkarnation und Passion also nicht als etwas zweites nach der Trinitäts- und Gotteslehre auch noch zu Bekennendes und zu Bedenkendes hinzukommt. Damit unterscheidet Luther sich deutlich auch vom Modalismus. Denn für ihn ist Menschwerdung und Leiden, Tod und Auferstehung Jesu Christi im Sein Gottes selbst begründet. Die Lehre von der Trinität als einer Differenzierung im Sein Gottes ermöglicht es dem Reformator, die Inkarnation und die Passion Gottes in Jesus Christus lehren zu können. Gerade darin ist Luther weit vom metaphysischen Monotheismus entfernt, der die Unvergänglichkeit, Unveränderlichkeit, Unteilbarkeit, Leidensunfähigkeit und Unsterblichkeit Gottes lehrt[132].

Unsere Untersuchung der trinitätstheologischen Aussagen Luthers auf dem Hintergrund des Streites um Abendmahl und Christologie hat gezeigt, wie eng Trinitätslehre, Christologie und Soteriologie in Luthers Theologie miteinander verbunden sind. Keines läßt sich losgelöst von allem anderen betrachten. Damit schließen wir die Erörterung der wenigen Sätze über die Trinität am Anfang von Luthers Bekenntnis aus dem Jahre 1528. Freilich haben wir bisher nur den Anfang dieses Bekenntnisses untersucht. Den weiteren trinitätstheologisch relevanten Aussagen dieses Bekenntnisses wenden wir uns nun zu.

Nach den oben zitierten Sätzen über die Menschwerdung der zweiten Person der Trinität betont Luther die Integrität der menschlichen Natur Christi und wendet sich damit gegen den Monophysitismus des Apollinaris von Laodicea.

allgemeinen Unterscheidung von Gott und Welt, sowie Gott und Mensch, gewonnenen Gottesbegriff in seiner Christologie voraussetzte, kam er zwar in der Kreuzestheologie zu einer nachhaltigen Veränderung dieses Gottesbegriffs, aber nicht zu einer entfalteten, christologischen Trinitätslehre." (a.a.O., S. 222) Daran ist sicher zutreffend, daß Luther die Linien von der Christologie und von seiner theopaschitischen Tendenz nicht direkt zur Trinitätslehre durchgezogen hat, auch wenn Ansätze dazu da sind. Auffallend ist jedoch, daß Luthers ökonomische Trinitätslehre bei Moltmann gar nicht recht in den Blick zu kommen scheint.

131 J. Moltmann a.a.O., S. 216.
132 Zur Problematik des Monotheismus vgl. ausführlicher J. Moltmann, a.a.O., S. 222ff.

Ebensosehr grenzt er sich aber auch ausdrücklich gegen die nestorianische Christologie ab und bekennt Christus "als eine ewige unzurtrenliche person aus Gott und mensch worden"[133]. Auf die christologischen Probleme und die communicatio idiomatum — soweit sie unser Thema unmittelbar berühren — haben wir bereits hingewiesen. Dafür daß Luther die Zweinaturenlehre keineswegs nur "mitgeschleppt" hat, dafür ist unsere Schrift der beste Beweis.

Im folgenden Abschnitt des Bekenntnisses wird das Werk Christi kurz expliziert. Im Anschluß an die Formulierungen des Apostolikums werden die Stationen des Weges Christi dargelegt, als deren Ziel unsere Erlösung von Sünden, Tod und dem ewigen Zorn Gottes genannt wird. Wie in den Auslegungen des Apostolikums ist auch hier die Erlösung als Leitbegriff für das Wirken des Sohnes genannt.

Nach der Christologie folgen nun polemische Aussagen, die deutlich auf die theologischen Auseinandersetzungen der Zeit bezogen sind. Luther verwirft die Lehre vom freien Willen (gegen Erasmus), verdammt alte und neue Pelagianer (gegen Zwingli) und ebenso alle Orden, Regeln, Klöster und Stifte, die ihren Mitgliedern die Seligkeit bringen sollen. Der zweite Teil des Bekenntnisses endet mit einer kurzen Grundlegung der drei von Gott eingesetzten Orden und Stiftungen, Predigeramt, Ehestand und weltliche Obrigkeit, und der in und außerhalb dieser Ordnungen tätigen Nächstenliebe.

d) Der Glaube an den heiligen Geist

Der dritte Teil des Bekenntnisses beginnt mit folgenden Worten:
"Zum dritten / gleube ich an den heiligen geist / der mit Vater und son / ein warhafftiger Gott ist / und vom Vater und son ewiglich kompt / doch ynn einem göttlichen wesen und natur ein unterschiedliche person. Durch den selbigen / als ein lebendig / ewige / göttliche gabe und geschencke / werden alle gleubigen mit dem glauben und andern geistlichen gaben gezieret / vom tod auff erweckt / von sunden gefreyet / und frölich und getrost / frey und sicher ym gewissen gemacht / Denn das ist unser trotz / so wir solchs geists zeugnis ynn unserem hertzen fulen / das Gott wil unser Vater sein / sunde vergeben / und ewiges leben geschenckt haben[134]."

Hier finden wir nun auch das explizite Bekenntnis zur Gottheit des heiligen Geistes, das manche Ausleger des Großen Katechismus vermissen. Im Sinne der abendländischen Tradition des "filioque" wird der Ausgang des Geistes vom Vater *und* vom Sohn betont. Das Verb "kommt" läßt die Art des Ausgangs des Geistes vom Vater und Sohn unbestimmt — ebenfalls ganz im Sinne der Tradition, welche hier vom "procedere ex patre filioque" redet.

Nach diesem Bekenntnis zur immanent-trinitarischen Person des Geistes folgt nun eine kurze Zusammenfassung des Werkes des Geistes. Der Leitbegriff der Heiligung, der kurz darauf im "Unterricht der Visitatoren" auftaucht und aus

133 BoA III, 508, 31 = WA 26, 501, 11f.
134 BoA III, 511, 11–20 = WA 26, 505, 29–37.

der dritten Reihe der Katechismuspredigten in die Katechismen übernommen wird, fehlt hier noch ganz. Statt dessen zählt Luther einfach verschiedene konkrete Tätigkeiten des Geistes auf: er schenkt den Glauben und andere geistliche Gaben, erweckt vom Tode, befreit von Sünden und macht uns fröhlich und getrost, frei und sicher im Gewissen. Diese letztere wird nun noch einmal wiederholt: die Gewißheit des Glaubens, auf die Luther ja sowohl im Abendmahlsstreit als auch in der Auseinandersetzung mit Erasmus so großen Wert legt, kommt durch das innere Zeugnis des heiligen Geistes zustande. Wahrscheinlich ist hier entsprechend dem "getrost" im vorangehenden Satz zu lesen: denn das ist unser Trost (statt: Trotz)[135]. Jedenfalls haben wir hier die Vorform der später von Calvin und der reformierten und lutherischen Ortho-doxie ausgebauten Lehre vom testimonium spiritus sancti internum vor uns. Der heilige Geist selber (nicht nur die Autorität der Kirche!) bezeugt uns, daß Gott unser Vater sein, Sünde vergeben und ewiges Leben geschenkt haben will. Diese triadische Formel ist wahrscheinlich trinitarisch gemeint, so daß Christus die Sündenvergebung und dem heiligen Geist die Vollendung appropriiert wird.

Wichtig ist in diesem Zusammenhang auch die Bezeichnung des heiligen Geistes als einer "ewigen göttlichen Gabe". Damit folgt Luther einer alten abendländischen Tradition, die sich schon bei Hilarius[136], vor allem aber bei Augustin nachweisen läßt. Dieser hat in De trinitate XV, 19 einen ausführlichen Schriftbeweis erbracht, daß der heilige Geist als donum dei zu bezeichnen sei[137]. Er sucht dabei den processus a patre filioque spekulativ zu begründen, indem er den Geist "als gegenseitige)Liebe(des Vaters und des Sohnes oder als beider)Geschenk("[138] versteht. Mit dieser Auffassung hat Augustin die Pneumatologie im Westen stark beeinflußt. Freilich blieb dabei "weithin unklar", wie der heilige Geist "als)donum(, das zugleich der Geber ist, außerhalb der immanenten Trinitätslehre von seinen Wirkungen (Gaben) zu unterscheiden sei"[139]. Thomas

135 vgl. BoA III, 511 Anm. z. Z. 19 und Wernle, a.a.O., S. 274 mit Anm. 4.
136 Nach R. Seeberg (a.a.O., Bd. II, S. 119, Anm. 2) "hat H i l a r i u s den heil. Geist in der Regel als Sache oder als G a b e betrachtet." Seeberg zitiert u.a. folgende Stelle: "unus est enim deus pater, ex quo omnia, et unus unigenitus dominus, per quem omnia, et unus spiritus d o n u m in omnibus." (De Trin. II, 1).
137 De Trin. XV, 19, 35:
"Et multa alia sunt testimonia Scripturarum, quae concorditer attestatur Donum Dei esse Spiritum sanctum, in quantum datur eis qui per eum diligant Deum." – Die Bezeichnung des hl. Geistes als donum Dei findet sich häufig bei Augustin, besonders in De trin. XV, Kap. 18 u. 19.
138 M. A. Schmidt, Art.: Heiliger Geist, V. Dogmengeschichtlich, RGG II, 3. Aufl., Sp. 1280,; vgl. auch Seeberg, a.a.O., Bd. II, S. 158 mit Anm. 2. Die entscheidende Stelle in De Trin. XV, 19, 37 lautet: "Deinde, si in donis Dei nihil maius est charitate, et nullum est maius donum Dei quam Spiritus sanctus, quid consequentius quam ut ipse sit charitas, qui dicitur et Deus et ex Deo? Et si charitas qua Pater diligit Filium, et Patrem diligit Filius, ineffabiliter communionem demonstrat amborum; quid con-venentius quam ut ille dicatur charitas proprie, qui Spiritus est communis ambobus? "
139 M. A. Schmidt, ibid. Petrus Lombardus hatte die gratia increata mit dem spiritus sanctus identifiziert, war aber mit dieser Auffassung nicht durchgedrungen (vgl. Schmidt, ibid. und F. Loofs, a.a.O., S. 546).

von Aquino hat die Frage "utrum Donum sit proprium Spiritus Sancti" ebenfalls ausdrücklich bejaht[140]. Luther steht hier also in augustinisch-abendländischer Tradition, wenn er den heiligen Geist als Person und als Gabe bezeichnet.

Paul Wernle kommentiert diesen Abschnitt des Bekenntnisses folgendermaßen: "Seltsam sind hier von Luther das altkirchliche Dogma vom Geist und das lebenswarme Zeugnis des Neuen Testaments vom Geist addiert worden, trockenste steifste Theologie mit begeistertem Zeugnis des religiösen Erlebens, ohne dass Luther die Verschiedenheit dieser Elemente empfunden zu haben scheint[141]." Dazu ist zu bemerken: Wenn hier schon eine simple Addition zweier im Grunde nicht zusammengehöriger Größen vorliegen sollte, dann wäre diese Addition vor allem auf Augustin zurückzuführen. Augustin möchte aber folgendes betonen: Der uns als Gabe gegebene Geist, welcher in uns die Liebe zu Gott weckt, ist kein anderer als Gott selbst. Luther hat die Grundstruktur dieses augustinischen Gedankens übernommen, sie aber anders ausgefüllt. An Stelle der Liebe tritt bei Luther der Glaube als Wirkung des heiligen Geistes. Aber auch dem Reformator geht es darum, die innere Einheit von Geber und Gabe zu betonen, wenn er vom heiligen Geist als Person und als ewiger göttlicher Gabe redet. Deshalb ist es kein Zufall, wenn Luther nach diesen immanent-trinitarischen Aussagen zur ökonomischen Trinität übergeht.

e) Die ökonomische Trinität

"Das sind die drey person / und ein Gott / der sich uns allen selbs gantz und gar gegeben hat / mit allem das er ist und hat. Der Vater gibt sich uns / mit hymel und erden sampt allen creaturen / das sie dienen und nütze sein müssen. Aber solche gabe ist durch Adams fal verfinstert / und unnütze worden / Darumb hat darnach der son sich selbs auch uns gegeben / alle seine werck / leiden / weisheit und gerechtigkeit geschenckt und uns dem Vater versunet / damit wir widder lebendig und gerecht / auch den Vater mit seinen gaben erkennen und haben möchten. Weil aber solche gnade niemand nütze were / wo sie so heymlich verborgen bliebe / und zu uns nicht komen kündte / So kompt der heilige geist und gibt sich auch uns gantz und gar / der leret uns solche wolthat Christi uns erzeigt / erkennen / hilfft sie empfahen und behalten / nützlich brauchen und austeilen / mehren und foddern / Und thut dasselbige beide ynnerlich und eusserlich / ynnerlich durch den glauben und ander geistlich gaben.

Eusserlich aber / durch Euangelion / durch die tauffe / und sacrament des altars / durch welche er als drey mittel oder weise / zu uns kompt und das leiden Christi ynn uns ubet und zu nutz bringet der seligkeit[142]."

140 S.th. I q. 38 a. 2.
141 P. Wernle, a.a.O., S. 274.
142 BoA III, 511, 21−37 = WA 26, 505, 38 − 506, 12.

123

Nach dem Bekenntnis zur Gottheit des Vaters, des Sohnes und des heiligen Geistes folgt nun eine Zusammenfassung des Werkes der Trinität, wobei zunächst die Einheit Gottes hervorgehoben wird. Der beherrschende Gesichtspunkt dieses Abschnittes ist, daß sich Gott selbst uns ganz und gar gegeben hat. Das ganze Bekenntnis hat ein unverkennbar theozentrisches Gepräge, das hier ganz besonders zum Zuge kommt. Es wird nicht einfach nur von drei verschiedenen Gaben Gottes geredet, sondern von einem dreifachen Sich-Geben Gottes. Wir haben hier also eine Theologie des deus benefaciens vor uns, nicht eine Theologie der beneficia dei, wie sie Melanchthon in seiner ersten Ausgabe der "Loci" vertreten hat.

Man kann bei diesem Bekenntnis nicht wie bei den Symbolauslegungen drei Leitbegriffe für das Wirken der Trinität feststellen. Eher ließe sich hier von e i n e m Leitbegriff oder e i n e r Leitvorstellung reden, unter die das Wirken der Trinität gestellt ist. Dabei ist anzunehmen, daß Luther durch sein Verständnis des heiligen Geistes als Person und als Gabe inspiriert worden ist, das ganze Werk der Trinität als ein dreifaches Sich-Geben Gottes darzustellen. Die drei Personen und ihre je verschiedenen Gaben werden als ein heilsgeschichtliches Nacheinander aufgefaßt. Auch der Sinn und Zweck ihrer Gaben wird jeweils kurz beschrieben. Der Vater gibt sich uns mit allen Kreaturen, damit sie uns dienen und nützen. Der Sohn gibt sich uns zur Versöhnung mit dem Vater, zur Rechtfertigung und zur Gotteserkenntnis. Das Werk des heiligen Geistes läßt sich wohl am besten als Zueignung der Wohltat Christi umschreiben. Wie in den Symbolauslegungen sind auch hier wieder das Werk des Sohnes und des heiligen Geistes eng aufeinander bezogen.

Wir haben hier also eine geradezu klassische Zusammenfassung der ökonomischen Trinitätslehre Luthers vor uns. Sie veranlaßt Wernle zu folgendem begeisterten Kommentar: "Mit einem Mal ist das tote altkirchliche Dogma Leben und Kraft geworden; nicht ein innergöttliches Geheimnis lehrt es uns, sondern die wunderbare, unerschöpfliche Selbstmitteilung des einen Gottes an die Menschen will es zum Bewußtsein bringen: der Vater und Schöpfergott, der sein durch die Sünde verdorbenes Werk durch Christus den Erlöser wieder ins Reine bringt und durch den Geist die Christen in den Vollbesitz der Wohltat Christi einführt. Es ist zugleich das geniale Verständnis der paulinischen Grundgedanken des alten Bekenntnisses. Aber welcher Kontrast zwischen der Trinitätstheologie, die Luther daneben mitschleppt, und diesem Glauben an die dreifache Offenbarung der Liebe!"[143]

Typisch ist auch hier wieder der von Wernle behauptete Gegensatz zwischen dem nur "mitgeschleppten" altkirchlichen Dogma und den heilsgeschichtlich-ökonomischen Ausführungen Luthers. Es ist zutreffend, daß bei Luther das heilsgeschichtliche Wirken der Trinität im Vordergrund steht. Aber das bedeutet noch lange nicht, daß die immanente Trinität deswegen nur mitgeschleppter Ballast ist, den Luther im Grunde ohne weiteres über Bord werfen könnte.

143 P. Wernle, a.a.O., S. 274f.

Vielmehr ist gerade die Trinitätslehre die Voraussetzung des pro nobis[144]. Es geht für Luther darum, daß Gott sich dreimal je anders dem Menschen mitteilt. Wernles Ausdruck von der dreifachen Offenbarung der göttlichen Liebe ist — obwohl Luther diese Formulierung im "Großen Katechismus" gebraucht — mehrdeutig und insofern mißverständlich. Sie kann auch modalistisch verstanden werden, wenigstens dann, wenn man das "tote altkirchliche Dogma" beiseite läßt. Und so ist dann auch fraglich, ob nicht Wernles Satz vom Vater und Schöpfergott, der durch Christus und den Geist an uns handelt, doch etwas anderes meint als Luthers Ausführungen über das dreifache Sich-Geben Gottes. Luther jedenfalls wollte das nicht modalistisch verstanden wissen. Er konnte immerhin mit seiner ökonomischen Trinitätslehre an das altkirchliche Dogma anknüpfen, welches keineswegs nur vom innergöttlichen Geheimnis redet, sondern wie uns z.B. ein Detail aus der Lehre Augustins vom heiligen Geist zeigt, die ökonomische Trinität mit im Blick hat. Nach Wernle hat Luther irrtümlicherweise an etwas angeknüpft, das eigentlich schon tot war. Die Frage ist aber, ob Luther nur etwas in das altkirchliche Dogma hineingelesen hat, was im Grunde nichts damit zu tun hat oder ob er nicht vielmehr aus diesem Dogma einiges entnehmen konnte, dem er dann mit seinen Gedanken neues Leben verlieh.

Geschichtlich gesehen ist dieser Abschnitt aus dem Bekenntnis Luthers der Ausgangspunkt für weitere Formulierungen, die ebenfalls vom Gedanken des dreifachen Sich-Gebens Gottes bestimmt sind. Sowohl in P II als auch im Großen Katechismus wird dieser Gedanke von seinem heilsgeschichtlichen Rahmen gelöst und als Voraussetzung für die Erfüllung der Zehn Gebote gesehen[145]. Am Ende der trinitarischen Zusammenfassung hat Luther die Unterscheidung zwischen dem innerlichen und dem äußerlichen Wirken des Geistes eingeführt — eine Unterscheidung, die er im Kampf gegen die "Schwärmer" oftmals verwendet[146]. Nun kommt er gleichsam in einem Nachtrag noch auf die drei äußerlichen Mittel des heiligen Geistes zu sprechen: die Predigt des Evangeliums, die Taufe und das Abendmahl. Die nächsten Abschnitte sind "der einen heiligen Kirche" und der "Vergebung der Sünden" gewidmet. Der dritte Teil des Bekenntnisses hält sich also im Aufbau genau an den dritten Artikel des Apostolikums, was freilich erst nach näherem Hinsehen deutlich wird. Vieles ist hier vorgezeichnet, was sich bald darauf in den Katechismuspredigten und Katechismen wiederfindet: z.B. daß wir die Vergebung der Sünden nur in der Christenheit empfangen. In diesem Zusammenhang verwendet Luther auch eine

---

144 L. Grönvik schreibt im Blick auf das Bekenntnis (Die Taufe in der Theologie Martin Luthers, 1968, S. 15): "Nur von dieser theozentrischen Orientierung her kann Luther die Heilsbedeutung der Werke Gottes auslegen und dabei das ›pro nobis‹ entfalten und betonen, so wie es besonders in den Katechismen zu bemerken ist."
145 vgl. oben S. 68ff.
146 vgl. dazu R. Prenter, Spiritus Creator, S. 247ff.

trinitarische Formel: "Denn daselbst (sc: in der Christenheit) ist das Euan-gelion / die tauffe / das sacrament des altars / darynn vergebunge der sunden angeboten / geholet und empfangen wird / Und ist auch Christus und sein geist und Gott da selbs[147]."

Ein grundsätzlicher Unterschied zu den Symbolauslegungen besteht vor allem darin, daß Luther in seinem Bekenntnis nicht nur positiv bekennend, sondern in starkem Maße auch polemisch ablehnend und verwerfend redet. Nach der positiven Darlegung der Vergebung der Sünden und einem für eine Separatausgabe des Bekenntnisses geschriebenen Zusatz über die heimliche Beichte folgt eine ganze Reihe polemischer Bemerkungen über den Ablaß, das Gebet für die Toten, das Fegefeuer, die Anrufung der Heiligen, die letzte Ölung und weitere fälschlich für Sakramente gehaltenen Ordnugen und Handlungen (Ehe, Priesteramt, Buße) sowie über die Messe, Stifte, Klöster und weitere kirchliche Zeremonien. Wahrscheinlich hat Luther alle diese kirchlichen Handlungen und Institutionen hier aufgezählt, weil sie nach damaligem katholischen Glauben, dem Menschen die Vergebung der Sünden verschaffen sollten. Wiederum im Anschluß an das Apostolikum bekennt Luther zum Schluß die Auferstehung der Toten und das ewige Leben verbunden mit einer Ablehnung der Apokatastasis.

4. Die Schwabacher und die Marburger Artikel

Luthers Bekenntnis von 1528 blieb nicht sein einziges. Bereits in den Jahren 1529/30 wurden verschiedene Bekenntnisartikel verfaßt, an denen Luther mehr oder weniger stark mitgearbeitet hat. Als erstes sind hier zu nennen: die Schwabacher Artikel, die "als das entscheidende Bekenntnis der Lutheraner, besonders Sachsens galten"[148]. Der Name "Schwabacher Artikel" ist irreführend, denn diese Artikel sind bereits einige Zeit vor dem Konvent von Schwabach (16.–19. Oktober 1529) entstanden. Dort spielten sie freilich eine große Rolle. Denn an ihnen schieden sich in Schwabach Sachsen, Brandenburg und Nürnberg von Hessen, Ulm und Straßburg. Luther hat diese Artikel, die zuerst ohne sein Wissen und Willen veröffentlicht wurden, zwar nicht allein verfaßt, aber er war bei ihrer Abfassung beteiligt[149]. Wie er selbst in der Vorrede zu seiner eigenen

147 BoA III, 512, 33–36 = WA 26, 507, 8–11.
148 H. Bornkamm, Die Augsburgische Konfession, in: BSLK S. XV.
149 Martin Greschat (Melenchthon neben Luther, Sudien zur Gestalt der Rechtfertigungslehre zwischen 1528 und 1537, 1965) versucht anhand der Rechtfertigungslehre nachzuweisen, "daß Melanchthon als der entscheidende Verfasser der Schwabacher Artikel zu halten hat". (S. 31) Er bestreitet damit allerdings keineswegs die Möglichkeit, "daß auch von Luther einzelne Gedanken in die Artikel eingeflossen sind" (S. 24 Anm. 23). Wie dem auch sei – für unsere Untersuchung spielt diese Frage keine große Rolle. Denn die Trinitätsaussagen der Schwabacher Artikel decken sich weithin mit denen des Bekenntnisses von 1528 und den Predigten Luthers. Greschat konstatiert denn auch seinerseits: "Wie schon erwähnt ruhen Melanchthons Schwabacher Artikel formal und inhaltlich weitgehend auf Luthers Bekenntnis von 1528". (S. 33).

Ausgabe betont, sind die Artikel primär gegen Zwingli und die "Sakramentarier" gerichtet, nur die letzten drei sind auf Rom zu beziehen[150].

Die Marburger Artikel wurden als Vergleichsartikel zwischen den beiden streitenden Parteien beim Marburger Religionsgespräch am 4. Oktober 1529 von beiden Parteien unterzeichnet. Sie stellen kein neues Bekenntnis dar, sondern eine im wesentlichen von Luther erarbeitete neue Redaktion der 17 Schwabacher Artikel.

Wir stellen zunächst jeweils den ersten Artikel einander gegenüber:

Schwabacher Artikel:

"Daß man feste und einträchtiglich halte und lehre, daß allein ein einiger wahrhaftiger Gott sei, Schopfer Himmels und der Erden, also daß in dem einigen, wahrhaftigen, gottlichen Wesen drei unterschiedliche Personen seind, nämlich Gott der Vater, Gott der Sohn, Gott der heilige Geist; daß der Sohn von dem Vater geboren, von Ewigkeit zu Ewigkeit, rechter naturlicher Gott sei mit dem Vater, und der heilige Geist, beide vom Vater und Sohn ist, auch von Ewigkeit zu Ewigkeit rechter naturlicher Gott sei mit dem Vater und Sohn, wie das alles durch die heilige Schrift klärlich und gewaltiglich mag beweiset werden als Johannes primo: Im Anfang war das Wort und das Wort war bei Gott und Gott war das Wort, alle Ding seind durch dasselbige gemacht und ohne dasselbige ist nichts gemacht, was gemacht ist etc. und Matth. am letzten: Gehet hin, lehret alle Heiden und taufet sie im Namen des Vaters und Sohns und Heiligen Geists, und dergleichen Spruche mehr, sonderlich im Evangelio S. Johannis[151]."

Marburger Artikel:

"Erstlich, daß wir bederseits einträchtiglich gläuben und halten, daß allein ein einiger, rechter, naturlicher Gott sei, Schepfer aller Kreaturen, und derselbig Gott einig im Wesen und Natur und dreifaltig in den Personen, nämlich Vater, Sohne, heiliger Geist etc., allermaßen wie im Concilio Nicaeno beschlossen und im Symbolo Nicaeno gesungen und gelesen wird bei ganzer christlicher Kirchen in der Welt[152]."

Ein Vergleich dieser Artikel mit den entsprechenden Aussagen des Bekenntnisses von 1528 ergibt, daß sich alle drei ihrem sachlichen Gehalt nach decken. Ein ausführlicher Kommentar zu den einzelnen Aussagen erübrigt sich deshalb. Was jeweils am Anfang der drei Teile des "Bekenntnisses" über die trinitarischen Personen gesagt wurde, ist hier zu einem Artikel zusammengefaßt. Es fällt auf, daß jeweils im ersten Schwabacher und Marburger Artikel eine Abgrenzung gegenüber den altkirchlichen Häresien fehlt. Neu gegenüber dem Bekenntnis von 1528 ist der Schriftbeweis für die Trinitätslehre. Die beiden hier zitierten Stellen, Joh. 1,1ff. und Matth. 28,19 werden in diesem Kontext auch mehrfach in Luthers Predigten zitiert. Der erste Marburger Artikel ist — wie auch die meisten anderen Artikel — wesentlich knapper gehalten als der entsprechende Schwabacher Artikel. Anstelle der Übereinstimmung mit der Römischen Kirche in der

150 WA 30 III, 194f.
151 BSLK, S. 52, 3—26.
152 a.a.O., Z. 28—32.

Trinitätslehre, auf die Luther im "Bekenntnis" hingewiesen hatte, tritt im ersten Marburger Artikel der Konsensus mit dem Nicänischen Symbol. Das ist gut verständlich, denn die Marburger Artikel lassen ja vorläufig beide evangelischen Parteien gegen die Altgläubigen etwas näher zusammenrücken. Eine besondere Erwähnung der Römischen Kirche im positiven Sinne erschien darum wohl nicht angebracht.

Der zweite und dritte Schwabacher und Marburger Artikel wiederholt die Aussagen des "Bekenntnisses" über die Inkarnation und die Einheit der beiden Naturen in Christus in verkürzter Form. In den Schwabacher Artikeln sind hier wieder einige Schriftstellen aufgenommen, die Luther in der Auseinandersetzung mit Zwingli in der Schrift "Vom Abendmahl Christi Bekenntnis" zitiert, aber nicht direkt in sein "Bekenntnis" aufgenommen hat.

Eine genaue Untersuchung der 17 Schwabacher Artikel ergibt, daß sie zum größeren Teil auf dem Wortlaut von Luthers "Bekenntnis" beruhen und diesem auch im wesentlichen in der Anordnung der Artikel folgen[153]. Neu hinzugekommen ist der fünfte Artikel über die Rechtfertigung allein durch den Glauben. Auch der sechste Artikel vom Glauben und seinen Früchten ist dem Wortlaut nach neu, wenn er sich z.T. auch mit den Aussagen des "Bekenntnisses" berührt. Er beginnt: "Daß solcher Glaube sei nicht ein menschlich Werk noch aus unsern Kräften muglich, sondern es ist ein Gotteswerck und Gabe, die der heilig Geist durch Christum gegeben in uns wirket, . . ."[154] Die folgenden Artikel schließen sich zum größten Teil wieder eng an das "Bekenntnis" an, so daß wir ihren Inhalt nur noch stichwortartig aufzuzählen brauchen:

7. Das Predigtamt als ein Mittel, durch das Gott den Glauben mit seinem heiligen Geist gibt, wie und wo er will
8. Taufe und Abendmahl als äußere Zeichen, durch die Gott ebenfalls den Glauben und seinen Geist gibt
9. Taufe
10. Sakrament des Altars
11. die heimliche Beichte
12. eine heilige christliche Kirche
13. Wiederkunft Jesu am Jüngsten Tag zum Gericht; ewiges Leben für die Gläubigen
14. bis zur Wiederkunft Jesu: Gehorsam gegenüber der Obrigkeit
15. Ablehnung besonderer Gesetze für Priester
16. Ablehnung der Messe
17. Abschaffung (nur) derjenigen Zeremonien, die Gottes Wort widerstreben.

In den Marburger Artikeln ist der Inhalt des fünften und sechsten Schwabacher Artikels auf vier Artikel verteilt worden (5.–7. und 10. Artikel). Einen Überblick über die weiteren Artikel gibt folgende Aufstellung:

153 vgl. Wernle, a.a.O., S. 282.
154 BSLK, S. 59, 16f.

128

7. Von christlicher Obrigkeit
8. Vom Wirken des heiligen Geistes durch die Predigt oder das mündliche Wort
9. Von der Taufe
10. Von guten Werken aus dem Glauben
11. Von der Beichte
12. Von der Obrigkeit
13. Von menschlicher Ordnung (Traditionen)
14. Von der Kindertaufe
15. Vom Sakrament des Leibes und Blutes Christi

Wie wir gesehen haben, beruhen die Schwabacher Artikel — und damit in abgeschwächterem Maß auch die Marburger Artikel — weitgehend auf dem Wortlaut von Luthers "Bekenntnis". Vergleicht man alle drei miteinander, so läßt sich deutlich feststellen, daß die trinitarische Grundstruktur des "Bekenntnisses" in den Schwabacher und Marburger Artikeln durchbrochen ist. Die Grundform des Apostolikums ist nun kaum noch erkennbar. "Da wo Luthers Bekenntnis mit dem Artikel vom heiligen Geist einsetzte, folgte in den 17 Artikeln die Lehre vom Glauben und von der Rechtfertigung und verdrängt den heiligen Geist. Man muss diese Partie schon mit ganz besonderen Augen lesen, um herauszufinden, dass hier wirklich das Werk des heiligen Geistes umschrieben wird. Demzufolge ist der ganze dritte Glaubensartikel nur noch in vereinzelten Trümmern erkennbar. Der Artikel von der Vergebung der Sünden fällt aus, weil er in den Artikeln von der Rechtfertigung und dann wieder von der Beichte inhaltlich vorweggenommen wird. Der Artikel von den letzten Dingen bildet nicht mehr wie in Luthers Bekenntnis den Schluss des Ganzen, sondern steht jetzt an fünftletzter Stelle. Folge ist, dass überhaupt auf eine einheitliche Komposition verzichtet wird[155]."

Genau wie Luthers Symbolauslegungen zeichnet sich auch sein erstes großes Bekenntnis durch seine klare trinitarische Struktur aus. "Luther hatte mit großer Kunst den trinitarischen Bekenntnisaufriß innerlich belebt[156]." Er hat damit den Glauben im Sinne eines bloßen Fürwahrhaltens zahlreicher Artikel überwunden. Bereits die erste Bearbeitung des "Bekenntnisses", die Schwabacher Artikel, fallen hinter das Erreichte wieder zurück. Die "äusserliche Nummerierung"[157] in 17 Artikel beginnt. "Über diese Artikel geht künftig der Streit, nicht mehr über das Ganze des Glaubens[158]."

Diese Tendenz setzt sich dann fort in der Confessio Augustana, die wir als ein Werk Melanchthons nicht näher behandeln wollen. Bereits hier lassen sich Spuren eines Denkens finden, die dann in massiverer Form in der späteren lutherischen Orthodoxie wiederkehren. Unter dem Gesichtspunkt der Struktur

155 Wernle, a.a.O., S. 284.
156 H. Bornkamm, BSLK S. XV.
157 Wernle, ebd.
158 ebd.

war Luthers Bekenntnis von 1528 "trotz seiner Doppelseitigkeit der genialere Wurf, es lag ihm noch ein grosser Gedanke zugrunde"[159]: der trinitarische. In den folgenden Bekenntnissen wird er zu einem Artikel unter vielen anderen. Die drei Bekenntnisse Luthers von 1528/29 beginnen mit der Trinitätslehre. Das entspricht der altkirchlich-mittelalterlichen Tradition und ist an und für sich nicht anders zu erwarten. Freilich ist der Trinitätsartikel nicht nur deswegen aufgenommen und an die Spitze gestellt, um eine "zeitlose" Wahrheit erneut zu bekennen. In der Situation von 1528/29 hat das Bekenntnis zur Trinität für Luther auch einen polemischen Charakter, in dem er sich gegenüber tatsächlichen oder auch nur vermuteten Irrlehren abgrenzt. Das geht spätestens aus dem Marburger Religionsgespräch hervor. Bereits in den Vorgesprächen am 1. Oktober 1529 zwischen Luther und Oekolampad einerseits und Melanchthon und Zwingli andererseits kam dieses Thema zur Sprache. Melanchthon berichtet in einem Brief an Kurfürst Johann von Sachsen vom Anfang Oktober 1529, man habe dabei keineswegs nur über die Abendmahlslehre, sondern auch über das Verständnis der Erbsünde, die Bedeutung des Wortes als Gnadenmittel und die Trinität und Gottheit Christi geredet. Er schreibt über den letztgenannten Punkt: "Zum dritten sind Reden erschollen von denen von Straßburg, daß sie nicht recht halten von der heiligen Dreifaltigkeit, davon wir auch ihre Meinung begehret zu wissen. Denn wir haben vernommen, daß etliche unter ihnen von der Gottheit reden wie Juden, als sollte Christus nicht natürlicher Gott seyn[160]." In einem Brief an Herzog Heinrich von Sachsen, ebenfalls Anfang Oktober 1529, erwähnt Melanchthon auch die Antwort Zwinglis: "Darauf Zwinglin geantwortet: erstlich von der Gottheit Christi, daß er allezeit gehalten und noch halte, daß Christus wahrhaftiger Gott und Mensch sey. Item, daß er auch sonst halte de trinitate wie synodus Nicäna gelehret. Es gehe ihn aber nichts an, daß etliche droben im Lande gewesen, von denen ungeschickliche Reden gehört. Zeiget auch an, daß Hetzer, ein Wiedertäufer, der zu Costnitz gerichtet, contra divinitatem Christi ein Buch geschrieben habe, welches er, Zwingli, verhalten, daß es nicht ans Licht komme[161]." Auch Bullinger berichtet diese Antwort Zwinglis in seiner Reformationsgeschichte[162]. In Zwinglis eigenhändiger Aufzeichnung über sein Vorgespräch mit Melanchthon fehlt dieser Zug. Ihm kam alles auf die Abendmahlsfrage an[163].

Sofort nach der offiziellen Eröffnung des Religionsgespräches durch den hessischen Kanzler Feige am 2. Oktober 1529 hat Luther dann dieses Thema wieder aufgegriffen. Nach dem Itinerarium Hedios, das auf persönlichen Notizen beruht, welche Hedio während des Gespräches gemacht hatte, sagte Luther nach ein paar einleitenden Worten: "Antequam vero initium fiat, quaedam mihi

159 a.a.O., S. 286.
160 zitiert nach W. Köhler, Das Marburger Religionsgespräch 1529, Versuch einer Rekonstruktion, 1929, S. 45; vgl. CR I, 1099.
161 zitiert nach W. Köhler, a.a.O., S. 46, vgl. CR I, 1103.
162 vgl. Köhler a.a.O., S. 43.
163 vgl. Köhler a.a.O., S. 40–42 u. 47f.

indicanda sunt, quae iactantur ab ecclesiis Turicensi, Basileensi, Argentinensi; in quibus videntur errare, si sic est; hoc est de trinitate, de persona Christi. Nam dicunt: qui manducat meam carnem, id est divinitatem; item de peccato originali: Item notant me, quod non recte sentiam de purgatorio. Item de iustificatione per fidem[164]." — Noch etwas mehr bietet an dieser Stelle der Bericht des Anonymus, der freilich in stärkerem Maße als Hedio eine bewußte Komposition darstellt, in der die theologischen Gegensätze scharf herausgearbeitet werden[165]: "Igitur se libenter collaturum, sic tamen, ut, priusquam de eucharistia conferret, de aliis quoque doctrinae christianae capitibus suam sententiam exponerent adversarii; quandoquidem editis libellis constaret, in alios pluribus a nobis illos dissentire. Et quorundam literis sibi significatum, quod Argentinae quidam dixerint, ... Arrium, si illius libris exstarent, de trinitate rectius quam divum Augustinum vel alios orthodoxos patres docuisse[166]."

Darauf haben Oekolampad und Zwingli — ebenfalls nach dem Bericht des Anonymus — folgende Antworten gegeben: "Ad hanc Lutheri narrationem Oecolampadius respondit, se quidem conscium sibi non esse, quod de recensitis iis articulis quicquam cum Lutheri doctrina pugnans utique docuisset, et colloquium hoc praesens indictum ideo, ut de eucharistia suas sententias conferrent, atque ideo consentaneum sibi videri, ut de ea re primum disputetur. Si vero constaret, quosdam alicubi non recte docuisse, aequum se censere, ut pro se quisque responderet. Idem fere Zwinglius respondit, allegans de hisque privatim se cum Philippo contulisse, et exstare suam de iustificatione sententiam in eo libello, quem de Claritate Verbi edidisset. Ideo de eucharistia nunc agendum[167]."

Entsprechend diesen Voten von Ökolampad und Zwingli wurde im Anschluß daran sofort mit der Diskussion der Abendmahlslehre begonnen. Erst am Schluß des Religionsgespräches nahm der Straßburger Stadtmeister Jakob Sturm das von Luther angeschnittene Thema noch einmal auf. Er wies darauf hin, daß Luthers Äußerung den Eindruck erwecken könne, es werde in Straßburg nicht recht gepredigt über die Trinität usw. Er wolle durch sein Schweigen nicht schuld daran sein, daß er statt mit *einem* jetzt mit zwei unbereinigten Streitpunkten heim käme. Darum bitte er darum, daß es Martin Bucer erlaubt werde, den Verdacht zu zerstreuen und zur Sache zu antworten[168]. Nach kurzer Beratung wurde Bucer die Meinungsäußerung gestattet. Er gab einen kurzen Abriß der Lehre der Straßburger in den strittigen Punkten und bat dann Luther um ein

164 WA 30 III, 111, 2–7; vgl. Köhler a.a.O., S. 53.
165 vgl. Köhler a.a.O., S. 3.
166 WA 30 III, 110, 12–111, 13; vgl. Köhler, a.a.O., S. 53.
     Ähnlich berichtet auch Brenz in seinem Brief an Anton Lebküchner im November 1529, vgl. Köhler, a.a.O., S. 54 Anm. 6. Bullinger, Osiander, (der erst nachmittags ankam) und Rudolf Collin, der Begleiter Zwinglis, berichten nichts von diesen Äußerungen Luthers.
167 WA 30 III, 111, 22–112, 18; vgl. Köhler, a.a.O., S. 54f.
168 nach dem Bericht von Hedio, Osiander und Brenz, Köhler, S .127; vgl. WA 30 III, S. 149.

Zeugnis, ob sie recht lehrten. Dieser antwortete ziemlich abweisend; auch dann noch, als Bucer ihn fragte, ob er ihn denn nicht als christlichen Bruder anerkenne. In seinen Antworten hob Luther hervor, daß er nicht der Herr und Richter über die Straßburger sei und daß die Straßburger ja selbst betonten, sie hätten ihre Theologie nicht von Luther gelernt. Ein Zeugnis über ihre Rechtgläubigkeit bedürften sie darum gar nicht. Aus einem Indiz können wir freilich schließen, daß Luther im großen und ganzen – abgesehen von der Abendmahlsfrage – doch einverstanden gewesen sein muß. Er betonte nämlich, daß er ja nicht wisse, ob die Straßburger daheim auch wirklich so lehrten wie jetzt. Diesen Verdacht würde Luther wohl kaum geäußert haben, wenn er bereits mit dem Vorgetragenen nicht einverstanden gewesen wäre[169]. Auch wenn Luther falsch informiert war und seinen Verdacht indirekt zurückziehen mußte, endete seine Antwort an Bucer mit den berühmten Worten: "so reymet sich unser gayst und euer gayst nichts zusamen, sonnder ist offenbar, das wir nicht ainerley gayst haben, dann das kan nicht einerley gayst sein, da man an einem ort die wort Christi ainfeltigklich glaubt unnd am anndern denselben glauben tadelt, widerfichtet, lügstraffet und mit allerley frefeln lesterworten antasstet[170]."

Es ist nicht unsere Aufgabe, das Marburger Religionsgespräch und sein Ergebnis als solches zu würdigen. Es muß aber noch geklärt werden, wie Luther auf den ungerechtfertigten Verdacht kam, die Straßburger äußerten häretische Ansichten über die Trinität. Die Briefe, auf die sich Luther in Marburg berief, können nur von Nikolaus Gerbel geschrieben sein. Dieser humanistisch gebildete Rechtsgelehrte aus Pforzheim hielt sich seit 1515 in Straßburg auf[171]. Er trat im beginnenden Abendmahlsstreit von vornherein auf die Seite der Wittenberger und schwor "nicht höher als bei Luther"[172]. Er informierte Luther laufend über die Straßburger Reformatoren und ihre Meinungen und Reaktionen auf Luthers Schriften. Freilich sind seine Briefe tendenziös. Manchmal enthalten sie geradezu Verleumdungen. Mit seinen Berichten an die Wittenberger hat er das ganze Klima des Abendmahlsstreites kräftig angeheizt. Man kann ihn wohl ohne Übertreibung als einen der Scharfmacher Luthers bezeichnen. Walter Köhler zeigt in seinem großen Werk über den Abendmahlsstreit zahlreiche Zuträgereien und Hetzereien Gerbels auf[173] und kommt schließlich zu der Feststellung: "Das falsche Urteil Luthers und seines Freundeskreises über Zwingli hat Nikolaus Gerbel zum guten Teil auf dem Gewissen[174]."

Eine Durchsicht der Briefe Gerbels an Luther und die Wittenberger ergibt freilich keinerlei Hinweis darauf, daß die Straßburger Reformatoren eine andere Trinitätslehre vertraten als Luther. Geht man von dem oben zitierten Bericht des

169 WA 30 III, 149f.; vgl. Köhler, a.a.O., S. 129–130.
170 WA 30 III, 150, 6–10; vgl. Köhler S. 128.
171 vgl. Johann Adam, Evangelische Kirchengeschichte der Stadt Straßburg, 1922, S. 29f.
172 W. Krafft u. P. Grünberg, Art: Butzer, in: RE, 3. Aufl. Bd. 3, S. 607.
173 W. Köhler, Zwingli und Luther, Ihr Streit über das Abendmahl nach seinen politischen und religiösen Beziehungen, Bd. I, 1924, S. 151 Anm. 2; S. 182; 214; 288; 329; 378; 617; 798 und Bd. II, 1953, S. 16, 82 u.ö. Ähnlich urteilt auch J. Adam, a.a.O., S. 125.
174 a.a.O., Bd. I, S. 214.

Anonymus aus, in Straßburg sei gelehrt worden, Arius habe die Trinität richtiger gelehrt als Augustinus und die anderen orthodoxen Väter, so ist klar, daß diese Äußerung nicht von Bucer, Capito oder Hedio stammen kann. Es ist auch gar nicht zu vermuten, daß Gerbel in einem verlorengegangenen Brief den Straßburger Reformatoren diese oder eine ähnliche Aussage direkt in den Mund gelegt hätte. Auch der Empfehlungsbrief Gerbels, den die Straßburger Luther vor Beginn des Gesprächs überreichten, kommt für eine solche Mitteilung nicht in Frage. Denn nach der Lektüre dieses Briefes lobte Luther ja die Straßburger[175]. Die Ketzereien in der Trinitätslehre, von denen die Rede ist, sind in Wirklichkeit diejenigen von Ludwig Hätzer, der sich ja für eine gewisse Zeit in Straßburg aufhielt. Über ihn und seine Gefolgsleute berichtete Gerbel ja auch in dem bereits zitierten Brief vom 2. April 1527[176]. Wenn Gerbel hier auch unterschied zwischen den Straßburgern und denen, die in die Geheimnisse der Trinität einzudringen versuchen, so nennt er sie doch in einem Atemzug. Am 29. August 1527 schrieb Gerbel an Luther, durch die Schrift "Daß diese Wort Christi . . ." sei er nicht nur gegen die darin widerlegten, sondern auch gegen alle künftigen wahnsinnigen Meinungen gewappnet[177]. Möglicherweise hat Gerbel auch später noch in heute nicht mehr erhaltenen Briefen über antitrinitarische Äußerungen in Straßburg berichtet. Luther jedenfalls hat diese Ketzereien wohl sofort auf das Konto der Straßburger gebucht — ohne Zweifel ein grundloser Verdacht. Wir haben hier eines jener zahlreichen Beispiele vor uns, wie auch im Abendmahlsstreit Irrtümer, falscher Verdacht und Mißtrauen gegenüber der Meinung der Gegenseite eine nicht zu übersehende Rolle spielten. Köhler bemerkt dazu treffend: "Welch ein Mißtrauen, daß die Meinung des einen Hätzer sofort 〉denen von Straßburg〈 und dann den Zwinglianern untergeschoben wird!"[178]

Für Luther selber mag daneben freilich noch etwas anderes mitgespielt haben. Im Abendmahlsstreit stand das Ganze seiner Theologie mit auf dem Spiel. Denn es ging ja für ihn ebenso sehr um die Christologie und Soteriologie wie um das Abendmahlsverständnis. Wenn den Gegnern schon in der Christologie solche fundamentalen Fehler unterliefen — und davon war Luther ja überzeugt —, konnte dann nicht das Gleiche auch in der Trinitätslehre der Fall sein?

Hinzu kommt, daß Luther schon verhältnismäßig früh, eine gewisse Parallelität zwischen dem Abendmahlsstreit und dem trinitarischen Streit im 4. Jahrhundert sah. Als der Straßburger Gesandte Gregor Casel nach seinem Besuch bei Luther unverrichteter Dinge wieder zurückgekehrt war, berichtete er in seiner Heimatstadt am 29. November 1525 Folgendes: Er habe Luther die Befürchtung der Straßburger mitgeteilt, es werde eine große Verfolgung geben, wenn man zu keiner Einigung in den Differenzen um das Abendmahlsverständnis komme. Darauf habe Luther erwidert: "Sie sollen mir nur glauben, daß die Bauern-

175 vgl. Köhler, Marburger Religionsgespräch, S. 39.
176 s.o. S. 93.
177 WA Br. 4, 239f.
178 W. Köhler, Zwingli und Luther, Bd. II, S. 82 Anm. 4.

niederlage nur der Anfang und ein Vorspiel gewesen von den kommenden Unruhen, die viel größer sein werden. Denn ich sehe, daß es zu ähnlichem kommen will, wie in dem Jahrhundert des Arius, der auch mit der Vernunft messen und bestimmen wollte, wie jene; und wir könnens nicht verhindern[179]." — Daß auf der Gegenseite offenbar ähnliche Vergleiche — freilich mit umgekehrtem Vorzeichen — angestellt wurden, geht aus einem Brief Gerbels an Luther hervor. Dieser wahrscheinlich im Juni 1528 geschriebene Brief berichtet über die Reaktionen der Straßburger auf Luthers Schrift "Vom Abendmahl Christi, Bekenntnis" und fährt dann fort: "Memores forsan vaticinii sui, olim enim dixere, futurum ut eadem passuri sint, quae olim Arrii hostes passi sunt. Nam se Chrysostomos, Hilarios et nescio quos esse arbitrantur, te vero Arrium et quem non[180]."

5. Die Schmalkaldischen Artikel

Auf Wunsch des Kurfürsten Johann Friedrich des Großmütigen verfaßte Luther im Dezember 1536 sein letztes großes öffentliches Bekenntnis: die Schmalkaldischen Artikel. Auch dieses Bekenntnis trägt polemischen Charakter. In seinen Spitzen richtet es sich eindeutig gegen die Altgläubigen. Mitte 1536 hatte Papst Paul III. für Mai 1537 ein Konzil nach Mantua einberufen, dessen Aufgabe darin bestehen sollte, die Ketzereien auszurotten. Daraufhin bat der sächsische Kurfürst Luther: "... so ist unser gnädiges Begehren, Ihr, Doktor Martinus, wollet dieselbigen Punkt und Artikel vor die Hand nehmen und Euer Bedenken allenthalben stellen, was und wieweit, daß es kegen Gott zu verantworten, und mit gutem Gewissen umb christlicher Liebe willen zur Erhaltung Friedens und Einigkeit in der Christenheit nachzulassen und zu weichen, auch worauf des Bapstthumb halben und seiner Gewalt und ange-maßten Vikariat Christi auf die Artikel, so vormals von Euch gelehret, geschrieben und gepredigt, endlich zu beruhen und zu vorharren sein will oder nit ...[181]."

Luther beginnt auch hier wieder ähnlich wie in seinem Bekenntnis von 1528. Gerade im ersten Teil klingen viele Formulierungen von damals nach:
"Das Erste Teil ist von den hohen Artikeln der Göttlichen Maiestet / als

I.

Das Vater / Son und heiliger Geist / inn einem Göttlichen wesen und Natur / drey unterschiedliche Personen / ein einiger Gott ist / der Himel und Erden geschaffen hat.

179 J. Adam, a.a.O., S. 127.
180 WA Br. 4, 491, 33–36.
181 zitiert nach H. Volz, in BSLK S. XXIV.

II.

Das der Vater von niemand / der Son vom Vater geboren / der heilige Geist vom Vater und Son ausgehend.

III.

Das nicht der Vater / noch heiliger Geist / sondern der Son sey Mensch worden.

IIII.

Das der Son sey also Mensch worden / das er vom heiligen Geist / on menlich zuthun / empfangen / und von der reinen heiligen Jungfrawen Maria geboren sey. Darnach gelitten / gestorben / begraben / zur Helle gefaren / aufferstanden von den Todten / Auffgefaren gen Himel / sitzend zur rechten Gottes / künfftig zu richten die lebendigen und die todten etc. wie der Aposteln / Item S. Athanasii Symbolon / und der gemeine kinder Catechismus leret.

Diese Artikel sind in keinem zanck noch streit / weil wir zu beiden teilen die selbigen bekennen. Darümb nicht von nöten / itzt davon weiter zu handeln[182]."

Nach diesem schon hinreichend kommentierten Bekenntnis zum Trinitätsglauben, das sich an alle drei ökumenischen Symbole anlehnt[183], folgt der zweite Hauptteil "Vom Ampt und Werk Jesu Christi und unserer Erlösung." Nach einem kurzen, hauptsächlich aus Bibelzitaten bestehenden Artikel über Erlösung und Rechtfertigung folgt eine ausführliche Ablehnung von Messe, Mönchtum und Papsttum mit allem, was damit zusammenhängt. Da das alles für Luther unmittelbare Konsequenz aus dem Erlösungsglauben ist, gilt für den ganzen zweiten Hauptteil: "Von diesem Artikel kann man nichts weichen oder nachgeben / Es falle Himel und Erden / oder was nicht bleiben will[184]."

Als dritter Hauptteil folgt dann eine Reihe von theologischen Artikeln, von denen Luther sagt: "Folgende stücke oder Artikel mügen wir mit gelerten / vernünfftigen / oder unter uns selbs handlen / Der Bapst und sein Reich achten der selben nicht viel[185]." Unter dieser Überschrift werden gehandelt: Sünde, Gesetze, Buße, Evangelium, Taufe und Kindertaufe, Sakrament des Altars, Schlüssel, Beichte, Bann, Weihe und Vocation, Priesterehe, Kirche, Rechtfertigung und gute Werke, Klostergelübde, Menschensatzungen.

---

182 BoA IV, 295, 25–296, 17 = WA 50, 197, 1–198, 17 = BSLK 414, 10–415, 3. Ursprünglich hatte Luther geschrieben, daß beide Parteien diese Artikel "glauben und bekennen". Dann strich er das "glauben und", weil er der römischen Kirche in diesen Dingen nur ein Festhalten am altkirchlichen Bekenntnis, nicht aber den Glauben daran zutraute. Vgl. BSLK S. 414, Anm. 1 und Koopmans, Das altkirchliche Dogma in der Reformation, 1955, S. 100.

183 zu Art. II: "Pater a nullo, filius a patre genitus est, spiritus sanctus a patre et filio procedit" (BSLK 414, 35f.), vgl. Symbolum Athanasianum (20–22): "Pater a nullo est factus, nec creatus, nec genitus. Filius a patre solo est, non factus nec creatus, sed genitus. Spiritus sanctus a patre et filio, non factus nec creatus nec genitus, sed procedens." (BSLK 29, 15–21).
zu Art. III: "Non pater, non spiritus sanctus, sed filius homo factus est" (BSLK 414, 38) vgl. Symbolum Nicaenum: ". . . et homo factus est" (BSLK 26, 15).
zu Art. IV vgl. das Apostolikum.

184 BoA IV, 297, 1f. = WA 50, 199, 22–24 = BSLK 415, 21f.

185 BoA IV, 305, 10–14 = WA 50, 220, 23–26 = BSLK 433, 7–9.

Die Schmalkaldischen Artikel sind im ersten Teil die "letzte Redaktion des ersten Bekenntnisses Luthers[186]." Aber vergleichen wir sie mit dem ja nur neun Jahre vorher entstandenen "Bekenntnis", so sehen wir einen gewaltigen Unterschied. Die trinitarische Grundstruktur des Bekenntnisses von 1528 ist nun völlig aufgegeben. Nichts erinnert mehr daran. Das Ganze droht vollkommen auseinanderzufallen. Es fehlt der große Grundgedanke, der aus einer Vielzahl von Artikeln ein einheitliches Bekenntnis macht. Freilich wird man diese "Formlosigkeit" wohl nicht einfach auf das Konto von Luthers Älterwerden buchen können. Der Reformator war zunächst einmal dem Wunsche seines Kurfürsten gefolgt und hatte unterschieden zwischen Artikeln, in denen nichts nachzugeben sei und solchen, über die sich wohl verhandeln ließ. Und dieses Unterscheidungsmerkmal ließ sich nun einmal nicht kombinieren mit einer trinitarisch oder sonstwie gearteten Grundstruktur des Bekenntnisses. Die Aufgabenstellung verbot es also Luther in diesem Falle, ein einheitliches Ganzes zu schaffen.

Das letzte Bekenntnis Luthers, das "Kurze Bekenntnis vom heiligen Sakrament" (1544) nimmt noch einmal die Auseinandersetzung mit den früheren Gegnern im Sakramentsstreit und mit Schwenckfeld auf. Da es thematisch begrenzt ist, können wir es nicht ohne weiteres mit den früheren Bekenntnissen vergleichen. In einem Exkurs behandelt Luther auch die christologische und trinitarische Frage. Freilich tragen seine vor allem historisch gehaltenen Ausführungen für unsere Frage keine neuen Gesichtspunkte bei.

6. Das trinitarische Bekenntnis der Alten Kirche

Schon mehrfach sind uns Äußerungen Luthers zum altkirchlichen Dogma und zu den trinitarischen und christologischen Streitigkeiten begegnet. Nachdem wir Luthers Symbolauslegungen und seine eignen Bekenntnisse behandelt haben, wollen wir nun untersuchen, wie der Reformator die Entstehung und Bedeutung des altkirchlichen trinitarischen Bekenntnisses beurteilt. Wir beschränken uns dabei im wesentlichen auf Luthers Auffassung der beiden ersten ökumenischen Konzilien. Die ausführlichste und klarste Darstellung dieses Themas finden wir in Luthers Schrift "Von den Konziliis und Kirchen" (1539). Der aktuelle Anlass dieser umfangreichen Schrift ist der gleiche wie bei den Schmalkaldischen Artikeln. Einerseits war das vom Papst für Mai 1537 nach Mantua einberufene Konzil immer wieder verschoben worden, andererseits war Luther ohnehin skeptisch gegenüber diesem Konzil. Denn es würde nach seiner Meinung niemals ein freies, allgemeines Konzil werden, sondern eines, das von Anfang an nur dazu da war, die Anschauung und Praxis der reformatorischen Kirchen zu verdammen. So kam Luther Anfang 1539 dazu — einem schon länger gehegten Wunsch entsprechend — die Bedeutung der Konzilien grundsätzlich zu beleuchten.

---

186 Wernle, Luther, S. 306.

Im ersten Teil der Schrift führt Luther aus, dass Konzilien und Kirchenväter nicht die letzte Autorität für Lehren und Leben der Kirche sein können. Sowohl Evangelische als auch Katholiken berufen sich auf Väter und Konzilien. Aber jede Partei nimmt sich das heraus, was sie braucht. Durch blosse Berufung auf Väter und Konzilien können sie aber überhaupt nicht eins werden, weil Väter und Konzilien selber nicht eins sind[187]. Während der Glaube und damit auch die Glaubensartikel ewig gleich bleiben, sind Konzilsartikel vielfach zeitbedingt und können darum für spätere Generationen nicht verpflichtend sein[188].

Nachdem er sich zunächst auf die Frage konzentriert hat, welche Bedeutung die Konzile für die Kirche nicht haben können, geht Luther im zweiten Teil seiner Schrift über zu einer positiven Würdigung der ersten vier ökumenischen Konzile. Diese bezeichnet Luther aus theologischen Gründen als die vier Haupt-Konzile[189]. Denn sie stimmen jeweils in ihrer Haupt-Lehre mit der Schrift überein und haben von daher — und nur von daher! — ihre Autorität. Darum beginnt Luther mit den folgenden Bemerkungen:

"Es ist auch kein Concilium noch Veter, darinnen man künde die gantzen Christlichen Lere finden oder lernen, Als, Nicenum handelt allein, das Christus warhafftiger Gott sey. Das zu Constantinopel, Das der Heilige geist Gott sey. Das zu Epheso, des Christus nicht zwo, ßondern eine person sey. Das zu Chalcedon, das Christus nicht eine, ßondern zwo natur habe, als Gottheit und Mencheit. Das sind die vier grosse heubt Concilia, und haben nichts mehr, denn diese vier stück, wie wir hören werden. . . . .

Und summa, thu sie alle zusamen, beide, Veter und Concilia, so kanstu doch nicht die gantze Lere Christlichen glaubens, aus inen klauben, ob du ewig dran klaubst, Und wo die Heilige Schrifft nicht gethan und gehalten hette, were die Kirche der Concilii und Veter halben nicht lange blieben. Und zu warzeichen: Woher habens die Veter und Concilia, was sie leren oder handeln? Meinstu, das sie es zu irer zeit erst erfunden oder vom Heiligen geist imer ein neues inen eingegeben sey? Wodurch ist denn die Kirche bestanden vor solchen Concilien und Vetern? Oder sind keine Christen gewest zuvor, ehe die Concilia und Veter auffkamen? Darumb müssen wir anders von den Concilien und Vetern reden, und nicht die buchstaben, ßondern den verstand ansehen[190]."

Von diesen Gesichtspunkten ausgehend beschreibt Luther zunächst ziemlich ausführlich den trinitarischen Streit: Arius war vom Teufel inspiriert. Denn er wollte in Glaubensdingen nach der Vernunft urteilen. Er wollte etwas Neues aufbringen wider den alten Glauben und behauptete darum, daß Christus nicht

---

187 vgl. WA 50, 542.
188 vgl. WA 50, 538.
189 vgl. C. Tecklenburg Johns, Luthers Konzilsidee in ihrer historischen Bedingtheit und ihrem reformatorischen Neuansatz, 1966, S. 55 (hier auch weiteres Material über Luthers Konzilsauffassung; K. G. Steck, Kirche und Lehre bei Luther, 1963, S. 87ff. u. A. Ebneter, Luther und das Konzil, in: Zeitschrift f. kath. Theologie, 84. Jg., 1962, S. 1ff.
190 WA 50, 546, 14–20; 29–547, 10.

Gott sei[191]. Als Reaktion auf diese Irrlehre ist nach verschiedenen vergeblichen Schlichtungsversuchen dann vom Kaiser Konstantin ein allgemeines Konzil nach Nicäa einberufen worden, dessen Vorgeschichte Luther nach verschiedenen ihm zur Verfügung stehenden Quellen beschreibt. Außerordentlich wichtig für Luthers Konzilsverständnis sind nun folgende Sätze: "Hieraus sihet man nu wol, warumb das Concilium zusamenkomen ist, und was sie haben sollen thun, Nemlich den alten Artickel des glaubens, das Christus rechter warhafftiger Gott sey, erhalten wider die neue klugheit Arii, der nach der vernunfft diesen Artickel wolt felschen, ja endern und verdamnen, darüber ist er selbs verdampt. Denn das Concilium hat diesen Artickel nicht auffs neu erfunden oder gestellet, als were er zuvor nicht gewest in der Kirchen, Sondern wider die neue Ketzerey Arii verteidigt, wie man sihet an der that, das die Veter unleidlich wurden und den Zeddel zurissen, damit bekennet, das sie zuvor anders gelernt und gelert hatten von der Apostel zeit her in iren kirchen[192]."

Wenn es freilich anders gewesen wäre und "wir nicht mehr hetten diesen Artickel zu verteidigen, denn dis Consilium, würden wir ubel stehen. Und ich wolt dem Concilio selber auch nicht gleuben, sondern sagen, Es sind Menschen gewest. Aber der Evangelist S. Johannes und S. Paulus, Petrus sampt den andern Aposteln, diese halten fest und stehen uns fur guten grund und wehre, Als denen es ist offenbart, durch den Heiligen Geist öffentlich vom Himel gegeben, von welchen es die Kirchen vor diesem Concilio, und das Concilium auch von denselben gehabt[193]."

Wie die Bücher des Athanasius und Hilarius zeigen, habe man sich vor, während und nach dem Konzil mit der Heiligen Schrift, vor allem mit dem Johannes-Evangelium gegen Arius gewehrt[194]. Dafür beruft sich Luther auf eine seiner Quellen, der "Historia ecclesiastica tripartita" des Cassiodor, und zitiert (ins Deutsche übersetzt) folgenden Satz: ". . . hanc solam fidem, quae Nicaeae apostolorum auctoritate fundata est[195]."

Der Artikel von der Gottheit Christi ist für Luther ein Glaubensartikel im Unterschied zu vielen anderen Fragen, die die Ordnung der Kirche betreffen (Osterstreit usw.). Letztere sind zwar z.T. auf dem Konzil zu Nicäa ebenfalls behandelt und entschieden worden. Aber die Lösungen, die man damals gefunden hat, gelten nicht für alle Zeiten, sondern müssen vernunftgemäß je und je neu gesucht werden. Luther unterscheidet bei den Konzilen also streng zwischen dem Hauptartikel, der den Glauben betrifft und darum ewig ist, und den Artikeln, die "äußerliche" Dinge betreffen und insofern nicht für alle Zeiten verpflichtend sind. Um diese Unterscheidung zu verdeutlichen, führt er auch das Apostelkonzil an. Das damals beschlossene Verbot des Genusses von Ersticktem

191 vgl. WA 50, 549.
192 WA 50, 551, 11−20.
193 WA 50, 552, 4−10.
194 Schon Athanasius behauptete, daß die Kirche immer die gleiche mit dem Nicänum übereinstimmende Lehre gelehrt habe (nach Seeberg, DG II, 56).
195 Migne PL 69, 1007 A.

oder Blut und Berührung von Götzenopferfleisch gehört zu diesen äußerlichen Artikeln. Der eigentliche Hauptartikel aber liegt in der Predigt des Petrus vor und wird von Luther folgendermaßen zusammengefaßt: "Erstlich das Gesetze, das wir alle sunder sind. Zum andern, das allein die Gnade Christi uns selig mache, auch die Patriarchen, Propheten, Apostel und die gantze heilige Kirche von anfang, welche alle mit sich zu sundern macht und verdampt. Zum dritten, ehe denn das Concilium zu Nicaea wird, leret er, das Christus rechter Gott sey. Denn er sagt: Es müssen alle Heiligen verdampt sein, wo sie nicht durch die Gnade unsers Herrn Jhesu Christi selig werden. Gnade und seligkeit zu geben, als ein Herr, der mus rechter Gott sein, der da könne Sunde durch gnade, Tod und Helle durch seligkeit wegnemen, Solchs wird keine Creatur thun, . . . Zum vierden, Wer anders helt, und die Christen durch Gesetz oder eigen werck leret selig werden oder gnade erlangen mügen, der sei ein Gottes versucher[196]."

Für Luther besteht also ein direkter Zusammenhang zwischen dem Apostelkonzil und dem Konzil zu Nicäa, zwischen dem "sola gratia" und dem Artikel von der Gottheit Christi. Der Trinitätsglaube wird hier nicht spekulativ begründet in dem Sinne, daß von der immanenten Trinität, dem inneren Sein Gottes, ausgegangen wird. Vielmehr wird vom Werk Jesu Christi auf sein Sein als Person der Gottheit geschlossen. Der Reformator setzt ein beim Verhältnis Gottes zum Menschen. Diese ist auf der Seite des Menschen bestimmt durch die Sünde und ihre Folgen: Tod und Hölle. Kein Mensch kann Sünde und Tod von sich aus überwinden. Wenn aber die Überwindung der Sünde und des Todes durch Christus geschehen ist (hier bezeugt durch Apg. 15,11), dann muß Christus Gott sein.

Wichtig ist auch die Zuordnung der Begriffe bei Luther: Die Sünde wird durch die Gnade, der Tod durch die Seligkeit überwunden. Die Gnade versteht Luther hier präzis als die Vergebung der Sünden und die Seligkeit als Überwindung der Macht des Todes. Vorausgesetzt ist also, daß Gott lebenschaffende Macht ist. Diese Zuordnung von Gnade und Seligkeit hat für Luther prinzipielle Bedeutung: Wir finden sie bereits in der Erklärung des Abendmahls im Kleinen Katechismus: "Was nützt denn solch Essen und Trinken? Antwort: das zeigen uns diese Wort:)für Euch gegeben(und)vergossen zur Vergebung der Sunden(, nämlich daß uns im Sakrament Vergebung der Sunde, Leben und Seligkeit durch solche Wort gegeben wird; denn wo Vergebung der Sunde ist, da ist auch Leben und Seligkeit[197]."

Nach diesem Exkurs über das Apostelkonzil kehrt Luther zurück zur Darstellung des trinitarischen Streites, um nun die Zeit nach Nicäa näher zu beschreiben. Arius und seine Gesinnungsgenossen sind für Luther ein Beispiel für die Unbelehrbarkeit der Rottengeister, "welche der Teufel, ir Gott, so schlipfferig macht, das man sie nirgent ergreifen noch fassen kan"[198]. Das

---

196 WA 50, 562, 8–19.
197 BSLK 520, 22–30.
198 WA 50, 570, 12f.

betrügerische Verhalten des Arius, der in dieser Hinsicht "weit über Judas"[199] gewesen ist, wird für Luther manifest in dem Bekenntnis, das er zu seiner Rehabilitation dem Kaiser Konstantin vorgelegt hat: "Wir gleuben an einen Gott, Vater almechtigen, Und an den Herrn Jhesum Christ, seinen son, der aus im geborn ist, vor der gantzen welt, ein Gott, ein wort, durch welchen alles gemacht ist[200]."

Dieses Bekenntnis erweckt ebenso wie das des Auxentius, des Bischofs von Mailand[201], den Anschein wahrer Rechtgläubigkeit. Nur wer die heimliche Deutung dieses Bekenntnisses durch die Arianer kennt, versteht die scharfe Ablehnung, welche ihnen durch die Nicäner zuteil wurde. Die ganze Auseinandersetzung mit den Arianern faßt Luther in sechs Punkten zusammen.

(1.) Arius hatte zunächst gelehrt, Christus sei nicht Gott, sondern ein Geschöpf. Freilich mußte er dann den "frommen Bischöfen" zugestehen, daß Christus doch Gott sei. Aber er interpretierte diesen Satz so: Christus sei im gleichen Sinne Gott zu nennen wie die Engel oder Divus Petrus, welche nach der Schrift Götter oder Gotteskinder genannt werden.

(2.) Daraufhin wurde ihm die Aussage abgerungen, Christus sei rechter, wahrhaftiger Gott. Aber auch diesen Satz wußten die Arianer, vor allem Euseb von Nikomedien, in ihrem Sinne zu interpretieren. Alles, was von Gott geschaffen sei, sei wahrhaftig und recht; denn, was falsch sei, habe Gott nicht geschaffen. In diesem Sinne sei auch Christus recht und wahrhaftig, aber letztlich doch nur ein Geschöpf Gottes.

(3.) Dann mußten sie zugestehen, Christus sei vor der ganzen Welt gewesen.

(4.) Für die Arianer blieb Christus dennoch ein Geschöpf. Er sei vor aller Welt geschaffen. Die ganze Welt und alle Dinge seien dann durch ihn geschaffen worden (Joh. 1,3).

(5.) Auch das "genitum, non factum" erklärten sie in ihrem Sinne: Christus sei wie alle Christen aus Gott geboren (Joh. 1,12), nur mit dem Unterschied, daß er vor allen anderen Kreaturen geschaffen wurde.

(6.) Erst als sie durch das Nicänum gezwungen wurden zu bekennen, Christus sei homousios dem Vater, fanden sie keinerlei Ausweg durch Interpretationskünste mehr. Denn homousios heißt eindeutig, "das Christus mit dem Vater gleich und einerley Gottheit, gleich und einerley gewalt habe"[202] oder auf lateinisch: consubstantialis, coexistentialis, coessentialis. Um dieses für das

---

199 WA 50, 569, 20.
200 WA 50, 569, 21–23. Diese Sätze stammen aus dem Text der "Expositio" des Arius, die er dem Kaiser Konstantin übergeben hat. Sie lauten lateinisch: "credimus in unum Deum Patrem omnipotentem et Dominum Iesum Christum, Filium eius, qui ex eo ante omnia saecula natus est, Deum Verbum, per quem omnia facta sunt." (Cassiodor, Historia tripartita III, 6 = Migne PL 69, 950D–951A.)
201 Auxentius war Nachfolger des Ambrosius auf dem Bischofsstuhl von Mailand. Als er 374 vom Papst Damasus abgesetzt wurde, legte er in einem Brief an den Kaiser sein Bekenntnis vor. Diesem Brief gab Hilarius die Überschrift "Exemplum blasphemiae Auxentii" und fügte ihn seinem "Liber contra Arianos vel Auxentium Mediolanensem" an (Migne PL 10, 67; vgl. auch Hist. trip. V, 29 = Migne PL 69, 1006).
202 WA 50, 571, 24f.

Nicänum entscheidende Wort zu schwächen oder zu eliminieren, beriefen die Arianer viele Sonderkonzilien ein, auch noch zur Regierungszeit des Konstantius. Sie pochten dabei auch darauf, daß das Wort homousios in der Schrift nicht gebraucht werde. Damit richteten sie soviel Unheil an, "das auch S. Hieronymus drüber verstürtzt, einen kleglichen brieff schreib an den Bischoff zu Rom, Damason, fieng an zu begeren, das man solch wort Homousios solte auskratzen, denn ich weis nicht (spricht er), was doch fur ein gifft in den buchstaben sey, das sich die Arianer so unnütz drüber machen"[203].

In diesem Zusammenhang verweist Luther auch auf ein angebliches Streitgespräch zwischen Athanasius und Arius vor dem Richter Probus über das Wort homousios. Als Quelle dafür kommt nur ein mittelalterlicher Auszug der Schrift des Vigilius von Thapsus (5. Jh.), "Contra Arrianos etc. Dialogus, Athanasio, Ario, Sabellio, Photino et Probo iudice interlocutoribus"[204] in Frage. Dieses angebliche Streitgespräch, das Luther dem Athanasius zuschrieb, spielt für sein Geschichtsbild eine nicht unbedeutende Rolle: "Und ist noch vorhanden ein Dialogus, darin Athanasius und Arius zancken fur einem amptman Probus uber diesem wort homousios. Und als Arius hart drauffdrang, Es stünde solch wort in der Schrifft nicht, Athanasius widerumb mit der selben kunst Arium fieng und sprach, Es stehen diese wort auch nicht in der Schrift: Innascibilis, ingenitus Deus, Das ist, Gott ist ungeborn, welchs die Arianer hatten gebraucht, zu beweisen, das Christus nicht kündte Gott sein, weil er geborn were, Gott aber were ungeborn etc. Und der Amptman Probus urteilet widder Arium[205]." Luthers eigene Stellungnahme dazu haben wir bereits zu Beginn dieses Kapitels besprochen[206].

Die weitere Religionspolitik unter Konstantin und seinen Söhnen kann Luther nur so verstehen, daß der Kaiser von den Arianern durch Schmeicheleien und schein-orthodoxe Bekenntnisformeln betrogen wurde. Im Grunde seien aber die Kaiser stets nicänisch gesinnt gewesen. Inwieweit sich Luther mit dieser Auffassung in jeder Hinsicht auf die von ihm mehrfach zitierte Historia tripartita

203 WA 50, 572, 7–12; Migne PL 22, 356f "ipsum nomen efflagitant; quia nescio quid veneni in syllabis latet." Hieronymus redet hier freilich vom Begriff der Hypostase, vgl. o. S. 88f. mit Anm. 6.
204 Migne PL 62, 179–238. Vigilius von Thapsus hat dieser Schrift bewußt die Form eines Dialogs gegeben und Arius gegen Athanasius auftreten lassen, um die ganze Auseinandersetzung lebendiger schildern zu können und die Meinung zu unterstützen, "eine objektive Beurteilung müsse dem orthodoxen Bekenntnis Recht geben". (G. Ficker, Art.: Vigilius, in RE, 3. Aufl. Bd. 20, S. 642.) Nach BSLK S. 51, Anm. 3, hat Luther diese Disputation bereits in seinem ersten Mönchsjahr mit größter Anteilnahme gelesen. Auch in seiner Vorrede zu Bugenhagens Ausgabe von "Athanasii libri contra idolatriam" (1532), welche der Abwehr des modernen Antitrinitarismus und Skeptizismus (Campanus und Erasmus) dienen sollte, verweist Luther auf diese Disputation: "Vehementer mihi placet vir optime, consilium tuum (quod satis tarde rescivi) de aedendis aliquot libris Divi Athanasii, puta de Trinitate, inter quos mira voluptate me affecit Dialogus ille seu disputatio, quam coram Probo Iudice sub Magno Constantino inter ipsum Athanasium et Arrium habitam fuisse constat." (WA 30 III, 530, 19–23.)
205 WA 50, 572, 13–20.
206 s.o. S. 90.

des Cassiodor berufen kann, ist für unsere Untersuchung nicht entscheidend. Wichtig ist für uns nur, daß Luther in den für unsere Geschichtsschreibung außerordentlich komplizierten und teilweise verworrenen theologischen Auseinandersetzungen nach Nicäa eine Kontinuität der Orthodoxie sieht. Für ihn gilt in dieser Beziehung wirklich Goethes Wort: "Zwei Parteien sind es, die sich boxen, die Arianer und die Orthodoxen." — Von da aus kann Luther dann auch die Linien bis in seine Gegenwart ausziehen, um vor den "Papisten" zu warnen, vor denen es sich ebenso zu hüten gilt wie vor den Arianern. Freilich ist das für Luther nur ein Vergleich, keine direkte Identifizierung. Eine direkte Fortsetzung der Arianer sieht Luther anderswo: "Hat auch der jamer bis in die drey hundert jar bey den Christen geweret, Das S. Augustinus helt, Arii pein in der Helle werde in der helle teglich grösser, so lange dieser irthum weret, Denn der Mahomet ist aus dieser Sekten komen[207]."

Über die eigentliche Materie des Konzils zu Konstantinopel (381) läßt Luther sich nur sehr kurz aus: "Das ander heubt Concilium zu Constantinopel, etwa bey 50 jaren nach dem Niceno, unter den Keisern Gratiano und Theodosio versamlet, hat diese ursachen gehabt. Arius hatte verleugnet die Gottheit Christi und des Heiligen geists. Da zwischenein rottet sich eine neue Rotte, die Macedonianer (wie imer ein irthumb den andern, ein unglück das ander bringt on ende und auffhören). Diese lobeten das Concilium Nicenum, das Christus rechter Gott were, und verdampten den Arium mit seiner Ketzerey hefftig, lereten aber, der Heilige geist were nicht rechter Gott, sondern ein Creatur Gottes, durch welche Gott der Menschen hertzen bewegt, erleuchtet, stercket und thut alles, so die Schrifft vom Heiligen Geist saget. Diese Rotte reis auch gewaltig ein, unter viel grosse, gelerte, treffliche Bisschove. Das kam daher: Macedonius war Bischoff zu Constantinopel, in der grössesten Heuptstad des gantzen Reichs gegen Orient, da das Keiserliche hoflager war. Derselbige Bischoff fieng diese Rotte an, das hatte ein gewaltig ansehen, das der fürnemest Bischoff, dazu in des Keisers residentz zu Constantinopel so lerete. Da fiel zu, da schlug zu fast alles, was sich an Constantinopel hielt in den Lendern umb Constantinopel, Und Macedonius feiret auch nicht, treib die sache hart, hette gern alle welt (wie der Teuffel in allen Rotten thut) an sich gezogen. Hie waren nu die fromen Bisschove viel zu schwach, solcher Bisschoves Rotten wider zu stehen, weil zuvor ein schlechter Priester zu Alexandria, Arius, einen solchen wust angericht, Hie aber nicht ein Priester, nicht ein gemeiner Bisschoff, sondern der fürnemesten Stad, des Keiserlichen pallasts zu Constantinopel Bischoff solchen wust anrichtet. Hie musten die Bischove abermal den Keiser anruffen, das ein heubt Concilium wider solche lesterunge versamlet wurde. Welchs der frome Keiser Theodosius thet, legt es eben in die Stad Constantinopel, in die Pfarr und Kirchen, da Macedonius Bisschoff gewest war, gleich wie zuvor Constantinus auch das Concilium

207 WA 50, 574, 35–575, 3. Bereits im Mittelalter war die Theorie verbreitet, daß Mohammed im Grunde nur ein vom christlichen Glauben abgefallener Sektierer sei. (Näheres vgl. W. Holsten, Christentum und nichtchristliche Religion nach der Auffassung Luthers, 1932, S. 126f., Anm. 1.)

Nicenum legt gen Nicea, da der Bischoff Theogonius war, welcher den Arium neben dem Bisschove Eusebio zu Nicomedia halff heben und zuletzt wider einbringen[208]."

Es ist bezeichnend für Luthers Geschichtsbild, daß es wiederum ein "frommer Kaiser" (Theodosius) war, der das Konzil einberufen und gegen allerlei unvernünftige Zänkereien der Bischöfe durchgeführt hat. Von der weltlichen Obrigkeit, insbesondere von Karl V. hatte der Reformator ja immer mehr positive Impulse zur Reform der Kirche und Beilegung der Religionsstreitigkeiten erwartet als vom Papsttum und den Bischöfen. Ebenso bezeichnend ist, daß Luther den größten Teil seiner Ausführungen über das zweite ökumenische Konzil der zwischen Rom und Konstantinopel beginnenden Fehde über den Primat in kirchlichen Dingen widmet. Diese Steitigkeiten schildert er mit ironisch-sarkastischem Unterton, nicht ohne die üblichen Ausfälle gegen das Papsttum.

Im übrigen geht es Luther auch hier darum nachzuweisen, daß es das eigentliche Werk dieses Konzils war, den Artikel von der Gottheit des heiligen Geistes zu erhalten. Dafür beruft er sich auf einen Brief der Konzilsväter an den Bischof von Rom, Damasus, in dem es u.a. heißt: "Wir wissen, das dis der alte rechte glaube ist, der sich nach der Tauffe richtet und uns leret gleuben in den namen des Vaters und des Sons und des Heiligen Geists etc.[209]."

Sehr aufschlußreich ist auch Luthers Darstellung des Konzils zu Ephesus, die wir ja bereits behandelt haben[210]. Sie zeigt besonders deutlich, wie Luther – bei allem Bemühen um die Historie – die frühe Kirchengeschichte sehr stark von systematisch-theologischen Gesichtspunkten her betrachtet und deutet[211].

In diesem Zusammenhang ist noch hinzuweisen auf Luthers Schrift "Die drey Symbola", welche 1538 erschien. An den Anfang dieser Schrift stellt Luther das Apostolikum, das Athanasianum, das er als ein "Schutzsymbol" für das erstere betrachtet, sowie den ambrosianischen Lobgesang "Te Deum" in deutscher Übersetzung. Am Schluß fügt er auch das Nicänum bei, das alle Sonntage im Gottesdienst gesungen wird. Der Reformator möchte damit erneut zeigen, "das ichs mit der rechten Christlichen kirchen halte, die solche Symbola oder bekentnis bis daher hat behalten, Und nicht mit der falschen rhumrettigen (= hochmütigen) Kirchen, die doch der rechten kirchen ergeste feindin ist und

---

208 WA 50, 575, 10–576, 9.
209 WA 50, 580, 27–30 = Cassiodor, Hist. trip. IX, 14 (= Migne PL 69, 1131D).
210 s.o. S. 116ff.
211 Über den Beitrag der Kirchenväter zur Trinitätslehre äußert sich Luther gelegentlich in den Tischreden, z.B.: WATR 5, 414, 29–31 = Nr. 5978: "Augustinum et Hilarium propter articulum trinitatis retinemus, Augustinus, wenn er die Pelagianer nit het wider sich gehabt, so wers ein ser aridus und tenuis doctor worden." – vgl. auch EA 62, S. 117 = Nr. 2646.

viel abgötterey neben solchen schönen bekenntnissen eingefurt hat"[212]. – Der in den Schmalkaldischen Artikeln nur versteckt angebrachte Zweifel an der Rechtgläubigkeit der Papstkirche in der Christologie wird hier also sehr massiv geäußert. Der Teufel greife Christus mit drei Heerspitzen an: die eine lasse ihn nicht Gott sein, die andere nicht Mensch sein und die dritte leugne praktisch sein Erlösungswerk für uns. – Nach dem polemisch gehaltenen Teil geht Luther über zur Darlegung der Trinitätslehre und ihrer schriftgemäßen Begründung vor allem aus dem Alten Testament. Die wichtigsten Fragen dieser Schrift sind im Laufe unserer Arbeit an verschiedenen Stellen aufgenommen.

7. Die Bedeutung der Trinitätslehre für Luthers Bekenntnisse

Luthers erstes großes Bekenntnis fällt in das Jahr 1528. Wie die Symbolauslegungen ist auch dieses Bekenntnis deutlich trinitarisch strukturiert. Vor allem im dritten Teil des Bekenntnisses lehnt Luther sich stark an das Apostolikum an. Das Bekenntnis von 1528 hat insofern besondere Bedeutung, als es die Urform des lutherischen Bekenntnisses darstellt. Alle folgenden Bekenntnisse Luthers – auch Melanchthons Cofessio Augustana – sind mehr oder minder stark von dieser Urform abhängig. Die Schwabacher Artikel und in abgeschwächterem Maße auch die Marburger Artikel beruhen in ihrem Wortlaut noch weitgehend auf dem Bekenntnis von 1528. Freilich ist die trinitarische Grundstruktur des Bekenntnisses in ihnen teilweise durchbrochen. Die Grundform des Apostolikums ist kaum noch erkennbar. In den Schmalkaldischen Artikeln ist die trinitarische Grundstruktur völlig aufgegeben. Luther hat also den kunstvoll belebten trinitarischen Bekenntnisaufriß in seinen späteren Bekenntnissen selber wieder aufgegeben zugunsten einer mehr äußerlichen Aufteilung des Bekenntnisses in soundsoviele Artikel.

Bei dieser Entwicklung geht es keineswegs nur um eine formale Frage. Denn gerade durch seine trinitarische Gliederung erhält Luthers Bekenntnis von 1528 ein unverkennbar theozentrisches Gepräge. Im Zentrum steht das dreifache Sich-Schenken Gottes. Dieses wird dargestellt als heilsgeschichtliches Nacheinander. Gott teilt sich dreimal je anders den Menschen mit. Dieser ökonomisch-trinitarische Grundgedanke Luthers, der aus der Vielzahl von Artikeln ein einheitliches Bekenntnis macht, kommt in den späteren Bekenntnissen Luthers nicht mehr so klar zum Zuge wie 1528. Das Ganze droht nun auseinanderzufallen in eine Anzahl von Artikeln, die man fürwahrhalten muß, um ein rechter

212 WA 50, 262, 8–12.

Christ zu sein[213]. Damit bahnt sich in Luthers eigenen Bekenntnissen eine Entwicklung an, die sich dann über die Augsburgische Konfession fortsetzt in der lutherischen Orthodoxie.

Vergleichen wir das Bekenntnis von 1528 mit den Katechismen, die ja in der gleichen Zeit entstanden sind, so sticht zunächst einmal ins Auge, was beiden gemeinsam ist: die trinitarische Grundstruktur. Aber auch gewisse charakteristische Unterschiede lassen sich nicht verkennen. Während in den Katechismen klare Leitbegriffe für das Wirken der drei göttlichen Personen verwendet werden, fehlen diese in den Bekenntnissen weitgehend. Stattdessen ist im Bekenntnis von 1528 die ganze ökonomische Trinität unter e i n e n Leitgedanken gestellt. Sowohl in den Katechismen als auch im Bekenntnis steht die okönomische Trinität im Vordergrund. Aber im Bekenntnis wird gleichzeitig einiges mehr über die immanente Trinität gesagt als in den Katechismen. Das veranlaßt Wernle zu folgendem Kommentar: "Sodann der ausgesprochen theologische Charakter dieses Schriftstücks (sc.: des Bekenntnisses von 1528). Jeder Vergleich mit den beiden Katechismen stellt ihn in helleres Licht. Dort fehlt die ganze altkirchliche Trinitätslehre, hier vermißt man die herrliche persönliche und praktische Ausdeutung des ersten und zweiten Artikels. Für Luther bestand natürlich kein Gegensatz zwischen seiner Theologie und seiner Frömmigkeit. Die schwere altkirchliche Theologie bot ihm den notwendigen Hintergrund für die großen einfachen und hellen Gedanken seines Glaubens. Aber es besteht dennoch der ganz gewaltige Unterschied, daß diese altkirchliche Theologie von Luther wirklich unverdaut übernommen wurde, während in seinen Glaubensgedanken alles und jedes sein persönliches Eigentum ist ... Es war kein Glück für Luthers Werk, daß er in diesem seinem ersten 〉Bekenntnis〈 seinen machtvollen persönlichen Glauben hinter den steifen Dogmen der Trinität mehr verbarg, als durch sie auszudrücken vermochte. Dieses Plus der Theologie über den Heilsglauben hinaus belastete den Protestantismus mit fremden katholischen Elementen, die bis heute niemals evangelisch geworden sind. Kein deutlicheres Beispiel dafür gibt es als die Bedeutung der Trinität für Luthers Frömmigkeit. So wie er sie im Katechismus und hier am Schluß des Artikels vom Geist religiös interpretierte als die dreifache Selbsterschließung der göttlichen Liebe in der Schöpfung, der Erlösung durch Christus und der Heiligung des Geistes in unserer Seele, bezeichnet sie wohl das tiefste Mysterium des christlichen Glaubens und zugleich seine ganz besondere geschichtliche Eigenart! Das Trinitätsdogma dagegen, das vom Verhältnis der drei Personen zum gemeinsamen Wesen handelt, ist eine antike Reliquie, die als solche allem erlebtem Glauben fremd bleiben

---

213 F. Loofs (a.a.O., S. 817) schreibt dazu: "Die Zugehörigkeit zur christlichen Kirche war von der Zustimmung zu einem Dogma abhängig gemacht, über dessen Schriftgemäßheit sehr ernste Männer nicht einig waren. Daher ist es, so wenig es zu Luthers Grundgedanken paßte, dennoch erklärlich, daß Luther im zwölften der .... 17 Schwabacher Artikel schreiben konnte: solche Kirche ist nichts anderes denn die Gläubigen an Christo, welche obengenannte Artikel und Stücke glauben."

muß. Derart nötigt gerade Luthers Bekenntnis durch seine Vermischung von Theologie und Glauben eindrucksvoll dazu, sich zu fragen, was hier wahrhaft lebendig, was ein für allemal vergangen ist[214]."

Daß es keinen Sinn hat, Luthers ökonomische Trinitätslehre gegen seine Aussagen über die immanente Trinität auszuspielen und die letzteren als "unverdautes katholisches Erbe" abzuqualifizieren, haben wir bereits zu zeigen versucht. Darum können wir auch Wernles Charakterisierung des Gegensatzes zwischen Luthers Katechismen und seinem "Bekenntnis" nicht zustimmen. Wir sehen hier nur einen Unterschied, nicht einen Gegensatz. Dieser Unterschied liegt zunächst einmal darin, daß Luther im "Bekenntnis" ausgesprochen theologisch redet. Die ganze Schrift "Vom Abendmahl Christi, Bekenntnis" ist ja eine theologische Auseinandersetzung mit den Gegnern im Abendmahlsstreit. Und gerade diese Schrift zeigt, daß es dabei nicht um einen Lehrpunkt (locus) geht, sondern um das Ganze der Theologie[215]. Im "Bekenntnis" wendet sich Luther nicht wie in den Katechismen ans einfache Volk. Sondern hier tut er gerade das, was er in den Katechismen bewußt unterlassen hat: bestimmte Glaubensartikel für die Gelehrten und die in der Glaubenserkenntnis fortgeschritteneren Christen weiter auszuziehen[216]. Luthers Katechismen und Bekenntnisse haben also eine verschiedene Zielsetzung. Auf einen einfachen Nenner gebracht: in den Katechismen geht es um Belehrung des Volkes, in den Bekenntnissen um Theologie (Dogmatik). Dem Volk aber will Luther in den Katechismen handfeste geistliche Nahrung geben, nicht theologische Sätze.

Nehmen wir nun zum Vergleich auch noch die "Kurze Form" von 1520 hinzu, so sehen wir, daß hier noch beide Elemente zusammen enthalten sind: die Belehrung des Volkes und das theologische Bekenntnis. Das zeigt sich schon daran, daß Luther in der "Kurzen Form" noch einiges mehr über die immannente Trinität sagt als in den Katechismen. Die "Kurze Form" steht also in dieser Hinsicht dem "Bekenntnis" näher als die Katechismen. Was in der "Kurzen Form" noch zusammen ist, das verläuft dann 1528/29 auf zwei verschiedenen Linien: Katechismus und theologisches Bekenntnis.

Ein weiterer Unterschied zwischen Katechismus und Bekenntnis liegt darin, daß Luther in den Bekenntnissen nicht nur positiv bekennend, sondern auch polemisch verwerfend redet. Auch das hängt mit der Zielsetzung und dem "Sitz im Leben" dieser beiden Arten von Schriften zusammen. Schon zu den Bekenntnissen der Alten Kirche gehört ja das "damnamus" ebenso dazu wie das "credimus et confitemur". Luthers Bekenntnis hat zwar nicht die "Form eines grundlegenden Symbols", sondern "den Rang einer klärenden Glaubensaus-

---

214 Wernle, Luther, S. 280f.
215 Darum kann Luther so weit gehen, zu schreiben: "Ich bekenne fur mich / das ich den Zwingli fur einen unchristen halte mit aller seiner lere / denn er helt und leret kein (!) stück des christlichen glaubens recht / und ist erger worden sieben mal / denn da er ein Papist war." BoA III, 407, 11–13 = WA 26, 342, 21–24.
216 vgl. BSLK 648, 1ff. und unsere Arbeit S. 12.

sage"[217]. Denn es will ja nicht die altkirchlichen Symbole ersetzen oder verdrängen, sondern enthält eine progressive Neuinterpretation des altkirchlichen Bekenntnisses. Gerade als solche verwirft es Glaubensaussagen, die Luther für nicht evangelisch hält. Auch das Bekenntnis zur Trinität, mit dem Luther sein Bekenntnis beginnt, hat sowohl konfessorischen als auch polemischen Charakter. Es will nicht nur den Glauben an den dreieinigen Gott erneut bekennen. Es zieht auch eine Grenze gegenüber den antitrinitarischen Bewegungen, welche langsam aufkamen. Dass Luther dabei auch die Straßburger und Schweizer Reformatoren als heimliche Antitrinitarier verdächtigte, beruht auf einer Fehlinformation und seinem grundsätzlichen Mißtrauen gegenüber denen, die in der Abendmahlslehre anders dachten als er.

In den Bekenntnissen, aber auch in anderen Schriften ging es Luther darum, seine Übereinstimmung mit der Alten Kirche in den Grunddogmen darzulegen[218]. Das geschah freilich nicht aus einer traditionalistischen Haltung heraus, sondern aus der Überzeugung, daß auch die Konzilien und Kirchenväter durchaus kritisch betrachtet werden müssen. Denn sowohl die alten als auch die neuen Bekenntnisse haben für Luther nur insofern ihren Wert und ihre Geltung, als sie die Lehre der Schrift zusammenfassen[219]. Das gilt auch für die Trinitätslehre. Wie Luther diese von der Schrift her zu begründen versucht, wollen wir darum im nächsten Kapitel untersuchen.

Politisch gesehen wurde durch die Bekenntnisse und ihr Festhalten "an der unveränderten Geltung von Trinitätstheologie und Christologie"[220] die faktische Anerkennung der Bekenner der Augsburgischen Konfession im Reich erlangt. Freilich ist es verfehlt, daraus schließen zu wollen, die Trinitätslehre sei nur deshalb von Luther und Melanchthon beibehalten worden, um diese Anerkennung zu erreichen, da das Trinitätsbekenntnis gemäß dem Codex Justinianus zur Rechtsgrundlage des römischen Reiches gehörte[221]. Wie unsere Untersuchung gezeigt hat, hatte Luther sich bereits aus theologischen Gründen zum Trinitätsglauben bekannt, als die Fragen von Bekenntnis und politischem Bündnis noch gar nicht aktuell waren.

217 A. Adam, Lehrbuch der Dogmengeschichte, Bd. 2, S. 304.
218 vgl. R. Seeberg, Dogmengeschichte, Bd. IV/2, S. 395. Adam, a.a.O., S. 303.
219 vgl. z.B. Koopmans, a.a.O., S. 25.
220 Adam, a.a.O., S. 307f.
221 so A. Ritschl, Rechtfertigung und Versöhnung, 3. Aufl. 1889, Bd. 1, S. 147: "Deshalb blieben nicht nur die Reformatoren ihrem Bewusstsein und ihrer Absicht nach katholisch, sondern die Correctheit ihrer Haltung innerhalb der für das römische Reich geltenden Grenzen der Christlichkeit machte es den Landesherren und Obrigkeiten als solchen möglich, sie zu dulden, zu schützen, gemeinsame Sache mit ihnen zu machen." Und noch deutlicher Bd. 2, S. 18: ".... und kirchenpolitische Gründe hielten ihn (sc: Luther) wie seine Nachfolger bei der möglichst unveränderten Reproduction der Lehren von Christi Person und von der Trinität fest." – vgl. dagegen W. Köhler, Dogmengeschichte als Geschichte des christlichen Bewußtseins, Das Zeitalter der Reformation, 1951, S. 59.

III. DIE TRINITÄT IN LUTHERS PREDIGTEN UND SCHRIFTAUSLEGUNGEN

1. Überblick über die Trinitatispredigten

Bei den Symbolauslegungen und Bekenntnissen Luthers hatten wir ein relativ eng begrenztes und insofern übersichtliches Feld vor uns. Bei den Predigten und Schriftauslegungen des Reformators ist das Gegenteil der Fall. Selbstverständlich können wir nicht sämtliche Predigten, Predigtreihen und Schriftauslegungen berücksichtigen. Es geht uns vor allem darum, die wichtigsten Schriftbeweise für die Trinität zusammenzustellen und zugleich aufzuzeigen, welche Bedeutung das Trinitätsdogma für Luthers Exegese und Predigt hat.

Wir gehen aus von den Predigten, die Luther am Trinitatisfest über das altkirchliche Evangelium Joh. 3,1–15 gehalten hat. Luther ist sich dabei bewußt, daß diese Perikope die Trinitätslehre nicht direkt enthält. Er zieht aus diesem Sachverhalt allerdings durchaus verschiedene Folgerungen. Wir geben darum zunächst einen kurzen Überblick über die jeweilige Tendenz und über eventuelle Besonderheiten der Trinitatispredigten.

Als erste ist hier die Predigt aus dem 1526 von Roth herausgegebenen Sommerteil der Kirchenpostille[1] zu nennen. Diese wahrscheinlich am Trinitatisfest 1522[2] gehaltene Predigt enthält neben der Auslegung des Evangeliums "eine kurze Vorrede von der heiligen Dreifaltigkeit". Luther erklärt, daß man den Artikel von der Trinität wie jeden anderen Glaubensartikel auch nur auf die Heilige Schrift, nicht aber auf die Vernunft oder Gleichnisse gründen müsse[3]. Darum führt er eine Reihe von Schriftstellen aus Altem und Neuem Testament an, um die Gottheit Christi und des Heiligen Geistes zu beweisen. Der Weg zur Erkenntnis der Gottheit Christi wird ähnlich wie in P23 "von unten nach oben" beschrieben: Im Menschen Jesus erkennen wir den Herrn über alle Kreaturen[4]. Auch hier wird also wieder die Erkenntnis der Trinität christologisch begründet. Wer sich freilich nicht an diesen in der Schrift gezeigten Erkenntnisweg hält,

---

1 WA 10, I, 2, 293–306. Neben der Rothschen Fassung ist diese Predigt auch noch in einem Einzeldruck ohne Jahreszahl überliefert, welcher in WA 12, 585–591 abgedruckt ist. Wir zitieren die Rothsche Fassung, ziehen zum Vergleich aber auch den Einzeldruck heran.
2 Diese Predigt wird WA 12, 585 noch für 1523 angesetzt, ist aber nach WA 11, 122 u. WA 10, III, S. CXII aus dem Jahre 1522 (15. Juni).
3 WA 10, I, 2, 294 vgl. WA 12, 585. Mit den "Gleichnissen" sind wahrscheinlich die sogenannten vestigia trinitatis gemeint.
4 vgl. WA 10, I, 2, 297, 3–12: "Darumb so kan man keynenn gewißen grundt habenn von der Gotheyt Christi, dann das man daz hertz wickel und schliesse in die sprüche der schrifft, dann die schrifft hebet feyn sannft an und fueret uns zu Christo wie zu einem menschen und darnach zu einem herren über alle Creatur, dernach zu einem Got, Also komme ich fein hinein und lerne Got erkennen. Die Philosophi aber und die weltweysen leütt haben woellen oben anheben, da sein sie zu narren worden. Man mueß von unten anheben und darnach hinauff komen, auff das nicht der spruch Salomonis an uns erfült werde: ›Wer zuviel hoenig isset, das ist nicht gut, Und wer schwer ding forschet, dem würts zuschwer.‹"

sondern bei der Trinitätsspekulation ("oben") beginnt und sich dabei seinen eigenen Distinktionen, Träumen und Erfindungen überläßt, der wird darüber wie die Scholastiker[5] und Philosophen zum Narren werden. So läuft die Vorrede über die Trinität — wiederum ähnlich wie in P23 — auf eine Selbstbescheidung hinaus: "Darumb hangen wir hie an der schrifft unnd an den sprüchen, die die Treyfaltikayt bezeügen, und sagenn: Ich wayß wol, das Got, Vater, Son und Heyliger geist sind, aber wie sie ein ding sind, das ways ich nicht und sol es auch nichtt wissen[6]."

Ähnlich äußerte sich Luther auch in "De servo arbitrio", nachdem Erasmus u.a. die biblischen Aussagen über Trinität und Zweinaturenlehre als zweideutig erklärt hatte: "Scriptura simpliciter confitetur trinitatem Dei et humanitatem Christi et peccatum irremissibile, Nihil hic obscuritatis aut ambiguitatis. Quibus vero modis ista habeant, Scritura non dicit . . . , nec opus est nosse[7]." — Daß die Dreieinigkeit Gottes zum höchsten geoffenbarten Geheimnis gehört, hat Luther hier ebenfalls ausdrücklich betont: "Quid enim potest in scripturis augustius latere reliquum, postquam fractis signaculis et voluto ab hostio sepulchri lapide, illud summum mysterium proditum est, Christum filium Dei factum esse hominem, Esse Deum trinum et unum, Christus pro nobis passum et regnaturum aeternaliter?"[8] Die Dunkelheit und Zweideutigkeit, welche Erasmus hier beobachten wolle, seien auf das Konto der Spätscholatiker zu buchen. Und wenn Erasmus deren Redeweise von den "drei Göttern" als anstößig empfinde, dann sei er ausnahmsweise im Recht[9].

In der Trinitatispredigt von 1523[10] stellt Luther nur eine ganz knappe formelhafte Zusammenfassung der Trinitätslehre an den Anfang. Im übrigen gibt er ausdrücklich sein Placet dazu, daß am Trinitatistag ein Evangelium als Predigttext vorgesehen ist, in dem die Trinität nicht direkt thematisch ist: "Placet, quod Euangelum elegerunt, quod de ea pauca dicit[11]." In der Trinitatispredigt von 1524[12] begnügt er sich sogar mit der kurzen Bemerkung: "Hoc Euangelium legitur de sancta trinitate hodie, quanquam parum de ea dicat, an[13] das brevius indicat personas tres: patrem, filium, spiritum sanctum[14]."

---

5   WA 10, I, 2, 294 u. WA 12, 586; vgl. auch WA 17, I, 260.
6   WA 10, I, 2, 297, 38–298, 2 u. WA 12, 585, 4–6.
7   BoA III, 102, 29–103, 4 = WA 18, 608, 5–9.
8   BoA III, 101, 23–28 = WA 18, 606, 24–28.
9   BoA III, 103 u. 114 = WA 18, 609 u. 623.
10 WA 11, 122–125, Predigt am 31. Mai 1523.
11 a.a.O., S. 122, 11f.
12 WA 15, 567–570, Predigt am 22. Mai 1524 in Kemberg.
13 an = ohne.
14 a.a.O., S. 567, 2–4.

In der Einleitung zur Trinitatispredigt von 1525[15] geht Luther wieder ausführlicher auf das Thema des Sonntags ein: "ut maneat in cognitione, quid tenendum de isto articulo, quanquam sit tam altus[16]." Die "tres personae in una essentia" sind nämlich die "celestia" von denen Christus (Joh. 3,12) redet. Niemand versteht sie, der sie nicht durch das Wort der Schrift studiert[17].

In den Trinitatispredigten von 1526 an kommt ein ganz neues Thema hinzu: die Polemik gegen "Schwärmer" und "Rotten". Am Schluß der Predigt von 1526[18] macht Luther nur noch ganz wenige Bemerkungen zur Trinitätslehre selbst. Er weiß zwar, daß er noch etwas mehr sagen sollte, fürchtet aber, daß der Teufel umsomehr Schulgezänk und immer neue "Rotten" entstehen läßt. "Er wird auch nicht rugen, bis das ers dahin bringe, das es hie mit auch so gehe, wie mit dem Sacrament, wilchs weyl wir es haben dem Babst widder aus dem rachen genomen und ynn rechten brauch widdergebracht, faren die rotten zu und tretens gar mit fussen. So wird es auch mit diesem artickel gehen, das wir widder Jüden werden. Drumb rede ich nicht viel davon, on das man bleibe bei den worten einfeltig und lasse sich die wort fangen. . . . Wie aber drey person in der Gottheit unterschiedlich sind, und doch ein Gott mit wesen ist, wirstu nicht begreiffen, kund mans ermessen, so durffte mans nicht glewben. Wie die armen leute narren, die da solch ding wollen mit vernunfft fassen, wenn sie es nicht kunden, so leugnen sie das Sacrament. Wenn der Teuffel yemand dahyn bringt, das er sagt ynn den artickeln unsers glawbens. ⟩Ists auch recht? ists auch fein also? ⟨ so gnade ihm Gott, er ist schon dahin . . . So wird der Teuffel diesen artickel auch besuddeln und fragen auffwerffen, ob sichs auch reyme, das drey ein Gott sein und dergleichen, so werden sie aber widder uns schreien, wie sie itzt thun. Derhalben will ich zuvor gewarnt haben, es wird sich gewißlich regen, es ist noch nicht zeit, das man sich selbs verfure mit fragen und getzenck, wie unser rotten geister sich und den pobel verfuren[19]." — Wenn Luther hier in der Auseinandersetzung mit den theologischen Gegnern im Abendmahlsstreit die Vernunft, den Teufel und die Rotten in einem Atemzuge nennt, so ist das in seinem Sinne durchaus konsequent. Denn die Vernunft hat in Glaubensdingen nicht mitzureden. Wo sie es dennoch tut, da ist bereits der Versucher am Werk. Da entstehen dann auch "Rotten und Sekten", die sich gegen den wahren Glauben stellen.

15 WA 17, I, 278–284, Predigt am 11. Juni 1525.
16 a.a.O., S. 278, 4f.
17 a.a.O., Z. 8ff.
18 WA 20, 413–432, Predigt vom 27. Mai 1526. Diese Predigt ist mehrfach überliefert. Neben einer Nachschrift Rörers findet sich ein Einzeldruck aus dem Jahre 1526. Der umfänglichere Einzeldruck ist in zwei Teile gegliedert, deren erster sich genau mit Rörers Aufzeichnungen deckt. Der unten zitierte Text steht am Schluß des zweiten Teils des Einzeldrucks, der in Rörers Nachschrift nicht erhalten ist. Roth hat diese Predigt in seine Festpostille aufgenommen als Predigt am Tag der Kreuzeserfindung (WA 17 II, 422f.).
19 WA 20, 432, 8–39.

In der Trinitatispredigt von 1528[20] erklärt Luther, das Evangelium des Tages sei so hoch, daß er nicht wisse, wie er darüber predigen solle. Nur wenige seiner Hörer würden es verstehen, denn nicht einmal der heilige und gelehrte Augustinus habe es verstanden. Er wolle es aber trotzdem auslegen, da dieses Evangelium alljährlich am Trinitatistage verlesen werde, weil es viel über den heiligen Geist und den Sohn enthalte[21]. Das Wort "Trinität" ist zwar nach Luthers Meinung ein "wüstes" Wort und er wünschte sich ein besseres Wort[22]. Die Sache aber muß mit Hilarius und Augustinus festgehalten werden, damit wir nicht einer ähnlichen Irrlehre verfallen wie damals Arius und Macedonius, dessen Lehre Luther kurz schildert. Kaum je haben zwei Bischöfe soviel angerichtet wie diese beiden. Darum hofft Luther "Deus det gratiam, ne hoc tempus erleben horrendum"[23]. Denn die Rotten, die uns von Christus fortreißen und uns dazu bringen wollen, wie die Türken und Juden Christus zu verleugnen, sind schon auf der Bahn[24]. Darum gilt: "Oportet hic claudas rationem, et non audias, quid dicat ratio, sed deus[25]." Dazu müssen wir aber auf das Zeugnis Christi hören: "quod scimus, loquimur et quod vidimus." (Joh. 3,11). Die ratio kann das nicht fassen. Sie denkt daran, daß ein Gulden nicht drei Gulden sind und fragt: "dreifeltig sein und einfeltig, qui potest fieri?" Die ratio will hier über das reden, was sie nicht gehört hat, und bezeugen, was sie nicht gesehen hat, und darüber das Zeugnis Christi anstehen lassen. Im übrigen hält Luther eine gewisse Zweigleisigkeit für angemessen. Die Einfältigen sollen bei dem Taufbefehl Matth. 28,19 (und Luthers kurzer Auslegung dazu) bleiben. Die Prediger aber, die Wächter gegen den Satan und die Wölfe, müssen gut bescheid wissen über das Johannesevangelium und die Paulusbriefe, damit sie gerüstet sind, um vor den einfachen Leuten über die Trinität zu reden[26].

Auch die Trinitatispredigt von 1529[27] beginnt wieder mit einem Hinweis auf die Arianer. Diese haben als die scheinheiligsten und subtilsten Ketzer im Vertrauen auf die eigene Weisheit und Kraft alle Artikel des christlichen Glaubens verunglimpft. Nachdem diese Sekte zunichte geworden war, wurde das Trinitatisfest eingesetzt[28]. Freilich enthält der Artikel von der Trinität verschiedene Subtilitäten, die man lieber meiden soll. Wenn schon verschiedene Glaubensartikel für das Fleisch und die Vernunft eine Torheit sind, so ist es dieser Artikel, daß der eine Gott in drei Personen ist, am allermeisten[29]. Darum

20 WA 27, 186—194, Predigt am 7. Juni 1528. Der erste Teil über die Trinität ist nur in Rörers Nachschrift erhalten.
21 a.a.O., S. 186, 30—187, 2.
22 a.a.O., S. 187, 3.
23 a.a.O., S. 187, 5 u. 11ff.
24 a.a.O., Z. 17ff.
25 dieses und die folgenden Zitate: Z. 18ff.
26 vgl. auch WA 34, I, 501.
27 WA 29, 384—387, Predigt am 23. Mai 1529.
28 a.a.O., S. 384, 30—385, 5.
29 a.a.O., S. 385, 8—11.

warnt Luther: "Ich sehe, wie es den scharffen nochsynnern gehet. Hoc et ego expertus sum. Die weyßheyt gotis hat yr geselschafft myt den eynfeltigen, qui verbo nudo adherent, Nicht myt den narren vor der welt, sed cum simplicibus fidei[30]."

In diesem Sinne verweist Luther auf das Symbol und auf den in ihm ausgedrückten Glauben an Gott den Vater, den Sohn und den heiligen Geist. Hier nennt er auch die Leitbegriffe für die Werke der Trinität, welche er in den Symbolauslegungen regelmäßig verwendet: "Pater est creator, filius redemptor, spiritus sanctus est sanctificator[31]." Bei diesem Fundament im Symbol sollen die Einfältigen bleiben, welche zum Kampf mit Waffen (= Schriftstellen) nicht geeignet sind[32].

Auch die Trinitatispredigt von 1531[33] hält sich im wesentlichen ganz im Rahmen der beiden vorherigen. Diejenigen von 1533, 1534 und 1536[34] enthalten nichts über die Trinität, sondern nur eine Auslegung von Joh. 3,1—15. Während Luther 1535 eine Themapredigt über die Trinität hielt[35], hat er am Trinitatistag 1537 und 1538 ausnahmsweise nicht über Joh. 3,1ff. gepredigt, sondern Texte gewählt, die ihm für eine ausführlichere Darlegung des Trinitätsglaubens geeigneter schienen: 1537 über die Epistel Röm. 11,33—36[36] und 1538 über die Perikope von der Verklärung Christi, Lk. 9,28—36[37].

In den "Coniunculae quaedam D. Mart. Lutheri amico cuidam praescriptae" (1537) gibt der Reformator eine kurze Anweisung, wie man am Trinitatistag über das altkirchliche Evangelium Joh. 3,1ff. predigen könne: "Primum est propter festum tractandus locus de Trinitate ad retinendam fidem in Ecclesia, Quae est ratio festi huius. Et hic articulus est tractandus simpliciter secundum partes symboli, ubi divitur: Credo in Deum. Et in Dominum Iesum etc. Et in spiritum sanctum etc. Credere autem est cultus soli Deo exhibitus et nullae creaturae exhibendus. Hic non est locus disputandi, sed simpliciter credendi, Quia dicitur: Credo, non dicitur: cogito vel disputo, sunt supra et extra creaturam. Secundum de Euangelio (si opus fuerit eo die), ubi agitur de iustificatione[38]."

Dieser Überblick zeigt uns, daß Luther sich in seinen Trinitatispredigten im allgemeinen etwas ausführlicher zum Thema des Tages geäußert hat, obwohl im altkirchlichen Evangelium Joh. 3,1—15 die Trinität nicht in direkter Weise thematisch ist. Luther bekannte darum gelegentlich, daß er nicht wisse, warum

30 a.a.O., Z. 11—14.
31 a.a.O., Z. 30f.
32 a.a.O., Z. 24f.
33 WA 34, I, 498—504, Predigt am 4. Juni 1531.
34 WA 37, 87f., Predigt am 8. Juni 1533.
    WA 37, 414—419, Predigt am 31. Mai 1534.
    WA 41, 608—612, Predigt am 11. Juni 1536.
35 WA 41, 270—279 (als Separatdruck 1535) und WA 52, 335—345 (in der Hauspostille von 1544).
36 WA 45, 89—93.
37 WA 46, 433—440.
38 WA 45, 446, 23—32.

man gerade dieses Evangelium für den Trinitatistag gewählt habe[39]. So sind Luthers Aussagen über die Trinität und seine Auslegungen von Joh. 3,1—15 meistens durch eine klare Zäsur voneinander getrennt. Im Durchschnitt sagt Luther in diesen Predigten mehr zum Thema Trinität als in den Symbolauslegungen von 1520—29. Wir erfahren manches, was wir aus den Symbolauslegungen nicht entnehmen konnten. Das liegt vor allem daran, daß die Symbolauslegungen naturgemäß vom Text des Symbols ausgehen und diesen in mehr oder weniger systematischer Weise explizieren. Die Trinitatispredigten hingegen verweisen mehrfach auf eine Reihe von Bibelstellen und versuchen die Trinitätslehre schriftgemäß zu begründen. Da Luther in diesen Predigten häufig die gleichen Bibelstellen zitiert und kommentiert, müßten wir uns dauernd wiederholen, wenn wir hier alle Einzelheiten der Reihe nach aufführen wollten. Wir haben deshalb Luthers Schriftbeweise für die Trinität nach bestimmten Gesichtspunkten geordnet und zusammengefaßt.

2. Christus als das Wort
(Johannes 1 und Genesis 1)

Wir gehen zunächst von den Stellen aus, die in irgendeiner Weise zur Sprache bringen, daß Gott die Welt durch das Wort geschaffen hat. Hier sind natürlich zuerst Gen. 1,1ff. und Joh. 1,1ff. zu nennen. Im Zusammenhang trinitätstheologischer Ausführungen hat Luther beide Stellen häufig zitiert. Beide werden ausführlich in einer Predigt über Joh. 1,1—14, dem "Evangelium in der hohen Christmesse", behandelt, welche Luther 1521 für den ersten Teil der Winterpostille geschrieben hat[40]. Wir nehmen diese Predigt als Grundlage und fügen sachlich Dazugehöriges in den Rahmen dieser Predigt ein.

Joh. 1,1—14 ist das höchste Evangelium von allen. Denn in dieser Perikope ist der hohe Artikel von der Gottheit Christi besonders klar begründet. Der Eindruck, daß es sich dabei um eine finstere, unverständliche Sache handle, ist erst durch die Scholastiker entstanden, die mit ihren erdichteten Subtilitäten dem gemeinen Mann den Zugang zu dieser Perikope versperrt haben. In Wirklichkeit bedarf es hier nicht vieler spitzfindiger und scharfsinniger Betrachtungen, sondern des schlichten, einfältigen Aufmerkens auf die Worte des Evangeliums. Denn "dem glawben ist nichts tzu hoch"[41].

39 WA 29, 385, 34: "Nunc de euangelio, sed nescio, quomodo ad hoc festum ordinatum est."
40 WA 10, I, 1, 180—242: Die Stellung der Kirchenpostille zwischen Exegese und Predigt wird treffend charakterisiert von Koopmans (Das altkirchliche Dogma in der Reformation, S. 116): "Als solche dienstbare Exegese will Luthers Kirchenpostille verstanden sein. Luther folgt darin den Perikopen, bringt aber keine Predigten im eigentlichen Sinne des Wortes. Es ist vielmehr eine Exegese für den Gebrauch des Predigers."
41 WA 10, I, 1, 181, 10.

Bei der Auslegung von Joh. 1 geht Luther nun so vor, daß er dabei ständig Gen. 1 vor Augen hat und seinen Text von daher interpretiert. Er tut das freilich keineswegs unreflektiert, sondern gibt sich Rechenschaft über die dabei vorausgesetzte hermeneutische Prämisse. Im Alten Testament ist all das vorherverkündigt, was zukünftig in Christus geschehen sollte[42]. Darum haben auch die Apostel alles, was sie gelehrt und geschrieben haben, aus dem Alten Testament entnommen. Das Neue Testament ist nicht mehr als eine Offenbarung des Alten[43]. Das Verhältnis der beiden Testamente ist vergleichbar einem verschlossenen Brief, welcher uns durch Christus nach seinem Tod geöffnet worden ist. Die Auferstehung Jesu hat hier also hermeneutisch gesehen die Funktion, daß sie uns das Verstehen der Bibel eröffnet[44].

Deshalb betrachtet es Luther auch exegetisch als legitim und notwendig bei der Auslegung von Joh. 1,1ff. zunächst einmal die Bibelstelle zu betrachten, auf die sich Johannes gründet: Gen. 1,1ff.[45] Aus Gen. 1 ist folgendes zu erschließen:

1) Gott hat die Welt am Anfang durchs Wort geschaffen. Dieses Wort war vor allen anderen Kreaturen da. Denn diese sind erst durch das Wort geschaffen worden[46].

2) Dieses Wort kann selber wesensmäßig nicht Kreatur sein. Da es bereits vor dem Anfang aller Dinge bei Gott war, hat es selber keinen Anfang, ist also nicht zeitlich, sondern ewig. Da es aber kein Mittelwesen zwischen Gott und Kreatur, zwischen zeitlich und ewig gibt, kann das Wort nur Gott sein[47].

---

42 WA 10, I, 1, 181; vgl. H. Bornkamm (Luther und das Alte Testament, 1948, S. 86): "Die direkte Beziehung des alttestamentlichen Textes auf Jesus Christus, sein Leben und Wort, Tod und Auferstehen, seine Kirche und sein Werk am Gläubigen ist das weitaus stärkste und umfassendste Motiv in Luthers Auslegung des Alten Testaments."

43 a.a.O., S. 181, 15–182, 5: "Zum ersten ist tzu wissen, das alliß, was die Aposteln geleret unnd geschrieben haben, das haben sie auß dem alten testament getzogen; denn ynn demselben ists alliß vorkundigt, was ynn Christo tzukunfftig geschehen sollt und gepredigt werden, wie S. Paulus Ro. 1. sagt: Gott hatt das Euangelium von seynem ßon Christo vorsprochen durch die propheten ynn der heyligen schrifft; drumb grunden sie alle auch yhre predigt ynn das alte testament, und ist keyn wortt ym newen testament, das nicht hynder sich sehe ynn das allte, darynnen es tzuvor vorkundigt ist. Alßo haben wyr ynn der Epistel gesehen, wie die gottheyt Christi ist durch den Apostel bewehret auß den spruchen des allten testaments; denn das new testament ist nit mehr denn eyn offenbarung des allten, gleych alß wenn yemant tzum ersten eyn beschlossen brieff hette und darnach auffbrech, Alßo ist das alte testament eyn testamentbrieff Christi, wilchen er nach seynem tod hatt auffgethan und lassen durchs Euangelium leßen und ubiralle vorkundigen, wie das Apocali. 5 betzeychnet ist durch das lamp gottis, wilchs alleyn auffthet das buch mit den sieben sigillen, das sonst niemant kundt auffthun noch ynn hymle noch auff erden noch unter der erden."

44 Dafür beruft sich Luther auf Lk. 24,45, s.u. S. 71.

45 vgl. auch WA 12, 448 u. WA 54, 55. Auch Erasmus von Rotterdam verweist in seinen "Annotationes in Novum Testamentum" zu Joh. 1,1 auf Gen. 1,1 (Opera omnia, VI, 335).

46 WA 10, I, 1, 182, 6–17, vgl. WA 12, 447f.

47 WA 10, I, 1, 182, 17–183, 13, vgl. WA 12, 448, u. WA 10, I, 1, 151. Gen. 1. wurde bereits in der Alten Kirche trinitarisch ausgelegt; einige Stellenangaben dazu bei: W. v. Loewenich, Luthers Auslegung des Johannes-Prologes, Sitzungsber. d. Bayr. Akad. d. Wiss., phil.-hist. Kl., 1960, Nr. 8, S. 37, Anm. 1.

3) Der Sprechende kann nicht direkt identisch sein mit dem Wort, das er spricht. Das Wort kommt vom Sprechenden und hat sein Wesen nicht in sich selbst; "ßo schleußt Moses, das hie tzwo personen sind ynn der gottheyt von ewickeyt fur allen creaturn und eyn von der andernn das weßen hatt, und die erst von niemant denn von yhr selbs[48]." – Hier stellt sich freilich die Frage: Was legitimiert oder zwingt Luther, hier den Begriff der Person einzuführen? Wir lassen diese Frage vorläufig offen, um zunächst dem Duktus der Argumentation Luthers weiter zu folgen.

4) Die zwei Personen heben freilich die Einheit Gottes nicht auf. Denn Gen. 1 redet nicht von mehreren Göttern und Deut. 6,4 schärft ein: Höre Israel, dein Gott ist nur ein Gott. "Und alßo tzwingt und schleußt dieße schrifft, das dieße tzwo personen seyen eyn volkomlicher gott, und eyn igliche ist der ware, eynige, volkomener, naturlicher gott, der alle ding geschaffen hatt, und das der sprecher seyn weßen nit von dem wort, ßondernn das wortt von dem sprecher seyn weßen habe, doch alliß ewiglich und ynn ewickeyt außer allen creaturn[49]." – Aus diesem Passus geht hervor, daß Luther die Einheit der verschiedenen Personen in Gott nicht quantitativ versteht. Ferner ist hier bereits die alte trinitätstheologische Regel "opera trinitatis ad extra sunt indivisa" vorausgesetzt. Denn jede der beiden Personen ist ja wahrer, vollkommener Gott, der alle Dinge geschaffen hat. Für das Verständnis des Adjektivs "naturlich" ist auf den Arianischen Streit hinzuweisen. Die Arianer, die die klaren Aussagen der Schrift vernebeln und ein Loch durch den Himmel bohren wollten, behaupteten, Gottes Wort sei wohl auch ein Gott, aber nicht der Natur nach. Es handle sich vielmehr um einen geschaffenen "Gott", der zwar alle anderen Dinge erst ins Sein gerufen habe, selbst aber auch nicht anfangslos und ungeworden sei[50]. Luther verweist demgegenüber auf Gen. 1 als "die recht guldene fundgrube, darauß genommen ist alß, was von der gottheyt Christi im newen testament geschrieben ist"[51].

Schließlich wird auch die Gottheit des Geistes bereits mehrfach – wenn auch heimlich – in Gen. 1 angezeigt[52], worauf Luther verschiedentlich in Predigten hinweist. Aus Gen. 1,2 ("der Geist Gottes schwebte über den Wassern") schließt er, daß der Geist vor allen Kreaturen da gewesen sein und doch unterschieden

48 WA 10, I, 1, 183, 25–28, vgl. WA 10, I, 1, 151f. u. WA 12, 448f. Ganz ähnlich argumentiert Augustin, wenn er von Joh. 1,1ff. ausgeht; vgl. De trin. I, 6, 9 u. In Joannis Evangelium tractatus I,11f. (Migne PL 35, 1384f.) Daß Luther die Johannes-Traktate des Augustinus spätestens seit 1518 gekannt hat, geht aus zahlreichen direkten Anspielungen hervor; vgl. G. Ebeling, Evangelische Evangelienauslegung, 1969, S. 150, Anm. 147f. mit Berichtigung auf S. 541.
49 WA 10, I, 1, 184, 13–18.
50 WA 10, I, 1, 184, 19ff., vgl. WA 12, 450.
51 WA 10, I, 1, 185, 8f.
52 WA 12, 450, 1, vgl.: WA 10, I, 1; 186, 3–6: "Aber dieße spruch sind noch nit ßo wol geerbeytet, alß die den son antzeygen, drumb gleyssen sie noch nit so hell. Es ligt das ertz noch halb ynn der gruben, darumb das es leichtlich ist tzu glewben, wenn die vernunft ßo fernn gefangen ist, das sie tzwo person glewbt."

gewesen sein muß von dem, der ihn bläst[53]. Freilich ist sich Luther dabei bewußt, daß dieses Argument nicht unanfechtbar ist. Denn das hebräische Wort ruach heißt ja zugleich "Wind"[54].

Auch in dem stereotypen Satz "Gott sah, daß es gut war" (Gen. 1,4 u.ö.) und in der Segnung der Geschöpfe (Gen. 1,22) sieht Luther einen Hinweis auf den heiligen Geist[55]. Denn wie das Wort Gottes sein ewiger Rat ist, so ist der heilige Geist sein ewiges Wohlgefallen[56]. Die Schrift appropriiert dem heiligen Geist darum auch das Leben und die Güte[57]. Der heilige Geist ist also bereits in der Schöpfung wirksam[58]. Als spiritus creator erhält er die Schöpfung, wirkt das Leben in ihr und steht ihr bei mit seinem Segen[59].

Am Schluß seiner ersten Genesispredigt von 1523[60] geht Luther noch auf die Frage ein, warum "Mose" in Gen. 1 nicht bereits mit dem Satz "Am Anfang sprach Gott: Es werde Himmel und Erde" begonnen habe. Luther gibt dafür u.a. folgenden Grund an, "das er die drey person hat ordenlich mussen nach einander anzeygen. Zum ersten den vatter, do er sagt 'Gott schuff'. Zum andern den sohn, da er sagt 'Gott sprach'. Darnach den heyligen geyst, do er sprach 'Gott sahe es fur gut ane'. Das sehenn, das Gott gethann hatt, yst nicht nach dem sprechen, sonder zu gleich, sein sehen und sprechen ist nit da angangen, sonder seyn schepffung ist da angangen. Wie wol nun die drey synd zugleich gewesenn, so must ers dannocht nach einander schreyben, dann er kund es nit zugleich mit einem wort fassen. Wie nun die drey person nach einander gehenn, mussen wir ye die wort auch nach einander also setzen, wenn wir davon wollen reden, und wirs ye nicht auff eynmal mit eynem wort außsprechen kunden. Also hatt ers auch nit zugleich kunden sagen 'Got schuff, sprach und sahe', also das es yn eynem wort als begriffen wer, und damit will er nicht verlaugnet, sonder bestettiget haben, das al drey person gleich sein, und all auff den ersten tag seyn da gewest. . . . also gehet es yn einander, das der vatter das werck thut durch den sohn, der das wort ist, und durch den heyligen geist, der das götlich wolgfallen

53 WA 10, I, 1, 185, 18–20.
54 WA 10, I, 2, 297.
55 WA 10, I, 1, 185, 20–186, 3.
56 WA 12, 448, 11f.
57 WA 10, I, 1, 186, 1–3.
58 vgl. Prenter, a.a.O., S. 242.
59 WA 12, 450, 5–8: "Das wirt eygentlich dem heyligen geyst zugerechnet, das er sey das leben und erhebung aller ding, Darumb die schrifft also von yhm redt, das er sey das band, das da al creaturn halt und allen yr ubung und wirkung geb."
60 Luther hat vom 22.3.1523 bis zum Herbst 1524 Reihenpredigten über das erste Buch Mose gehalten. Diese sind in einer lateinischen (In Genesin Declamationes) und in einer deutschen Fassung 1527 im Druck erschienen und in WA 24, 1–710 abgedruckt. Die lateinische Fassung beruht auf Nachschriften und Nachschriftenbearbeitungen von Roth, welche zusammen mit Rörers Nachschriften in WA 14 veröffentlicht sind. Die erste Genesispredigt vom 22. März 1523 (vgl. WA 14, 92 gegen WA 12, 435) erschien bereits 1524 als Einzeldruck unter dem Titel: "Ein Sermon und Eingang in das erste Buch Mosi." Wir halten uns an diesen bereits mehrfach zitierten Text. Er stimmt sachlich, wenn auch nicht wörtlich mit den Nachschriften Roths und Rörers und den späteren Drucken überein.

ist, ist also yetlicher person ihr eygentschafft geben, das drey person, und eyn Got bleyben. Und wiewol sye zu gleich sein, mussen sye dannocht yhr eygene beschreybung habenn[61]."

Vater, Sohn und Geist sind also bereits bei der Schöpfung wirksam. Ihr Wirken wird differenziert als Schaffen, Sprechen und segnendes Herabsehen auf die Schöpfung. Damit wird freilich die Einheit des opus externum nicht aufgehoben. Denn die Eigenschaften und Tätigkeiten werden − wie Luther sagt − den Personen "gegeben", also appropriiert. "Alßo gehet es in einander. Pater facit quod filius, filius quod pater, et spiritus sanctus quod pater et filius[62]."

Wenn er von der Schöpfung durch das Wort redet, weist Luther gern auch auf Psalm 33,6 hin: Der Himmel ist durch das Wort des Herrn gemacht und all sein Heer durch den Geist seines Mundes[63]. Dieser Psalmvers und Proverbia 8,22ff., wo sich "Salomo" auf Gen. 1 stützt[64], sind für Luther ebenfalls Beweise für den Trinitätsglauben im Alten Testament.

Auch in der Genesis-Vorlesung von 1535ff. hat Luther diesen Gedankengang wieder aufgegriffen, freilich mit dem Unterschied, daß er nun das Schaffen dem Sohn appropriiert und das Sprechen dem Vater. Er beruft sich dabei auf Augustinus und die anderen Kirchenväter: "Sed hic id quoque attingendum est, quod sancti Patres et Augustinus praecipue observarunt, quod Moses his tribus verbis utitur: 'Deus dixit, fecit, vidit,'. quasi hoc modo tres divinae maiestatis personae voluerit ostendere. Verbo 'dicit' significatur Pater. Ille generat verbum in aeternum et in tempore constituit per illud Verbum hunc mundum, Ideo accomodarunt Filii personae verbum 'fecit'. Filius enim in se habet exemplar non solum maiestatis divinae, sed etiam exemplar omnium rerum creatarum. Ideo dat esse rebus. Et sicut a patre res dicuntur, ita per Filium et Verbum illud Patres res omnes subsistunt. Adiungitur autem his tertia persona Spiritus sancti, qui res creatas 'Videt' et probat[65]."

---

61 WA 12, 450, 24−451, 18.
62 WA 12, 451 = BoA VII, 391, 28−30.
63 WA 10, I, 1, 158, 19f. u. 185, 12f., vgl. WA 17, I, 279; WA 10, I, 2, 297; WA 46, 547.
64 WA 10, I, 1, 185, 13−16.
65 WA 42, 37, 25−34. Bei dieser Gelegenheit zitiert Luther auch verschiedene Appropria-
    tionen der Kirchenväter (37, 35−38, 6): "Haec dicuntur per pulchram et aptam
    attributionem ad articulum Trinitatis clarius intelligendum. Nam ea unica causa fuit,
    cur haec adminicula a sanctis Patribus relgiose excogitarentur, ut aliquo modo
    comprehendi res per se incomprehensibilis posset. Quare non reprobo istas cogitationes,
    cum et analogae sint fidei ac commodae et utiles ad confirmandam et docendam fidem.
    Ad hunc modum D. Hilarius distinguit aliis attributis. Aeternitas est in patre, species in
    imagine, usus in munere. Dicit spiritum sanctum esse donum in usu, quod dat usum
    rerum, ne pereant, et gubernat res ac conservat. Sic dicunt: Pater est mens, Filius
    intellectus, Spiritus sanctus voluntas. Non quod Pater sit sine intellectu, vel Filius sine
    voluntate, sed sunt attributa, hoc est, dicta, quae distincta non tribuuntur singulis
    personis sed diversis, non, quod Pater sit sine sapientia, sed quod nobis ista ita pingimus
    ad retindendum et explicandum articulum Trinitatis."

Wir kehren zurück zur Predigt über Joh. 1,1–14 in der Kirchenpostille. Nachdem Luther im Rahmen dieser Predigt zunächst Gen. 1,1ff. behandelt hatte, um die Voraussetzung für das rechte Verständnis von Joh. 1 zu schaffen[66], wendet er sich nun der direkten Auslegung von Joh. 1,1ff. zu.

Im Anfang war das Wort (Joh. 1,1):

Damit ist der gleiche Anfang gemeint, von dem Gen. 1,1 redet: Im Anfang schuf Gott Himmel und Erden. Gott und das Wort haben selber keinen Anfang, sondern sind ewig. Johannes hätte auch wie Paulus (Eph. 1,4) sagen können, daß Christus schon vor der Grundlegung der Welt da war. Aber Johannes wählte die Worte "Im Anfang", um zu betonen, daß er ganz mit Gen. 1 übereinstimme und nichts anderes wolle, als das Verständnis dieser Schriftstelle zu vertiefen[67].

Und das Wort war bei Gott[68]:

Dadurch zeigt Johannes, daß Gott und das Wort als zwei verschiedene Personen unterschieden werden müssen. Wichtig ist hier vor allem das Wörtlein "bei", das der natürlichen Vernunft und zukünftigen Ketzern im voraus begegnen soll. Für Sabellius sind Vater, Sohn und Geist nur eine Person. Er lehrt "altzu eyn große vielfelltickeyt" in Gott. Umgekehrt lehrt Arius "altzu eyn große eynfelltickeyt ynn gott"[69], indem er behauptet, daß das Wort nicht wahrer Gott sei. "Jhener mischet die personen ynn eynander, dißer scheydet die natur von eynander. Aber die warheyt Christlichs glawbens geht mitten hyndurch, leret und bekennet unvormisschte person und untzurteylete natur. Eyn ander person ist der vatter denn der ßon, aber er ist nit eyn anderer gott[70]."

Und Gott war das Wort[71]:

Dieser Text muß so genommen werden, wie er dasteht. Er darf nicht wie einige auf Grund ihres eigenen Denkens meinen umgekehrt werden in: und das Wort war Gott. Denn Johannes will gerade die Wesenseinheit von Gott und Wort zum Ausdruck bringen. "Er meynet das: Sintemal keyn ander gott ist denn nur der eynige, ßo ist derselbige got gantz weßenlich dasselb wortt, davon er redet, unnd ist nichts ynn gottlicher natur, das ynn dem wort nit sey, das yhe klar außgedruckt werd, wie warhafftig diß wort gott sey, das nit alleyn war ist: das wort ist gott, ßondernn auch: gott ist das wortt[72]." Johannes wendet sich damit insbesonders gegen die arianische Lehre. Denn diese würde den Satz "Das Wort ist Gott" mißverstehen und daraus schließen, daß der Logos nur Gott genannt werde, aber nicht wesentlich Gott sei. Um nun aber andererseits auch nicht Sabellius und der natürlichen Vernunft recht zugeben, fährt Johannes fort:

Das war im Anfang bei Gott (Joh. 1,2)[73]:

---

66 vgl. WA 10, I, 1, 182.
67 a.a.O., S. 189f.
68 a.a.O., S. 190f.
69 a.a.O., S. 191, 8f.
70 a.a.O., Z. 9–13.
71 a.a.O., S. 191f.
72 a.a.O., S. 192, 3–7, vgl. zu Joh. 1,1 auch WA 46, 549f.
73 WA 10, I, 1, 193.

"Bey gott, bey gott war es, unnd doch war gott das wort. Sie, ßo fichtet der Euangelist auff beyde seytten, das beydes war sey, Gott sey das wort, und das wort sey bey gott, eyn naturlich gotlichs weßens, und doch nit eyne person alleyn, unnd eyn igliche person vollig unnd gantzer gott ym anfang und ewiglich: das sind die spruch, darynnen unßer glawbe gegrundett ist, daran wyr unß auch hallten mussen; denn es ist yhe ubirauß tzu hoch der vornufft, das drey person seyn sollen und eyn igliche sey volkomlich und der gantz eynige gott, und seyen doch nit drey gotter, ßondernn eyn gott[74]." – Ähnlich wie schon in seinen Ausführungen zu Gen. 1 weist Luther auch hier wieder darauf hin, daß jede der drei Personen völliger und ganzer Gott sei. Die drei Personen sind also nicht als drei (Bestand-)Teile Gottes aufzufassen, die erst zusammen den ganzen Gott ergeben. Damit bleibt Luther auch hier wieder bei kritischen Abgrenzungen stehen. Wie die Einheit Gottes positiv zu fassen oder verständlich zu machen ist, sagt er nicht. Ausdrücklich warnt er vor den Scholastikern, die diesen Glaubensartikel mit ihrem scharfsinnigen und subtilen Denken begreifbar machen wollten. Der Mensch soll sich hier ganz an die Schrift halten und im göttlichen Wort bleiben wie der Hase in der Steinritze. Denn die eigenmächtig vorgehende Vernunft muß in diesen Dingen notwendig zu Fall kommen. Das zeigt das Beispiel des Arius und Sabellius. Das weiß Luther aber auch aus eigener Erfahrung[75].

In der Auslegung von Joh. 1,4 ("I n i h m w a r d a s L e b e n") geht Luther auf Augustins platonisierendes Verständnis dieser Stelle ein. Augustin, der das ὃ γέγονεν (V.3) zu ἐν αὐτῷ ζωὴ ἦν zieht, sieht darin die ideelle Existenz aller Dinge im ewigen Ratschluß (= Wort) Gottes angedeutet. Die Ideen, die von den geschaffenen Dingen zu unterscheiden sind, partizipieren am ewigen Leben des Logos[76]. Luther, der in dieser erkenntnis-theoretischen Frage noch kein Urteil abgeben will, ist sich zwar noch nicht ganz im klaren darüber, ob sich die Bibel mit der platonischen Ideenlehre vereinbaren lasse. Aber er hält diese Auslegung für reichlich gezwungen[77]. "Denn Johannes eyn Euangelist, nitt eyn Platonist

---

74 a.a.O., Z. 2–9, vgl. Augustinus, De trin. VI, 7, 9.
75 WA 10, I, 1, 193, 16–21: "Glawb myr alß dem, der solchs erfarn und vorsucht hat und nit auß eynem topffen redt (heute etwa: aus dem hohlen Bauch reden; der Topf ist Symbol der Hohlheit), die schrifft ist uns nit umbsonst geben; hett die vornunfft mocht recht faren, die schrifft were unß nit nodt gewesen, laß dich Arrium und Sabellium erschrecken, wilche, ßo sie ynn der schrifft blieben weren und hetten der vornunfft spatziern lassen, weren nit solchs grossen schadens anheber worden." Vgl. auch WATR 4, 578, 2–7: "Sed ego praeter scripturam didici in maximis agonibus et tentationibus Christum Deum esse et carnem induisse, item articulum de trinitate; quare nunc non tamen credo, quam scio experientia istos articulos esse veros. Nam in summis tentationibus nihil potest nos iuvare, quam quod credimus Dei Filium carnem induisse et os esse et sedere ad dexteram Patris et orare pro nobis."
76 vgl. Augustin, In Joannis ev. tract. I, 16f. (Migne, PL 35, 1387.)
77 WA 10, I, 1, 195f.

ist[78]." Darum beschäftigt Johannes sich nicht mit solchen spekulativen Fragen. Joh. 1,4 muß darum von Joh. 14,6 und 11,25 her verstanden werden. Der Sinn ist dann der, daß Christus "sey der brun und ursprung des lebens, das alliß, was da lebt, von yhm und durch yhn und ynn yhm lebe, und außer yhm sey keyn leben"[79]. – Von daher versucht Luther dann auch den inneren Zusammenhang zwischen Joh. 1,1–3 und 1,4 aufzuzeigen: "Szo achten wyr nu, die meynung des Euangelisten ynn dissem spruch sey eynfelltigs schlechts vorstands diße: Wer do Christum nit erkennet noch glewbt eynen waren gott, wie ich yhn bißher beschrieben hab, das er sey geweßenn das wort ym anfang bey gott und alle ding durch yhn gemacht, ßondernn will yhn nur eyn creatur hallten, die mit der tzeyt angefangen unnd nach seyner Mutter aller erst worden, wie der Cherinthus leret[80], der ist vorlorn ewiglich und mag das leben nit habenn; denn es ist keyn leben außer dißem wort und ßon gottis, ynn ym alleyn ist das leben, der mensch Christus, ßo er ledig und on gott were, were er keyn nutz, wie er auch selb sagt Johannis 6: das fleysch ist keyn nutz, Aber meyn fleysch ist eyn ware speyß unnd meyn bluett ist eyn warer tranck. Warumb ist fleysch keyn nutze, und doch: Meyn fleysch ist die eynige ware speyß? Darumb, das ich nit eyn leer fleysch noch eyn lauter mensch, ßondernn gottis ßon byn[81]."

Luther wehrt sich ausdrücklich gegen Augustins Exegese, der V. 4b ("D a s L e b e n w a r d a s L i c h t d e r M e n s c h e n") auf das Licht der Vernunft deutet: "das sind alliß noch menschlich, platonissche und philosophissche dancken, die unß auß Christo ynn uns füren, ßo doch der Euangelist unß will auß uns ynn Christum furen[82]." Nach längeren Ausführungen über das Verhältnis vom natürlichen Licht zum göttlichen Licht, schreibt Luther:

"Darauß folgt nu, das der mensch keyn liecht habe denn Christum, gottis ßon, ynn der menscheyt. Unnd wer da glewbt, das Christus warer gott sey unnd das leben ynn yhm sey, der wirt von dißem liecht erleuchtet, ia auch lebendig, das liecht erhellt yhn[83], das er bleybt, wo Christus bleybt; denn wie die gottheyt

---

78 a.a.O., 227, 18f. Sowohl Erasmus als auch Faber Stapulensis lehnen ebenfalls die platonisierende Auslegung Augustins ab (vgl. v. Loewenich, a.a.O., S. 28 u. 30). Freilich ist das noch kein Beweis für die direkte Abhängigkeit Luthers von beiden (oder von einem der beiden). Denn bei ihm liegt das ohnehin auf der Linie seines Ringens um die "Freiheit der Theologie von der Philosophie" (vgl. a.a.O., S. 40).

79 a.a.O., 197, 1f.

80 Luther bezieht sich hier auf Irenäus (Adv. haereses III, 11), wonach Johannes sein Evangelium in polemischer Absicht gegen Kerinth geschrieben hat, vgl. WA 10, I, 1, 197, 16–22: "Darumb ist tzu wissen, das Johannes seyn Euangelium geschrieben hatt, wie die historien sagen, auß der ursach, das der ketzer Cherinthus tzu seyner tzeyt auffstund und leret, Christus were nit geweßen fur seyner mutter Maria, macht alßo eynen lautter menschen odder creatur auß yhm. Demselben ketzer tzu begegnen hebt er syn Euangelium ßo hoch an und furet es auch alßo hyndurch, das er schir ynn allen buchstaben Christus gotheyt predigt, wilchs keyner der andernn Euangelisten thutt." – Des gnostisch-doketischen Hintergrunds der Theologie Kerinths war Luther sich natürlich nicht bewußt; vgl. auch WA 20, 680; 46, 542 und 41, 270.

81 WA 10, I, 1, 198, 16–199, 4.

82 WA 10, I, 1, 202, 7–9, vgl. Augustin, In Joannis ev. tract. I, 18 (Migne PL 35, 1388).

83 Butzers lateinische Übersetzung von 1525 hat hier "servat", gemeint ist also offenbar "erhält".

ist eyn ewigs leben, ßo ist dasselb leben auch eyn ewigs liecht, und wie dasselb leben nit mag sterben, alßo mag dasselb liecht auch nit vorlesen, ßo muß der glawb ynn solchs liecht auch nit vorterben. Es ist auch ßonderlich wartzunehmen, das er das leben Christo alß dem ewigen wortt gibt und nit alß dem menschen, da er spricht: Inn yhm (vornym: dem wort) war das leben; denn ob er wol gestorben ist alß eyn mensch; ist er doch alltzeyt lebendig blieben, denn das leben mocht und mag nit sterben; darumb ist der tod auch ynn demselben leben erstickt und ubirwundenn, ßo gar, das auch die menscheytt must so bald widder lebend werden, und dasselb leben ist eyn liecht der menschen ... Sihe hirauß erkennen wyr, was fur eyn schaden sey, den Cherinthus wollt und alle, die Christum nur eynen menschen und nit waren gott glewben unnd leren; denn die menscheytt were keyn nutz, wenn die gottheyt nit drinnen were, doch widerrumb will und mag gott nit fundenn werden denn durch und ynn dißer menscheyt, wilche er hatt (alß Isaias. 11 sagt) tzu eynem gewissen tzeychen auffgeworffen und damit tzu sich vorsamlet alle seyne kinder auß der wellt. Sihe, das glewbstu nu, das ynn Christo sey eyn solch leben, das auch yhm todt blieben ist und den todt ubirwunden hat, ßo leuchtet dyr das liecht recht, unnd bleybt dyr auch ynn deynem tod eyn liecht und leben. So muß folgen, das eyn solch leben und liecht muege keyn creatur seyn; denn keyn creatur mag den todt widder ynn yhr selb noch ynn eynem andernn ubirwinden[84]."

Diese ausführlichen Zitate zeigen, welche Bedeutung die Anerkennung der Gottheit Jesu für die Theologie Luthers hat. Es geht ihm hier keineswegs nur um eine spekulative Frage. Denn mit der Anerkennung der Gottheit Jesu steht und fällt Luthers Soteriologie. Weil der Gott, der dem Menschen in Christus begegnet, in sich selber ewiges Leben ist, darum wird dem, der an Christus glaubt, gegenwärtiges Leben geschenkt und zukünftiges Leben eröffnet. Das aber kann keine Kreatur von sich aus: Den Tod überwinden. In der Trinitätslehre werden also die Linien der Rechtfertigungstheologie Luthers ausgezogen auf die Christologie und Gotteslehre. Darum ist es auch nicht zu verwundern, wenn Luther zwischen den christologischen und trinitarischen Ketzereien der Alten Kirche und der Werkgerechtigkeit der Kirche seiner Zeit nicht nur eine Parallele, sondern geradezu einen Zusammenhang sieht. Denn die Werkgerechtigkeit macht im Grunde die Menschwerdung des Gottessohnes und seine Erlösung überflüssig. "Was hilffs nu, ob Christus nit sey, wie yhn die ketzer haben predigt, so er gleychwol unß nichts mehr ist noch schafft, denn denselben? Was hilffs, das wyr mit dem mund solche ketzerey vordamnen und Christum recht erkennen, wenn gleych wol das hertz nitt anderß von yhm hellt denn sie? Ich sehe nitt, was sie mugen antzeygenn, datzu Christus nod sey, wenn ich durch meynn werck mag gottis gnaden erlangen. Es ist nicht nodt, das er gott sey unnd mensch werde, kurtzumb alliß, was vonn yhm geschrieben, ist keyn nodt; Were gnug, das gott eyn person gepredigt were, wie die Juden glewben, und ich darnach mit meynen wercken seyn gnade erlanget[85]."

84 WA 10, I, 1, 207, 23–209, 7.
85 a.a.O., 237, 21–238, 7.

Auch in den Predigten über Joh. 1 und 2, die Luther in Vertretung für Bugenhagen 1537 und 1538 in Wittenberg gehalten hat[86], kommt er immer wieder auf die Trinität zu sprechen. Während der Vater den Sohn von Ewigkeit zeugt, geht der heilige Geist vom Vater und vom Sohn aus. Wie ein leiblicher Sohn Fleisch und Blut und sein ganzes Wesen von seinem Vater hat, so hat auch der Sohn Gottes vom Vater sein Wesen und seine Natur von Ewigkeit. Freilich ist beim menschlichen Sohn niemals eine so vollkommene Wesensgleichheit mit dem Vater möglich wie beim Gottessohn[87].

Daß der Sohn Gottes bereits vor seiner Menschwerdung das Wort Gottes war, hat Luther hier mit einem Vergleich zu verdeutlichen versucht. Auch, der Mensch hat neben dem Wort, das er ausspricht, ein "Wort des Herzens". Bevor er etwas laut sagt, redet er mit sich selber und überlegt sich etwas so lange, bis er zu seinem Entschluß gekommen ist, den er dann öffentlich bekanntgibt. "Also hat Gott auch in ewigkeit in seiner Maiestet und Göttlichem wesen ein wort, rede, gespreche oder gedanken in seinem Göttlichen Hertzen mit sich selber, allen Engeln und Menschen unbekant, das heisst sein wort, das von ewigkeit in seinem Veterlichen Hertzen inwendig gewest, dadurch GOTT geschlossen hat Himel und Erden zu schaffen. Aber von solchem willen GOTTES hat nie kein Mensch gewust, bis so lange dasselbige Wort fleisch wird, und verkündiget uns, wie hernach folget: der Son, der im Schos des Vaters ist, hats uns offenbaret[88]." Trotz des unermeßlichen Unterschiedes zwischen Gottes Wort und menschlichem Wort kann dieser Vergleich doch eines deutlich machen: "Denn wie ich bey mir selber ein wort rede oder gespreche halte, das niemand höret, niemand davon weis denn ich allein, und beschlisse in meinem Hertzen, was ich thun wil, und dasselbige heimliche, inwendige wort des Hertzens ist doch so ein starck, gewaltig gespreche, da ich umbher gehe und mit mir selber fechte, das, wenn ichs heraus redete, wie ichs gedencke, etlich tausent Menschen gnug daran zu hören hetten. Ja, solch wort alle Ohren und Heuser erfüllet, man kans auch nicht alles aussprechen, was einer im sinne dencket, und das er im Hertzen für hat, sonderlich wenn das Hertz mit liebe oder zorn, freude oder leid entbrant ist. . . . Diesem Bilde nach gehet Gott auch in seiner Maiestet, in seiner Natur schwanger mit einem wort oder gesprech, das Gott in seinem Göttlichen wesen mit sich selber hat, und seines Hertzens gedancken ist, dasselbe ist so erfüllet und gros und volkomen als Gott selber, niemand sihet, höret noch begreifft dasselbige Gespreche denn er allein. Er hat ein unsichtbar und unbegreiflich gespreche, das

---

86 WA 46, 538ff. Luther hat häufig über den Johannes-Prolog gepredigt (vgl. v. Loewenich, a.a.O., S. 30, Anm. 3). Jedoch tragen diese Einzelpredigten für unser Thema keine wesentlich neuen Gesichtspunkte bei (vgl. a.a.O., S. 50).

87 WA 46, 541. Die Mutter und ihre Ähnlichkeit mit dem Sohn hat Luther in seiner patriarchalischen Denkweise offenbar ganz vergessen.

88 WA 46, 544, 3–10. Schon Augustin redet vom inneren Wort des Menschens (vgl. A. Schindler, Wort und Analogie in Augustins Trinitätslehre, 1965, S. 97ff. u. 187ff.). Auch er betont dabei: "Nemo einim volens aliquid facit, quod non in corde suo prius dixerit." (De trin. IX, 8, 12) Freilich ist das für Augustin nur e i n Aspekt. Seine Lehre vom inneren Wort, die für seine Trinitätsanalogien eine große Rolle spielt, ist viel komplexer.

wort ist für allen Engeln und für allen Creaturen gewesen, denn hernach hat er durch dis gespreche und wort allen Creaturen das wesen gegeben, in dem gespreche, wort oder gedancke ist Gott gar brünstig, das er sonst nicht anders dafür gedencket[89]." – Dieses Gespräch Gottes mit sich selbst hat bereits vor Beginn der Schöpfung, von Ewigkeit her, stattgefunden. Darum muß dieses Wort auch höher und größer sein als alles, was geschaffen ist, d.h.: es muß Gott selber sein[90].

Bei der Auslegung von Joh. 16,13b hat Luther dieses Bild noch ergänzt. Mit diesen und ähnlichen Worten zeigt Johannes, "Das der Heilige Geist ist ein warhafftig wesen in der Gottheit und fur sich selbs ein eigne, unterschiedne person, die nicht ist der Vater noch der Son[91]." Die Worte "Denn was er hören wird, das wird er reden" erklärt Luther so: "Denn allhie sagt er von einem gesprech, so gehalten wird in der Gottheit (außer allen Creaturn) und setzet einen Predig stul, da beide ist, der da redet und der da zu horet, Machet den Vater zum Prediger, den Heiligen Geist aber zum Zuhörer[92]." – Neben Vater und Sohn als Sprecher und gesprochenem Wort ist in Gott also auch noch der Zuhörer. "Denn wo da sol sein ein Sprecher und Wort, da gehöret auch zu ein Zuhörer, Aber dieses alles, sprechen, gesprochen werden und zu hören geschieht alles innerthalb der Göttlichen natur und bleibet auch allein ynn der selben, da gar keine Creatur nicht ist noch sein kan, sondern beide sprecher und Wort und Hörer, mus Gott selbs sein. Alle drey gleich ewig und in ungesonderter einiger Maiestet[93]."

Hier bietet sich Luther gleichzeitig auch eine Gelegenheit, das "filioque", die alte abendländische Formel vom Ausgang des heiligen Geistes vom Vater u n d vom Sohn, zu erläutern. Der heilige Geist ist der Hörer des Vaters u n d des Sohnes[94]. Denn Christus hat deutlich gesagt: "den Tröster, den i c h euch senden werde v o m V a t e r" (Joh. 15,26). Damit ist also auch die Lehre von der immanenten Trinität in ihren Grundzügen bereits im Johannes-Evangelium enthalten[95].

Wir kehren zurück zu Luthers Predigten über Joh. 1 aus dem Jahre 1537 und kommen nun zur Auslegung von V. 3 ("Alle Dinge sind durch dasselbe gemacht"). Der Evangelist betont, daß Christus "ein Mitwircker und gleicher Schöpffer aller ding gewesen sey mit dem Vater. Und zum Warzeichen beweiset und preiset das Werck den Meister, denn alles, was gemacht ist, das ist durch in

89 WA 46, 544, 26–545, 14.
90 WA 46, 547f.
91 WA 46, 59, 5–7.
92 WA 46, 59, 17–20.
93 WA 46, 59, 34–60, 1.
94 WA 46, 59, 33f.: "Hie aber folgt nu auch die dritte (sc.: Person) nemlich der Hörer, beide, des Sprechers und des gesprochenen Worts."
95 vgl. WA 46, 60 u. WA 17, I, 279; 21, 509f.

gemacht, er ist der Schöpffer aller Creaturen, das also kein unterscheid ist zwischen dem Vater und dem Son, so viel des Göttlich Wesen belanget"[96]. — Damit hat Luther also die alte trinitätstheologische Regel "opera trinitatis ad extra sunt indivisa" wiederum als gültig vorausgesetzt.

Wie auch sonst kommt Luther in dieser Predigtreihe häufig auf die Ketzer zu sprechen. Juden, Türken und Tartaren, die Arianer und Kerinth leugnen die Gottheit Christi, die Manichäer dagegen seine Menschheit. Sie leugnen damit nicht nur e i n e n Glaubensartikel. Denn der Artikel von der Gottheit Christi nützt und dient dazu, daß alle anderen Artikel unseres christlichen Glaubens dadurch erhalten werden. "Wird der Glaube zurissen und verletzt im geringsten stücke, so ists mit uns geschehen, und wird nu Christus die Gottheit entzogen, so ist keine hülfe noch rettung da wider Gottes zorn und gerichte[97]." Wäre Christus nur ein Mensch (und sei er noch so bedeutend!), so könnte er nicht unser Erlöser sein. "Aber wenn er, als der Son Gottes, sein Blut für uns vergeusst, auff dass er uns erlöse und von Sünden reinige, und wir es gleuben und dem Teufel fur die nasen halten, wenn er uns der Sünden halben schrecket und plaget, so ist der Teufel balde geschlagen, er mus weichen und uns zu frieden lassen. Denn der Angel, das ist: die Gottheit CHRISTI, so unter dem Regenwurm, unter seiner Menschheit (die der Teufel in seinem Rachen verschlang, da Christus starb und begraben ward) verborgen war, zureiss im den Bauch, das er in nicht recht halten kond, sondern wider heraus geben müste und er den tod daran fras, welches unser höchster trost ist, denn so wenig er Christum hat im Tod halten können, so wenig kan er auch, die an in glauben, darinnen behalten[98]."

Auch hier wird der Zusammenhang zwischen Luthers Soteriologie, Christologie und seiner Trinitäts- und Gotteslehre wieder sehr deutlich. An den philosophisch-kosmologischen Fragen der Logosspekulation, die z.B. bei den Apologeten[99] eine nicht unbedeutende Rolle gespielt hatten, zeigt Luther kein besonderes Interesse. Ihm geht es vielmehr um die biblische und um die soteriologische Begründung des christologisch-trinitarischen Dogmas[100].

3. Christus als Ebenbild des Vaters
(Hebräer 1)

Wir wenden uns nun Luthers Auslegung von Hebr. 1,1—12 im Weihnachtsteil der Kirchenpostille (1522) zu[101]. Dieser Schriftabschnitt ist als Epistel für die hohe Messe am Christtag vorgesehen. Luthers Auslegung überschneidet sich mehrfach mit der von Joh. 1,1ff.

96 WA 46, 533, 4—8; vgl. S. 558; 560 u. 599.
97 WA 46, 555, 6—8.
98 WA 46, 556, 30—40.
99 vgl. R. Seeberg, a.a.O., Bd. II, S. 343ff.
100 vgl. W. v. Loewenich, a.a.O., S. 38.
101 WA 10, I, 1, 142—180. Hebr. 1 wird z.B. auch zitiert: WA 17, I, 278.

Hebr. 1,1—12 begründet und fordert den Glauben an die Gottheit Christi so nachhaltig wie fast keine andere Schriftstelle[102]. Es sind mehrere Aussagen, in denen Luther einen Beweis für die Gottheit Christi sieht.

1) Zunächst ist auch wieder die Schöpfungsmittlerschaft Christi in V. 2 enthalten. Bei der Auslegung dieses Verses erinnert Luther kurz an die Zweinaturenlehre. Während die Worte "welchen er gesetzt hat zu einem Erben aller Dinge" auf die Menschheit Jesu zu beziehen sind, meint die Aussage "durch welchen er die Welt gemacht hat" die Gottheit Jesu. Bereits hier legt Luther sein Verständnis der communicatio idiomatum dar, wie er es später im Abendmahlsstreit expliziert hat[103].

Nachdem Luther ganz ähnlich wie in der Auslegung von Gen. 1 und Joh. 1 die Gottheit Christi und die Unterschiedenheit der Personen argumentierend erschlossen hat, weist er noch einmal deutlich auf die innertrinitarischen "Rangunterschiede" hin[104]. Der Sohn ist zwar kein Geschöpf und darum auch nicht kleiner als der Vater, sondern in Ewigkeit vom Vater geboren. Wenn sie auch eines Wesens sind, so sind beide doch nicht einfach auswechselbar. Denn der Sohn hat seine Gottheit, sein Wesen vom Vater und nicht umgekehrt. Der Vater ist also die ursprüngliche Person in der Gottheit[105], was freilich nur im logischen, nicht im chronologischen Sinne gilt. Ohne damit die Einheit der opera trinitatis ad extra aufheben zu wollen[106], deutet die Schrift das dadurch an, daß sie sagt, die Welt sei vom Vater durch Christus im heiligen Geist geschaffen. Luther führt dazu neben Hebr. 1,2 und Joh. 1,3 auch Kol. 1,16 und Röm. 11,36 an.

Diese Formel "vom Vater durch Christus im heiligen Geist", die uns in den Symbolauslegungen ja schon mehrfach begegnet ist[107], lehnt sich in den Präpositionen an den Vulgatatext von Röm. 11,36 an: "quoniam ex ipso, et per ipso, et in ipso sunt omnia." Wie Luther sie verstanden wissen will, hat er in der Trinitatispredigt von 1537 erklärt: "Aber das S. Paulus nicht schlecht spricht (wie anderswo): Von im sind alle ding, sondern thut noch zwey dazu, machet ein gedrittes, Und doch alle drey stück wider zusamen bringet und beschleusst in eines, da er sagt: "Im sey ehre" etc. Damit hat er on zweivel diesen Artikel der dreien Personen des göttlichen Wesens unterschiedlich anzeigen wollen, ob er sie wol nicht mit namen ausdrucket, als hie nicht not gewest, Wie auch die alten Lerer diesen Spruch als ein zeugnis der heiligen Dreyfaltigkeit angesehen, Nemlich also, das alle ding von Gott dem Vater und durch den Son geschaffen (wie er denn durch den Son alle ding thut) und in dem heiligen Geist durch

102 WA 10, I, 1, 143, 20—144, 3.
103 vgl. a.a.O., S. 150f.
104 a.a.O., S. 152f.
105 a.a.O., S. 152, 19—22: ". . . das angetzeygt werde, wie nit der vater von dem ßon, ßondern der ßon von dem vater das gottlich weßen habe, und der vater die erst ursprunglich person ynn der gottheyt sey.
106 a.a.O., Z. 3—5: ". . . ßo schleust sichs, das Christus mit dem vatter eyn warer gott ist ynn eynem gottlichen weßen, eyn schepffer und mecher der wellt."
107 s.o. S. 59 u. 63—; gelegentlich sagt Luther auch: vom Vater durch den Sohn mit dem heiligen Geist (s.o. S. 36 u. 66).

Gottes wolgefallen erhalten werden. Wie auch S. Paulus anderswo pflegt zu reden, als I. Cor. VIII: 'Wir haben nur einen Gott, den Vater, von welchem alle ding sind, Und einen HErrn Jhesum Christum, durch welchen alle ding sind' etc. Und von dem heiligen Geist, Gene. 1: 'Gott sahe an alle seine werck, das sie seer gut waren.' Also leret uns die Schrifft, das wol das werck der Schaffung aller Creaturn ist des einigen Gottes oder der gantzen Gottheit, und doch in dem einigen wesen die drey Personen also unterschieden, das man recht sagt, Das alles herkompt, bestehet und bleibt vom Vater als von der ersten Person durch den Son, der vom Vater ist, und in dem heiligen Geist, beide vom Vater und Son ausgehend, welche doch alle drey in einer unzertrenneten Gottheit bleiben[108]."

– Es geht Luther hier also darum, die Einheit des göttlichen Wesens zu betonen und doch eine Differenzierung im Wirken der drei Personen aufzuzeigen.

2) In Hebr. 1,3 wird der Sohn als "Glanz seiner Klarheit" ($\dot{\alpha}\pi\alpha\dot{\upsilon}\gamma\alpha\sigma\mu\alpha$ $\tau\tilde{\eta}\varsigma$ $\delta\dot{o}\xi\eta\varsigma$) bezeichnet. Luther interpretiert dieses Bild so: Der Morgenglanz der aufgehenden Sonne ist gleichen Wesens wie die aufgehende Sonne und kann nicht von ihr getrennt werden. Damit ist die Wesenseinheit von Vater und Sohn gemeint. Andererseits ist hier bereits auf den Unterschied der Personen hingewiesen: der Glanz ist nicht die Sonne selbst. Und wie der Glanz stets gleichzeitig ist mit, in und an der Sonne, so ist der Sohn gleichewig mit und in dem Vater. Schließlich: wie der Morgenglanz stets von der Sonne ausgeht, so wird der Sohn "on unterlaß ewiglich geporn vom vatter"[109].

Auch später hat Luther Hebr. 1,3 ausführlich ausgelegt. Er betont dabei, daß in dieser Stelle nicht gezeigt wird, "das die ander person inn Gott ein Son und geborn sey, wie wol sie gar schon zeigt, das die selbe ander person mit der ersten ein Gottlich wesen und nicht eine abgesonderte Creatur sey"[110]. Er weist dabei darauf hin, daß die Kirchenväter den Vater mit der Sonne, den Sohn mit dem Glanz und den heiligen Geist mit der Hitze verglichen haben, um den einfachen Christen ein grobes, sichtbares Gleichnis zu geben. Bezeichnenderweise deutet Luther diesen von den Kirchenvätern als vestigium trinitatis verstandenen Vergleich nicht weiter aus.

Ferner wird der Sohn in V. 3 ein "Bild seines Wesens" ($\chi\alpha\rho\alpha\kappa\tau\dot{\eta}\rho$ $\tau\tilde{\eta}\varsigma$ $\dot{\upsilon}\pi\sigma\tau\dot{\alpha}\sigma\epsilon\omega\varsigma$ $\alpha\dot{\upsilon}\tau\sigma\tilde{\upsilon}$) genannt. Luther weist auf den Unterschied dieses Bildes zu allen menschlichen bzw. geschöpflichen Bildern hin. Wenn von einem Menschen oder Geschöpf ein Bild hergestellt wird, so ist das Bild selbst stets von anderer Substanz als das Abgebildete. Denn ein Bild eines Menschen z.B. ist ja nicht aus

---

108 WA 21, 521, 26–522, 7; vgl. auch WA 17, I, 280, 9f. Die Väter, auf die Luther sich dabei beruft, dürften vor allem die Theologen des Ostens sein. Schon Athanasius hatte betont, daß der Trinität e i n e $\dot{\epsilon}\nu\dot{\epsilon}\rho\gamma\epsilon\iota\alpha$ eignet und daß darum an jeder göttlichen Tat die ganze Trias beteiligt sein muß. "Für die Betätigung der drei Personen gilt die Formel: $\alpha\dot{\upsilon}\tau\dot{o}\varsigma$ $\dot{o}$ $\pi\alpha\tau\dot{\eta}\rho$ $\delta\iota\dot{\alpha}$ $\tau\sigma\tilde{\upsilon}$ $\upsilon\dot{\iota}\sigma\tilde{\upsilon}$ $\dot{\epsilon}\nu$ $\tau\tilde{\omega}$ $\pi\nu\epsilon\dot{\upsilon}\mu\alpha\tau\iota$ $\epsilon\nu\epsilon\rho\gamma\epsilon\tilde{\iota}$ $\kappa\alpha\dot{\iota}$ $\delta\iota\delta\omega\sigma\iota$ $\tau\dot{\alpha}$ $\pi\dot{\alpha}\nu\tau\alpha$ (ad. Serap. III, 5; I, 24; zitiert nach R. Seeberg, Dogmengeschichte, Bd. II, S. 86). Basilius von Cäsarea brauchte als doxologische Formel: $\tau\tilde{\omega}$ $\vartheta\epsilon\tilde{\omega}$ ... $\delta\iota\dot{\alpha}$ $\tau\sigma\tilde{\upsilon}$ $\upsilon\dot{\iota}\sigma\tilde{\upsilon}$. $\dot{\epsilon}\nu$ $\tau\tilde{\omega}$ $\dot{\alpha}\gamma\dot{\iota}\omega$ $\pi\nu\epsilon\dot{\upsilon}\mu\alpha\tau\iota$ (de spiritu sancto, Migne PG 32, 176B, zitiert nach K. Holl, Amphilochius von Ikonium, 1904, S. 142).
109 WA 10, I, 1, 154, 1.
110 WA 50, 275, 34–37.

Fleisch, sondern aus Stein oder Holz. So ist auch ein goldenes Bild zwar aus Gold, aber es bildet nicht seine Goldnatur, sondern beispielsweise die Natur des Menschen ab. In Hebr. 1,3 ist es freilich anders gemeint: "Aber alhie ist der ßon eyn solchs bild veterlichs weßens, das das vetterlich weßen ist das bild selbs, unnd wenn sichs alßo tzimete tzu reden, das bild ist aus dem veterlichen weßen gemacht, das es nit alleyn dem vater gleych und ehnlich ist, ßondernn auch seyn gantzes weßen und natur vollicklich ynn sich begreyfft ... Nu sihe, wie ich sage von eynem menschen bild, das ist eyn hultzen odder steynen bild, Alßo sag ich: Christus ist eyn gottern bild, das, ßo war alß iheniß bild holtz ist, ßo war ist ditz bild gott; drumb nennet yhn sanct Paulus eyn bild des lebendigen unsichtlichen gottes" (Kol. 1,15)[111].

Während also im geschöpflichen Bereich Bildmaterial und Abgebildetes ihrem Wesen nach verschieden sein müssen, sind Christus und der Vater ihrem Wesen nach identisch[112]. Das Bild bedarf hier also nicht wiederum eines Abbildes, um sein eigenes Wesen in Erscheinung treten zu lassen. Ein goldenes Bild eines Menschen hingegen muß, um sein eigenes Wesen (das Gold) hervortreten zu lassen, durch etwas anderes (z.B. gelbe Farbe) abgebildet werden. Luther versteht hier Wesen im Sinne von Substanz und schließt sich damit der Vulgata an, die ὑπόστασις mit "substantia" übersetzt[113]. Andererseits gebraucht Luther in diesem Zusammenhang auch die Begriffe "Wesen" (= Substanz) und "Natur" ganz parallel, ohne daß sich ein Unterschied in der Verwendung der beiden Begriffe feststellen ließe. Er kann darum auch sagen, daß Christus "gantz von gott und auß gott genaturt ist und außer yhm keyn gott ist"[114].

Das hier entwickelte Verständnis des Verhältnisses von Bild und Abgebildetem bzw. Glanz und Herrlichkeit des Vaters übernimmt Luther auch in der Auslegung von Joh. 1,1–14, indem er es auf das Verhältnis von Gott und Wort überträgt. "Es ist eyn wortt, das er ynn sich selb spricht unnd ynn yhm bleybt, nymer von yhm gesundert wirt. Drumb nach des Apostels gedancken mussen wyr alßo dencken, wie gott mit yhm selb tzu sich selb rede unnd eyn wort von

---

111 WA 10, I, 1, 155, 17–156, 4. Ähnlich argumentiert Luther WA 17, I, 278f., wobei er ebenfalls Hebr. 1,3 und Kol. 1,15 zitiert; vgl. auch WA 41, 271f.

112 WA 10, I, 1, 156, 7–14: "Widderumb, ob der mensch wol ym holtz gepildet wirtt, ßo ist er doch nit holtz, und seyn weßen ist etwas anderß denn das weßen, darynn seyn bild ist, unnd yhn allen creaturn ist das bild eynß andern weßen, denn der, deß bild es ist; und ist keyn bild des weßens tzurfinden. Aber alhie ist das bild unnd der, deß bild es ist, einiß weßens, on das der vater nit eyn bild ist; denn er nit vom ßon oder nach dem ßon, ßondern der ßon von dem vater und nach dem vater gepildet ist ynn eynem eynfelltigen, naturlichen, gottlichen weßen."

113 Martin Butzer hat darum in seiner Übersetzung der Kirchenpostille von 1526 das deutsche Wort "Wesen" stets ganz richtig mit "substantia" (nicht essentia) übersetzt; vgl. Anm. 2 zu WA 10, I, 1, 153 u. WA 50, 277, 25–30: "Christus aber ist aus seiner Gotlichen natur entstanden von ewigkeit, sein wesentlich Bilde, substantialis imago, non artificialis aut facta vel creata, das seine Göttliche natur gantz und gar in sich hat und selbs ist, nicht aus etwas anders gemacht noch geschaffen, gleich wie das Göttlich wesen selbs nicht ist aus etwas anders gemacht noch geschaffen."

114 WA 10, I, 1, 157, 7f., vgl. 155, 8–10: "Wenn nach eynem menschen wirt eyn bild gemacht, ßo ist dasselb bild nit eyn bild des menschlichen weßens oder natur ..." Vgl. E. Seeberg, Luthers Theologie, Bd. II, 1937, S. 247.

sich selb laß ynn yhm selb, aber dasselb wortt sey nit eyn lediger wind odder schall, ßondernn bring mit sich das gantz weßen gottlicher natur, und wie droben ynn der Epistel vom scheyn unnd bild gesagt ist, das die gottliche natur alßo gepildet wirt, das sie ynß bilde gantz mit folget unnd sie das bild selbs wirt und ist, unnd die klarheytt auch alßo den scheyn außlessit, das sie ynn den scheyn weßenlich geht. Dermassen alhie auch gott seyn wortt alßo von sich spricht das seyn gantz gottheyt dem wort folget unnd naturlich ym wort bleybt und weßenlich ist[115]."

Ähnlich wie beim Gotteswort ist es ja auch beim menschlichen Wort: es ist Abbild des menschlichen Herzens. Dafür führt Luther verschiedene Sprichworte und Bibelverse an. Aber gleichzeitig weist er auch wieder auf den Unterschied hin: "Aber es feylet hie diß gleychniß auch; denn das menschlich wort bringt nit weßenlich oder die natur des hertzen mit sich, ßondernn nur bedeutlich, odder alß eyn tzeychen, wie das holtz= odder golltbild nit mit sich bringt das menschlich weßen, das es bedeuttet. Aber hie ynn gott bringt das wortt nit alleyn das tzeychen und bild, ßondernn auch das gantz weßen mit sich und ist ebenso voller gott, alß der, des bild oder wort es ist. Wenn des menschen wortt eyttel hertz weren odder hertzen meynung, odder des hertzen meynung weren wortt, ßo were es eyn volle gleychniß; aber das mag nit seyn, drumb ist ditz wort gottis ubir alle wort on gleychen ynn allen creaturn[116]."

Weil die Unähnlichkeit zwischen dem menschlichen und dem göttlichen Wort größer ist als die Ähnlichkeit, lehnt Luther Spekulationen ab, welche die Gottebenbildlichkeit des Menschen in einem inneren Wort des Herzens sehen wollen, welches stets im Herzen bleibt. Damit setzt sich der Reformator von einer ganzen von Augustin herkommenden Tradition der Trinitätslehre ab, die in der menschlichen Seele und ihren Kräften Analogien zur Trinität und den innergöttlichen Relationen sieht[117]. Auch Luther kann gelegentlich auf das "innere Wort des Herzens" als Analogie zum göttlichen Wort hinweisen, baut darauf aber niemals eine systematische Lehre von den Trinitätsanalogien auf, wie es Augustin und ein Teil der Scholastiker taten.

---

115 WA 10, I, 1, 186, 12–187, 1.
116 a.a.O., S. 188, 8–17.
117 WA 10, I, 1, 188, 18–23: "Sie haben wol scharff disputirt von dem ynnwendigen wortt des hertzen ym menschen, wilchs da ynnen bleybt, daher der mensch nach gottis bilde geschaffen ist. Aber es ist ßo tieff und finster bißher blieben, wirt auch wol bleyben, das sie selb nit wissen, wie es drumb gethan sey; darumb lassen wyrß auch faren und komen nu auff das Euangelium, wilchs nu von yhm selb klar und offen ist." – Die WA weist hier auf Thomas S.Th. I q. 12ff. hin; jedoch konnten wir dort keinen direkten Anklang finden (so auch W. v. Loewenich, a.a.O., S. 38 Anm. 1). Augustins Werk "De trinitate" ist zu einem großen Teil den Analogien der Trinität in der Seele gewidmet (Buch VIII bis XV). Weil die Seele und vor allem ihr oberster Teil (mens) der Teil der Schöpfung ist, der Gott am nächsten ist, muß sich in ihr die Trinität in einem gewissen Sinn widerspiegeln. Die drei Kräfte memoria, intelligentia und voluntas können nicht auseinandergerissen werden, sondern durchdringen sich gegenseitig und wirken als Einheit. Sie widerspiegeln trotz der Differenz zwischen Gott und Seele auch die innertrinitarischen Relationen und bilden so eine imago dei. Zu Augustins Lehre vom inneren Wort vgl. A. Schindler, a.a.O., S. 97ff. und 187ff.

Wie die zitierten Stellen zeigen, geht es Luther hier vor allem darum, die wesensmäßige Einheit von Vater und Sohn zu unterstreichen. Weil das Adjektiv "göttlich" ihm diese Einheit offenbar noch nicht eindeutig genug zum Ausdruck bringt, prägt er sprachschöpferisch das neue Wort "gottern bild". Freilich könnte die sprachliche Parallelität zu Adjektiven wie "hölzern" oder "steinern" zu dem Mißverständnis Anlaß geben, als handle es sich bei Vater und Sohn um zwei verschiedene selbständige "Dinge", so wie es unabhängig voneinander zwei ganz verschiedene Bäume aus dem gleichen Holz gibt. Daß Luther die Einheit von Vater und Sohn jedoch nicht als substantielle Gleichbeschaffenheit, sondern als Wesensidentität versteht, geht aus dem Zitierten mehrfach hervor. Die Frage ist nur, welche Bedeutung hier der Personbegriff hat, über den Luther sich auch hier leider nicht näher ausläßt. Im Zusammenhang seiner Ausführungen kann Luther damit ja kaum die Existenz zweier oder dreier selbständiger Größen meinen. Denn selbst das Bild von der Sonne und ihrem Glanz erscheint ihm noch als mißverständlich, weil die Sonne und die Strahlen nach Luthers Auffassung ihre Helligkeit auch jeweils für sich haben[118].

3) Das dritte Zeugnis für die Gottheit Christi sieht Luther in den Worten: "Und er trägt alle Dinge durch das Wort seiner Kraft." (V. 3) Wer alle Dinge trägt, kann selber nicht getragen sein und muß Herr über alle sein. Für die damit angedeutete Erhaltung der Schöpfung durch Christus verweist Luther auf Kol. 1,16f, und Sap.– Sal. 8,1. Mit einer Frage muß er sich dabei freilich im Blick auf Hebr. 1,3 noch auseinandersetzen: Was bedeutet in diesem Zusammenhange τῷ ῥήματι τῆς δυνάμεως αὐτοῦ ("durch das Wort seiner Kraft")? Schafft Christus, der doch selber das Wort Gottes ist, auch wiederum durch ein Wort? Luther macht zur Lösung der hier auftauchenden Schwierigkeiten zwei Vorschläge. Entweder bedeutet ῥῆμα hier einfach wie in Lk. 2,15 die Tat. Oder – und das scheint Luther noch richtiger – der Hebräerbrief möchte wie etwa Ps. 2,6 und 7 durch den Wechsel der Personen die Unzerteilbarkeit der opera trinitatis ad extra unterstreichen[119].

4) Die weiteren Worte und Sätze aus Hebr. 1,1–12 und die dort zitierten alttestamentlichen Schriftstellen, in denen Luther einen Schriftbeweis für die Gottheit Christi sieht, brauchen wir nicht mehr im einzelnen zu kommentieren. Wir fassen daher das Wichtigste zusammen. Wer zur Rechten der Majestät sitzt (Hebr. 1,3), muß selber der Majestät gleich und also Gott sein. Dafür führt

118 WA 10, I, 1, 156, 14–20: "Solch volkommenheytt feyllt auch an der ßonnen unnd yhrem glantz. Denn die Sonne hat eyn eygen klarheyt fur sich selbs, der glantz auch fur sich selbs, obwol der glantz von der ßonnen das seyne hatt. Aber alhie ist der glantz alßo der klarheyt, das auß der klarheyt (das ich alßo sage) der glantz gemacht odder genaturt ist, und die klarheyt gantz weßenlich der glantz selb ist, on das der glantz nit von sich selb, ßondernn von der veterlichen klarheyt alßo genaturt ist."

119 a.a.O., S. 158, 22–159, 3: "Er mag vielleicht darumb ßo sagen, das er die person menge ynn eyne gottheyt, dieweyl sie eyn gott sind und ditz ynn der person des vatters sage. Sintemal, was gott thutt, eyn iglich person thut. Alßo tregt gott alle ding durch seyn wort, wilcher gott warhafftig auch Christus unnd dasselb wort ist."

Luther auch Ps. 110,1 und 8,7[120] und Phil. 2,6f. an. In V. 5—12 hat der Apostel soviele alttestamentliche Stellen zitiert, um damit die Gottheit Jesu auf Grund der Schrift zu beweisen[121].

Besonders ausführlich widmet Luther sich dem bekannten Hebr. 1,5 zitierten Wort aus Ps. 2,7: "Du bist mein Sohn, ich habe dich heute gezeugt." Er wendet sich dabei mit verschiedenen Argumenten gegen die jüdische Exegese, die den Vers entweder auf David oder auf den zukünftigen Messias bezieht. Insbesondere das Wort "heute" weist für Luther auf die ewige Zeugung des Sohnes durch den Vater hin. Ebenso versucht Luther durch eine äußerst komplizierte exegetische Argumentation zu beweisen, daß die ebenfalls Hebr. 1,5 zitierte Verheißung an David "Ich will sein Vater sein und er soll mein Sohn sein" (2. Sam. 7,14; vgl. Ps. 89,27f.) nicht auf Salomo sondern auf Christus zu beziehen sei[122].

Schließlich geht Luther noch auf die Hebr. 1,7—12 zitierten Stellen aus dem Alten Testament ein, welche für ihn wiederum klare Beweise für die Gottheit Christi sind: vor allem Ps. 97,7; 45,7f.[123] und 102.

So kommt Luther zu dem Schluß: "Alßo haben wyr, das diß gantz Epistell eytel harnisch ist und erstreyttet den artickel des glawbens, das Christus got sey und eyn herr aller dinge auch nach der menscheyt. Unnd sehen das wunder, wie hell die schrifft an yhr selbs ist, und der geprech an unß ist, das wyrß nit sehen, das wol Lucas sagt Luce ult. (sc.: Lk. 24,45), Christus hab den jungernn das vorstentniß auffgethan, das sie die schrifft vorstunden. Nit hatt er die schrifft auffthan, ßondernn das vorstentniß, denn die schrifft ist offen, unßer augen sind nit gar offen[124]."

4. Weitere Schriftbeweise aus dem Alten Testament

Wie sehr Luther in Predigten über neutestamentliche Texte zur schriftgemäßen Begründung der Trinität und der Gottheit Christi auf das Alte Testament zurückgreift, haben wir bereits gesehen. Während es in den beiden vorangehenden Abschnitten vornehmlich um den Christus ging, der als das ewige Wort das Ebenbild des Vaters und zugleich das Schöpferwort ist, wollen wir uns nun stärker dem verheißenen Christus und damit Luthers christologisch-prophetischer Auslegung des Alten Testaments zuwenden[125].

120 beide Stellen WA 10, I, 1, 163; vgl. WA 10, I, 2, 295.
121 WA 10, I, 1, 163, 18f.
122 a.a.O., S. 168—171.
123 vgl. WA 10, I, 2, 296 u. WA 54, 87.
124 WA 10, I, 1, 179, 12—180, 3.
125 vgl. H. Bornkamm, Luther und das Alte Testament, S. 169.

In den Genesispredigten von 1523/24 sieht Luther in der im Plural stehenden göttlichen Selbstaufforderung von Gen. 1,26 und 11,7 einen Hinweis auf die Trinität[126]. Freilich versteht er die Gottebenbildlichkeit des Menschen nicht im Sinne der augustinischen Lehre vom vestigium trinitatis, welche in den drei Seelenkräften memoria, intelligentia und voluntas ein Abbild der Trinität im Menschen sieht. Der Reformator lehnt diese Interpretation ausdrücklich ab und versteht unter dem Ebenbild Gottes nach 1. Kor. 15,47ff. und Eph. 4,22ff. den mit Christus gleichförmig gewordenen Menschen[127]. – In den Vorlesungen über die Genesis von 1535ff. hat Luther seine Ablehnung dieses augustinischen Gedankens noch präzisiert. Er ist darum abzulehnen, weil aus ihm "die fatale disputatio de libero arbitrio folgen müsse"[128]: "Quare etsi istam diligentiam et cogitationes has non damno nec reprobo, quibus omnia rediguntur ad Trinitatem, tamen haud scio, an sint valde utiles, praesertim cum ea postea longius durantur. Nam huc quoque affertur disputatio de libero arbitrio, quae ex imagine ista nascitur. Ita enim dicunt: Deus est liber, ergo cum homo ad imaginem Dei sit conditus, habet etiam liberam memoriam, mentem et voluntatem. Ad huc modum multa excidunt, quae aut improprie dicuntur, aut postea impie accipiantur[129]."

Es sei in diesem Zusammenhang nur noch bemerkt, daß Luther auch den pluralischen Gottes-Namen "Elohim" als Hinweis auf die Trinität deutet[130]. Ebenso sind auch die drei "Männer", die Abraham in Mamre begegnen (Gen. 18) nichts anderes als die Trinität selbst[131]. Freilich hat Luther in der Genesisvorlesung ohne weiteres zugegeben, daß "der historische Sinn des Textes nichts von der Trinität weiß. Nicht als Beweis, sondern nur als Ausschmückung und sinnbildliche Bekräftigung der anderweit reichlich bewiesenen Sache räumt er

---

126 vgl. WA 24, 49 u. 229f.; vgl. auch WA 50, 279; vgl. Augustin, de trin. VII, 6, 12. "Daß Gott hier im pluralis maiestaticus von sich gesprochen habe, wie die Juden auslegen, ist für Luther ein höchst belustigender Gedanke; der hl. Geist schreibt keinen Kurialstil." (H. Bornkamm, a.a.O., S. 99), vgl. WA 42, 43.

127 WA 24, 49, 6–9: "Hic Doctores nostri authore Augustino quem sequuntur, multa dicunt de imagine Trinitatis, memoria, intelligentia et voluntate. Nos simpliciter dicimus de imagine, sicut Paulus 1. Corinth. 15."

128 K. Barth, Kirchliche Dogmatik, I/1, S. 362.

129 WA 42, 45, 24–30. In der ersten Psalmenvorlesung konnte Luther noch sagen: "Similitudo et imago in hoc stat, quod est anima sanctae Trinitatis similitudo." (WA 4, 599, 19f.), vgl. E. Seeberg, Luthers Theologie, II, S. 85.

130 WA 50, 278f.

131 WA 50, 280.

der allegorischen Deutung der Väter ein sekundäres Recht ein[132]." Auch sonst verzichtet Luther im allgemeinen gemäß seinen exegetischen Grundsätzen auf allegorische Beweise für die Trinität.

1543 erschien Luthers Schrift "Von den letzten Worten Davids", in der er das Testament Davids in 2. Sam. 23, 1–17 auslegt. Sein Ziel ist es, die jüdisch-rabbinische Interpretation zahlreicher Schriftstellen des Alten Testaments zu widerlegen, indem er sie christlich-trinitarisch interpretiert. Denn das Alte Testament wird erst dann richtig verstanden, wenn man das Neue Testament kennt. Luther würde, wenn er zu wählen hätte, Augustins Verständnis des Alten Testaments auf jeden Fall dem rabbinischen vorziehen, auch wenn Augustin des öfteren die angemessene hebräische Übersetzung eines Wortes verfehlt. Denn Augustin ist den Rabbinen darin überlegen, daß er vom Neuen Testament her den Geist der Schrift kennt.

In 2. Sam 23,1–7 werden die zwei höchsten Artikel bekannt: Trinität und Menschwerdung Christi[133]. Bereits 2. Sam. 23,2f. ist für Luther ein Zeugnis für die Trinität. Denn hier ist von drei Personen die Rede: vom Geist, von Gott dem Vater und vom Hort Israels (= Christus)[134]. Ebenso sind auch Ps. 8,5-7 und Ps. 2,7 eindeutig auf Menschwerdung und Einsetzung Christi zur Herrschaft zu beziehen.

Auch die Natansverheißung (1. Chron. 17,10–14 bzw. 2. Sam. 7,11–16) legt Luther christologisch aus. Der Samen, der David erweckt werden soll, ist nicht Salomo, sondern Christus, der Messias. Das Haus, das dieser Nachkomme Davids Gott bauen wird, ist nicht der Tempel, sondern die Kirche, die so weit reicht wie die Welt. Ein solches Haus kann kein Geschöpf bauen, sondern nur einer, der an Gottes Allmacht teilhat. Darum muß der Baumeister, der Messias, nicht nur Davidssohn und Mensch sein, sondern auch Gottes Sohn[135].

Ganz im Sinne der Natansverheißung ist auch die Verheißung des Sohnes und des Friedensreiches in Jes. 9,5f. zu verstehen. Auch eine ganze Reihe von Stellen, wo vom zukünftigen David, vom Gottesknecht oder vom Menschensohn die Rede ist, sind auf Christus zu beziehen (z.B. Hos. 3,5; Ez. 34,23f.; Jes. 52,13; Jer. 30,8; Dan. 7,13f.; Ps. 110,1). Bereits im Alten Testament findet Luther die doppelte Geburt Christi bestätigt: die ewige Geburt in Gott und die zeitliche

---

132 H. Bornkamm a.a.O., S. 98, vgl. WA 43, 12, 12–14: "Quod enim ad hunc locum attinet, concedamus historicum sensum nihil contra Iudaeos facere: Sed nonnumquam catechreses quoque suum locum habent." 13, 34–36: "Quod si alia Trinitatis probatio non esset quam hae tres species, ego sane eam non crederem, sed habemus alia fundamenta firma et certa." 14, 1–3: "Recte igitur patres hoc loco sunt usi. Aliud enim est probare, aliud ornare. Rhetorica argumenta non semper probant, sed vehementer ornant et persuadent, quae dialectica probavit." – Nach Augustin soll mit den drei Männern in Mamre die Gleichheit der Dreieinigkeit und die Selbigkeit der Substanz in den drei Personen angedeutet und veranschaulicht werden (de trin. II, 11, 20).
133 WA 54, 36, 33ff.
134 vgl. WA 54, 35f.
135 vgl. WA 54, 38–43.

Geburt durch die Jungfrau Maria vor 1543 Jahren. "Aber von dem Augenblick an, da Gottheit und Menscheit ist vereiniget in einer Person, da ist und heisst der Mensch Marien Son, Almechtiger Ewiger Gott, der Ewige gewalt hat und alles geschaffen hat und erhelt, Per communicationem idiomatum; Darumb, daß er mit der Gottheit Eine Person und auch rechter Gott ist[136]."

Nachdem Luther die prophetischen Verheißungen behandelt hat, läßt er Moses, den Lehrer aller Propheten, durch die beiden neutestamentlichen Zeugen Paulus und Johannes befragen. In einem längeren Exkurs über die Trinitätslehre weist er nach, daß Gen. 1, Ps. 33,6 und Joh. 1 im wesentlichen übereinstimmen. Aber nicht nur Johannes, sondern auch Paulus bestätigt mit Kol. 1,15ff., daß Mose ein rechter Christ ist. Schließlich ist auch der "geistliche Fels", von dem Paulus 1. Kor. 10,4 schreibt, ein Hinweis auf das Christuszeugnis des Alten Testaments. "Hieraus folget gewaltiglich und unwidersprechlich, das der Gott, der das Volck Israel aus Egypten und durchs rote Meer gefuret, in der wusten durch die Wolckseule und Feurseule geleitet, mit Himelbrot geneeret und alle die wunder gethan, so Moses in seinen Büchern beschreibet, . . . sey eben der Gott und kein ander, denn Jhesus von Nasareth, . . . Item, Er ists, der auff dem Berg Sinai Mose die zehen Gebott gibt und spricht: 'Ich der HERR bin dein Gott, der dich aus Egypten gefuret hat, Du solt fur mir kein ander Götter haben.' Ja Jhesus Nasarenus, am Creutz für uns gestorben, ist der Gott, der in dem Ersten Gebot spricht: 'Ich der HERR bin dein Gott.' Wenn solchs die Juden und Mahmet hören solten, wie solten sie Toben? "[137]

Mose (Gen. 1), David (Ps. 33,6), Johannes und Paulus stimmen also darin überein, daß sie bekennen, alles sei durch das Wort geschaffen. Trotzdem läßt sich vom Alten zum Neuen Testament hin eine fortschreitende Glaubenserkenntnis beobachten. Was im Alten Testament Gott der Sprecher, das Wort und der Geist des Herrn genannt wird, wird im Neuen Testament klarer als Vater, Sohn und heiliger Geist bekannt.

Auch das sogenannte Protevangelium Gen. 3,15 ist für Luther eine Bestätigung der Gottheit Christi[138]. Bereits der "Same" Evas, von dem hier die Rede ist, ist ein Hinweis auf die Jungfrauengeburt. Denn sonst müßte der Text ja vom Samen eines Mannes reden (vgl. Abrahams Samen). Da nur Gott selber die Macht hat, den Teufel (= die Schlange) zu unterwerfen, muß der Verheißene göttliche Natur haben. Auch Eva selber wußte das. Sie irrte aber darin, daß sie glaubte, der Verheißene sei ihr eigener Sohn (Gen. 4,1). Das "ät-Jahwe" legt der Reformator gegen die jüdische Exegese als nota accusativi aus: "Ich habe den Mann bekommen, den Herrn."

136 a.a.O., S. 49, 37–50, 3.
137 WA 54, 67, 1–15; vgl. auch WA 17, II, 135; WA 24, 97 u. 99f. Nach Augustin läßt es sich nicht entscheiden, ob eine der drei Personen (und welche?) oder die Dreieinigkeit selbst durch die Feuersäule erschienen ist (de trin. II, 12, 24). Bei der Erscheinung auf dem Sinai denkt Augustin vornehmlich an den heiligen Geist (de trin. II, 15, 26).
138 WA 54, 70ff., vgl. WA 51, 152f.

In einer langen und umständlichen Exegese legt Luther dar, daß alle alttestamentlichen Schriftstellen, wo der Name Gottes zwei- oder dreimal genannt wird, ebenfalls als Beweis für den Trinitätsglauben zu gelten haben (z.B. Ex. 33,19; 34,6, aber auch Gen. 19,24; Sach. 3,2; Ps. 68,34; Hos. 1,7; Zeph. 3,9)[139].

Aber auch dort, wo im Alten Testament "Jehova" genannt wird, kann man diesen Namen stets durch "Jesus Christus" ersetzen[140]. "Summa, Es ist Ein Gott, Ein HERR, Eine Göttliche Maiestet, Natur und wesen, aller drey Personen, Aber Es offenbart sich zu weilen die Person des Vaters, Zu weilen des Sons, Zu weilen des Heiligen geists, Welche sich nu offenbart, So ists der Einige Gott in drey Personen, Auff das wir die Gottliche Maiestet recht erkennen, ... Und sonderlich ists Gott zu thun umb die offenbarung und erkentnis seines Sons, durch die gantze Schrifft, Alts und Newen Testaments ..."[141]

Der Sohn steht also im Mittelpunkt der Heiligen Schrift. Denn wie Adam sich beim Fall besonders am Sohn versündigt hat, so hat Gott seinen Sohn allein Mensch werden lassen, daß Adam durch Christus wieder aufgerichtet würde. Adam hat sich an Christus versündigt, indem er auf das Versprechen der Schlange hörte: "Ihr werdet sein wie Gott." Ebenso hat sich auch der Teufel im Himmel an Christus versündigt, denn er wollte nach Jer. 14,2ff. dem natürlichen Ebenbilde Gottes (= Christus) gleich sein.

Auch in anderen Predigten und Schriftauslegungen kommt Luther häufig auf das Christus- bzw. Trinitätszeugnis des Alten Testaments zu sprechen. In einer Predigt über Jer. 23,5—8 aus dem Jahre 1526 verteidigt er die Gottheit Christi gegen die jüdischen Exegeten. Luther beruft sich dabei darauf, daß der verheißene König aus dem Hause Davids hier den Gottesnamen Jahwe bekommt, den Namen also, der Gott in seinem göttlichen Wesen bezeichnet. Mit solchen Bibelstellen muß man den zukünftigen Ketzern entgegentreten, die diesen Glaubensartikel anfechten werden[142].

Nicht nur den Gottesnamen Jahwe (Jehova), sondern auch den Beinamen "Zebaoth" bezieht Luther ebenso auf Christus wie auf den Vater. So interpretiert er Sach. 2,8 folgendermaßen: "So spricht der HERR Zebaoth: Nach der herlichkeit hat er mich gesand zu den Heiden. Wer ist dieser "Mich"? ... Mit aller gewalt zwingt der text, das der HERR Zebaoth selbs hie redet ynn seiner eigen person und spricht: Er hat mich gesand. Eben nu der do redet, der ist auch gesand, Der HERR Zebaoth sendet den HERRN Zebaoth. Nu kann ja niemand sich selbs senden, Denn durch das senden zeuget er, das ein ander sey, der da sendet, und ein ander der gesand wird. So bekennen alle Juden und ist war, das dieser name HERR Zebaoth ynn der schrifft niemand wird zugeeygnet on dem rechten natürlichen Gott, welcher nur einer ist. Drumb gibt sichs hie, das ynn der selbigen einigen Gottheit müssen die zwo person sein alle beide rechter

139 WA 54, 85f. u. WA 10, I, 1 S. 177.
140 WA 54, 79 u. 86, vgl. auch WA 39, II, 374.
141 WA 54, 88, 3—11.
142 WA 20, 566—573.

natürlicher einer Gott, beide der sender und der gesandte. Und dieser spruch bestettigt, das unser HERR Jhesus Christus, von Gott dem vater gesand, wie die Euangelia leren, sey rechter natürlicher Gott mit dem vater[143]." – Und zu Sach. 1,3, wo Jahwe Sebaoth in einem einzigen Vers dreimal vorkommt, erklärt Luther: "Daneben ists nicht zu verwerffen, das der geyst hat wöllen heymlich damit zuverstehen geben, das drey person sind ynn einer gottheyt, welcher ein igliche der HERR Zebaoth heyst[144]."

Wie eine Untersuchung zahlreicher Äußerungen Luthers gezeigt hat, ist für ihn der "Herr Zebaoth . . . der Gott Israels, der sich in Christo offenbart"[145]. Gerade diesen Namen verbindet Luther mit seiner theologia crucis. "Er ist mächtig im Streit des Leidens, durch das er den Teufel überwindet[146]." Luther bezieht also den Ausdruck "Herr Zebaoth" nicht nur auf die Person des Vaters, sondern auf den dreieinigen Gott.

Von daher ist dann auch die zweite Strophe des berühmten Lutherliedes "Ein feste Burg" zu verstehen:

"Mit unser macht ist nichts getan,
wir sind gar bald verloren,
Es streit für uns der rechte man,
den Gott hat selbs erkoren.
Fragstu wer der ist?
Er heist Jhesu Christ,
der Herr Zebaoth,
Und ist kein ander Gott,
das felt mus er behalten."[147]

Gelegentlich wird diese Strophe so verstanden, als wolle Luther damit die Identität der Person von Vater und Sohn im Sinne des Modalismus aussagen[148]. Diese Interpretation verkennt aber, daß Luther hier gar keine innertrinitarische Aussage macht, sondern das Wirken Christi in der Welt charakterisiert[149]. "Dieser Zuname (sc. der Herr Zebaoth) ist eine Amtsbezeichnung der Person Jesu Christi und das Lied eine Interpretation derselben, gleichsam eine Predigt über 'Jesus Christus, den Herrn der Heerscharen'[150]." Wenn Luther eine modalistische Aussage beabsichtigt hätte, müßte es doch wohl heißen: "Und ist keine andere

143 WA 23, 533, 14–28 (Der Prophet Sacharja ausgelegt, 1527).
144 WA 23, 506, 17–19.
145 Th. Knolle, Hebräische Heilsnamen in Luthers Liedern, Luther-Jahrbuch, 1940, S. 68 (hier auch weitere Stellenangaben).
146 Knolle, a.a.O., S. 66.
147 WA 35, 456, 8–16.
148 K. Holl betont, daß Luther mit diesen Aussagen "dem Modalismus nahrückte". (Ges. Aufs. z. Kirchengeschichte, Bd. I, Luther, 7. Aufl. 1948, S. 72). Vgl. aber K. O. Nilsson, Simul, Das Miteinander von Göttlichem und Menschlichem in der Theologie Luthers, 1966, S. 277 Anm. 29.
149 vgl. K. Burba, Die Christologie in Luthers Liedern, 1956, S. 53.
150 Burba, a.a.O., S. 54.

Person." Freilich betont der Reformator hier wie auch sonst häufig die Einheit von Vater und Sohn, so daß diese Bezeichnung Christi nicht zufällig zum "volkstümlichen Ausdruck" dieser Einheit geworden ist[151].

Auch wenn Luther zur schriftgemäßen Begründung seiner Trinitätslehre immer wieder auch das Alte Testament heranzieht, hat es zur Ausgestaltung dieser Lehre "keinen wesentlichen, selbständigen Beitrag geleistet"[152]. Das ist an sich auch nicht anders zu erwarten, denn Luther interpretiert ja das Alte Testament bewußt vom Neuen her. So findet er im Alten Testament das wieder, was er vom Dogma und vom Neuen Testament her schon weiß. Von daher ist es für Luther ohnehin klar, daß "die Gegenwart des ganzen dreieinigen Gottes die ... Gegenwart des Sohnes in sich" schließt[153]. Wenn Christus das Wort Gottes ist, dann mußte Luther gar nicht bei jedem göttlichen Sprechen besonders hervorheben, daß es durch Christus geschieht. Denn das ist für ihn eine selbstverständliche Voraussetzung. Er erwähnt es nur dort, wo es einer besonderen Erwähnung bedurfte[154].

Entsprechend der Zweinaturenlehre ist Christus "im Alten Bund nicht nur der Verheißene, der zukünftige Heiland, er ist auch schon als greifbare Realität vorhanden"[155]. — "In all den christologischen Weissagungen des Alten Testaments ist Christus also immer gleichsam auf doppelte Weise anwesend, als der Sprechende und als der Geweissagte[156]." Wie Luthers Auslegung des "geistlichen Felsen" aus 1. Kor. 10 zeigt, ist Christus für ihn nicht nur das Schöpferwort, sondern auch das helfende, rettende Erlöserwort und der gebietende Herr. Ebenso ist ja der heilige Geist für ihn zugleich spiritus creator und spiritus vivificans. Schöpfung und Erlösung bilden für Luthers Theologie letztlich eine Einheit.

Daß Luthers trinitarische Exegese vor allem dort, wo er aus der Wiederholung des Gottesnamens "grammatikalische" Beweise liefern will, vielfach den Literalsinn der einzelnen Stellen nicht trifft, bedarf keiner längeren Ausführungen. Andererseits gelang es ihm immer wieder "an entscheidenden Stellen die Urformen der göttlichen Wirkung: Schöpfung, Wort und Geist wiederzufinden, die er aus dem Neuen Testament schon kannte"[157].

151 H. Bornkamm, a.a.O., S. 174. F. Loofs bemerkt dazu: "Interessant ist nebenbei, daß diese heilsgeschichtlich orientierte 'theologia crucis' ohne dogmengeschichtliche Kenntnis von dem alten religiösen Modalismus in dessen Gedankenkreis zurücklenkt. Es entsprach schon jetzt und bis an sein Ende den Gedanken Luthers, was sein Reformationslied sagt: Es streit für uns der rechte Mann, den Gott selbst hat erkoren. Fragst du, wer der ist? Er heißt Jesus Christ, der Herr Zebaoth und ist k e i n a n d r e r G o t t." (Leitfaden zum Studium der Dogmengeschichte, 4. Aufl. 1906, S. 724). Wie aus dem Verweis in der Anmerkung hervorgeht, meint Loofs damit freilich nicht den klassischen Modalismus (Sabellius, Praxeas, Noet), sondern den alten religiösen Modalismus der kleinasiatischen Theologie vor Irenäus. Auch E. Seeberg redet von einem "altertümlichen und frommen Modalismus" Luthers (Luthers Theologie in ihren Grundzügen, 1940, S. 88).
152 H. Bornkamm, a.a.O., S. 102.
153 a.a.O., S. 169.
154 vgl. a.a.O., S. 170.
155 K. O. Nilsson, a.a.O., S. 157.
156 H. Bornkamm, a.a.O., S. 171.
157 a.a.O., S. 103.

5. Grundzüge der Trinitätslehre im Neuen Testament

a) Trinitätsglaube und Vernunft

Überall wo Luther auf die Trinität zu sprechen kommt, betont er: in diesem Artikel kann man nur vom Worte Gottes ausgehen; die Vernunft muß hier stillschweigen. Er beruft sich dabei auch auf Hilarius: "A deo discendum est, quid de Deo intelligendum sit[158]."

Daß der Unterschied zwischen christlichem Glauben und nichtchristlichen Religionen auf dem Gegensatz von Vernunft und Offenbarung beruht, hat Luther ausführlich dargelegt in der Predigt: "Der Hauptartikel des Glaubens von unserm Herrn Christo gepredigt und ausgelegt" (1533). Die "kluge Welt" hat schon seit Beginn der Christenheit über den Trinitätsglauben gespottet und ihn zu meistern versucht. Sie hat schließlich sogar die Gottheit Jesu geleugnet und die Gläubigen (d.h. die Bekenner des Trinitätsglaubens) mit dem Schwerte verfolgt. "Und ist auch nicht on fahr, das man mit der vernunfft hereinfare und im nach dencken wolle, Denn alle, die sich haben vermessen, mit gedancken inn himel zu klettern und wollen fassen und messen, wie es müglich sey, das drey person ein wesen sey, die sind druber gestürtzt und sind doch gewest die aller höhesten, weisesten leute auff erden[159]."

Die Vernunft, als deren Repräsentanten hier auch die mohammedanischen Türken erscheinen, vertritt das Anliegen eines strengen Monotheismus. Sie bedient sich dabei bestimmter allgemein zugänglicher Erfahrungssätze und wendet diese dann in einem Analogieschluß auch auf Gott an. "Ey, es taug nicht (sprechen sie) inn einem haus zween haus wirte odder inn einem land zween Fürsten, die zugleich regiren wollen, sondern es mus ein regiment und ein Fürst, also auch ein Gott sein[160]." — Luther bestätigt ausdrücklich die Richtigkeit dieser Erfahrungssätze, bestreitet aber die Möglichkeit, von ihnen aus per analogiam auf Gottes Sein schließen zu können[161]. Denn diese Sätze gelten in dem der sinnlichen Erfahrung zugänglichen Bereich der geschöpflichen Welt. Der Bereich des göttlichen Wesens aber ist für Vernunft und Sinne vollkommen unzugänglich. Darum kann der Mensch nur auf Grund göttlicher Offenbarung

---

158 Hilarius, De trin. V, 21 (Migne PL 10, 117), bei Luther: WA 34, I, 50.

159 WA 37, 38, 15–19.

160 WA 37, 38, 26–28, vgl. WA 51, 150–152.

161 WA 37, 38, 33–37: "Das ist ein schöne gedancken und kan niemand leugnen, das sichs nicht anders reimet und billich so sein sol, Aber das sie (sc.: die Vernunfft) wil aus dem haus odder Fürstenthum mit iren gedancken fliegen und inn das Göttlich wesen fladdern und da von urteilen, da von nie kein mensch etwas gehöret noch gesehen hat, und in kein menschen hertz komen ist, Das reimet und stifelt (= paßt) sich ubel." – Auch im Genesiskommentar (1535–45) betont Luther gegen die Türken (WA 43, 479, 3–8): "Sed quod Turca nostram fidem aut doctrinam non recte accipit, nec audit, quis sit ille unus et simplicissimus Deus, hoc ipsius culpa fit, non nostra. Non solum enim docemus et credimus unum, sed simplicissima simplicitate et unissima unitate. Non dividimus istos tres: patrem, filium et spiritum sanctum. Non facimus diversos deos, sed unissime unum et simplicissimum Deum credimus." – Zu den Mohammedanern als Leugnern der Trinität vgl. auch: WA 21, 510; WATR 3, 418; 4, 130f. u. 577ff.; 5, 695.

etwas über die Trinität erfahren[162]. Das dieser Offenbarung entsprechende Verhalten ist der Glaube, das ihr widersprechende Verhalten ist das Urteilen der Vernunft. "Denn wenn du es wilt urteilen, was darffestu denn des Glaubens? Wer da gleubet, der urteilet nicht, sondern lesset sich urteilen und gibt sich gefangen inn eines andern urteil und mit der that sagt: Ich bin hierin ein narr und verstehe es nicht, denn ich nichts da von gesehen odder gehöret noch erfaren habe, Aber weil es Gott sagt, so wil ichs gleuben, das also sey, und dem Wort folgen, mein gedanken und verstand lassen nichts sein, So ist er geurteilet durchs wort, daran er sich helt, nicht durch sein vernunfft und eigen verstand[163]."

Diese scharfe Gegenüberstellung von Glaube und Vernunft[164] wendet Luther dann auch auf das spezielle Verhältnis der Vernunft zum Trinitätsglauben an: "Also soltu hie auch thun, obs gleich die vernunfft nicht kan leiden, das zwo person ein Gott sind, das lautet eben, als wenn ich sagte: Zwey sind nicht zwey, sondern zwey sind eins, Da hast du das wort und vernunfft widdereinander, noch sol sie da die meisterschafft legen und kein richter noch Doctor werden, sondern das hutlin abethun und sagen: Zwey sind eines, ob ichs schon nicht sehe noch verstehe, sondern ich gleube es, Warumb? Umb des willen der es oben herab gesagt hat, Wenn es aus mir keme odder vernunfft solchs wolte sagen, so solt michs kein mensch bereden, das ichs gleubte, sondern wolt im die Mathematica für die nasen legen und zeigen, das ers greiffen solte und mir weichen müste, Nu es aber vom himel herab schallet, so wil ichs gleuben, was er mir sagt, das zwo, ja alle drey person nur ein rechter gott, nicht zween odder drey Götter sind, Das wil ich im zu ehren und dienst thun, dem ich schuldig bin zu gleuben und mich so urteilen zu lassen, das ich ein narr sey, der nicht könne drey zelen, wie wol ich doch Gott lob wol kan drey zelen hie nidden auff erden und mich niemad darff die kunst leren noch richten, das ich nicht köndte drey zelen[165]."

Der Schluß dieses Zitats macht nun auch deutlich, daß Luther von seinen eigenen Prämissen her keineswegs beabsichtigt, die Vernunft als solche zu desavouieren. Er wendet sich nur gegen die Grenzüberschreitung der Vernunft über den ihr zugewiesenen Bereich des geschöpflichen Seins hinaus. Innerhalb dieses Bereiches soll die Vernunft ungehindert regieren[166]. Gegenüber der zehn Jahre früher entstandenen Symbolpredigt von 1523 (= P23) lassen sich hier gewisse Akzentverschiebungen feststellen. Die Unterscheidung zwischen deus nudus und deus involutus wird bei der Warnung vor dem Versuch, die Trinität rational erkennen zu wollen, nicht mehr aufgegriffen. Die Gefahr der Begegnung mit dem deus nudus kommt nur andeutungsweise und indirekt zur Sprache, wenn Luther sagt, diejenigen, welche sich vermessen hätten, mit ihren Gedanken

---

162 vgl. WA 50, 273.
163 WA 37, 39, 12–19.
164 Daß sie auch für andere Glaubensartikel gelten, zeigt WA 11, 54, 29ff.: "Nullus est articulus, quem possis comprehendere, Quod unus deus sit, non comprehendis, nec ceteros. Ita resurrectionis articulum si non comprehendis, crede tamen."
165 WA 37, 40, 15–30.
166 WA 37, 39; zum Thema vernünftige Gotteserkenntnis und Erkenntnis der Trinität durch die Offenbarung vgl. auch WA 21, 508ff.

in den Himmel zu klettern, seien darüber gestürzt. Andererseits wird 1533 das Verhältnis zwischen Trinitätsglaube und Vernunft viel grundsätzlicher behandelt als 1523.

b) Die Einheit von Vater und Sohn

Immer wieder sieht sich Luther veranlaßt, in seinen Predigten auf trinitäts-theologische Fragen einzugehen. Unermüdlich betont er die Gottheit Christi und die Einheit von Vater und Sohn. Stellvertretend für viele andere wollen wir einige Predigten charakterisieren, die auf unser Thema Bezug nehmen. Wir beginnen mit einer Reihe von 12 Predigten über das hohepriesterliche Gebet Jesu (Joh. 17), welche Luther 1528 in Vertretung des in Norddeutschland weilenden Bugenhagen in Wittenberg gehalten hat[167].

Zum erstenmal kommt Luther ausführlich auf die Gottheit Christi zu sprechen bei der Auslegung von Joh. 17,2: "Gleichwie du ihm hast Macht gegeben über alles Fleisch, auf daß er das ewige Leben gebe allen, die du ihm gegeben hast." Die hier bezeichnete Macht, die der Sohn vom Vater empfangen hat, ist für Luther ein Hinweis auf den innertrinitarischen Rangunterschied zwischen Vater und Sohn. Da aber niemand das ewige Leben geben kann als Gott allein, ist in diesem Vers auch die Gottheit Jesu vorausgesetzt. "Sic nullus Euangelista loquitur ut Johannes, einfeltiglich loquitur et tamen potentissime concludit Christum esse deum, quia vitam aeternam dare est opus divinitatis aeternae[168]." Bereits die Kirchenväter haben diese Stelle gegen die Arianer angeführt. Wegen der zukünftigen Häresien soll sich jeder Christ diese und andere Bibelstellen, die klar die Gottheit Christi anzeigen, auf eine Tabelle schreiben und sie den Schwärmern, Juden und Türken und dem Satan unter die Nase stoßen, wenn sie höhnen: "Nonne stultus, qui potes dicere, ut una res sit pater et filius.?"[169] — Auch hier warnt Luther davor, diese Fragen durch eigene rationale Spekulation ergründen zu wollen. Denn: "Quem Satan dahin bringt, das er in mit gedancken furet absque verbo, dem kan niemand raten[170]." Das ewige Leben, das

167 vgl. dazu WA 28, 31ff. u. BoA VII, 209. Die Johannes-Predigten von 1528/29 liegen uns vor in Nachschriften Rörers. Cruciger hat die Predigten über Johannes 17 bearbeitet und 1530 drucken lassen. Später hat Cruciger auch die Predigten über Joh. 14—16 aus dem Jahre 1537 herausgegeben. Beide Predigtreihen wurden dann zusammengedruckt. Mathesius berichtet, Luther habe dieses Buch häufig mit in die Kirche genommen und viel darin gelesen. (WA 28, 34). 1542 äußerte er bei Tisch: "Dies ist das beste unter allen Büchern, die ich je geschrieben habe; darum liebe Käthe, laß Dir's befohlen sein und behalt's für mein Testament, wiewohl ich's nur gepredigt hab. Dr. Caspar Cruciger hat's aus meinen Predigten zusammengelesen und hat wohl daran getan, ich getraut mir's itzt nicht also zusammen zu bringen." (Köstlin = Kawerau, Luther, II, 427). Diese besondere Hochschätzung der Johannes-Predigten wird auch von Kennern der Predigten Luthers geteilt (ebd.). Wir lassen Luther darum im folgenden noch einmal etwas ausführlicher zur Sprache kommen. Bei den Zitaten halten wir uns an die Rörersche Nachschrift, die dem gesprochenen Wort am nächsten kommt. Zu Luthers Auslegung von Joh. 17 vgl. E. Ellwein, Summus Evangelista, Die Botschaft des Johannesevangeliums in der Auslegung Luthers, 1960.
168 BoA VII, 216, 23—26 = WA 28, 90, 4—6.
169 BoA VII, 216, 37—217, 1 = WA 28, 91, 1f.
170 BoA VII, 217, 16f. = WA 28, 92, 4f.

Christus den Seinen gibt, besteht nach V. 3 aber gerade darin, "daß sie dich, der du allein wahrhaftiger Gott bist, und den du gesandt hast, Jesum Christ, erkennen." Luther zieht daraus folgende Schlüsse: "Ergo Christus talis wesen: wen mans kennet, so wird man ewig leben, ergo oportet sit deus[171]." Daraus folgt: "Eadem est cognoscere patrem et Christum cognoscere, ergo sequitur: wenn ich patrem erkenne, et filium, und mussen beide in einer erkentnis begriffen[172]."

Freilich wollen sich die Arianer und Schwärmer gerade aus diesem Vers (Joh. 17,3) ein Argument gegen die Gottheit Christi beschaffen[173]. Sie spielen das "der du allein wahrer Gott bist" gegen Christus aus. Aber damit will Christus ja nur dem Vater die Ehre geben, weil er vom Vater alles empfangen hat. Nur dort, wo Christus geglaubt wird, wird zugleich der geglaubt, der Christus gesandt hat. Wo man nur an den Schöpfer von Himmel und Erde zu glauben vorgibt, wie es die Arianer, Juden und Türken tun, da glaubt man gar nicht an den wahren Gott[174].

Die neuen und alten Arianer wollen im Grunde Gott an Christus vorbei erkennen. Ihre Intention ist letztlich die natürliche Gotteserkenntnis durch die Vernunft. Aber gerade so läßt Gott sich nicht erkennen. Überall wo Luther auch nur ansatzweise eine Tendenz zur Trennung von Gott und Christus erkennt, warnt er aufs schärfste davor. So betont er im Blick auf die Schultheologie seiner Zeit: "Sepe dixi vobis et semper dico et mortuo me recordamini, quod omnes diabolici doctores heben oben an et deum praedicant a Christo abgescheiden ut nos in scholis olim. Si vis securus esse contra mortem, peccatum etc., laß dir nicht einreden quod non sit alius deus quam qui est missus. Incipe sapientiam et scientiam tuam a Christo et dic: nescio alium deum quam in illo homine et ubi alius ostenditur, claude oculos[175]." — Etwas später mit deutlicher Anspielung auf Luthers Gegner im Abendmahlsstreit: "Sed Satan macht mir ein strich zwischen Gott et Christum et tum cogito: Christus quidem mortuus, sed qui adfectus deus erga me? . . . Sic facit Satan. Ideo sol man solche spruch wol fassen, da er sich yn den vater zihet, in unum opus et red flicht er sich et patrem. Satan vero nihil agit, nisi quod voneinander reist: Christum video in cruce, die gotheit such ich oben im hymel . . . Nostri: 'Caro nihil prodest', du must mit Gott allein handeln, der geist must dich. Illi reissen dir humanitatem er ab a divinitate et faciunt humanitatem ein unnutz carnem tantum, per quam redemptus: Post hoc mustu hin auff faren. Hoc est secernere deitatem ab humanitate. Quid fiet eis? et deitatem perdent. Quia qui vult quaerere deum etra Christum, der feylet, quia hic dicit 'quos dedisti mihi' (Joh. 17,9)[176]."

---

171 BoA VII, 217, 24f. = WA 28, 92, 12f.
172 BoA VII, 217, 30—32 = WA 28, 93, 1—3.
173 BoA VII, 217f. = WA 28, 93—95.
174 vgl. auch BoA VII, 258 = WA 28, 101.
175 BoA VII, 220, 14—20 = WA 28, 101, 1—7.
176 BoA VII, 225, 28—226, 13 = WA 28, 117, 4—119, 5; vgl. auch BoA VII, 228, 17 = WA 28, 123, 18f.: "Ubi verbum et Christum perdidisti, et patrem amisisti." vgl. auch WA 45, 519f. u. 550f.

Anläßlich der Parenthese von V. 10a ("und alles, was mein ist, das ist dein, und was dein ist, das ist mein") führt Luther aus: "Hoc non solum loquitur de discipulis, qui illi dati sed de verbo, ja etiam vom ewigen wesen: quicquid est patris, hoc etiam suum. Patris est aeterna maiestas, vita, potestas, Ergo Christus hoc verbo fatetur se verum deum, quia dicit 'alles' et quod pater habet est suum, ergo nihil potest excipi. Si 'omnia' ergo aeterna deitas. Ideo locus plenissimus consolatione illis, qui credunt in Christum, si enim Christum, treffen et erlangen deum ipsum. Moneo, ut sinatis faren die schönen cogitationes ut illorum qui quaerunt Christum oben ym himel unter den angelis: qui regat mundum[177]. Istae cogitationes sunt vehementer periculosae. Sunt quidem verae, wenn man sie recht furt. Sed iam in loculum gefast. Videndus hic textus 'quicquid tuum', cum quid sind in Christo quae habet et vermag, wo sol ichs anderswo finden? Dicat ergo Christianus: de nullo deo novi nisi de Christo, ubi invenientur omnia . . . Si vis venire ad patrem, oportet venias prius ad Christum, quia hic omnia tua mea i.e. nullibi deus quam in Christo[178]." Diejenigen, die die Worte Christi aus Joh. 17,10 hören und ihn dementsprechend betrachten, halten ihn für den Schöpfer des Himmels und der Erde[179].

In Joh. 17,5 findet Luther die Gleichewigkeit des Sohnes mit dem Vater ausgedrückt. Denn Christus bittet hier, daß der Vater ihn mit der gleichen Herrlichkeit verklären möge, die er beim Vater hatte, ehe die Welt war[180]. Die Arianer und die Schwärmer, die schon auf der Bahn sind, wollen freilich auch diesen Schriftbeweis durchlöchern. Sie behaupten, Christus sei zwar bereits vor der Welt geschaffen worden, aber doch nicht Gott. Vielmehr sei er eine höhere Kreatur als alle anderen, einschließlich der Engel[181].

Noch an einer anderen Stelle setzt sich Luther mit dem arianischen Schriftbeweis auseinander, bei der Auslegung von Joh. 17,11: "daß sie eins seien gleich wie wir." Die Arianer schließen aus dieser Stelle, daß Christus und Gott nur gleichgesinnt seien, nicht aber wesensgleich. Denn die Christen seien untereinander ja auch nicht eines Wesens bzw. einer Natur, sondern eben nur gleichgesinnt. Luther weist darauf hin, daß die Christen nach Paulus sogar e i n Leib sind (1. Kor. 10,17; 12,12ff.): "Sicut nos Christiani sumus unum corpus, sic pater et filius sunt unus deus: 'gleich wie ich und du sumus una deitas', quasi divinitas esset unum corpus. Sic mei sollen sein ein leib, ein kirchen[182]." Die Einigkeit zwischen einem Glied und dem Leib ist aber viel mehr als die Gleichheit der Gedanken. Wenn ein Glied angegriffen oder verletzt wird, so

---

177 Die folgenden Sätze lauten in Crucigers Bearbeitung von 1530: "Das sind eitel ferliche gedancken, wo man sie nicht recht furet. Denn sie sind alle an diesen einigen ort gebunden, das man nicht weiter tappen noch sehen sol. Wiltu alles treffen und ergreiffen, was Gott ist und thut und im sinn hat, so suche es nur nirgend, denn da ers selbs hin gesteckt und gelegt hat." (WA 28, 136, 14–18).
178 BoA VII, 233, 10–23 u. 234, 2–4 = WA 28, 135, 9–136, 6 u. 139, 9–11.
179 BoA VII, 234, 9ff. = WA 28, 138, 3ff.
180 Weitere Hinweise auf die Ewigkeit des Sohnes:
    BoA VII, 213 u. 257 = WA 28, 81 u. 196.
181 BoA VII, 223f. = WA 28, 109.
182 BoA VII, 237, 27–30 = WA 28, 148, 3–149, 1.

leiden alle anderen einschließlich des Hauptes (Christus!) mit. "Nonne haec dulcissima praedicatio: quando uni fit, fit toti corpori. Hanc unitatem meint dominus hie. 'Eins' non eintrechtig sed ut sint unum, non concordes, unanimes, potuisset sic dicere Euangelista. Sed sint una res, ein ding, das weiter ghet den in die eintrechtigkeit. In germanico potest dici: Illis 2 sunt eins worden, sed sind eins i.e ein ding, kuchen, leib . . . Eins das aneinander hengt, nicht unterschieden wesen. Sic pater et filius sunt[183]."

Bei der weiteren Auslegung von Joh. 17 kommt Luther mehrfach auf diese Ausführungen zurück. So erklärt er, als er bei Joh. 17,20 angelangt ist: "Illa unitas, quam pater et filius habet, audisti. Qui filium angreifft, et patrem, quia est ein ding, Ut Christianitas yhr gelieder ein ding ist. Sicut in Christianitate membrum non potest etc. Das ist der hohe artickel S. trinitatis, quem supra latius, i.e. ein gotlich maiestet und gotlich wesen[184]."

Auch in seinen Predigten über Joh. 14–16 (1537) äußert sich Luther häufig über Fragen der Trinitätstheologie. Auch hier unternimmt er es immer wieder, die Gottheit Christi aus der Schrift zu beweisen und die Lehren der altkirchlichen Ketzer zu widerlegen. Vor allem die Auslegung von Joh. 14,13f. gibt ihm Gelegenheit, die Zweinaturenlehre noch einmal vor seinen Zuhörern zu explizieren[185]. Einige Zitate mögen das verdeutlichen: "Denn unser glaube ist doch gar inn diesen Christum gefasset, wie er droben gesagt hat: 'Wer mich sihet, der sihet den Vater.' Und S. Paulus Coloss. 1 spricht, das inn Christo die gantze Gottheit leibhafftig und völliglich wone, also das ausser im kein Gott ist, und wo er nicht erkent wird, da wird Gott nimer recht erkent noch getroffen, Unternander sind sie wol unterschieden der person halben, der Vater und Christus, Aber gegen uns und inn unsern glauben und hertzen müssen sie gar eins sein[186]." – "Denn weil Christus so redet (der da ist eine einige, unzutrennete person, Gott und mensch), so ist gewis, das auch da ist und redet beide, Gott und der Vater und heiliger Geist, Das ist: die gantze Göttliche Maiestet, Also, das sich Gott gantz und gar an diese person hefftet, und nicht darffst weiter suchen noch fragen, wie oder wo er zu finden oder zu treffen sey[187]."

Wie in seinen Abendmahlsschriften betont Luther in seinen Predigten ungezählte male, daß es "sinnlos ist, von einem Gott zu sprechen, der ein von Christus getrenntes Dasein führt"[188]. Bei allen diesen Aussagen geht es ihm vor allem um die Heilsgewißheit, die Gewißheit, daß wir es in Christus wirklich mit Gott selbst zu tun haben[189]. Diese Gewißheit ist vom Teufel bedroht. "Denn das kan der Teufel noch leiden, so man allein an dem Menschen Christo hanget und

---

183 BoA VII, 238, 23–33 = WA 28, 151, 6–152, 5.
184 BoA VII, 250, 29–33 = WA 28, 183, 7–11; vgl. auch BoA VII, 252f. = WA 28, 187f.
185 WA 45, 543ff.
186 WA 45, 549, 29–35.
187 WA 45, 550, 22–26.
188 K. O. Nilsson, a.a.O., S. 171; vgl. auch: WA 20, 727, 5–7: "totus Christus est in carne. Nos apprehendimus nullum esse deum nisi illum, qui est in illo homine, qui descendit."
189 vgl. L. Ihmels, Das Dogma in der Predigt Luthers, 1912, S. 54.

nicht weiter feret, ja er lesst auch die wort reden und hören, das Christus warhafftig Gott sey. Aber da wehret er, das das hertz nicht könne Christum und den Vater so nahe und unzurtrennet zusamen fassen, das es gewislich schliesse, sein und des Vaters wort sey gantz und gar einerley wort, hertz und wille, Wie denn die unverstendigen hertzen dencken: Ja ich höre wol, wie Christus den betrübten gewissen freundlich und tröstlich zuspricht, Wer weis aber, wie ich mit Gott im Himel daran bin? Das heisst denn nicht einen einigen Gott und Christum, sondern einen andern Christum und einen andern Gott im selbs gemacht und damit des rechten Gottes gefeilet, welcher nirgend erfunden und ergriffen werden wil denn in diesem Christo, Wie er hievon weiter sagt zu Philippo Joh. XIIII.: 'Wer Mich sihet, der sihet auch den Vater.' Also sagt auch Johan. VII.: 'Meine Lere ist nicht mein, sondern des, der mich gesand hat.' Das ist eben, wie er hie spricht: Was ir von mir höret, das ist gewislich meines Vaters wort und wille, Und dürffet nicht weiter darnach forschen noch sorgen, das Gott mit euch zürne oder böses uber euch gedencke, Sondern gewis solt ir sein, das er euch gnedig und hold ist, Denn dazu hat er mich vom Himel gesand, solches euch zu verkünden[190]."

Auch mit subordinatianisch klingenden Stellen wie Joh. 14,28 (". . . denn der Vater ist größer als ich") muß sich Luther im Verlauf seiner Predigten auseinandersetzen. Diese johanneische Aussage haben die Arianer natürlich kräftig für sich ausgeschlachtet. Luther beruft sich hier zunächst auf die Auslegung von Hilarius und Augustinus. "Weil aber aus andern orten der schrifft beweiset wird, das Christus warhafftiger Gott sey, so müsse sich dieser spruch mit der andern schrifft vergleichen lassen, nemlich also, das der Vater sey grösser non natura seu essentia, sed autoritate, nicht des Göttlichen Wesens halben, sondern allein darumb, das der Son ist vom Vater, nicht widerumb der Vater von dem Son[191]." – Diese Interpretation will Luther gelten lassen. Er fügt aber seinerseits noch hinzu, daß Christus hier von seiner Verklärung beim Eingehen in das Reich seines Vaters redet. Solange er in seiner Erniedrigung auf der Erde ist, hat er sich seiner göttlichen Herrlichkeit entäußert (vgl. Phil. 2). Seine göttliche, allmächtige Gewalt und Herrschaft, welche er mit dem Vater von Ewigkeit her einnimmt, wird erst dann offenbar, wenn er in das Reich seines Vaters eingeht[192].

Häufig zitiert Luther auch Joh. 5,19–23, um die Gottheit Christi und des heiligen Geistes aus der Schrift zu beweisen und zugleich den alten trinitäts-theologischen Grundsatz "opera trinitatis ad extra sunt indivisa" zu unter-mauern: "Da hin füret uns nu die Schrifft und dieser Artickel, das ich mus sagen,

190 WA 21, 467, 10–29.
191 WA 45, 632, 7–12.
192 vgl. a.a.O., S. 633; weitere Stellen dazu bei Th. Harnack, Luthers Theologie, II, S. 212ff. Bereits Augustin legt diese Stelle ähnlich aus und verweist ebenfalls auf Phil. 2,6 und die "forma servi" (de trin. I, 7, 14 u. 11, 22). "Es handelt sich um einen Auslegungsgrundsatz, der in der antiarianischen Apologetik weitverbreitet ist und der zu jenen Grundgedanken gehört, die Augustin als normativ übernommen hat." (A. Schindler, a.a.O., S. 113).

das dieser Christus sey der einige Son Gottes, des gleichen Son keiner ist im himel und auff erden, Denn die gantze Schrifft zeuget, das er dem Vater gleich sey, und was der Vater schaffet oder machet, das thut er auch, und Summa: wie Sanct Johannes inn seinem Euangelio immer dar zeiget, das er sich annimpt aller werck Gottes und wil eben also geehret werden, wie der Vater geehret wird, setzet sich allenthalben gleich dem Vater. Aus solchen sprüchen, die keinem Engel noch menschen mögen zu geeigent werden, mus ich gleuben, das er warhafftiger Gott sey, gleich so hoch, mechtig, ewig, allmechtig als der Vater, Denn was der Vater thuet, das thuet er auch, welche der Vater lebendig machet, die machet auch der Son lebendig, Also wird es ein werck beider person, die doch unterscheiden sind, das doch nicht mehr kan sein denn ein Göttliche gewalt, ein Göttlich natur und wesen, und der keines geteilet kan werden[193]."

In vielen der bisher genannten Bibelstellen — vor allem denen aus dem Johannes-Evangelium — klingt das trinitarische Problem irgendwie an. Luther hat sich aber auch in Predigten über Perikopen dazu geäußert, wo man es eigentlich gar nicht erwarten würde. In einer Predigt über die Sturmstillung aus dem Jahre 1546[194] führt er aus: Nach vielem Arbeiten, Predigen und Heilen ist Christus müde und legt sich darum im Schiff schlafen. Das zeigt, daß Christus wahrhaftiger und natürlicher Mensch war. Zugleich zeigt diese Perikope aber auch, daß er wahrhaftiger Gott ist. Denn den Winden gebieten, d.h. den Teufeln, die solches Unwetter erregen, das kann nur Gott. Diese Auslegung gibt Luther dann die Möglichkeit, in der bekannten Weise über den Trinitätsglauben als das Spezifikum des christlichen Glaubens gegenüber den anderen Religionen zu reden.

Alle diese Zitate zeigen die "trinitarische Einheit zwischen Gott und Christus"[195]. Auch und gerade in den Predigten Luther sieht man, "wie Theologie und Christologie verbunden sind, wie bei Luther der Gottesglaube nur im Christusglauben möglich wird"[196]. Es ist darum nicht sinnvoll, den christo-zentrischen gegen den theozentrischen Charakter der Theologie Luthers auszu-spielen und umgekehrt[197]. "Luthers Gottesglaube ist gleichzeitig christozen-trisch . . . , denn nur in Christus handelt Gott an den Menschen und theozen-trisch, denn in Christus ist es wirklich Gott, der an den Menschen handelt[198]." Denn für Luther ist Christus "der konkrete Gott"[199].

193 WA 37, 40, 31–41, 5; vgl. WA 10, I, 2, 295; 27, 187; 34, I, 501; 46, 437 und 41, 274f., wo Luther neben Joh. 5,23 auch Joh. 12,44; 14,1; 16,15 zitiert, um zu beweisen, daß Vater und Sohn eins sind. Weitere Schriftstellen, die Luther anführt, sind z.B.; Joh. 8,58 (WA 10, I, 1, 149); Joh. 16,14 u. 17,1–5 (WA 10, I, 2, 296); Röm. 1,2–4 (WA 10, I, 2, 296); Röm. 9,5 (WA 17, I, 279).
194 WA 51, 148ff.
195 E. Seeberg, Luthers Theologie, II, S. 345; vgl. E. Wolf, Die Christusverkündigung bei Luther, in: Peregrinatio, Bd. II, 1954, S. 57.
196 E. Seeberg, a.a.O., S. 239.
197 vgl. W. Link, Das Ringen Luthers um die Freiheit der Theologie von der Philosophie, 1954, S. 119.
198 K. O. Nilsson, a.a.O., S. 156.
199 E. Seeberg, Luthers Theologie in ihren Grundzügen, 1940, S. 86; vgl. E. Wolf, a.a.O., S. 58 und W. Joest, Ontologie der Person bei Luther, 1967, S. 393.

c) Die Gottheit des Geistes

Natürlich versucht Luther auch die Gottheit des heiligen Geistes schriftgemäß zu begründen. Als wichtigste Bibelstelle führt er den trinitarischen Taufbefehl Matth. 28,19 an: "... und taufet sie im Namen des Vaters und des Sohnes und des heiligen Geistes." Durch den einen Namen Gottes ist hier die Einheit der drei Personen angedeutet. Der Sohn und der Geist sind ebenso wie der Vater Gott. Christus hat nicht befohlen auf den Namen von Kreaturen zu taufen, sondern auf den Namen Gottes[200]. "Da gibet er die Gottheyt auch dem hayligen geyst, denn ich darff niemandts vertrawen oder glauben dann allein Got, dann ich muß einen haben, der da mechtig ist uber tod, hell und teüffel und über alle Creaturn, das er inen gebieten künne, das sy mir nicht schaden, und mich hyndurch ziehe, Also das ich einen habe, da ich frey auff bawen künde. So beschleüsst nu Got hie, das man auch in den hayligen geyst glauben und vertrawen sol, der halben muß er auch Got sein[201]."

Ähnlich wie hier hat Luther oft die Gottheit Christi und des Geistes vom Glaubensbegriff aus begründet. Dabei verweist er auf Jer. 17,5: " 'Maledictus qui confiderit in homine:' Eyn nar, der yhm selber vertrawet. Ita reiicit scriptura omnem fiduciam praeter in deum[202]." Weil jedes Vertrauen auf Menschen zunichte werden muß, impliziert der Glaube an Christus und an den heiligen Geist bereits die Anerkennung ihrer Gottheit.

Auch sonst schließt Luther häufig aus bestimmten biblischen Aussagen, die per definitionem nur von Gott gemacht werden können, auf die Gottheit des Geistes. Sowohl die Allgegenwart des Geistes, die in Ps. 139,7 bekannt wird[203], als auch seine lebendigmachende Wirkung (nach Röm. 8,2 u. 2. Kor. 3,6) implizieren die Gottheit des Geistes[204].

Vergleichen wir diese Aussagen aus Predigten von 1520—29 mit den Predigten über das Johannes-Evangelium von 1537, so ergibt sich, daß Luther später wesentlich mehr über den heiligen Geist als trinitarische Person zu sagen hat. Vor allem bei der Auslegung der Paraklet-Verheißung in Joh. 14,16 wird Werk und Bedeutung des heiligen Geistes ausführlich erörtert[205]. Der heilige Geist ist der Tröster. Diese Aussage wird dann auch noch trinitarisch differenziert: Vater, Sohn und Geist sind je verschieden am Werk des Trostes beteiligt. "Darumb müssen wir den heiligen Geist also lernen kennen und gleuben, wie er in uns fürbildet und beschreibet, nemlich, das er nicht ein Geist des zorns und schreckens, sondern ein Geist der gnaden und trostes sey. Und also die gantze

---

200 WA 27, 187f.

201 WA 10, I, 2, 297, 18—24. Dieses Argument war bereits in der zweiten Hälfte des vierten Jahrhunderts außerordentlich populär. Man schloß damals: Wer Christus und dem Geist die Proskynese zugesteht, der muß auch bei beiden die Homousie bekennen, um nicht ein Geschöpfanbeter zu sein. (Vgl. K. Holl, Amphilochius von Ikonium, S. 125).

202 WA 29, 385, 22—24; vgl. WA 12, 442; 41, 276.

203 WA 10, I, 2, 297.

204 vgl. WA 17, I, 279.

205 Zur Auslegung der Paraklet-Verheißung durch Luther vgl. E. Ellwein, a.a.O., S. 45ff.

Gottheit eitel trost zeiget, Das beide, der Vater wil trösten, denn er gibt den heiligen Geist, der Son tröstet, denn er bittet darumb, Und der heilige Geist sol selbs der Tröster sein. Darumb ist hie jhe kein zorn, drewen noch schrecken uber die Christen, sondern eitel freundlich lachen und süsser trost im Himel und auff erden[206]."

Versucht man vom Gedanken des Trostes aus das Werk des dreieinigen Gottes zu verstehen, dann stößt man bis zum Kern des evangelischen Glaubens vor. "Man hat bisher unter dem Bapstum die namen (Vater, Son und heiliger Geist) erhalten, und haben viel geforschet und disputirt von dem Göttlichen wesen, Aber nur die schalen davon gehabt, Den brauch und nutz hat niemand davon erfaren, damit man sich das hette wissen zu trösten[207]." Mit diesen Worten macht Luther die Einheit des göttlichen Wirkens und damit zugleich die Einheit des göttlichen Wesens deutlich. Die drei Personen sind also keinesfalls als Träger dreier verschiedener Eigenschaften in Gott zu verstehen. "Denn was ist der Teuffel, tod und alle ding gegen die ewige allmechtige Maiestet, Got den Vater, Son und heiligen Geist? Welche zu gleich sind und wollen unser Tröster heissen, Denn so der ein Tröster heisst, so da Gesand wird, so mus auch beide, der, so in sendet, und der, durch welchen er gesand wird, der selbige Tröster sein, Das gewislich kein ander Gott ist denn ein Tröster, Und wer da wil Gott furthin kennen und mit rechtem namen nennen, der sol in nennen einen Tröster . . .[208]."

Daraus daß das Wort "Tröster" eine Person und nicht eine Sache bezeichnet, ist abzuleiten, daß der heilige Geist neben Vater und Sohn eine besondere Person ist. "Das ist nu recht von dem heiligen Geist geleret, das er heisst ein Tröster, und dis sein art, ampt und eigenschafft sey, Denn von seinem Göttlichen wesen oder Substantia wollen wir itzt nicht scharff disputirn, wie das wort Tröster ist ein persönlich wort, dazu gehöret, das er eine sondere person sey, die nicht der Vater noch der Son sey . . . Denn fur seine Gottheit ist er mit dem Vater und dem Son inn unzutrenneten Göttlichen wesen, Aber uns wird er Tröster genant, Also das dieser name sey nicht anders, weder eine offenbarung oder erkentnis, was man von dem heiligen Geist halten sol, nemlich, das er sey ein Tröster[209]."

Anläßlich der Auslegung von Joh. 15,26f. kommt Luther noch einmal ausführlich auf den heiligen Geist zu sprechen[210]. Nach dem Text hat er ein dreifaches Amt. Er ist der Tröster, der Geist der Wahrheit und gibt das Zeugnis von Christus an uns weiter. Von diesem Werk her ergibt sich dann auch ohne weiteres, daß der heilige Geist, der vom Vater und vom Sohn ausgesandt wird, trinitarische Person ist. "Denn diese wort zeugen und beweisen, das der heilige Geist nicht heisst ein schlechter Geist (als eine Creatur oder etwas ausser Gott und doch von im dem Menschen gegeben, noch allein sein werck, so er ynn unserm hertzen wirckt,) Sondern ein solcher Geist, der da ist selb wesentlich

---

206 WA 45, 562, 10–17.
207 WA 45, 567, 15–19.
208 WA 45, 564, 9–15.
209 WA 45, 565, 32–37. 566, 2–5.
210 WA 45, 725ff.

Gott und sein wesen hat vom Vater, nicht geschaffen noch gemacht, sondern der beide, vom Vater ausgehet und auch von Christo gesand wird, Und gibt inen auch solche namen, so da sind persönliche namen oder eine selb wesende Person zeigen und nennen, als das er in heist den Tröster, und auch dazu personliche werck, als das er sol von Christo zeugen. Item (wie er hernach spricht: 'Er sol sie alles leren' etc.)[211]."

Wie die beiden letzten Zitate zeigen, begründet Luther die Personalität des Geistes von seiner Sendung und seinem Amt her, nicht aus den innertrinitarischen Beziehungen. Nur weil der heilige Geist sich in seiner Sendung als besondere Person offenbart, wissen wir, daß er es auch in Gott ist. "In all diesen wahrhaft schöpferischen Leben schaffenden Taten erweist der Hl. Geist sich als dominus und deus, wahrhaft Gott von Art: So k a n n Luther nicht nur, so m u ß er freudig einstimmen in das Bekenntnis der Kirche, das ihn zusammen mit Vater und Sohn anbetet und verherrlicht[212]."

Vergleicht man, wie Luther die Gottheit Christi und die Gottheit des Geistes von der Schrift her begründet, so fällt auf, wie sich die Argumente bei allen Unterschieden immer wieder gleichen. Häufig geht der Reformator von bestimmten Tätigkeiten und Wirkungen aus, die in der Bibel Christus oder dem heiligen Geist zugeschrieben werden. Dann konstatiert er, daß diese Tätigkeiten nur von Gott vollbracht werden können. Daraus ergibt sich dann der Schluß: also müssen Christus und der heilige Geist auch Gott sein. Das Bekenntnis zur wesenhaften Gottheit Christi und des Geistes werden also von der soteriologischen Funktion her begründet, die Christus und der Geist am Menschen ausüben[213].

6. Taufe und Trinität

Luther hat mehrfach über die Taufe Jesu durch Johannes (Matth. 3,13–17) gepredigt[214]. Vor allem in zwei Predigten kommt dabei auch ausführlich die Trinität zur Sprache. Vom 18. Januar bis zum 22. Februar 1534 hat Luther in sechs Predigten ausführlich die Taufe behandelt. Diese erschien 1535 mit seiner Billigung im Druck[215]. Am Epiphaniastag des Jahres 1546 hat Luther noch

211 WA 45, 732, 22–31 vgl. bereits WA 17, I, 279, 22–280, 2: "Christus in Euangelio: 'spiritus veritatis, qui a patre procedit', non ut creatura, sed processus, qui manet in patre, est patris animus. Pater cogitat, wie er ein gestalt sey in filio, in quo videt omnem suam sapientiam. Postea hat er ein mut, i.e. spiritum sanctum."
212 K. D. Schmidt, Luthers Lehre vom Heiligen Geist, Gesammelte Aufsätze, 1967, S. 126.
213 vgl. W. Joest, a.a.O., S. 392; R. Seeberg, Dogmengeschichte, IV/1, S. 226f. (mit vielen Belegstellen) u. Th. Harnack, Luthers Theologie, II, S. 117.
214 vgl. M. Ferel, Gepredigte Taufe, Eine homiletische Untersuchung zur Taufpredigt bei Luther, 1969, S. 99ff. u. 153ff.
215 WA 37, 627–672 vgl. 258ff. (Nachschriften Rörers), vgl. auch die Predigt vom Epiphaniastag 1534 (WA 37, 249ff.).

einmal über diesen Text gepredigt. Auch diese Predigt wurde bald gedruckt[216]. Zu diesen Predigten über die Taufe Christi gehört thematisch gesehen auch eine Predigt über die Verklärung Christi (Lk. 9,28–36), welche Luther am Trinitatistag 1538 gehalten hat[217]. Darin erklärt er, die Taufe Christi eigne sich am besten als Perikope für das Trinitatisfest, obwohl in den bekannten Perikopenordnungen sonst andere Texte vorgeschlagen werden. Aber auch der Epiphaniastag ist für Luther eng mit der Geschichte von der Taufe Jesu verbunden. Denn dieses Fest wurde in der Alten Kirche hoch gefeiert, "erstlich umb der grossen, herrlichen Erscheinung und Offenbarung der Heiligen Dreifaltigkeit, darnach umb der Tauff Christi willen"[218]. Eine solche herrliche Offenbarung der göttlichen Majestät ist in der ganzen Hl. Schrift nicht mehr beschrieben und wird auch bis zum Jüngsten Tag nicht mehr gesehen werden, Darum sollte der Epiphaniastag auch heißen: uns Herrn Christi Tauftag oder Tag der Offenbarung der heiligen göttlichen Dreifaltigkeit[219]. "Denn hie erzeigt sich Gott selbs, nicht wie den Vetern durch heimliche Offenbarung oder inn frembder gestalt als durch Engel, sondern personlich und inn seiner eigen maiestet und offenbarlich uber den gantzen himel, ... Dazu nicht durch blos gesichte und stumme zeichen, sondern mit lebendiger stimme und herrlicher predigt, Und alle drey personen der Gottheit, unterschiedlich und durch dreierley gestalt oder bilde, Also das sich die maiestet gantz und gar ausgeschüttet und gegenwertig dargestellet hat uber der Tauffe Christi[220]."

Alle drei Personen sind bei der Taufe Jesu gegenwärtig: der Vater als himmlische Stimme, der Sohn im Wasser des Jordan und der Geist in Gestalt der Taube[221]. Die Worte des Vaters "Dies ist mein lieber Sohn, an dem ich Wohlgefallen habe" dürfen auf keinen Fall adoptianisch verstanden werden. Denn Christus ist desselben göttlichen Wesens mit dem Vater[222].

---

216 WA 51, 107–117.
217 WA 46, 433–460.
218 WA 51, 108, 10–12.
219 a.a.O.
220 WA 37, 648, 7–15.
221 WA 51, 108, 38–109, 11: "Daher wir auch gleuben und bekennen in unserm Christlichen Glauben drey Personen Göttlicher Maiestet, gleicher allmechtigkeit, gewalt, ewigkeit, etc. Gott des Vaters, Gott des Sohns und Gott des Heiligen Geists, welche Personen Göttlicher Maiestet, wie gesagt, sich hie bey der Tauff Christi unterschiedlich offenbaren und sehen lassen, Denn hie sehen wir klar und deutlich aus S. Matthes, wie alle drey Personen unterschiedlich sich offenbaren, eine igliche in einer sonderlichen gestalt oder Bilde, Denn des heiligen Geists, welcher in einer Tauben gestalt erscheinet, ist ja ein unterschiedliche Person und gestalt von der gestalt, Figur und Bild Gottes und Marien Son, unsers HERRN Jhesu Christi, so im Wasser bey Johanne im Jordan stehet und sich Teuffen lesset, So erzeiget sich der Vater vom Himel herab auch in einer andern sonderlichen Gestalt und bildet sich in eine stim, Lest sich hören und sagt: 'DIS IST MEIN LIEBER SON' etc. Da sind je klar und deudlich drey unterschiedliche Personen angezeigt Göttlicher allmechtigkeit, und ist doch nicht mehr denn allein ein einiger, ewiger Gott in drei Personen, wie er sich da geoffenbart, abgemalet und gebildet hat." vgl. auch WA 46, 444.
222 WA 37, 652.

Diese Offenbarung der Dreieinigkeit am Jordan ist nicht um Christi willen geschehen. "Denn wozu hat ers bedurfft, das sich der Vater sampt dem heiligen geist im offenbaret und von im predigte, weil er sonst allzeit personlich mit und inn Christo war, Es ist alles umb unsern willen geschehen, die an in glauben und inn seinen namen getaufft und selig werden sollen, und zu eim ewigen bilde der Christenheit furgestellet, darinn sich Gott selbs offenbarlich hat erzeigt und beide, sich sehen und hören lassen[223]."

Was in der Jordantaufe sichtbar geschah, geschieht auch heute noch unsichtbar bei jedem, der getauft wird. Denn gerade das sollen wir aus der Geschichte von der Taufe Jesu ablesen, daß die göttliche Majestät bei der Taufe selbst gegenwärtig sein will. Darum hat Christus ja auch in den Einsetzungsworten befohlen, im Namen des Vaters und des Sohnes und des heiligen Geistes zu taufen: "auff das wir des keinen zweivel haben sollen, wo die tauffe ist, das da gewislich der himel offen und die gantze dreifaltigkeit gegenwertig sey und durch sich selbs den, so getauffet wird, heilige und selige[224]."

Diese Gegenwart und Wirksamkeit der Dreieinigkeit in der Taufe hat Luther immer wieder in seinen Predigten und Schriften über die Taufe betont[225]. Denn in der Taufe geht es "um die Gegenwart des lebendigen Gottes selbst mit seinem Heil"[226]. Die Taufe ist nicht irgendeine Kraft, sondern "pater, filius, spiritus sanctus mit all ir krafft"[227]. Freilich bleibt Luther auch hier nicht bei der bloßen Behauptung der Gegenwart der Trinität in der Taufe stehen. Er versucht auch aufzuzeigen, inwiefern alle drei Personen in der Taufe wirksam sind. Es geht ihm also nicht nur um "das eigene, rechte, höheste werck der Göttlichen maiestet, welchs betrifft unser Erlösung und ewige seligkeit" sondern auch um das Werk, welches "einer iglichen person der Göttlichen maiestet eigen ist"[228]. Dabei appropriiert er folgendermaßen: "das darin sey der vater mit seinem liecht und maiestet, der son mit seinem blut, der heilige geist mit seinem fewer[229]." Als Vater gibt sich uns Gott mit seiner Majestät, mit seinem Licht und seiner Majestät und mit allem, was er hat. Durch das Blut des Sohnes vermag er uns den Tod, die Sünde und all unser Unglück wegzunehmen und dagegen ewige Gerechtigkeit, Leben und Freude zu geben. Und als heiliger Geist will er uns mit seinem Feuer anzünden und erleuchten, damit wir diese Gnade durch den Glauben empfinden und fühlen. "Weil nu solchs alles geschicht bey diesem heiligen Sacrament der Tauffe, sol mans billich nicht ansehen, wie es die kue ansihet, das es wasser und nass ist, sondern als eitel blut des sons Gottes und eitel feur des heiligen geists, darinn der son durch sein blut heiliget, der heilig geist

223 WA 37, 648, 25–30.
224 WA 37, 649, 6–8.
225 z.B. WA 30, I, 217; 26, 507; 45, 173–175; 45, 181–185.
226 L. Grönvik, Die Taufe in der Theologie Martin Luthers, 1968, S. 177;
227 WA 45, 174, 38–175, 1.
228 WA 37, 649, 34f.
229 a.a.O., Z. 36f.

durch sein fewer badet, der Vater durch sein liecht und glantz lebendig macneι,
Also das sie alle drey personlich gegenwertig und zu gleich einerley Göttlich
werck ausrichten und alle ire krafft inn die Tauffe aus schütten[230]."

In den beiden von uns zitierten Predigten betont Luther auch die Einheit
Gottes und seines Wirkens: "Denn das weis ich auch wol und ist eben, das wir
gesagt haben, das gegen die creatur zu rechen, nicht mehr denn ein Gott ist, Aber
wenn man kömpt ausser und uber die creatur inn die Maiestet und wissen wil,
wie es darin zugehet, da höret meine weisheit auff und mus hören, was er sagt,
wie und was er sey, Da höre ich nu in selber sagen, das drey person inn einiger
natur Göttlichem wesen sind, Da sol ich bey bleiben und nicht dawidder
klügeln[231]."

Auch in Luthers Tauflied "Christ unser Herr zum Jordan kam" sehen wir die
enge Verbindung von Trinitätstheologie und Tauflehre. Wir zitieren die
trinitarisch relevanten Strophen:

> So hört und mercket alle wol,
> Was Gott heisst selbs die Tauffe,
> Und was ein Christen gleuben sol
> zu meyden Ketzer hauffen,
> Gott spricht und wil, das wasser sey,
> Doch nicht allein schlecht Wasser,
> Sein heiligs Wort ist auch dabey
> Mit reichem Geist on massen,
> der ist allhie der Tauffer.
>
> Sölchs hat er uns beweiset klar
> mit Bildern und mit Worten.
> Des Vaters stim man offenbar
> Daselbs am Jordan horte.
> Er sprach, Das ist mein lieber Son,
> An dem ich hab gefallen,
> DEN will ich Euch befolhen han,
> Das ir IN höret Alle
> und folget seinem Leren.
>
> Auch Gottes Son hie selber steht
> In seiner zarten Menscheit.
> Der heilig Geist ernider fert
> In Taubenbild verkleidet,
> Das wir nicht sollen zweiveln dran,

---

230 WA 37, 650, 15–21.
231 WA 37, 653, 28–34; vgl. WA 51, 108f. (s.o. Anm. 221 zu S. 189) und WA 46, 437.

Wenn wir getauffet werden,
All drey Person getauffet han,
Da mit bey uns auff Erden
zu wohnen sich ergeben.[232]

7. Vestigia trinitatis?

Wie wir gesehen haben, lehnt Luther die augustinische Lehre von der Seele und ihren drei Grundkräften als Abbild der Trinität ab[233]. Auch sonst legt der Reformator in den von uns untersuchten Predigten keinen Wert darauf, seinen Hörern irgendwelche Dreiheiten aus Natur, Geschichte oder Psychologie als Beweis oder Bekräftigung des Trinitätsglaubens vorzuführen. Nur in den Tischreden finden sich gelegentlich solche Dreiheiten. Wir zitieren die wichtigsten Beispiele: "Der Vater ist in göttlichen Dingen und Sachen die Grammatica, denn er gibt die Wort und ist die Bronnquelle, daraus gute, feine, reine Wort, so man reden soll, fließen. Der Sohn ist die Dialectica, denn er gibt die Disposition, wie man ein Ding fein ordentlich nach einander setzen soll, daß es gewiß schließe und auf einander folge. Der heilige Geist aber ist die Rhetorica, der Redner, so es fein fürträgt, bläset und treibet, macht lebendig und kräftig, daß es nachdruckt und die Herzen einnimmt[234]."

"In sole substantia, splendor et calor. In fluminibus substantia, fluxus et potentia. Sic in artibus quoque: in Astronomia motus, lumen et influentia; in Musica tres notae Re, Mi, Fa; in Geometria tres divisones, linia, superficies et

---

232 WA 35, 469, 6–32. Auch sonst findet sich in Luthers Liedern häufig das Bekenntnis zur Trinität. Eine Anzahl seiner Lieder endet mit dem trinitarischen Gotteslob bzw. dem Segen im Namen der Trinität, z.B.:
Es wolle Gott uns gnädig sein (WA 35, 419);
Nun komm der Heiden Heiland (WA 35, 431);
Christum wir sollen loben schön (WA 35, 433);
Komm, Gott Schöpfer, Heiliger Geist (WA 35, 447);
Was fürchst du, Feind Herodes sehr (WA 35, 471);
Der du bist drei in Einigkeit (WA 35, 473).
Mit Ausnahme des ersten handelt es sich dabei freilich um Übersetzungen bzw. Nachdichtungen lateinischer Hymnen. Auffallend ist aber, daß die letzte trinitarische Strophe der beiden Lieder "Christum wir sollen loben schön" und Komm, Gott Schöpfer, Heiliger Geist" in den lateinischen Vorlagen "A solis ortus cardine" und "Veni creator spiritus" nicht enthalten ist (vgl. WA 35, 150 u. 161). Sie ist offenbar von Luther jeweils hinzugedichtet worden.
Deutlich trinitarisch strukturiert sind folgende Lieder:
Gott, der Vater wohn uns bei (WA 35, 450);
Wir glauben all an einen Gott (WA 35, 451f.);
Erhalt uns Herr bei deinem Wort (WA 35, 467f.).
233 s.o. S. 169 u. 172.
234 WATR 1, 564, 2–7.

corpus; in Grammatica tres partes orationis; in dictione apud Ebraeos tres literae substantiales; in Arithmetica tres numeri; in Rhetorica dispositio, elocutio et actio seu gestus, nam inventio et memoria non sunt artis, sed naturae; in Dialectica definitio, divisio et argumentatio. Sic quaelibet res habet pondus, numerum et figuram. Sic herbae et flores habent 1. formam, qua significatur Deus Pater eiusque potentia, 2. odorem seu saporem, quae nota est Filii eiusque sapientia etc.; 3. vim et vires seu effectus, qui sunt vestigia Spiritus sancti eiusque bonitatis. Ita licet in omnibus creaturis invenire et cernere Trinitatem divinam impressam esse. Haec optima signa neglexerunt scholastici et excogitarunt alia quaedam inepta[235]."

In der großen Genesis-Vorlesung geht Luther an einer Stelle etwas näher auf die Problematik der vestigia trinitatis ein[236]. Er führt zunächst aus, daß sich solche Hinweise auf die Trinität in den Geschöpfen finden lassen. Wer die Substanz eines Dinges betrachtet, sieht den Vater. Wer die Form oder Schönheit eines Dinges wahrnimmt, sieht den Sohn. Und wer den Gebrauch oder die Beschaffenheit der Dinge anschaut, sieht den heiligen Geist. "Haec tria non possunt separari, substantia, forma et bonitas[237]."

Diese Dreiheit findet eine gewisse Entsprechung in der zuletzt zitierten Tischrede, freilich mit dem Unterschied, daß Luther dort in der "forma" ein vestigium des Vaters sieht, während er hier die Form in engere Beziehung zum Sohn setzt. Schon diese Unklarheit im Detail zeigt, daß Luther auf diese Dinge keinen großen Wert legt. Denn er will mit diesen "vestigia divinitatis" durchaus nicht die Möglichkeit einer natürlichen Gottes- bzw. Trinitätserkenntnis untermauern. Er sagt vielmehr ausdrücklich: Nur derjenige, der Gott erkennt, erkennt und liebt auch die Kreaturen. Darum sehen nur die Gläubigen die obengenannte Differenz in den Kreaturen. Die Ungläubigen erkennen weder Gott noch die Geschöpfe; geschweige denn, daß sie ihren Gebrauch erkennen. Das führt Luther an einem Beispiel aus: der Geizige erkennt zwar in einem Geldstück die Substanz, die darauf abgebildete Figur und sein Gewicht. Er beachtet aber nicht, daß es als Form "vestigium filii" ist und bedenkt nicht den rechten Gebrauch zur Ehre Gottes und zum Nutzen des Nächsten.

---

235 WATR 1, 396, 10–21.
236 WA 43, 276, 27–42: "Qui autem cognoscit Deum, etiam creaturam novit, itelligit et amat. Quia divinitatis vestigia sunt in creatura. Cum in principio crearet Deus coelum et terram, primum vestigium patris erat substantia rerum, postea accessit forma. Tertio bonitas. Istam differentiam in creaturis observant soli pii, impii non agnoscunt, neque enim Deum nec creaturas norunt: multo minus usum earum. Pertinet autem ad usum rei spiritus sanctus. Qui usum rei videt, spiritum sanctum videt, qui forman rei sive pulchritudinem cernit, filium videt. Qui substantiam et durationem rerum considerat, videt patrem. Haec tria non possunt separari, substantia, forma et bonitas. Avarus vero tantum videt in pecunia substantiam, figuram, pondus: non autem, quod sit vestigium filii, animadvertit, nec usum rei, hoc est, ad quid prosit, cogitat nimirum ad gloriam Dei principaliter, deinde ad utilitatem proximi. Impii non cernunt bonitatem rerum, tametsi substantiam et forman aliquo modo aspiciunt. Sic ἀστοργος non videt usum coniugis aut liberorum."
237 s. vorige Anm.

Auf vestigia trinitatis weist der Reformator in seinen Schriften nur sehr selten und dann meistens nur andeutungsweise hin. "Doch nie unternimmt es Luther, solche Ideen und Andeutungen schärfer zu bestimmen, auszuführen und in Zusammenhang mit einander zu setzen[238]." Die verschiedenen Andeutungen lassen sich nicht zu einer Lehre von den vestigia trinitatis ausbauen. Sie dienen nur zur Illustration und Ausschmückung einer vom biblischen Zeugnis her zu begründenden Lehre, haben aber für seine eigene Trinitätslehre keinerlei Bedeutung[239].

8. Ökonomische und immanente Trinität

Wir beginnen diesen Abschnitt mit einigen Bemerkungen zur Terminologie der Trinitätslehre. Schon mehrfach sind wir auf die Frage nach der Bedeutung des trinitarischen Personbegriffs bei Luther gestoßen. Im allgemeinen wird er einfach als selbstverständliche Größe eingeführt, ohne näher präzisiert oder definiert zu werden. Nur verhältnismäßig selten wird dieser Begriff als solcher gewürdigt, so z.B. in einer Predigt über Joh. 1 aus dem Jahre 1537: "Wir haben das wörtlin 'Person' müssen gebrauchen, wie es denn die Veter auch gebraucht haben, denn wir haben kein anders, und heisset nichts anders denn ein Hypostasis, ein Wesen oder Substantz, das fur sich ist und Gott ist. Das da wol sind drey unterschiedene Personen, aber nur ein Gott, oder eine einige Gottheit, das nur ein einiger Gott sey und also Jesus Christus mit Gott dem Vater ein Schöpffer und Erhalter aller ding sey und darnach von Maria der Jungfrawen geboren, warer Gott und Mensch sey[240]." — Wie wenig das im Sinne einer Definition gemeint ist, kann man schon daraus sehen, daß Luther hier das Äquivalent der griechischen Trinitätstheologie gebraucht: Hypostasis (= konkrete Existenz), dieses dann aber mit dem lateinischen Substanzbegriff übersetzt — einem Ausdruck, den er (und die Tradition) doch sonst gerade nicht auf die "Personen", sondern auf das Wesen bezieht.

Offenbar ist Luther über den Begriff der Person in der Trinitätstheologie selber nicht ganz glücklich. Aber da er keinen besseren weiß, muß er ihn doch gebrauchen. Auch in anderen Predigten hat der Reformator ein gewisses Unbehagen gegenüber dem trinitarischen Personbegriff geäußert. "Nenne du es, wie du wilt, wir heissen es eine person, ist wohl nicht gnug geredt, sondern gestamlet, Aber wie sollen wir im thun? wir könnens nicht besser[241]."

238 J. Köstlin, Luthers Theologie, II, S. 340.
239 vgl. K. Barth, Kirchliche Dogmatik, I, 1, S. 358: "So darf man sicher auch die Äußerungen Luthers zu dieser Sache nicht als theologische Grundlegung, sondern eben nur als theologische — Tischreden verstehen."
240 WA 46, 550, 16—23.
241 WA 41, 272, 36—38.

Luther gebraucht also den trinitarischen Personbegriff nicht, um damit etwas Spezifisches auszusagen, sondern er übernimmt ihn aus der Tradition wie ihn Augustin übernommen hat, "non ut illud diceretur, sed ne taceretur"[242]. Augustin hatte den Begriff als völlig unzureichend erklärt und damit im Grunde "die Vorstellung von der Adäquatheit der Trinitätsterminologie gründlich vernichtet"[243]. Auch für Luther ist der Personbegriff nicht viel mehr als eine Verlegenheitslösung, an die man sich durch die Tradition gewöhnt hatte. Irgendwie mußte man ja die drei Größen Vater, Sohn und heiliger Geist benennen.

Auch gegenüber anderen Termini der Trinitätslehre äußert Luther gewisse Bedenken. Vor allem die Worte "trinitas" und "Dreifaltigkeit" schienen ihm nicht ganz angemessen. "Trinitas, unitas sunt vocabula mathematica, et tamen non possumus aliter loqui[244]." — In einer anderen Predigt schlägt Luther sogar einen anderen Begriff für das ihm problematisch erscheinende Wort "Dreifaltigkeit" vor: "Dreyfaltigkeit ist ein recht bos deudsch. Inn der Gottheit ist summa concordia. Quidam vocant dreyheit, laut spottisch. Augustinus conqueritur etiam se non habere idoneum vocabulum[245]. Non solum est pater, sed etiam etc. Non possum dicere: sunt 3 homines, angeli, dei, kein prädicat. Das gedrits. Sind person, non 3 dii, herrn, schepffer, sed ein Gott etc. ein einig gottlich wesen. Nenne es ein gedritts. Ich kann im keinen namen geben. Laut ebenteuerlich 3faltigkeit[246]." Das Wort "Dreifaltigkeit" (triplicitas) erinnert Luther offenbar zu stark an den Tritheismus[247]. Andererseits hat er das von ihm selber propagierte Wort "Gedritt" sonst im allgemeinen nicht gebraucht. Von den "alten dogmatischen Termini" der Trinitätslehre macht Luther also "nur notgedrungen Gebrauch"[248]. Sie vermögen die gemeinte Sache — so wie Luther sie versteht — nicht in jeder Hinsicht adäquat auszudrücken.

---

242 Augustinus, de trin. V, 9, 10: "Tamen cum quaeritur quid tres, magna prorsus inopia humanum laborat eloquium. Dictum est tamen: ⟨Tres personae⟩ non ut illud diceretur, sed ne taceretur." — Zur Problematik des Personbegriffs in der Trinitätslehre vgl. z.B. K. Barth, a.a.O., S. 374ff. und K. Rahner, Der dreifaltige Gott als transzendenter Urgrund der Heilsgeschichte, in: Mysterium Salutis, II, S. 342ff.; 364ff. u. 385ff.
243 A. Schindler, a.a.O., S. 167; vgl. F. Loofs, Dogmengeschichte, S. 367; M. Schmaus, Einleitung zu: Des Heiligen Kirchenvaters Aurelius Augustinus fünfzehn Bücher über die Dreieinigkeit, BKV 2. Reihe Bd. XIII, 3. Aufl. 1935, S. XXXI.
244 WA 36, 184, 17f.; vgl. WA 17, I, 278, 5–7: "Nostrum deum dicimus, quod dicitur Sancta trinitas et hodie admonuerunt homines. In scriptura non est, ideo sonat frigide, non tam bene ut ⟨dei⟩ vocabulum."
245 vgl. Augustinus, de doctr. Christ. I, 5 (Migne PL 34, 21).
246 WA 46, 436, 7–13; vgl. o. S. 52 mit Anm. 22.
247 vgl. WA 41, 270, 6–10: "Das Wort nu 'Dreifaltigkeit' ist zwar nicht ein fein wort, aber wie sollen wir ihm thun? wer stamlet, der stamlet, wer wol redet, der redet wol, Denn wir müssen doch in Gottes sachen stamlen oder reden, wie wir können, Sonderlich aber in diesem Artikel, welcher der höchste ist inn unserem heiligen glauben und der heiligen Christlichen kirchen."
248 J. Koopmans, a.a.O., S. 52. Der Satz, daß Luther "eine gewisse Abneigung gegen die verschiedenen termini der altchristlichen Dogmatik hat" (J. v. Walter, Die Theologie Luthers, 1940, S. 134) scheint mir etwas übertrieben.

Wir haben gesehen, daß Luther in seinen Predigten und Schriftauslegungen immer wieder einzelne Aspekte des Trinitätsbekenntnisses zur Sprache bringt. Eine systematische Trinitätslehre hat Luther dagegen nie geschrieben. Aber in den späteren Jahren kommt gelegentlich in einem Exkurs das Ganze der Lehre in den Blick. Das geschieht vor allem in den Schriften "Die drei Symbola" (1538) und "Von den letzten Worten Davids" (1543)[249].

In dieser Schrift macht Luther einen längeren Exkurs über die Trinitätslehre. Ausgangspunkt ist dabei Ps. 33,6. Die drei in diesem Vers genannten Personen: der Herr, sein Wort und sein Geist haben gemeinsam Himmel und Erde geschaffen. "Nicht macht der HERR sein eigen Werck besonders, Das Wort machet nicht sein eigen Werck besonders, der Geist macht nicht sein eigen Werck besonders, Es sind alle drey unterschiedliche Personen, ein Einiger Mecher eines iglichen wercks, und ein iglich werck ist aller drey Personen, als eines Einigen Mechers oder Meisters werck[250]."

Bei allen trinitätstheologischen Aussagen gilt es darauf zu achten, daß weder die einige Gottheit zertrennt noch die drei Personen ineinander gemengt werden. Dafür beruft Luther sich auf das Symbolum Athanasianum, welches allen Einzelaussagen über die Trinität folgenden Grundsatz voranstellt: "Fides autem catholica haec est, ut unum Deum in trinitate et trinitatem in unitate veneremur, neque confundentes personas, neque substantiam separantes[251]." Diesen Grundsatz gilt es nun dialektisch anzuwenden. Wenn wir jeder Person ein Werk zuteilen wollten, mit dem die beiden andern Personen nichts zu tun hätten, so wäre damit die Einheit Gottes aufgegeben und wir hätten drei Götter oder Schöpfer. Um den Tritheismus, den nach Luthers Meinung Arius vertreten hat, zu vermeiden, muß man sich an die alte augustinische Regel halten: "opera trinitatis ad extra sunt indivisa". Daraus folgt, daß alle drei Personen e i n Schöpfer sind. Andererseits darf auch der Unterschied zwischen den Personen in Gott selber ("inwendig der Gottheit"[252]) nicht verwischt werden, um nicht die drei Personen in eine Person zu mengen, wie es Sabellius, die Juden und die Moslems je auf ihre Weise tun.

Was über die drei Personen zu sagen ist, faßt Luther zunächst so zusammen: "Widerumb, wenn ich nu uber und ausser der Schepffung oder Creatur gehe, in das inwendige unbegreiffliche wesen Göttlicher natur, so finde ich, wie mich die Schrifft leret (denn vernunfft ist hie nichts), das der Vater ein ander unterschiedliche Person ist von dem Sone in der einigen unzertrenneten ewigen Gottheit. Sein unterscheid ist, das er Vater ist, Und die Gottheit nicht vom Sone noch von jemand hat. Der Son ein unterschiedliche Persone ist vom Vater in derselben einigen Vaterlichen Gottheit, Sein unterscheid ist, das er Son ist, und die Gottheit nicht von sich selbs, noch von jemand, sondern allein vom Vater hat, als ewiglich vom Vater geborn. Der Heilige geist ein unterschiedliche Person

249 vgl. o. S. 173.
250 WA 54, 57, 14–18.
251 BSLK S. 28, 10–16.
252 WA 54, 57, 32.

ist vom Vater und Sone, in der selbigen einigen Gottheit, Sein unterscheid ist, das er der Heilige geist ist, der vom Vater und Son zu gleich ausgehet ewiglich, Und die Gottheit nicht von sich selbes noch von jemand hat, sondern beide vom Vater und Sone zu gleich und das alles von ewigkeit in ewigkeit[253]." Damit hat Luther also dargelegt, daß der reale Unterschied zwischen den drei göttlichen Personen nicht in ihren opera ad extra, sondern nur in ihren opera ad intra, den innertrinitarischen Relationen, zu finden ist. Er geht auch hier davon aus, daß das die Lehre der Schrift ist und daß das Wesen göttlicher Natur an und für sich unbegreiflich ist.

Um diesen Glauben zu stärken und zu bekennen, exemplifiziert Luther das Ganze an der Taufe Jesu durch Johannes. Alle drei Kreaturen, die daran beteiligt sind: die Menschheit Jesu, die Taube und die Stimme (die für Luther ebenfalls zum geschöpflichen Bereich gehört) sind ein opus indivisum trinitatis. Und dennoch offenbaren diese drei Kreaturen jeweils nur eine Person: nämlich diejenige, die sie an sich genommen haben. "Hieraus sihestu, wie die drey Göttlichen Personen unterschiedlich inwendig der Gottheit zu gleuben, und nicht in eine Person zu mengen sind, Und doch das Göttliche Einige wesen nicht zu trennen, oder drey Götter zu machen, Sondern eusserlich gegen die Creatur ein Einiger Schepffer sey, so gar einig, das auch die Creatur, so die Personen unterschiedlich an sich nehmen, aller drey Personen, als Einiges Gottes einerley werck sind[254]." Um die Dialektik seiner Ausführungen dem Leser einigermaßen verständlich zu machen, zitiert Luther ein "grobes Gleichnis" der Scholastiker. "Als wenn drey Jungfrawen, einer unter sich, ein Kleid anzögen, Da sie alle drey das Kleid angriffen und der dritten anzögen, und die dritte selbs auch mit gleich zu griffe, Da zihen alle drey das Kleid der dritten an, Und wird doch allein die dritte mit dem Kleide angezogen und nicht die andern zwo, Also sol man hie verstehen, das alle drey Personen, als ein Einiger Gott die einige Menscheit geschaffen und mit dem Sone vereiniget habe, in seine Person, das allein der Son Mensch sey, und nicht der Vater, noch Heiliger geist. Ebenso sol man auch verstehen die Taube, so des Heiligen geists Person an sich nimpt, und die stimme, so des Vaters Person an sich nimpt[255]."

253 WA 54, 58, 15–28 vgl. WA 37, 14–24: "Das heißt nu Einiger Son, warer Gott so wol als der Vater, unter welchen beiden wir kein unterscheid wissen zu machen, on das der Vater ewiglich zeuget und der Son ewiglich gezeuget wird. Und es haben sich wol die Theologi wol druber zu brochen, das sie iglicher person das ir zu eigent, aber endlich nichts mehr können machen und da by mussen lassen bleiben, das kein ander unterscheid sey denn diese, das die erste person heisset Vater, die ander den Son, das dieser sein ewig wesen hat und diesem gibt inn ewigkeit, Mehr kan man nicht erdencken noch fassen und ob man viel nach speculirt, so wird es nur finsterer und weniger verstendlich, Ich wolt auch wol scharff speculiren, aber wenn ich mich solt zu tod dencken, so kan ich doch nichts mehr treffen, denn das ich da höre."
254 WA 54, 60, 24–30.
255 WA 54, 60, 32–61, 3. Luther meint, daß dieses Beispiel vor allem von Bonaventura benutzt worden sei. WA bemerkt dazu in einer Anmerkung (S. 60): "An den Stellen, wo Bonaventura die betreffenden dogmatischen Fragen im Breviloquium und Centiloquium behandelt: Brevil. IV, cap. 3, Centiloqu. III, sed. 27 . . . führt er das Gleichnis nicht an."

Wenn aber — so fragt Luther weiter — die eigentlichen Unterschiede zwischen den drei Personen in ihren immanent-trinitarischen Beziehungen zueinander liegen, warum werden dann in der Schrift und im Apostolikum den drei Personen drei verschiedene Werke zugeeignet? Gott selber will von uns erkannt sein als ein Gott in drei Personen. Damit wir ihn als solchen erkennen, muß er sich in seinem Wort und in der Heiligen Schrift entsprechend offenbaren. Denn von uns aus können wir nicht "in den Himmel steigen" und Gottes Wesen erkennen. Da unsichtbare Kreaturen unsere Sinnen nicht bewegen, muß der dreieinige Gott sich in seiner Offenbarung s i c h t b a r e r Kreaturen bedienen[256]. — Eine solche Offenbarung durch kreatürliche Offenbarungszeichen ist also nötig, um das zu Offenbarende dem menschlichen Fassungsvermögen zu akkommodieren. Luther legt großen Wert darauf, daß Gott sich in seiner Offenbarung dem Menschen wirklich zugänglich und faßbar macht.

Die Trinität offenbart sich also in der Taufe Jesu, indem sich die drei ewigen Personen mit drei zeitlichen Geschöpfen verbinden. Diesen Gedanken führt Luther nun weiter aus. Jede Kreatur muß auf zweierlei Weise betrachtet werden: 1) absolute, d.h.: wie sie an sich selbst ist als Geschöpf Gottes. Unter diesem Aspekt sind alle Kreaturen Gottes Werk: opus indivisum trinitatis.
2) Daneben muß man sie aber auch relative betrachten, d.h.: wie Gott sie gegen uns braucht. Gott braucht bestimmte Geschöpfe zum Bild oder zur Gestalt, in der er uns erscheint und sich uns offenbart. Einzelne Geschöpfe werden also zum Offenbarungsträger für den Menschen. Das veranschaulicht Luther wiederum an der Geschichte von der Taufe Jesu. "Also braucht er (sc: Gott) der Tauben, das sie soll ein bilde oder offenbarung sein, darin sich der Heilige geist offenbart, . . . Denn der Vater, Son und Heiliger geist wil, das die Taube sol unterschiedlich uns allein die Person des Heiligen geists zeigen und offenbaren, damit wir gewis werden, das Gottes einiges Wesen gewislich drey unterschiedliche Personen seien von ewigkeit[257]." — Entsprechendes gilt für die Menschheit Jesu und die himmlische Stimme, welche uns den Sohn bzw. den Vater offenbaren. "Also sihestu, das die Creatur zweierley weise anzusehen ist, ut Res et signum, das sie ettwas fur sich selbs ist, von Gott geschaffen, Und auch gebraucht wird etwas anders zu zeigen oder zu leren, das sie selbs nicht ist[258]." Der Rauch z.B. ist ein Ding für sich, gleichzeitig aber auch noch ein Zeichen dafür, daß es irgendwo brennt. Für diese Unterscheidung von res und signum verweist Luther auf Augustinus, vor allem auf dessen Werk "De doctrina christiana"[259].

256 WA 54, 61f.; vgl. Augustin, De trin. IV, 21, 30: "ita Trinitas simul operata est et vocem Patris, et carnem Filii, et columbam Spiritus sancti, cum ad personas singulas singula haec referantur. Qua similitudine utcunque cognoscitur inseparabilem in se ipsa Trinitatem per visibilis creaturae speciem separabiliter demonstrari, et inseparabilem Trinitatis operationem etiam in singulis esse rebus, quae vel ad Patrem, vel ad Filium, vel ad Spiritum sanctum demonstrandum proprie pertinere dicuntur."
257 WA 54, 61, 38–62, 4.
258 WA 54, 62, 37–39.
259 lib. I, cap. 2ff.

Freilich läßt sich die so exemplifizierte Theorie der Unterscheidung von Sache und Zeichen nur im modifizierten Sinne auf die Trinitätslehre übertragen: "Aber hie ists in dieser hohen sachen ettwas mehr, Denn die Menscheit Christi ist nicht ein schlecht zeichen oder ledige Gestalt, gleich wie die Taube auch nicht ein ledige gestalt, und die stimme nicht ein ledige gestalt oder bilde, Sondern die Menschheit, darin Gottes Son unterschiedlich offenbart wird, ist voll, und mit Gott in eine Person vereiniget, die ewig sitzen wird zur rechten Gottes in seinem Reich[260]." Die Taube und die himmlische Stimme haben sich zwar nicht ewig mit einer trinitarischen Person verbunden, aber sie symbolisieren sie auch nicht nur[261]. Der heilige Geist und der Vater haben vorübergehend eine Kreatur angenommen, um sich zu offenbaren. Hier wird deutlich, wie sehr Luthers Auffassung der Inkarnation sich auch auf das Verständnis des Vaters und des heiligen Geistes auswirkt.

Auch die Leitbegriffe im Apostolikum müssen — wie Luther wieder ausführlich darlegt — als Appropriationen verstanden werden. Vater, Sohn und heiliger Geist sind zugleich Schöpfer, Erlöser und Heiligmacher[262]. Auch in der Themapredigt "Der Hauptartikel unseres Glaubens" (1533) geht Luther auf diese Problematik ein. Nachdem er das Apostolikum trinitarisch ausgelegt hat, erklärt er: "Also sehet ir, das auch im glauben oder symbolo die drey persone inn einem Göttlichen wesen gefasset sind und dennoch unterschiedlich ein jedes für der andern mit einem sonderlichen wercke gekleidet ist, auff das die einfeltigen Christen wissen, es sey wol nur ein Göttlichs wesen und ein einiger Gott, aber doch drey unterschidliche personen. Des zum warzeichen sind hinzu gesetzt unterschiedne wercke, Dem Vater eignet man die schöpffung zu, dem Sone die erlösung, dem heiligen Geist die krafft, das er sunden vergibet, frölich machet, stercket und endtlich von dem todt inn ein ewiges leben bringet. Das sind gleich als unterschiedliche kleider, das man die personen nicht ineinander menge. Denn wie wol alle ding schaffen und erhalten, für sunde genug thun, sunde vergeben, vom tode auff wecken und ewiges leben schencken wercke sind, die sonst niemand thun kan denn Gott allein, Sind dennoch hie sonderliche wercke einer jeden persone zugeeignet, auff das die Christen einen einfeltigen, gewissen verstand hetten, Das nur ein einiger Gott sey, und dennoch drey unterschiedliche personen sind inn einem einigen Göttlichen wesen, wie es die heiligen Veter aus Mose und aus der Propheten und Aposteln schrifften mit vleis zusamen gelesen und wider alle Ketzer erhalten haben[263]."

Die Appropriationen sind also letztlich dazu da, um uns die Gewißheit des Trinitätsglaubens zu geben. Auch die Appropriationen haben also Offenbarungscharakter. Nur dadurch, daß das opus indivisum trinitatis ein d r e i - f a c h e s Werk ist, erkennen wir überhaupt die Trinität.

260 WA 54, 63, 3–8.
261 Augustin betont in diesem Zusammenhang, die Taube sei als Geschöpf dem Schöpfer dienstbar geworden, "ad eum significandum et demonstrandum sicut significari et demonstrari mortalibus oportebat . . ." (de trin., II, 6, 11).
262 WA 54, 63; vgl. Karl Barth, Kirchliche Dogmatik, I/1, S. 394.
263 WA 41, 276, 39–277, 16.

Aber — so fragt Luther weiter — wenn Gott an uns immer als der dreieinige Gott handelt, niemals als "nur" e i n e Person der Trinität, müßte dann nicht umgekehrt vom Verhältnis des Menschen zu Gott das Entsprechende gelten? Reden wir nicht dennoch im Vaterunser nur e i n e Person der Trinität an? — Wenn wir im Gebet den himmlischen Vater anrufen, so ist damit nicht die erste Person der Trinität gemeint. "Denn nach solcher weise der Personlichen Vaterschafft hat der Vater nicht mehr denn einen Son, und der Son nicht mehr denn einen Vater, Solcher Vater ist er dir nicht und du nicht solcher sein Son[264]." Darum gilt: "Quia opera trinitatis ad extra sunt indivisa, Sic cultus Trinitatis ab extra est indivisus, Was Gott gegen die Creatur thut, das thun alle drey Personen on unterscheid, Denn er ist ein Einig Göttlich wesen aller dreier Personen, und was wir oder die Creatur gegen eine igliche Person thun, das thun wir gegen den Einigen Gott und allen dreien Personen on unterscheid. Denn er ist gegen uns ein Einiger Gott, und in sich selbs drey Personen unterschied- lich[265]."

Darum kann der Christ auch Jesus Christus als Vater und Schöpfer anrufen. Denn welche Person man auch anruft, es ist ohnehin der dreieinige Gott gemeint. Freilich räumt Luther ein: "Ja sage ich, Unrecht ists nicht, Sondern wolgethan, Wenn du Jhesum Christum also anruffest, gleich wie die Kirche singet, auch vom heiligen Geist: Veni pater pauperum, Kum du Vater der Elenden, Doch ists feiner, das man die ordnung der Person halte und nicht verachte, wie die Apostel thun, und die Kirche nach irem exempel thut, Da sie die Person des Vaters im anruffen oder gebet nennen, wie im Vater unser etc.[266]." Bei diesen Sätzen scheint "die Einheit des trinitarischen Gottes . . . die Unterschiede der Personen unwesentlich zu machen"[267]. Wenn man beachtet, wie Luther hier plötzlich die "Ordnung der Personen" einführt, so wirkt das zunächst nicht wie ein theologisches Argument, sondern eher "wie ein Zeichen theologischer Korrekt- heit"[268]. Freilich versucht der Reformator diese Ordnung dann auch theologisch zu begründen: "Denn er ist der ursprung oder brun (wie mans nennen kan) der Gottheit im Son und Heiligen Geist, Und kan der Son (wenn der Vater genennet ist) nicht abgesondert, Sondern mus zu gleich mit genennet und gemeint sein, Also auch der Heilige geist mus mit dem Vater und Son genennet und gemeinet sein, Weil kein Person ausser der ander ein sonderlicher Gott sein kan[269]." Unbeschadet der Wesenseinheit von Vater, Sohn und heiligem Geist ist der Vater die erste Person in Gott, Der Sohn hat sein Wesen von ihm und nicht umgekehrt[270].

264 WA 54, 65, 15–18.
265 WA 54, 65, 23–29.
266 WA 54, 69, 15–20.
267 H. Bornkamm, Luther und das Alte Testament, S. 173.
268 ebd.
269 WA 54, 69, 20–25.
270 ebd.

Damit sind wir bei Luthers Auffassung der immanenten Trinität angelangt. Was Luther über dieses Thema sagt und w i e er es sagt, soll nun noch einmal zusammengestellt und untersucht werden.

Am ausführlichsten äußert sich Luther zu diesem Thema in einem Exkurs in der Schrift "Die drei Symbola" (1538). Er zitiert zunächst die Sätze über den Unterschied zwischen den drei Personen aus dem Athanasianum: "Der Vater ist von niemand, weder geborn noch gemacht noch geschaffen, Der Son ist vom Vater, nicht gemacht noch geschaffen, sondern geborn, Der Heilige Geist ist vom Vater und Sone, nicht geborn noch geschaffen, sondern ausgehend[271]." Für die ewige Zeugung des Sohnes durch den Vater weist er auf Ps. 2,7 hin.

Während die Theologen der Ostkirche Joh. 15,26 als exegetischen Grund für ihre Ablehnung des Ausgangs des heiligen Geistes vom Vater u n d vom Sohn bezeichnen, versucht Luther gerade von dieser Bibelstelle aus das "filioque" zu begründen[272]. Joh. 15,26 lautet in Luthers Übersetzung: "Wenn der Tröster kommen wird, welchen ich euch senden werde, der Geist der Wahrheit, der vom Vater ausgehet, der wird zeugen von mir." Der heilige Geist wird also vom Sohn gesandt und geht vom Vater aus. Gesandtwerden und ausgehen sind aber im Grunde nichts anderes als zwei verschiedene Aspekte der gleichen Tätigkeit, so daß man ohne weiteres sagen kann: der heilige Geist geht vom Vater und vom Sohn aus. Nach diesem ähnlich auch schon von Augustin[273] verwendeten Argument fährt Luther fort: "Gleich wie nu der Son vom Vater geborn wird und doch aus der Gottheit nicht fellet, sondern in der selben Gottheit bey dem Vater bleibt und mit im ein Gott ist, Also gehet aus der Heilige geist vom Vater und vom Son gesand und fellt auch nicht aus der Gottheit, sondern bleibt bey dem Vater und Son inn der selben Gottheit, und ist ein Gott mit beiden[274]."

Während Luther die Verheißung des Parakleten in Joh. 14,16[275] wirklich als Sendung in die Welt auslegt, interpretiert er in Joh. 15,26 nicht nur das Hervorgehen des Geistes aus dem Vater, sondern auch sein Gesandtwerden durch den Sohn als innertrinitarischen Vorgang[276]. Daß Luther es wirklich so meint, zeigt der nächste Abschnitt, den wir ausführlich zitieren: "Darumb ist dis gar viel ein andere geburt denn der menschen geburt, Und viel ein ander ausgang denn der menschen ausgang. Denn ein mensch, vom andern geborn, wird nicht allein ein sonderliche eigene person von seinem Vater, sondern auch ein sonderlich eigen wesen und bleibt nicht inn seines Vaters wesen, noch der Vater inn seines Sones wesen, Aber hie wird der Son geborn inn eine andere person und bleibt doch inn seines Vaters wesen und der Vater inn des Sons wesen, scheiden sich also nach der person, bleiben aber inn einem einigen unzertrenneten und

271 WA 50, 274, 1–4; vgl. BSLK 29, 15–21 (Symbolum Quicumque).
272 WA 50, 274; vgl. WA 46, 60 (s.o. S. 164). Zum Streit um das filioque vgl. K. Barth, a.a.O., S. 496ff. und L. Scheffczyk, a.a.O., S. 192ff.
273 vgl. de trin, IV, 20, 29.
274 WA 50, 274, 10–15.
275 vgl. o. S. 186.
276 vgl. WA 17, I, 279 (s.o. Anm. 211 zu S. 188).

ungescheidenem wesen. Also wenn ein mensch vom andern ausgehet und gesand wird, da scheiden sich nicht allein die person von einander, sondern auch das wesen und kompt einer fern von dem andern. Aber hie gehet der Heilige geist aus vom Vater und Sone (Wie er auch gesand wird vom Vater und Sone) und scheidet sich wol inn eine andere person, aber bleibet doch inn des Vaters und Sons wesen und der Vater und Son inn des Heiligen geists wesen, das ist: alle drey personen inn einer einigen Gottheit. Darumb nennen die Theologen solche geburt des Sons ein innbleibende geburt, die nicht aus der Gottheit falle, sondern allein vom Vater kome und inn der Gottheit bleibe. Also des Heiligen Geists ausgang heissen sie ein innbleibenden ausgang, die nicht aus der Gottheit gehe, sondern allein vom Vater und Sone und inn der Gottheit bleibet[277]."

"Innebleibende Geburt" und "innebleibender Ausgang" — damit faßt Luther seine Auffassung vom Unterschied der Personen in Gott zusammen. Was man sich darunter vorzustellen hat, kann er nur via negativa beschreiben. Es ist eben n i c h t so wie bei einer menschlichen Geburt. Und es ist n i c h t so wie beim Ausgehen oder Gesandtwerden des Menschen[278]. Denn die Beziehungen, die zwischen den drei göttlichen Personen walten, sind in gleicher Weise ja nicht zwischen Menschen möglich. Und doch müssen wir in menschlichen Worten davon reden. — Alle Bilder und Begriffe, die in dieser Sache verwendet werden, sind Analogien, in denen die Unähnlichkeit mindestens ebenso groß ist wie die Ähnlichkeit. Darüber ist Luther in dieser Sache nie hinausgekommen. Er wollte es auch gar nicht. Was übrig bleibt, sind also Worte und Begriffe ohne konkrete Anschauungen: Begriffe, die nicht begriffen werden können, wie Luther selber es sagt: "Wie das zugehe, sollen wir gleuben. Denn es ist auch den Engeln nicht ausforschlich, die es doch on unterlas mit freuden sehen. Und alle, die es haben wollen begreiffen, haben den hals drüber gebrochen. Es ist gnug, das wir eine gewisse unterschied der personen mit dem gleuben erhasschen mügen[279]."

So kommt Luther schließlich zur Festellung: "Dis sind die untersched der personen uns im Euangelio gegeben. Darüber mag weiter dencken, wer da wil, wird aber keine mehr, die gewis sein mochte, finden. Darumb sollen wir einfeltiglich dabey bleiben und uns dran benügen lassen, bis wir dorthin komen, da wirs nicht mehr hören oder gleuben, sondern klerlich sehen und erkennen werden[280]." Eine tiefere Erkenntnis stellt Luther in dieser Sache also erst im Eschaton in Aussicht[281]. Bis dahin gilt es, einfältig zu glauben[282].

277 WA 50, 274, 16—35.
278 vgl. auch WA 46, 541.
279 WA 50, 274, 35—275, 2.
280 WA 50, 275, 27—31.
281 vgl. K. Schwarzwäller, Theologia crucis, Luthers Lehre von Prädestination nach De servo arbitrio, 1970, S. 207.
282 Hier ließe sich jedoch kritisch fragen: Was heißt in diesem Falle "glauben"? — "Ich glaube an die ewige Zeugung des Sohnes durch den Vater und an den ewigen Hervorgang des Geistes aus Vater und Sohn." Gilt das im gleichen Sinn wie: "Ich glaube, daß mich Jesus Christus mein Herr erlöst hat?" Hat ein Glaube an Sätze über die immanente Trinität noch irgendetwas mit dem Existenzvollzug zu tun? Oder treten hier an Stelle eines immerhin formulierbaren und in gewissen Grenzen auch

Eine Frage ist nun vor allem noch offen: Wie kommt Luther zu diesen Aussagen über das innertrinitarische Verhältnis der Personen zueinander? Wie das letzte Zitat zeigt, beruft er sich darauf, daß diese Verhältnisbestimmungen im Evangelium gegeben seien. In diesem Sinne weist er ja auch auf Ps. 2,7, Joh. 15,26 und andere Schriftstellen hin. Aber andererseits gibt es auch Anzeichen dafür, daß man noch auf einem anderen Weg zu solchen Aussagen kommt. Wir zitieren einen Abschnitt, den wir bisher bewußt ausgelassen haben: "Eben der unterscheid gleichen namen behalten und haben auch der Son und Heiliger Geist, da sie sich ausser der Gottheit inn den Creaturn uns offenbaren, Denn der Son wird leiblich geborn von seiner mutter und heisst hie auch Son und geborn und ist doch derselbe Gottes Son inn beider geburt. Und der Heilige Geist gehet leiblich aus, als inn der Tauben gestalt, in feurigen zungen, im starcken winde etc. Und heisst hie auch ein ausgenger oder gesandter, Und ist doch der selbe Heilige Geist, inn beidem ausgange und nicht der Vater noch der Sone. Darumb reimete sichs wol, das die mittel person leiblich geborn und Son würde, der zuvor inn ewigkeit geborn und Son ist, Und das nicht der Vater noch heilige Geist leiblich geborn oder Son würde, Gleich wie sichs fein schickt, das der heilige Geist ausgienge leiblich, der zuvor in ewigkeit ausgehet und nicht geborn noch Son ist. Also bleibet der Vater von im selbs, das die person alle drey sind inn der Maiestet, Doch das der Son die Gottheit vom Vater durch sein ewige innbleibende Geburt habe und nicht widerumb, und der Heilige Geist seine Gottheit vom Vater und Sone durch seinen ewigen innbleibenden ausgang habe. Also zeigt der Son durch die leibliche geburt seine ewige geburt, Und der Heilige Geist durch den leiblichen ausgang seinen ewigen ausgang. Ein iglicher hat seins innwendigs wesens ein eusserlich gleichnis oder bildnis[283]."

Dieser Abschnitt zeigt deutlich, woher die Aussagen über die immanente Trinität stammen: aus einem Analogieschluß von der Offenbarung Gottes auf sein Wesen. Von der biblisch bezeugten Heilsgeschichte in der Welt, wird zurückgeschlossen auf Gottes ewiges Wesen. Wenn Christus hier leiblich geboren wird als Sohn, so muß er in Gott ewig geboren werden als Sohn. Wenn der heilige Geist hier in Gestalt einer Taube oder in feurigen Zungen ausgeht vom Vater und vom Sohn, so muß er in Gott ewig ausgehen. Wenn Gott der Vater der Schöpfer dieser Welt ist, so muß er in Gott selber der Ursprung der Gottheit sein, von dem her der Sohn und der heilige Geist erst ihr Wesen haben[284]. Die Offenbarung Gottes in drei Personen in der Heilsgeschichte ist ein Bild oder Gleichnis seines ewigen Wesens — freilich ein Bild, das noetisch gesehen überhaupt erst die Basis für die Erkenntnis der Trinität bietet.

vorstellbaren Glaubensinhaltes Aussagen, von denen man nur sagen kann: "Wie das zugeht, ist für uns schlechthin unvorstellbar"? Etwas grundsätzlicher gefragt: Hat Luther genügend bedacht, daß die Lehre von der immanenten Trinität wohl eine theologische Lehre ist, nicht aber ohne weiteres eine Glaubenswahrheit? Kann man überhaupt an theologische Lehrsätze glauben?

283 WA 50, 275, 7–26.
284 vgl. WA 54, 63, 29–64,7: "Es ist aber alles geredt darumb, das wir unterschiedlich drey Personen in der Einigen Gottheit gleuben und erkennen, Und ia nicht die Person mengen, noch das wesen trennen. Die unterschied des Vaters (wie gehort) ist, das er die

Die Aussagen über die immanente Trinität ergeben sich also durch einen Rückschluß von der uns zukommenden Offenbarung von Vater, Sohn und heiligem Geist auf ihr Wesen[285]. Sie bekräftigen und unterstreichen, daß Gott "zuvor in sich selber" der ist, als der er sich offenbart[286]. Auch für Luther sind die Sätze über die immanente Trinität nichts anderes als die "unentbehrlichen Vordersätze über die ökonomische Trinität"[287]. Aus der ökonomischen Trinität wird auf die Bedingung ihrer Möglichkeit in Gott (immanente Trinität) geschlossen.

Sowohl im immanent-trinitarischen als auch im ökonomisch-trinitarischen Bereich handelt es sich — wie Luther ausdrücklich betont — um denselben Sohn und denselben Geist, aber um zwei verschiedene "Geburten" bzw. "Ausgänge"[288]. Nicht irgendeine Person der Trinität ist an der leiblichen Geburt Christi beteiligt, sondern diejenige, die zuvor in Gottes Wesen ewig geboren wird. Mit solchen Aussagen bemüht sich Luther, den inneren Zusammenhang zwischen Offenbarungstrinität und immanenter Trinität aufzuzeigen[289].

Auch eine Beobachtung bei der Interpretation trinitarisch relevanter Schriftstellen zeigt, daß Luther die Trinitätslehre nicht in zwei für sich bestehenden Hälften auseinanderbrechen lassen will. Wie wir gesehen haben, versteht Luther die Sendung des Geistes in Joh. 15,26 als innertrinitarisches Geschehen[290]. In den Johannespredigten von 1528 interpretiert er den gleichen Vers sowohl als innertrinitarisches Geschehen als auch als Sendung des Geistes an die Gläubi-

---

Gottheit von niemand hat, sondern sie von ewigkeit, durch die ewige geburt dem Son gegeben hat, Darumb ist der Son Gott und schepffer gleich dem Vater, Aber das hat er alles vom Vater, nicht widerumb der Vater vom Son, Denn das der Vater Gott und schepffer ist, das hat er nicht vom Son, sondern das der Son Gott und Schepffer ist, das hat er vom Vater, Also hat der Vater oder Son vom Heiligen geist nicht, das er Gott und Schepffer ist, Sondern das der Heilige geist Gott und Schepffer ist, das hat er vom Vater und Sone, Also stehet nu das wort Gott Allmechtig, Schepffer, bey dem Vater und nicht bey dem Son und Heiligen geist, zu mercken die unterscheid des Vaters, vom Son und Heiligem geist in der Gottheit: Widerumb die unterscheid des Sons vom Vater und Heiligem geist, des Heiligen geists vom Vater und Sone, nemlich, das der Vater ist der ursprung oder quelle (so mans so nennen solt, wie die Veter thun) der Gottheit, von welchem sie der Son hat, und der Heilige geist vom Son und Vater in ewigkeit, und nicht widerumb." vgl. Köstlin, Luthers Theologie, II, S. 339.

285 vgl. Köstlin, ebd.; R. Prenter, a.a.O., S. 179; A. Peters, Die Trinitätslehre in der reformatorischen Christenheit, Theol.-Lit-Ztg. 94 Jg., 1969, Sp. 566; L. Grane, Confessio Augustana, 1970, S. 21; J. Koopmans, a.a.O., S. 61; K. Schwarzwäller, a.a.O., S. 202.

286 Luther geht es hier bei allen Unterschieden in der Christologie und Pneumatologie um das Gleiche wie Karl Barth, vgl. a.a.O., S. 404, 419, 437 u. 470; vgl. auch Luthers "zuvor" in WA 50, 275, 16–18 (s.o. S. 203).

287 Barth, a.a.O., S. 503.

288 vgl. WA 50, 275 u. 585f.; 40, III, 708.

289 Freilich redet Luther nicht wie K. Rahner von der Identität zwischen beiden (a.a.O., S. 327ff.). Er betont nur die Analogie zwischen beiden (wie K. Barth, a.a.O., S. 393).

290 s.o. S. 201f.

gen[291]. Wenn Luther die gleiche Bibelstelle sowohl immanent-trinitarisch als auch ökonomisch-trinitarisch interpretieren kann, so ist das ebenfalls ein Indiz dafür, daß für ihn die immanent-trinitarischen Aussagen nur die notwendigen theo= logischen Vordersätze für die ökonomisch-trinitarischen Sätze sind. Die opera trinitatis ad extra und die opera trinitatis ad intra lassen sich zwar unterscheiden, nicht aber scheiden.

291 als innertrinitarisches Geschehen vgl. das Zitat aus WA 45, 732 (s.o. S. 187); als Sendung in die Herzen der Gläubigen: WA 45, 727, 29–31; "Dazu der Vater selbs mit alle seiner ganden, so den heiligen Geist sendet, das er mir Christum inns hertze predige und mit seinem trost fülle."

IV. DIE THEOLOGISCHE UND THEOLOGIEGESCHICHTLICHE BEDEUTUNG VON LUTHERS TRINITÄTSLEHRE

1. Die Entwicklung der Trinitätslehre Luthers von 1520–1546

Wenn wir die Predigten, Symbol- und Schriftauslegungen Luthers in ihrer chronologischen Reihenfolge betrachten, so läßt sich etwa folgende Entwicklung beobachten: 1520/21 ("Kurze Form" und Predigten der Kirchenpostille) redet Luther noch ohne große Vorbehalte über trinitätstheologische Fragen. Er möchte zwar keine spitzfindigen und scharfsinnigen Betrachtungen zum Thema Trinität anstellen, geht aber von dem Grundsatz aus: "Dem Glauben ist nichts zu hoch[1]." 1523 (P23 und Trinitatispredigt) warnt er stark vor der Trinitätsspekulation und ihren Gefahren. Er betont, daß jede schriftgemäße Trinitätslehre beim menschgewordenen Gottessohn beginnen müsse. Eine gewisse Zurückhaltung gegenüber Aussagen über die immanente Trinität ist deutlich spürbar.

Nachdem Luther mit ersten Vorläufern der antitrinitarischen Bewegung in Berührung gekommen ist, beginnt 1526 auch in den Trinitatispredigten die Polemik gegen Schwärmer und Rotten. Der Reformator läßt sich jetzt von einer anderen Maxime leiten. Er ist von nun an sehr vorsichtig und zurückhaltend in dem, was er den einfachen Gläubigen in seinen Predigten über die Trinität sagt. Denn hinter den "Rotten" sieht er den Teufel. Und dieser wartet nur darauf, die Gläubigen mit Hilfe der Vernunft zu verwirren und zu Fall zu bringen. Eine ausführliche Erörterung trinitarischer Fragen auf der Kanzel würde nach Luthers Meinung nur immer mehr Schulgezänk und "Rotten" entstehen lassen, weil die normalen Hörer der Predigt nicht die nötigen Voraussetzungen mitbringen, um hier sachgemäß mitreden und mitdenken zu können. In diesem Sinne hatte Luther ja schon früher vor der unnötigen und gefährlichen Trinitätsspekulation gewarnt. Nun geht er noch einen Schritt weiter und will selber den Predigthörern keinen Anlaß mehr geben, sich auf schwierige trinitätstheologische Erörterungen einzulassen, denen sie nicht gewachsen sein könnten.

1528 sieht Luther die Rotten, die uns von Christus fortreißen wollen, bereits auf der Bahn. Darum gibt er als Devise heraus: die einfachen Gläubigen sollen sich an den trinitarischen Taufbefehl und an das Apostolikum mit den Leitbegriffen Schöpfung, Erlösung und Heiligung halten. Die Prediger dagegen sollen sich mit Schriftstellen aus dem Johannesevangelium und aus den Paulusbriefen zum Kampf gegen die antitrinitarischen Strömungen wappnen. Auch die Laien können sich bestimmte Schriftstellen auf eine Tafel schreiben und sie den Schwärmern unter die Nase stoßen. In den Predigten über Joh. 17

---

1 s.o. S. 154.

(1528) setzt sich Luther immer wieder mit alten und neuen Arianern auseinander, die Gott an Christus vorbei erkennen wollen. Diese Auseinandersetzung ist für Luther nicht nur wegen Campanus und einzelnen Täufern so aktuell, sondern auch deswegen, weil er seine Gegner im Abendmahlsstreit antitrinitarischer Häresien verdächtigt. Um nicht selber in Anfechtung zu fallen, gilt es, die Subtilitäten der Trinitätslehre lieber zu meiden und nicht darüber zu spekulieren. Diese Grundhaltung dauert bis etwa 1533 an. Dann spüren wir deutlich eine Umorientierung. Luther hält nun Themapredigten über die Trinität und sucht sich für die Trinitatispredigten 1537 und 1538 spezielle Texte, die für eine Predigt über die Trinität geeigneter sind als die alte Perikope Joh. 3,1ff. Auch in den Predigten über die Taufe kommen trinitätstheologische Betrachtungen häufiger zur Sprache. Der alte Luther hat dann in zwei Exkursen in den beiden Schriften "Die drei Symbola" (1538) und "Von den letzten Worten Davids" (1543) die ganze Trinitätsfrage ausführlicher erörtert[2]. Hier begründet Luther auch, warum er es jetzt für nötig hält, ausführlicher zum Thema zu reden: "Dis alles ist villeicht uns Deudschen scharff oder subtil, und solt billicher in den Schulen bleiben, Aber weil der Teuffel den schwantz reget, in dieser letzten zeit, als wolt er gerne allerley Ketzerey wider auffwecken, Und die Welt on das Lüstern und Toll worden ist, newes zu hören, und uberdrussig der heilsamen lere (wie Sanct Paulus weissagt), damit dem Teuffel die Thür auffgesperret sind, hinein zu füren, was er wil, So ists nutz und not, das doch ettliche, beide Leien und Gelerten, sonderlich Pfarrherrn, Predigere und Schulmeistere, von solchen nötigen Artickeln unsers Glaubens auch lernen dencken und Deudsch reden, Wem es aber zu schwer ist, der bleibe mit den kindern bey dem Catechismo und Bete wider den Teuffel und seine Ketzerey, wider Juden und Mahmet, damit er nicht gefüret werde in anfechtung[3]."

Im Jahre 1543, als man sich gewissermaßen schon an die antitrinitarischen Häresien gewöhnt hat, zieht Luther also ausdrücklich die entgegengesetzte Konsequenz aus ihrer Existenz als 1526, wo sich erst die Vorboten dieser in sich so verschiedenen Strömungen zeigten. Es gilt nun nicht mehr möglichst wenig über die Feinheiten der Trinitätslehre zu reden. Sondern jetzt sollen nach Möglichkeit auch die Laien lernen, diesen Glaubensartikel zu bedenken und in ihrer Muttersprache darüber zu reden.

Wenn wir nun die Tendenz der Aussagen Luthers über die Trinität charakterisieren, gehen wir ebenfalls chronologisch vor. 1520/21 betont Luther sehr stark die Einheit und Unzertrennbarkeit des göttlichen Werkes. Die alte trinitäts-theologische Regel "opera trinitatis ad extra sunt indivisa" wird zwar nicht direkt ausgesprochen, aber mehrfach vorausgesetzt. Vor allem darauf legt Luther großen Wert, daß die Schöpfung das Werk der ganzen Trinität ist. Das Wirken der drei Personen wird als Schaffen, Sprechen und segnendes Herabsehen auf die Schöpfung differenziert. Diese Appropriationen sollen aber die Einheit

2 Material über die Trinitätslehre des alten Luther findet sich auch in den Disputationen, die wir freilich nicht in unsere Untersuchung einbezogen haben.
3 WA 54, 58, 34–59, 7.

des göttlichen Wirkens keineswegs in Frage stellen. Von 1523 an schälen sich in den Symbolauslegungen bestimmte Leitgedanken heraus. 1528 sind dann die Leitbegriffe Schöpfung, Erlösung und Heiligung für das Wirken von Vater, Sohn und Geist geschaffen. In den Katechismen läßt sich nur noch aus versteckten Hinweisen erschließen, daß diese Leitbegriffe als Appropriationen gemeint sind, die den Satz "opera trinitatis ad extra sunt indivisa" nicht aufheben sollen.

Parallel dazu läßt sich beobachten, daß Luther in den frühen Symbolauslegungen dieses Zeitraumes (1520–29) doch noch gelegentlich Aussagen über die immanente Trinität macht und deutlich zwischen ökonomisch-trinitarischen und immanent-trinitarischen Sätzen unterscheidet. In den Katechismen ist die ökonomische Trinität eindeutig im Vordergrund. Mit einer Ausnahme im Kleinen Katechismus werden gar keine Aussagen mehr über das innertrinitarische Verhältnis der drei Personen gemacht. Ähnliches gilt, wenn auch nicht im gleichen Maß, von den Predigten Luthers in diesem Zeitraum. Wenn hier auch ohnehin etwas mehr von der immanenten Trinität die Rede ist als in den Symbolauslegungen, so werden diese Aussagen gegen Ende des Jahrzehnts deutlich spärlicher. Auch in den Bekenntnissen Luthers begegnen nur gelegentlich Sätze über die innertrinitarischen Relationen. Luther grenzt sich zwar gegen die altkirchlichen Häresien Modalismus und Subordinatianismus ab und macht insofern auch Aussagen über immanente Trinität. Aber die ökonomische Trinität steht auch hier ganz eindeutig im Vordergrund.

Von 1533 an läßt sich wieder die entgegengesetzte Tendenz beobachten. Luther betont nun viel stärker die Einheit und Unzertrennbarkeit des göttlichen Wirkens. Die alte Regel "opera trinitatis ad extra sunt indivisa" wird häufig angewandt und gelegentlich auch ausgesprochen. Die realen Unterschiede der Personen sind nur in Gott selber existent: in den opera ad intra, die als Relationen verstanden werden müssen. Nach außen gegen die Kreaturen hin ist Gott nur e i n Gott. Für das Verhältnis des Menschen zu Gott gilt: cultus trinitatis ab extra est indivisus. Die immanent-trinitarischen Verhältnisbestimmungen werden im Vergleich zu früher deutlicher hervorgehoben. Vor allem die Lehre vom heiligen Geist als trinitarischer Person kommt stärker zum Zuge. Was die ökonomische Trinitätslehre betrifft, so bemüht sich Luther ein mögliches tritheistisches Mißverständnis abzubauen. Er betont darum stark, daß die Leitbegriffe Schöpfung, Erlösung und Heiligung nur als Appropriationen zu verstehen sind. Sie werden unter dem Aspekt der Offenbarung gesehen. Denn nur dadurch, daß Gott sich uns dreifach offenbart, erkennen wir überhaupt den dreieinigen Gott. In der Offenbarung paßt sich Gott dem menschlichen Fassungsvermögen an. Die ökonomische Trinität wird nun nicht mehr so deutlich wie in den Katechismen und im Bekenntnis von 1528 als heilsgeschichtliches Nacheinander expliziert.

Es ist sicher kein Zufall, daß die beiden kurz skizzierten Entwicklungsreihen genau parallel verlaufen. Nach 1533 nimmt Luther seine Aussagen von 1520/21 wieder auf und baut sie in verschiedener Hinsicht aus. In der Zwischenzeit 1523–33 findet also eine Akzentverschiebung statt, die nachträglich wieder rückgängig gemacht wird. Daraus ergeben sich einige Fragen: Wo liegen die Gründe für diese merkwürdige Akzentverschiebung? Handelt es sich um einen (nachträglich wieder rückgängig gemachten) Neuansatz des Reformators in der Trinitätslehre? Oder lassen sich andere Gründe für diese Akzentverschiebung geltend machen?

Zunächst sei noch einmal darauf hingewiesen, daß Luther in den von uns behandelten Schriften der Jahre 1520–23 zu Erwachsenen redet. Die Katechismuspredigten von 1528 dagegen sind an Kinder gerichtet und behandeln den Stoff darum kindgemäß[4]. Der Große Katechismus ist zwar nicht direkt für Kinder geschrieben. Er soll aber ein Modell für die Unterweisung der Kinder und Einfältigen sein. Luther betont dabei ausdrücklich, daß man die Auslegung der drei Artikel für die in der Glaubenserkenntnis fortgeschrittenen Christen weiter ausführen kann[5]. Er will also die einfachen Gläubigen bzw. Kinder nicht mit dogmatischem Begriffsmaterial belasten.

Freilich kann diese Tatsache nur in beschränktem Maße als Grund für die oben gekennzeichnete Akzentverschiebung in Luthers Trinitätsaussagen angesehen werden. Denn unter den von uns untersuchten Predigten sind ja in der fraglichen Zeit auch solche, die an Erwachsene gerichtet sind: z.B. die Trinitatispredigten und die Predigten über Joh. 17 aus dem Jahre 1528. Auch in ihnen läßt sich ja diese Akzentverschiebung deutlich beobachten. Der eigentliche Grund dafür liegt also nicht nur in dem verschiedenen Hörerkreis, sondern mindestens ebenso sehr in der veränderten Situation, aus der Luther jeweils seine Schlüsse zieht. Luthers sich wandelnde Redeweise in Bezug auf die Trinität kann daher nicht auf einen bewußten theologischen Neuansatz zurückgeführt werden, sondern vielmehr auf seine Einschätzung der veränderten Situation. Seine Aussagen über die Trinität sind also situationsbezogen und zwar in einem doppelten Sinne: Luther fragt dabei sowohl nach den geistigen Voraussetzungen seiner Hörer als auch nach der zeit- und theologiegeschichtlichen Situation der Kirche. Nicht jede theologische Aussage erscheint ihm zu jeder Zeit angebracht. Vor allem in den Jahren 1528/29 übt er eine gewisse Arkandisziplin in dem, was er über die immanente Trinität sagt bzw. nicht sagt.

Aus dieser Feststellung ergibt sich eine hermeneutische Konsequenz: Wenn man Luthers Trinitätslehre zutreffend charakterisieren will, darf man dabei nicht nur von e i n e r Schrift oder gar nur e i n e r gelegentlichen Äußerung des Reformators ausgehen. Diese Basis wäre zu schmal für eine sachgemäße Interpretation der Trinitätslehre Luthers. Wie wir bereits gesehen haben, kann z.B. ein isoliertes Betrachten des Großen Katechismus durchaus zu Mißverständnissen über die vorausgesetzte Trinitätstheologie führen.

---

4 vgl. o. S. 11ff.
5 vgl. o. S. 12. und BSLK 651, 15f. (". . . daß wir's auch kurz und kindlich handlen") und 652, 26 ("aufs einfältigste").

2. Die theologiegeschichtliche Bedeutung
von Luthers Trinitätslehre

Die Frage, der wir nun nachgehen möchten, lautet: Lassen sich trotz der von uns beschriebenen Akzentverschiebungen gewisse Grundtendenzen in der Trinitätslehre Luthers beobachten? Karl Holl hat in seinem berühmten Aufsatz "Was verstand Luther unter Religion?" die Meinung geäußert, Luther habe wider Willen einen gewissen Subordinatianismus vertreten. Als Beweis dafür führt er vor allem folgendes an: "Denn Christus war ihm daneben doch die 'G a b e Gottes' an die Menschheit, ... das Werkzeug, mit dem Gott arbeitete. Und er dehnt dies auch auf die Gottheit Christi aus: Christus hat seine Gottheit vom Vater empfangen[6]." Diese Auffassung wurde von Gustav Aulén übernommen. Neben dem schon von Holl Angeführten konstatiert er: "Durchgehend ist bei Luther, um die alte dogmenhistorische Terminologie anzuwenden, ein subordinatorischer Zug sichtbar. Christus hat teil an der göttlichen Majestät, ja er ist selbst göttliche Majestät. Aber die göttliche Majestät geht nicht in Christus auf. Das Wort, daß der Vater größer ist als ich, ist für Luther lebendig[7]."

Was diese letzte Aussage ("der Vater ist größer als ich") betrifft, so haben wir gesehen, daß Luther diese Stelle im Sinne des Schemas "Erniedrigung und Erhöhung" interpretiert und damit einen Auslegungsgrundsatz übernimmt, der in der antiarianischen Polemik weit verbreitet ist[8]. Gerade die Gegner des Subordinatianismus müßten demzufolge subordinatianisch denken. Dogmengeschichtlich meint doch der Begriff Subordinatianismus eine Aussage, die weniger beinhaltet als die Homousie des Sohnes. Die Wesensgleichheit von Vater und Sohn hat Luther aber ungezählte male betont.

Ebensowenig läßt sich hier anführen, daß Christus als Gabe Gottes verstanden wird. Denn diese Aussage gehört doch dem ökonomisch-trinitarischen Bereich an. Die ökonomische Trinität hat Luther aber mehrfach als dreifaches Sich-Geben Gottes expliziert. Und wenn schließlich das alte Theologumenon, daß der Vater innertrinitarisch Ursprung und Quelle der Gottheit ist, als Beweis für subordinatianische Züge angeführt wird, dann müßten ganze Generationen von nachnicänischen Theologen (vor allem des Ostens) unter die dogmengeschichtliche Kategorie des Subordinatianismus fallen. — Damit soll nicht bestritten werden, daß einzelne Aussagen Luthers für sich betrachtet subordinatianisch klingen mögen[9]. Aber eine durchgehende subordinatianische Grundtendenz konnten wir in den von uns untersuchten Predigten und Schriften nicht entdecken[10].

---

6 a.a.O., I, S. 72.
7 G. Aulén, Das christliche Gottesbild in Vergangenheit und Gegenwart, 1930, S. 181f.
8 vgl. o. S. 184 mit Anm. 192.
9 s.o. S. 62.
10 vgl. K. O. Nilsson, a.a.O., S. 177 Anm. 29; R. Seeberg, Dogmengeschichte, IV/1, S. 236 Anm. 1; E. Seeberg, Luthers Theologie, II, S. 260.

Viel schwieriger wird es, wenn man Luthers Trinitätslehre vor die Alternative stellt: Modalismus oder Tritheismus? Denn wo im einzelnen ein Hang zum Modalismus oder zum Tritheismus vorliegt, darüber sind sich auch die großen Dogmengeschichtler unseres Jahrhunderts keineswegs immer einig.

Wir haben bereits gesehen, daß Luther sich in seinem Bekenntnis von 1528 gegen den sabellianischen Modalismus wendet und auch den direkten Patripassianismus ablehnt, obwohl er theopaschitisch denkt[11]. Andererseits betont Luther die Einheit zwischen Christus und dem Vater vielfach stark und gelegentlich auch mit ungewohnten Ausdrücken (Christus = der Herr Zebaoth)[12]. Da er aber nie die Basis der Unterscheidung der drei Personen in Gott verläßt, können solche Aussagen nicht als modalistisch im eigentlichen Sinne bezeichnet werden. Auch eine modalistische Interpretation seiner Trinitätslehre im Großen Katechismus mußten wir abweisen[13]. Wollte man dennoch Luthers Trinitätslehre als modalistisch bezeichnen, so könnte man das höchstens in dem Sinne tun wie Adolf v. Harnack Augustins Trinitätslehre als den im Grunde nur verhüllten abendländischen Modalismus beurteilt[14]. Denn der alte Luther hat sich teilweise stark an den abendländischen Augustinismus in der Trinitätslehre angelehnt. Aber das, was Harnack an Augustin speziell als modalistisch ansieht, die "Verwandlung der Personen in Relationen"[15] und die psychologischen Trinitätsanalogien, ist für Luthers Trinitätstheologie im ganzen gerade nicht charakteristisch. Deshalb erscheint es uns als unangemessen die von Luther stark betonte Wesenseinheit Christi mit dem Vater als modalistisch zu bezeichnen[16].

Wenn Luthers Trinitätslehre nicht modalistisch ist, weist sie dann vielleicht eine tritheistische Tendenz auf? Der erste, der bei Luther die Gefahr des Thritheismus witterte, war kein anderer als der Straßburger Reformator Martin Butzer. Ende 1529 hatte Jakob Sturm auf dem Schmalkaldener Tag die Annahme der Schwabacher Artikel für Straßburg als zu "weitläufig und disputierlich"[17] abgelehnt und dazu gleich ein Gegenbekenntnis Butzers mitgebracht. Darin kritisiert der Straßburger Reformator den ersten Schwabacher Artikel mit folgenden Worten: "Doctor Luther wollt, man brauchte nit das vocabel trinitas, so möchten andere scheuen haben ob dem wörtlein persona, darumb das der grob verstand zu ergernus der Juden und aller andern, die doch nit unser Religion seind, von den dreyen personen redet als von dreien zertailten weszen, wie man fast das wortlin person brauchet, darzu das auch der trinitet gemelt diendt. Auch waiszt man, was zangk ob deren

---

11 vgl. o. S. 118f.
12 s.o. S. 176f.
13 vgl. o. S. 76.
14 vgl. A. v. Harnack, Dogmengeschichte, S. 236f.
15 a.a.O., S. 236.
16 vgl. R. Seeberg, Dogmengeschichte, IV/1, S. 236 Anm. 1 und R. Prenter, a.a.O., S. 183f. gegen K. Holl a.a.O.
17 H. v. Schubert, Bekenntnisbildung und Religionspolitik 1529/30 (1524–34), 1910, S. 128; vgl. auch: Bündnis und Bekenntnis, 1908, S. 22 und: Die Anfänge der evangelischen Bekenntnisbildung bis 1529/30, 1928, S. 73f.

processionybus und notionibus neben der geschrift gewesen sey. Nun were billich von söllichem hohem und allen menschen unbegreiflichem misterio uff lutherst das ist ufs schriftlichest zu reden, uff wölliche weisz dann auch gottloser zanck am allerbesten abgehalten wurde[18]." Butzer versucht hier also Luther mit Luther zu widerlegen. Ihn stört, daß die Rede von den drei Personen die Vorstellung von drei zerteilten Wesen nahelegt. Aus den hier und anderswo in den Schwabacher Artikeln verwendeten dogmatischen Termini könne auf die Dauer doch wieder nur ein Theologengezänk entstehen, so daß es am besten wäre, einfach wieder zu den Ausdrücken der Schrift zurückzukehren. Nur das könne die Einigkeit merklich fördern[19]. Sturm äußerte dazu in der Diskussion: "person und triuoltikait sind nit in der schrift und werden zu vil tailpar gesetzt[20]." Er konzedierte freilich, daß man diese Ausdrücke weiterhin gelten lassen könnte, da sie nun einmal im Brauch seien. Im übrigen fand er es auch ganz überflüssig, daß man sich auch von Patripassianern und Photinern abgrenzte, es sei denn man wolle damit eine der gegenwärtigen Richtungen treffen[21]. Selbstverständlich hatten die Straßburger auch Einwände gegen die Christologie der Schwabacher Artikel zu machen.

Freilich auch wenn Butzer sich hier auf Luthers Bedenken gegenüber dem Wort "trinitas" berufen konnte, der Sache nach geht Butzers Kritik doch weiter als Luther je gehen wollte. Sie greift nämlich nicht nur Luthers Trinitätslehre an, sondern gleichzeitig auch die altkirchliche Trinitätslehre und Christologie[22]. Diese wäre dann als solche tritheistisch oder hätte mindestens einen Hang zum Tritheismus. Luther stünde damit nur am Ende einer langen Traditionsreihe. Es ist darum auch nicht verwunderlich, wenn Butzers eigener Vorschlag für den ersten Artikel seinerseits ziemlich modalistisch klingt[23].

Die Kritik Butzers, auf die Hans von Schubert hingewiesen hatte, wurde vor allem von Karl Thieme aufgegriffen, der mehrfach darauf hingewiesen hat, daß Luthers Trinitätsaussagen gelegentlich in "Richtung eines naiven Tritheismus"[24] wirken. Thieme führt als Beleg für diese These außer einigen Bemerkungen zu den Katechismen[25] auch Luthers Lied "Nun freut euch lieben Christen gmein"

18 H. v. Schubert, Bekenntnisbildung und Religionspolitik, S. 170.
19 vgl. a.a.O.
20 ebd.
21 a.a.O., S. 171.
22 vgl. H. v. Schubert, Die Anfänge der evangelischen Bekenntnisbildung, S. 34 Anm. 1. Insofern wird man kaum sagen können, daß Butzer die Trinitätslehre der Schwabacher Artikel "ganz auf der Linie von Luthers Äußerungen gegen die Worte 'Trinität' und 'homousion'" kritisiert habe (L. Grane, a.a.O., S. 20 Anm. 8). Vgl. auch R. Hermann, Zur theologischen Würdigung des Augustana, in: Luther Jahrbuch Jg. XII, 1930, S. 168f.
23 v. Schubert, Bekenntnisbildung und Religionspolitik, S. 170: "Im ersten, das man von dem ainigen, ewigen gott vatter sun hailiger gaist glaub red und lere, allermaszen wie uns die göttlich schrift ausweize, die uns wol unterschiedlich ietzt gott, sein wort und gaist, ietzt vatter son hailiger gaist oder paracletum, das ist verteydiger, furer und lerer der kirchen fürhaltet und aber dobey hell und clar bezeuget, das unser gott ainer ist, Deut. VI., Joh. I, Math."
24 K. Thieme, Der Gott der Katechismen, ZThK 1929, S. 191, vgl. o. S. 76.
25 s.o. S. 76f.

an. Wenn Luther hier singe, "Er sprach zu seinem lieben Sohn" und der "Sohn dem Vater gehorsam ward", so trete der Sohn dabei dem Vater als "ein handelndes Wesen" gegenüber, "das selbständige Entschlüsse faßt"[26]. In diesen Zusammenhang gehört auch Luthers Verständnis der drei Personen als "Träger des innergöttlichen Liebesgespräches"[27] wie er es in seiner Auslegung von Joh. 1 und 16,13f. darlegt. Speziell bei diesem Gedanken läßt sich auch fragen, wie er sich mit den traditionellen Formeln über die immanent-trinitarischen Verhältnisse vereinbaren läßt, die Luther doch sonst so häufig reproduziert. — Thieme kennt und zitiert zwar auch die stark augustinisch geprägten Trinitätsaussagen des späten Luther, fragt dann aber, ausgehend von dem weitverbreiteten tritheistischen Volksglauben in Liturgien und Erbauungsschriften der Gegenwart: "Aber konnte denn der Augustinschüler Luther jemals aufkommen gegen den frommen Sänger von Gottes 'süßer Wundertat'?"[28] — Auch Albrecht Peters räumt ein, daß Luther "um der katechetischen Einprägsamkeit willen ... das Mißverständnis eines 'naiven Tritheismus'" in Kauf nimmt, kommt dann aber doch zu dem Schluß: "Bei Luther könnte man eher von einer Neigung zum Tritheismus sprechen[29]."

Daß die Trinitätsaussagen in den Katechismen nicht tritheistisch gemeint sind, haben wir bereits nachgewiesen[30]. Dem wäre noch hinzuzufügen, daß Luther in den Katechismen ja auch nicht eine eigentliche Trinitäts l e h r e entwickeln wollte[31] und daß er immerhin auch den Gedanken des indivisus cultus trinitatis am Schluß des Großen Katechismus betont[32]. Nach dem von uns vorgelegten Material wird man kaum grundsätzlich von einem Hang Luthers zum Tritheismus reden können. Denn wie wir gesehen haben, betont Luther je nach Gelegenheit stärker die Einheit Gottes oder die Dreiheit der Personen. Letzteres geschieht vor allem in den Katechismen, teilweise auch in den Liedern[33], vereinzelt auch in Predigten — also immer dort, wo es Luther um die Belehrung des Volkes geht. Wenn er dabei die ökonomische Trinität stark hervorhebt, geschieht das um der Veranschaulichung willen. Denn die abstrakten Sätze über die immanente Trinität lassen sich nun eben nicht so ohne weiters veranschaulichen. Dort wo Luther es vom Gedanken des innergöttlichen Gespräches her versucht, bekommen seine Ausführungen dann wirklich einmal eine tritheistische Färbung. So wird es wohl kaum zu bestreiten sein, daß die Sätze des kleinen Katechismus im Kirchenvolk weithin im Sinne eines naiven Tritheismus gewirkt haben, auch wenn die vorausgesetzte Lehre nicht tritheistisch ist. Aber wie hätte Luther den Kindern und einfachen Gläubigen den Trinitätsgedanken anders nahebringen

26 K. Thieme, Tritheismus 1529 und 1929, Th.Bl. 8. Jg. 1929, Sp. 178.
27 A. Peters, a.a.O., Sp. 568.
28 Thieme, a.a.O., Sp. 178.
29 Peters, a.a.O., Sp. 564 u. 568.
30 vgl. oben S. 77.
31 vgl. Prenter, a.a.O., S. 373 Anm. 99 und unsere Bemerkungen über den Zweck des Katechismus, s.o. S. 12.
32 vgl. o. S. 81.
33 vgl. aber z.B. die Betonung der Einheit in "Ein feste Burg" s.o. S. 176f.

können als durch die klare Hervorhebung der ökonomischen Trinität? Aufs Ganze gesehen läßt sich Luthers Trinitätslehre nicht so ohne weiteres in der herkömmlichen dogmengeschichtlichen Alternative modalistisch oder tritheistisch fassen.

Wie wichtig Luther der Trinitätsglaube auch für die Katechese war, zeigt bereits die von ihm eingeführte Gliederung des Symbols nach trinitarischem Prinzip, welche zweifellos einen katechetischen Fortschritt bedeutete. Wenn wir nun versuchen Luthers Trinitätslehre theologiegeschichtlich einzuordnen, dann wollen wir dabei die Frage nach der Bedeutung der ökonomischen Trinitätslehre im Auge behalten. Wir gehen dabei aus vom späten Luther bei dem sich deutliche Anklänge an Augustins Trinitätslehre feststellen lassen. Da Augustin ohnehin von allen Theologen die Trinitätslehre des Abendlandes am nachhaltigsten beeinflußt hat, empfiehlt es sich, zunächst einige Grundzüge seiner Trinitätslehre mit derjenigen Luthers zu vergleichen. Luther betont stark die Einheit Gottes[34]. Das verbindet ihn mit Augustin und der abendländischen Trinitätstradition. Freilich läßt es Luther im allgemeinen bei der Behauptung dieser Einheit bewenden[35]. Im Unterschied zu Augustin gibt er sich viel weniger Rechenschaft über die Begrifflichkeit[36]. Der Reformator verzichtet darauf, einen denkerischen Ausgleich zwischen Einheit und Dreiheit in Gott zu suchen und begnügt sich im allgemeinen mit kritischen Abgrenzungen[37]. Die Einheit von Vater und Sohn betont Luther häufig so stark, daß er sagen kann: Vater und Sohn sind "ein ding"[38]. Diese Einheit wird nicht als substantielle Gleichbeschaffenheit sondern als Wesensidentität verstanden[39]. Die Begriffe Wesen, Substanz und Natur, sofern sie auf Gott angewendet werden, unterscheidet Luther nicht streng. Sie sind wie in den offiziellen lehramtlichen Verlautbarungen zur Trinitätslehre im Mittelalter weitgehend synonym[40]. Augustin dagegen unterscheidet deutlich zwischen "substantia" und "essentia", wobei nur der Begriff "essentia" im eigentlichen Sinne auf Gott angewendet werden kann[41].

Wie für Augustin ist auch für Luther der trinitarische Personbegriff eine reine Verlegenheitslösung[42]. Er dient zur Bezeichnung der Dreiheit in Gott, wird bei Luther aber nicht näher begründet. Für die Theologen des Ostens war der Begriff der Hypostase ursprünglich keineswegs eine Verlegenheitslösung. Er bedeutete in Christologie und Trinitätslehre die konkrete Existenz. Die drei großen Kappadokier hatten sich zur Aufgabe gesetzt zu zeigen, daß die Formel μία οὐσία — τρεῖς ὑποστάσεις, welche für die bisherige Metaphysik ein Unding war, auch

---

34 vgl. W. Elert, Morphologie des Luthertums, Bd. I, 1931, S. 191 und L. Ihmels, Das Dogma in der Predigt Luthers, S. 58.
35 s.o. S. 74.
36 vgl. z.B. Augustin, de trin. lib. VII.
37 s.o. S. 85 u. 160.
38 s.o. S. 183 mit Anm. 184.
39 s.o. S. 170.
40 s.o. S. 168, vgl. K. Rahner, a.a.O., S. 349.
41 vgl. De trin. VII, 5, 10.
42 s.o. S. 195.

logisch und philosophisch zu rechtfertigen war[43]. Basilius kam zu dem Ergebnis, die οὐσία verhalte sich zur ὑπόστασις wie das κοινόν zum ἴδιον, wie die Gattung zum Exemplar. Als Beispiel führte er an: die drei Hypostasen verhalten sich zum Wesen Gottes wie Petrus, Andreas und Jakobus als Individuen zur Gattung Mensch[44]. Auch wenn Gregor von Nazianz und Gregor von Nyssa diesen Vergleich wieder abschwächten und das Inadäquate dabei betonten[45], gingen doch die östlichen Theologen im allgemeinen von der Dreiheit aus und versuchten von daher die Einheit zu gewinnen. Vor allem Basilius hatte sich mit dem Vorwurf des Tritheismus auseinanderzusetzen. Er antwortete darauf, u.a.: "jedes der drei πρόσωπα ist absolute Einheit ... ein Ganzes für sich, darum nicht mit anderen zu einer Summe zu addieren. Aber das, was sie zur Einheit macht, die θεότης, ist in allen drei identisch[46]."

Bei Luther finden wir nirgendwo den Versuch, das Verhältnis des göttlichen Wesens zu den drei Personen ähnlich zu bestimmen. Er hat das Schema Gattung-Exemplar nie auf die Trinität angewendet und ist hier Augustin gefolgt, der es ausdrücklich ablehnte die essentia als genus und die Personen als species zu bezeichnen[47]. Auch darin ist Luther Schüler Augustins, daß er die innertrinitarischen Differenzen im allgemeinen als Relationen versteht und das seit Augustin auch als innertrinitarischen Prozeß verstandenen Ausgehen des Geistes vom Vater und vom Sohn übernommen hat[48]. Freilich weicht Luther gelegentlich vom Verständnis der Personen als Relationen ab, z.B. dann, wenn er die Personen mit Holz und Stein als zwei verschiedenen Substanzen vergleicht[49]. Auch in zahlreichen Einzelfragen, vor allem auch in exegetischen Argumenten, konnten wir Parallelen zu Augustin feststellen[50].

Während für Augustin der absolute Gott Vater, Sohn und heiliger Geist zusammen ist, neigt Luther eher zur griechischen Tendenz, den Vater als absoluten Gott zu verstehen[51]. Er kann darum im gleichen Zusammenhang einmal vom Vater reden und dann wieder von Gott, ohne daß der Sinn der Aussage dabei verändert wird[52]. Dieser Tatbestand, der sich vor allem in den Symbolauslegungen verifizieren läßt, ist kein bloßer Zufall, sondern für Luther darin begründet, daß die Gottheit als solche und für sich genommen nichts anderes ist als die Person des Vaters. Deshalb betont er immer wieder den innertrinitarischen Rangunterschied zwischen Vater und Sohn: der Vater ist der Ursprung und Quell der Gottheit, von dem her erst der Sohn und der heilige

---

43 K. Holl, Amphilochius von Ikonium, S. 131.
44 vgl. a.a.O., S. 133.
45 vgl. a.a.O., S. 174 u. 219.
46 Holl, a.a.O., S. 145.
47 De trin. VII, 6, 11.
48 vgl. P. Althaus, Die Theologie Martin Luthers, 1962, S. 177.
49 s.o. S. 100.
50 vgl. z.B. S. 122; 156 Anm. 48; 163 Anm. 88; 173; 184 Anm. 192; 201 Anm. 273.
51 vgl. E. Seeberg, Luthers Theologie Bd. II, S. 243f. Diese Tendenz entspricht zweifellos mehr den Ansätzen zum trinitarischen Denken im NT als die abendländisch-augustinische, vgl. z.B. K. Rahner, a.a.O., S. 324.
52 s.o. S. 62f.

Geist ihre Gottheit haben. Dieser Gedanke wurde vor allem von Basilius geltend gemacht, um sich gegen die tritheistische Vorstellung abzusichern, als ob über den drei Hypostasen "eine ὑπερκειμένη οὐσία als die eigentliche Gottheit existiere"[53]. Diese Aussage wurde dann von Gregor von Nazianz spekulativ begründet[54]. Sie findet sich zwar auch bei Augustin und Thomas, hat dort aber nicht das gleiche Gewicht wie in der griechischen Tradition[55].

Das Theologumenon vom Vater als Quelle und Ursprung der Gottheit hat seine Entsprechung in der von Luther übernommenen und wohl ebenfalls mehr in der griechischen Tradition wurzelnden ökonomisch-trinitarischen Formel: vom Vater durch Christus im heiligen Geist[56].

Auch die theopaschitische Tendenz in Luthers Christologie ist nur möglich auf Grund seines Verständnisses des Vaters als Gott im absoluten Sinne. Während Gott als der Sohn dem Leiden und Sterben Jesu mitausgesetzt ist, bleibt er doch als der Vater der, dem Leiden und Tod letztlich nichts anhaben kann. Gerade seine Trinitätslehre ermöglicht es also Luther, die Passion Jesu als Leiden Gottes zu verstehen[57].

Im wesentlichen bringen Luthers Aussagen über die immanente Trinität nichts Neues. Er hält sich meistens an die überlieferten Formeln, versucht sie aber nicht spekulativ zu begründen und verzichtet überhaupt auf "Verbalismen", wie sie vor allem in der Dogmatik des Mittelalters, aber auch in der protestantischen Orthodoxie gang und gäbe waren[58]. Mit seiner Ablehnung der Trinitätsspekulation hängt auch seine Polemik gegen die Scholastiker und ihre scharfsinnigen Distinktionen zusammen. Aber auch im Vergleich zu Augustin sind Luthers Aussagen über die immanente Trinität ziemlich dürftig. Dort, wo er einmal über die traditionellen Formeln, in denen er sich gern an das Athanasianum anlehnt, hinausgeht und zu veranschaulichen versucht — wie etwa beim Gedanken des innergöttlichen Gesprächs —, gerät er mit den überkommenen Formeln und ihrem philosophisch-metaphysischen Hintergrund leicht in Konflikt. Auch die Spannung zwischen dem "isolierenden Personbegriff und den verknüpfenden Relationen wird nicht geklärt[59]. Luther neigt dazu, in dieser Sache die Aporien scharf herauszuarbeiten und bei vorwiegend abgrenzenden Bestimmungen stehen zu bleiben. Er verwendet kaum Mühe darauf, "hier irgendetwas durchsichtig werden zu lassen" und die innertrinitarischen Bezüge "wirklich aufzudecken"[60].

53 Holl a.a.O., S. 145.
54 vgl. S. 175.
55 vgl. Augustin, de trin. IV, 20, 29; die Definition der Appropriation bei Thomas v. Aquino, s.o. S. 60f.; Concilium Toletanum VI u. XI (Denzinger, 490 u. 525).
56 vgl. o. S. 166 mit Anm. 107.
57 vgl. o. S. 118ff. P. Althaus betont, daß Luther nicht patripassianisch, wohl aber "deipassianisch" lehre (a.a.O., S. 174).
58 vgl. Rahner, a.a.O., S. 346.
59 A. Peters, a.a.O., Sp. 568.
60 K. Schwarzwäller, a.a.O., S. 201; vgl. W. Elert, a.a.O., S. 191.

Die Problematik der altkirchlichen Lehre von der immanenten Trinität und ihrer Terminologie hat also auch Luther nicht grundsätzlich überwunden. Die Anfragen und Bedenken, die der altkirchlichen Trinitätslehre, — nicht erst in unserem Jahrhundert — gegenüber laut geworden sind, gelten auch gegenüber Luther, z.b. die Feststellung Reinhold Seebergs: "An dem entscheidenden Punkt der Erörterung leitet also kein Gedanke, sondern eine gegebene Formel und eine verborgene Stimmung die Entwicklung. Daher kommt die Charakteristik der Hypostasen nicht über die leeren Umschreibungen des Kausalitätsschemas 'ungezeugt', 'gezeugt' und 'hervorgehend' hinaus[61]." Die Frage, die hier mindestens als Frage gestellt werden muß, lautet: Erschöpfen sich diese Formeln nicht in einer "leeren Metaphysik oder Begriffsmythologie?"[62] Oder haben sie auch eine religiöse Bedeutung? — Karl Holl bemerkt zu dieser Frage, daß auch die drei großen Kappadokier keine "befriedigende Antwort auf die Frage geben" können, "welchen religiösen Wert die Kenntnis" der Eigenheiten der Hypostasen habe, "wenn sie doch mit der ὀυσία der Gottheit in keinem Zusammenhang stehen"[63]. Luther scheint diese Problematik irgendwie gespürt zu haben, wenn er sich vielfach in den Predigten mit formelhaften Andeutungen über die innere Trinität begnügte und eine tiefere Erkenntnis erst im Eschaton erwartete.

Um ein weiteres — theologiegeschichtlich viel bedeutsameres — Moment der Trinitätslehre Luthers herauszuarbeiten, kehren wir nun zurück zu unserem Vergleich mit Augustins Trinitätslehre. Auch darin schließt sich Luther der augustinisch — abendländischen Tradition an, daß er die inseparabilis operatio trinitatis ad extra betont oder wenigstens voraussetzt. Augustin legt so starkes Gewicht auf die Einheit Gottes nach außen, "daß die Heilsgeschichte, auch wo die einzelnen Personen auftreten, ein bloßes Zeichensystem zu werden droht"[64]. Seine eigene Trinitätslehre in "De trinitate" wird daher ungewöhnlich abstrakt, vor allem dort, wo er sich nicht mit Irrlehren oder anderen Anschauungen auseinandersetzt, sondern seinerseits in das Mysterium der inneren Trinität einzudringen versucht. Als Folge davon empfindet Augustin selber ein gewisses Ungenügen über die wenigen sehr abstrakten Aussagen, die bei kritischer Prüfung übrigbleiben. "Die ungeheure Strenge und Abstraktheit seiner Lehre veranlaßt ihn ... nicht nur ein Bild, sondern einen E r s a t z für eine zugänglichere, sprachmächtigere und geschichtsmächtigere Trinität zu suchen und im Geist zu finden[65]." So versucht Augustin über den Weg der Trinitätsanalogien in der menschlichen Seele — vor allem in seinem höchsten, Gott am nächsten stehenden Teil: dem Geist — "eine neue Aktualisierung des erstarrten Dogmas zu erzielen"[66]. Wie wir gesehen haben, lehnt Luther diesen Weg ab, weil er seinem Offen-

61 R. Seeberg, Dogmengeschichte, II, S. 132; vgl. L. Scheffczyk, a.a.O., S. 180.
62 R. Seeberg, a.a.O., S. 148.
63 K. Holl, a.a.O., S. 217f. Anm. 1.
64 A. Schindler, a.a.O., S. 229.
65 a.a.O., S. 230; vgl. K. Rahner, a.a.O., S. 325 Anm. 13.
66 Schindler a.a.O., S. 231.

barungsverständnis widerspricht und weil daraus letztlich die Lehre vom liberum arbitrium des Menschen folgen müsse[67]. Er benutzt zwar Beispiele aus dem geschöpflichen Bereich, um einzelne Aspekte der Trinitätslehre zu veranschaulichen: z.b. den Sohn als Bild des Vaters in seiner Ähnlichkeit und Unähnlichkeit mit einem sonstigen Bild. Normalerweise zeigen aber diese Beispiele gar keine wirkliche Dreiheit und können schon deswegen nicht als vestigia trinitatis angesprochen werden. Wo Luther in den Tischreden ausnahmsweise einmal auf Trinitätsanalogien hinweist, haben diese für die Begründung und Ausgestaltung seiner Trinitätslehre keinerlei Bedeutung.

Luther beschreitet statt dessen einen ganz anderen Weg, um die weithin erstarrte Lehre von der Trinität neu zu beleben: er entwickelt eine Lehre von der ökonomischen Trinität. Seine ganze Trinitätslehre konzentriert sich eigentlich auf die ökonomische Trinität, auf das Kommen Gottes zu uns[68].

Um die Bedeutung dieses Schritts angemessen beurteilen zu können, müssen wir zunächst an die eigentlichen Wurzeln des Trinitätsglaubens erinnern. Längst vor dem Trinitätsdogma gab es den trinitarischen Glauben. Dieser ist seinerseits zurückzuführen auf die Christologie[69]. Denn trotz der Tatsache, daß bei der Ausbildung des trinitarischen und christologischen Dogmas auch philosophische Elemente und Argumente eine unübersehbare Rolle spielten, beziehen sich diese Dogmen mit ihren Aussagen zurück auf den neutestamentlichen Glauben an die Offenbarung Gottes durch Christus im heiligen Geist.

Sowohl protestantische als auch katholische Dogmengeschichtler weisen darauf hin, daß "das trinitarische Dogma aus dem christologischen emporwuchs und die trinitarische Lehrentwicklung gleichsam im Sog der christologischen verlief"[70]. Die innere Logik dieser Verbindung beschreibt der katholische Dogmenhistoriker Leo Scheffczyk: Sie "ist der Ausdruck für die wesentliche Zugehörigkeit der Trinitätswahrheit zum Christusereignis auf dem Boden der einen geschichtlichen Offenbarung. Die Offenbarung beinhaltet nämlich die Heilstat Gottes in der Welt durch Jesus Christus und in der Kraft des Geistes. So verstanden, bedeutete die Erfahrung des Wirkens Christi in der Welt sofort auch

---

67 s.o. S. 172.
68 vgl. z.B. L. Grane, a.a.O., S. 21 u. K. Schwarzwäller, a.a.O., S. 202. Wenn verschiedene Lutherforscher betonen, daß sich bei Luther gegenüber der Alten Kirche keine neuen Ansätze zu einer neuen Trinitätslehre finden (so J. v. Walter, Die Theologie Luthers, S. 138 und Brundstäd a.a.O., S. 35), so kann das nur in dem eingeschränkten Sinne gelten, daß unter der Lehre von der Trinität nur die i m m a n e n t e Trinität zu verstehen ist.
69 vgl. R. Seeberg, a.a.O., S. 164.
70 L. Scheffczyk a.a.O., S. 184, vgl. A. Adam, Dogmengeschichte, I, S. 115ff. und R. Seeberg a.a.O., S. 164: "Die Christologie, nicht die trinitarische Lehre, ist die eigentliche Quelle des trinitarischen Gedankens gewesen." – E. Käsemann schreibt über Johannes 17: "So richtig es ist, daß die Feststellung der Einheit (sc: Jesu) mit dem Vater soteriologische Funktion hat, so wenig darf man sich dabei begnügen. Die soteriologische Funktion bleibt die Angriffsspitze des Kerygmas, erhält aber jetzt eine unendliche Tiefe. Mit dem christologischen Geheimnis verbindet sich, was spätere Zeiten das innertrinitarische Geheimnis nennen werden." (Jesu letzter Wille nach Johannes 17, 1966, S. 46f.)

die Erkenntnis einer ökonomischen Trinität, wie sie sich als Grundstruktur hinter den Zeugnissen schon des NT erkennen läßt und wie sie auch aus den göttlichen Werken von Schöpfung, Erlösung und Heiligung erkennbar wurde. Indem sich die Erkenntnis der Offenbarung auf das Christusereignis konzentrierte, dieses aber vor allem in seiner soteriologischen Bedeutung verstanden werden mußte, bekam auch die erste Trinitätsauffassung ein soteriologisches Gefälle[71]."

Ein wesentliches Kriterium zur Beurteilung der verschiedenen Ausprägungen der Trinitätslehre im Laufe der Theologiegeschichte wird darum die Frage sein: Wird in ihr die ökonomische Trinität und damit zugleich das alte soteriologische Gefälle des trinitarischen Glaubens noch sichtbar oder hat sich die Trinitätslehre bereits von ihrem religiösen Wurzelboden gelöst? Betrachtet man die Geschichte der Trinitätslehre unter diesem schon von R. Seeberg, vor allem aber von Scheffczyk angewendeten Kriterium[72], so läßt sich in Anlehnung an den letzteren die Entwicklung in groben Zügen etwa so charakterisieren: "Die soteriologische Ausrichtung und Abzweckung des ersten trinitarischen Denkens"[73] kommt vor allem in der heilsökonomischen Auffassung der Trinität bei Irenäus und Tertullian und dann bei Athanasius zum Zuge, dem es bei dem Kampf für die Anerkennung des homousios nicht um eine "Frage der Philosophie, sondern um eine solche des Erlösungsglaubens und der Heilsgewißheit ging"[74]. Bereits bei Augustin deutet sich "das Schwinden eines eigentlich heilsökonomischen Interesses und die fehlende Differenzierung in der Offenbarungstrinität an"[75]. — "Ausschlaggebend für dieses Versiegen des ökonomisch-heilsgeschichtlichen Denkens in der Trinitätslehre war ... einmal der dogmengeschichtliche Tatbestand, daß die Trinität immer weniger vom Christusereignis her entwickelt wurde und mit der Trennung von der Christologie zunächst in eine lehrmäßige Isolation geriet[76]." Im Mittelalter kommt nur bei einigen wenigen Theologen, vor allem der

---

71 Scheffczyk a.a.O., S. 184.
72 vgl. R. Seeberg, a.a.O., S. 149f. u. 163f. Für Seeberg spielt als weiteres Kriterium der Gegensatz zwischen Religion und Metaphysik eine beträchtliche Rolle. Scheffczyk gibt ausführlich Rechenschaft über sein Kriterium (a.a.O., S. 187): "Diese Feststellungen über den Sinn und Charakter der ersten Entwicklung des Trinitätsdogmas sind nicht nur von geschichtstheoretischer Bedeutung. Weil die Eigentümlichkeit des Anfangs dem Werdenden eine bleibende Prägung verleiht, ist mit diesen Feststellungen auch schon etwas über das Gesetz der legitimen Weiterentwicklung und späteren Ausfaltung des Dogmas gesagt. Wenn die Motive und der Sinn der ursprünglichen trinitarischen Entwicklung in einer soteriologisch-heilshaften Erfassung und Deutung dieses Geheimnisses lagen, dann darf die weitere Entfaltung und Interpretation des Dogmas auf diese Kräfte nicht grundsätzlich verzichten, weil sie sich sonst von ihrer eigentlichen Wurzel trennt. Daraus ergibt sich die Forderung, daß die ökonomische Trinitätsauffassung, die die genuine Ausdrucksform aller soteriologisch-heilshaften Momente des Trinitätsglaubens bildete, mit ihrem Zentrum im Werke Christi und ihrer Spitze im Wirken des Geistes dem trinitarischen Denken niemals fehlen darf."
73 a.a.O., S. 185.
74 a.a.O., S. 186; vgl. R. Seeberg, a.a.O., S. 146f.
75 Scheffczyk a.a.O., S. 202f.; vgl. Seeberg a.a.O., S. 162ff.
76 Scheffczyk a.a.O., S. 205.

Frühscholastik, das heilsökonomische Denken wieder etwas mehr zum Zuge und zwar meistens in geschichtstheologischer Ausprägung. Angesichts des breiten Stroms des Augustinismus in der Trinitätslehre fand die ökonomische Trinitätsauffassung aber "keine durchschlagende Wirkung"[77].

Was die kirchenamtlichen Lehrformulierungen betrifft, so blieb hier die Arbeit "am trinitarischen Dogma im Mittelalter wesentlich auf die spekulative Durchdringung und formale Verbesserung seiner lehrhaften Seite beschränkt ... So ging auch der Zusammenhang mit der Christologie und Soteriologie verloren. In demselben Maße, als diese Grundwahrheit des Glaubens zum Gegenstand spekulativer Erkenntnis gemacht wurde, entzog sie sich dem religiösen Denken und verlor ihre Verbindung zum heilspraktischen Glauben. Das intellektuelle Glaubensgesetz dominierte über die lebendige Glaubenserfahrung, die abstrakte Formel über den erfüllten Glauben. Die Trinität bewegte nicht mehr wie in der alten Zeit das religiöse Denken, sondern war zu einem Gegenstand der theoretischen Glaubenslehre geworden[78]."

Auf dem Hintergrund dieser Entwicklung sticht Luthers starke Betonung der ökonomischen Trinität hervor. Wenn er sich immer wieder gegen die Trinitätslehre der Scholastiker gewandt hat[79], so hat er damit weniger einzelne Aussagen der Scholastiker kritisieren wollen als vielmehr ihre weitgehend abstrakte Trinitätsspekulation. Demgegenüber hat Luther die Trinitätslehre herausgeholt aus der Isolation, in der sie sich in der Scholastik befand, und sie neu belebt[80]. Das sollen nun noch einige wichtige Ergebnisse unserer Untersuchung zeigen.

Luthers besonderer Beitrag innerhalb der Auslegungsgeschichte des Apostolikums besteht in der Wiederentdeckung und deutlichen Markierung der trinitarischen Struktur des Symbols[81]. Diese Dreiteilung des Symbols wurde von zahlreichen evangelischen Katechismen übernommen und hat so große geschichtliche Wirksamkeit entfaltet. Gegenüber der traditionellen Zwölfteilung des Symbols ist das ein katechetischer und ein theologischer Fortschritt. Durch die Verbindung mit den ökonomisch-trinitarischen Leitbegriffen Schöpfung, Erlösung und Heiligung gewinnt der Trinitätsglaube die beherrschende Stellung für die Interpretation des Symbols. Diese trinitarische Strukturierung und theozentrische Interpretation führt über eine bloße fides historica hinaus, indem sie "das Symbol als Ganzes kerygmatisch versteht und seine soteriologische Einheit herausstellt"[82].

77 a.a.O., S. 216.
78 a.a.O., S. 192.
79 vgl. F. Loofs, Symbolik, I, S. 58f.; Althaus, a.a.O., S. 176; L. Grane, a.a.O., S. 21 und unsere Arbeit o. S. 150; 154; 160; 181.
80 vgl. R. Prenter, a.a.O., S. 187.; W. Köhler, Luther und die Kirchengeschichte, S. 155; L. Ihmels, a.a.O., S. 60. Auch K. Rahner bedauert die "Isolierung der Trinitätslehre in Frömmigkeit und Schultheologie" (a.a.O., S. 319).
81 s.o. S. 35.
82 vgl. S. 57ff.; Zitat s.o. S. 58 Anm. 295.

Aber der Trinitätsgedanken ist nicht nur Grundlage und Strukturprinzip der Symbolauslegungen, sondern auch des Bekenntnisses von 1528, der Urform des lutherischen Bekenntnisses. Durch die Leitbegriffe Schöpfung, Erlösung und Heiligung und den Gedanken, daß Gott sich uns dreifach gibt, wird die Trinitätslehre heilsgeschichtlich konkretisiert. Damit wird zugleich die Bedeutung des Trinitätsglaubens für das "existentielle 'pro me' des Gläubigen" hervorgehoben[83]. Die Trinitätslehre ist Voraussetzung des pro nobis.

Während Augustin eine Analogie zur immanenten Trinität in der menschlichen Seele sucht, findet Luther diese Analogie in der ökonomischen Trinität. Auf die bei Augustin fehlende "Differenzierung in der Offenbarungstrinität"[84] hat Luther starkes Gewicht gelegt. Ein weiterer Unterschied zu Augustin besteht darin, daß die "unaufhebbare Inkarnation der zweiten Person der Trinität"[85] für Luthers Christologie axiomatische Bedeutung hat. Von daher sind für Luther auch "die transeunten Offenbarungsgestalten der beiden anderen Personen wichtig"[86], was vor allem in Luthers Ausführungen zum trinitätstheologischen Aspekt der Tauflehre deutlich wird. "Der dreieinige Gott benutzt jene (sc.: Offenbarungsgestalten) nicht lediglich als flüchtige Zeichen oder bloße Chiffren, um uns in geistiger Selbsttranszendierung zu einem unfaßbaren Geistwesen zu erheben. Allein in, mit und unter diesen seinen Offenbarungsgestalten ist er uns zum Heil gegenwärtig; sie sind von seiner wirkmächtigen Gegenwart durchwaltete Zeichen, deshalb müssen und dürfen wir uns in getroster Zuversicht in sie hineinbergen[87]."

Für alles, was Luther über die Trinität zu sagen hat, beruft er sich auf die Heilige Schrift. Für ihn besteht keinerlei Zweifel daran, daß die Trinitätslehre in ihren Grundzügen in der Schrift enthalten ist. Darum verwendet er relativ viel Mühe darauf, das biblische Zeugnis über die Trinität zu explizieren. Auch darin liegt ein eigenständiger Beitrag des Reformators zur Trinitätslehre[88].

Trotz seiner Kritik an verschiedenen Begriffen der altkirchlichen Trinitätslehre hat Luther immer wieder seine grundsätzliche Übereinstimmung mit dem Trinitätsdogma unterstrichen[89]. Gerade in Luthers Predigten zeigt sich, "wie lebendig das Dogma der Kirche zur Verkündigung des Evangeliums", wie Luther es versteht, gehört[90]. Das hängt damit zusammen, daß Luther von der faktischen Übereinstimmung des Trinitätsdogmas mit der Lehre der Heiligen Schrift überzeugt ist und darum auch den inneren Zusammenhang zwischen den ersten vier ökumenischen Konzilien und dem Neuen Testament aufzuzeigen versucht[91].

83 Das Fehlen dieses Aspektes bei Augustin bemängelt L. Scheffczyk a.a.O., S. 205.
84 vgl. Scheffczyk a.a.O., S. 203.
85 A. Peters, a.a.O., Sp. 566; vgl. o. S. 199.
86 ebd.
87 ebd.
88 vgl. a.a.O., Sp. 562.
89 s.o. S. 147; vgl. E. Seeberg, Grundzüge der Theologie Luthers, S. 82f.; E. Wolf, Die Christusverkündigung bei Luther, a.a.O., S. 50; Prenter a.a.O., S. 180.
90 Koopmans a.a.O., S. 60.
91 s.o. S. 137f.

Eine totale Übereinstimmung mit der altkirchlichen Trinitätslehre konnten wir dabei ebensowenig feststellen wie einen totalen Gegensatz zu ihr[92].

Was das Verhältnis zur spätmittelalterlichen katholischen Kirche betrifft, so hat Luther zunehmend die Rechtgläubigkeit der päpstlichen Kirche in der Trinitätslehre bezweifelt[93]. Als Kriterium seiner Kritik galt ihm dabei nicht die Frage, ob alle trinitätstheologischen Aussagen korrekt orthodox formuliert sind, sondern vielmehr die Frage nach den theologischen Konsequenzen, die sich aus der Anerkennung der Gottheit Jesu und des heiligen Geistes ergeben. Diese Frage muß im Sinne Luthers etwa so formuliert werden: Sind dogmatisch noch so korrekte Sätze über die Trinität als christliches Bekenntnis anzuerkennen, wenn gleichzeitig eine massive (oder auch nur subtile) Werkgerechtigkeit gelehrt wird? Luther selber geht es ja nicht in erster Linie um die dogmatisch korrekt formulierte Aussage, sondern vor allem darum, "den Offenbarungsanspruch des altkirchlichen Dogmas so zu wahren, daß die Heilskonsequenzen, die daraus für den Glauben jetzt und hier gezogen werden müssen, richtig zur Geltung kommen"[94].

Damit ist die Frage nach der Bedeutung des Trinitätsbekenntnisses für Luthers Theologie aufgeworfen, auf die wir nun in einem letzten Abschnitt eingehen wollen.

3. Die Bedeutung des Trinitätsbekenntnisses für Luthers Theologie

Nach einer im großen und ganzen zutreffenden Charakterisierung der Trinitätslehre des späten Luther bemerkt Werner Elert in seiner "Morphologie des Luthertums": "Aber im allgemeinen ist doch die Trinitätslehre in seiner Theologie wie ein erratischer Block stehen geblieben[95]." — Nehmen wir Luthers Trinitätslehre als Ganzes — nicht nur seine Lehre von der immanenten Trinität —, so kommen wir zum gegenteiligen Urteil. Im Laufe unserer Untersuchung immer wieder die enge Verbindung zwischen Luthers Trinitätslehre und seiner Christologie deutlich. Denn für Luther ist Christus der "konkrete Gott"[96]. Freilich erschöpft sich Luther dabei "nicht in einem engen Christomonismus, sondern er treibt wesenhaft trinitarische Theologie, deren großes Thema die dynamische Bewegtheit der Gottheit in Vater, Sohn und Hl. Geist auf uns Menschen zu ist"[97].

92 s.o. S. 83 u. 124f.
93 s.o. S. 116 u. 143f.
94 W. Maurer, Die Einheit der Theologie Luthers, Gesammelte Aufsätze, Bd. I, 1970, S. 21; vgl. Ihmels, a.a.O., S. 37.
95 W. Elert, a.a.O., S. 191.
96 s.o. S. 189 Anm. 199.
97 M. Greschat, a.a.O., S. 35.

Andererseits steht und fällt mit der Anerkennung der Gottheit Christi und des heiligen Geistes auch Luthers Soteriologie[98]. Immer wieder begründet Luther das Bekenntnis zur Gottheit Christi und des Geistes soteriologisch. Christus kann uns nur dann aus der Macht der Sünde und des Todes erlösen, wenn er selber als Gott diese Mächte überwinden kann. Auch der heilige Geist kann sein lebenschaffendes und heiligendes Werk nur als Gottes Geist an und in uns ausrichten. Die Ablehnung der Gottheit Christi und des Geistes bedeutet für Luther darum zugleich eine neue Aufrichtung der Werkgerechtigkeit. An diesem Punkt argumentiert Luther oft ähnlich wie Athanasius. Wie beim großen Verfechter der Homousie des Sohnes liegt auch beim Reformator das Motiv für das Bekenntnis zur vollen Gottheit Christi nicht in der dogmatischen Tradition, auch nicht in erster Linie in der Autorität der Bibel, sondern im Erlösungsgedanken[99].

Wie sehr die Soteriologie die Christologie und damit auch die Trinitätstheologie Luthers beeinflußt hat, zeigen der Abendmahlsstreit, aber auch zahllose Predigten des Reformators. Aufgrund der engen Verbindung von Soteriologie, Christologie und Trinitätslehre ergeben sich durchaus wechselseitige Beziehungen zwischen den einzelnen "loci". Einerseits bildet die Trinitätslehre "die Grundlage der Rechtfertigungsbotschaft"[100]. Andererseits werden in der Trinitätslehre die Linien der Rechtfertigungstheologie Luthers ausgezogen auf Christologie, Pneumatologie und Gotteslehre[101].

Luther selbst ist sich dieser engen Verbindung durchaus bewußt. Gerade deshalb betont er: Der Trinitätsartikel ist "der höchst artickell ym glauben / darynnen die andern alle hangen"[102]. Und an anderer Stelle: Der Artikel von der Gottheit Christi nützt und dient dazu, daß allen anderen Artikel dadurch erhalten werden[103]. Wo e i n Artikel des Glaubens nicht recht gelehrt wurde, da sah Luther — auch bei reformatorischen Theologen! — das Ganze der Theologie bedroht[104].

Die Trinitätslehre ist also sowohl kurze Zusammenfassung des Glaubens Luthers als auch conditio sine qua non seiner Theologie[105]. Als solche ist sie weitgehend in seine Theologie integriert, so daß man sie nicht einfach herausbrechen könnte, ohne damit das Ganze seiner Theologie zu verändern.

98 s.o. S. 85 u. 162.
99 vgl. R. Seeberg, a.a.O., S. 75 und L. Grane, a.a.O., S. 22. Vergleicht man die Grundkonzeption der Theologie des Athanasius, wie Seeberg (S. 81–85) sie darlegt, mit derjenigen Luthers so ergeben sich erstaunliche Parallelen.
100 A. Peters, a.a.O., Sp. 562; vgl. W. Link, Das Ringen Luthers um die Freiheit der Theologie von der Philosophie, S. 121 u. 123; J. Koopmans a.a.O., S. 115.
101 s.o. S. 85 u. 162.
102 BoA II, 47, 26f. = WA 7, 214, 27f., s.o. S. 23.
103 s.o. S. 165.
104 s.o. S. 133 u. 146 mit Anm. 215. Zu einem ähnlichen Urteil kommt auch K. Schwarzwäller (a.a.O., S. 212): "Die Torgauer Hofpredigten lassen somit klar heraustreten, wie Deus absconditus, Christologie und Trinitätslehre und also servum arbitrium, Rechtfertigungslehre und Gotteslehre und entsprechend des Menschen völlige Verfallenheit und Rettung so zusammengehören, daß mit dem kleinsten Abstrich an einem Punkt wirklich alles ins Wanken gerät."
105 vgl. Koopmans a.a.O., S. 103; L. Grönvik, a.a.O., S. 199; P. Meinhold, Luther heute, 1967, S. 126; H. Fagerberg, a.a.O., S. 129.

Ein besonderes Problem innerhalb der traditionellen Trinitätslehre bot immer die Frage nach dem inneren organischen Zusammenhang zwischen immanenter und ökonomischer Trinitätslehre, sofern diese nicht ganz verdrängt wurde[106]. Luther bemühte sich in den späteren Schriften diesen inneren Zusammenhang aufzuzeigen[107]. Aus der Offenbarungstrinität wird die immanente Trinität als Bedingung ihrer Möglichkeit erschlossen. Noetisch gesehen ist also für Luther die Offenbarungstrinität die Basis für die Aussagen über die immanente Trinität. Wie das Athanasianum für den Reformator ein Schutzsymbol für das Apostolikum ist[108], so ist die Lehre von der immanenten Trinität ein Schutzwall für die ökonomische Trinitätslehre, der diese vor dem Tritheismus[109], aber auch vor dem Modalismus bewahren soll. "Der Verweis auf die inner-trinitarischen Bezüge hat offenbar nur die Funktion einer gewissen ... Absicherung der Einheit des Werkes des ganzen Gottes nun gerade auch in jeweils nur einer der drei Seinsweisen, damit aber der Einheit Gottes[110]." Als Schutzwall hat die Lehre von der immanenten Trinität also in erster Linie eine abwehrende Funktion. Von daher wird Luthers Zurückhaltung gegenüber einer weiteren Explikation dieser Lehre und seine weitgehende Beschränkung auf negative Aussagen verständlich. Denn eine eigentliche Erkenntnis der Majestät Gottes wird ohnehin erst in der Vollendung möglich. Mit seiner kaum ausgeführten Lehre von der immanenten Trinität markiert Luther also die Grenzen für die rechte Anbetung des Geheimnisses der Trinität, so daß die Majestät Gottes gewahrt bleibt. So gesehen ist die immanente Trinitätslehre das dialektische Gegenstück zur Inkarnationslehre Luthers: dem deus revelatus entspricht auch hier ein deus absconditus[111].

Wir haben gesehen, wie Luthers Trinitätstheologie dogmengeschichtlich durchaus verschiedene Tendenzen miteinander verbindet, die auch bei Luther nicht immer vollkommen zum Ausgleich gebracht werden[112]. Theologiegeschichtlich neu ist vor allem die starke Betonung der ökonomischen Trinität, die zu einer Wiederbelebung des trinitarischen Denkens führte. Obgleich Luther nie eine systematisch strukturierte Lehre von der Trinität geschrieben hat, enthalten seine Schriften und Predigten wichtige Impulse für die Trinitätstheologie, welche vor allem auf katechetischem Gebiet nachhaltige Wirkungen gezeitigt haben.

---

106 vgl. dazu vor allem R. Seeberg, a.a.O., S. 148ff.
107 s.o. S. 203ff.
108 s.o. S. 143.
109 Nach R. Seeberg (a.a.O., S. 164) war die augustinische Trinitätslehre "der Schutzwall, ... an dem sich der Tritheismus immer wieder gebrochen hat."
110 K. Schwarzwäller, a.a.O., S. 204.
111 Über das Verhältnis von Luthers Trinitätslehre zur Problematik von "De servo arbitrio" vgl. vor allem K. Schwarzwäller, a.a.O., S. 204ff.
112 Das betont auch A. Peters, a.a.O., Sp. 563ff.

LITERATURVERZEICHNIS

I. QUELLEN

D. Martin Luthers Werke, Kritische Gesamtausgabe, Weimar 1883ff. (WA)

D. Martin Luthers Sämtliche Schriften, ed. J. G. Walch, Halle 1740ff.

Luthers Werke in Auswahl, ed. O. Clemen, 5. Aufl. Berlin 1959ff. (BoA).

Martin Luther, Ausgewählte Werke, edd. H. H. Borcherdt u. G. Merz, Ergänzungsreihe Bd. VI München 1953 (MüA).

Philippi Melanthonis Opera quae supersunt omnia, ed. C. G. Bretschneider, Halle 1834ff., Corpus Reformatorum Bd. 1ff. (CR).

Ioannis Calvini Opera quae supersunt omnia, edd. W. Baum, E. Cunitz, E. Reuss, Braunschweig 1863ff., Corpus Reformatorum Bd. 29ff. (CR).

Huldreich Zwinglis Sämtliche Werke, 1905ff., Corpus Reformatorum Bd. 83ff. (Erscheinungsort wechselnd).

August Hahn, Bibliothek der Symbole und Glaubensregeln der Alten Kirche, 3. Aufl. ed. L. Hahn, Breslau 1897 (Hahn).

Enchiridion Symbolorum, Definitionum et Declarationum de rebus fidei et morum quod primum edidit Henricus Denzinger et quod funditus retractavit, auxit, notulis ornavit Adolfus Schönmetzer, 32. Aufl. Freiburg i.Br. 1963 (Denzinger).

Die Bekenntnisschriften der evangelisch=lutherischen Kirche, 5. Aufl. Göttingen 1963 (BSLK).

Bekenntnisschriften und Kirchenordnungen der nach Gottes Wort reformierten Kirche, ed. W. Niesel, 3. Aufl. Zürich o.J.

Patrologiae cursus completus accurante J. P. Migne, Series Latina et Series Graeca, Paris 1844ff. (Migne PL u. PG).

Augustinus, De trinitate, zit. nach: Obras de San Agustin en edición bilingüe, ed. Luis Arias, Biblioteca de autores christianos, 2. Aufl. Madrid 1956 (De trin.).

Aurelius Augustinus, Ausgewählte Schriften, Bibliothek der Kirchenväter, Kempten 1871ff.

Des Heiligen Kirchenvaters Aurelius Augustinus fünfzehn Bücher über die Dreieinigkeit aus dem Lateinischen übersetzt und mit einer Einleitung versehen von Michael Schmaus, Bibliothek der Kirchenväter, 2. Reihe Bd. XIII u. XIV, München 1935f.

S. Thomae Aquinatis, Summa theologiae, Biblioteca de autores christianos, 3. Aufl. Madrid 1961 (S.th.).

S. Thomae Aquinatis Opuscula theologica, Vol. II Turin u. Rom 1954.

S. Thomae Aquinatis Quaestiones disputatae Vol. I. Turin u. Rom 1964.

S. Bonaventurae Opera omnia, Ad claras Aquas 1892ff.

Desiderius Erasmus Roterdamus, Opera omnia, ed. J. Clericus, Leiden 1703ff.

Inquisitio de fide. A Colloquy by Desiderius Erasmus Roterdamus 1524, ed. C. R. Thompson, New Hawen 1950.

Katechismen:

Ferdinand Cohrs, Die Evangelischen Katechismusversuche vor Luthers Enchiridion Bd. I—V, Monumenta Germaniae Paedagogica, Bd. XX—XXIV, Berlin 1900ff.

W. Arnold, Unterricht in der christlichen Lehre für Unmündige, Basel 1864.

Martin Butzer, Der Kuertzer Catechismus. Das ist: Christliche Underweisung von den Articklen unsers glaubens / Vatter unser / Zehen gebotten / h. Sacramenten. Von der Kinderzucht und andern christlichen uebungen, erweiterte Ausgabe Straßburg 1544.

Catechismus und anweisung zu Christlichem glauben, Worms 1543. Vereinsausgabe des Altertumsvereins zu Worms 1895.

Catechismus oder Kurtzer Underricht Christlicher Lehre wie der in Kirchen und Schulen der Stadt Basel getrieben wirdt, Basel 1602.

Inbegriff der Christlichen Religions=Lehren in Fragen und Antworten nach Anleitung des Basler=Catechismus, Basel 1817.

Leo Jud, Katechismen, bearbeitet von Oskar Farner, Zürich 1955.

Katechismus/ Das ist: Unterricht Wahrer Christenlicher Religion. Samt den Zertheilungen einer jeden Antwort und Zeugnussen der heiligen Schrift. Eingetheilt in XLVIII. Sonntage durch das ganze Jahr. Für die Jugend der Stadt und Landschaft Zürich, Zürich 1764.

Katechismus oder Unterricht in der christlichen Religion nach dem evangelisch=reformierten Lehrbegriffe, für die reifere Jugend, Zürich 1940.

Katechismus für die evangelischen Gemeinden des Kantons St. Gallen, St. Gallen 1853.

Katechismus für die evangelischen Gemeinden des Kantons Thurgau, Frauenfeld 1857.

Kleiner Katechismus / Das ist: Ein kurtzer und Einfaltiger Kinder bericht / von den fuernembsten Hauptstucken Christenlicher Leer, Bern 1601.

Jacob Other, Ein Kurtze ynleytung in die bekantnuß rechtgschaffner / Christenlicher leer und glaubens / für die kinder und eynfaltigen, Basel 1530.

ed. Peter Werenfels, Fragen und Antworten über die Fünf Hauptstücke der christlichen Religion für die Kirchen zu Basel, Nachdruck Basel 1811.

Christoffel Wißgerwer, Ein Kurtze undericht der Jugent im Vaterunser / Glauben, 10 Geboten. Auch D. Johan Oekolampadii Kinderfragen und 25 stuck christenlichs wesens, Basel 1540.

Johann Wolleb, Vorbereitung zu dem heiligen Abendmahl / oder Kurtze und einfältige Fragstück / welche vermög der fünff Haupt-artickeln der Christlichen Religion / an die Tischgenossen des HErren / vor der Empfahung des heiligen Nachtmahl mögen gethan werden, Basel o.J.

II. LEXIKA UND WÖRTERBÜCHER

Realencyklopädie für die protestantische Theologie und Kirche, 3. Aufl. ed. Albert Hauck, Bd. 1–24, Leipzig 1896ff. (RE).

Die Religion in Geschichte und Gegenwart, 3. Aufl. ed. Kurt Galling, Bd. I–VI, Tübingen 1957ff. (RGG).

Lexikon der Alten Welt, Zürich und Stuttgart 1965.

Alfred Götze, Frühneuhochdeutsches Glossar, Kleine Texte für Vorlesungen und Übungen NR. 101, 7. Aufl. Berlin 1967.

III. LITERATUR

Alfred Adam, Lehrbuch der Dogmengeschichte, Bd. I u. II, Gütersloh 1965ff.

Johann Adam, Evangelische Kirchengeschichte der Stadt Straßburg, Straßburg 1922.

Paul Althaus, Die Theologie Martin Luthers, Gütersloh 1962.

Hans Asmussen, Christliche Lehre anstatt eines Katechismus, Berlin und Hamburg 1968.

Gustaf Aulén, Das christliche Gottesbild in Vergangenheit und Gegenwart, Gütersloh 1930.

Roland H. Bainton, Michael Servet 1511–1553, Schriften des Vereins für Reformationsgeschichte Nr. 178, Jg. 66 u. 67/1, Gütersloh 1960.

Hellmut Bandt, Luthers Lehre vom verborgenen Gott. Eine Untersuchung zu dem offenbarungsgeschichtlichen Ansatz seiner Theologie, Berlin 1958.

Karl Barth, Die Kirchliche Dogmatik, Bd. I/1: Die Lehre vom Wort Gottes, 8. Aufl. Zürich 1964.

Karl Barth, Das Glaubensbekenntnis der Kirche. Erklärung des Symbolum Apostolicum nach dem Katechismus Calvins, aus dem Französischen übersetzt von H. Goes, Zürich 1967.

G. Nathanael Bonwetsch, Grundriß der Dogmengeschichte, München 1909.

Heinrich Bornkamm, Luther und das Alte Testament, Tübingen 1948.

Karin Bornkamm, Das Verständnis christlicher Unterweisung in den Katechismen von Erasmus und Luther, Zeitschrift für Theologie und Kirche (ZThK), 65. Jg. 1968, S. 204–230.

Friedrich Brunstäd, Theologie der lutherischen Bekenntnisschriften, Gütersloh 1951.

Klaus Burba, Die Christologie in Luthers Liedern, Schriften d. Vereins f. Reformationsgeschichte Nr. 175, Jg. 63/1, Gütersloh 1956.

Delio Cantimori, Italienische Häretiker der Spätrenaissance, dt. v. W. Kaegi, Basel 1949.

Hans Conzelmann, Die Apostelgeschichte. Handbuch zum Neuen Testament, Bd. 7, Tübingen 1963.

C. A. Cornelius, Geschichte des Münsterischen Aufruhrs, Bd. II: Die Wiedertaufe, Leipzig 1860.

Gerhard Ebeling, Evangelische Evangelienauslegung. Eine Untersuchung zu Luthers Hermeneutik, Neuausgabe Darmstadt 1963.

Gerhard Ebeling, Das Wesen des christlichen Glaubens, Tübingen 1959.

Albert Ebneter, Luther und das Konzil, Zeitschrift f. kath. Theologie, Bd. 84, 1962, S. 1–48.

Werner Elert, Der Ausgang der altkirchlichen Christologie. Eine Untersuchung über Theodor von Pharan und seine Zeit als Einführung in die alte Dogmengeschichte, aus dem Nachlaß herausgegeben v. W. Maurer u. E. Bergsträßer, Berlin 1957.

Werner Elert, Morphologie des Luthertums, Bd. I München 1937.

Werner Elert, Die theopaschitische Formel, ThLZ 75. Jg. 1950, Sp. 195–206.

Eduard Ellwein, Summus Evangelista. Die Botschaft des Johannesevangeliums in der Auslegung Luthers, München 1960.

Holsten Fagerberg, Theologie der lutherischen Bekenntnisschriften von 1529–1537, Göttingen 1965.

F. Falk, Der Unterricht des Volkes in den katechetischen Hauptstücken am Ende des Mittelalters, Historisch-Politische Blätter für das katholische Deutschland, Bd. 109, München 1892.

Martin Ferel, Gepredigte Taufe. Eine homiletische Untersuchung zur Taufpredigt bei Luther, Tübingen 1969.

Friederike Fricke, Luthers Kleiner Katechismus in seiner Einwirkung auf die Katechetische Litteratur des Reformations-Jahrhunderts, Göttingen 1898.

Alexandre Ganoczy, Le jeune Calvin. Genese et evolution de sa vocation reformatrice, Wiesbaden 1966.

Arnold Gilg, Fragen und Wege historischer und systematischer Theologie. Gesammelte Aufsätze, edd. K. Stalder u. M. Geiger, Zürich 1968.

J. F. G. Gerhard Goeters, Ludwig Hätzer (ca. 1500–1529), Spiritualist und Antitrinitarier, Gütersloh 1957.

Leif Grane, Die Confessio Augustana, Einführung in die Hauptgedanken der lutherischen Reformation, aus dem Dänischen übersetzt von E. Harbsmeier, Göttingen 1970.

Martin Greschat, Melanchthon neben Luther. Studien zur Gestalt der Rechtfertigungslehre zwischen 1528 und 1537, Witten 1965.

Hartmann Grisar, Luther Bd. II, Freiburg 1911.

Lorenz Grönvik, Die Taufe in der Theologie Martin Luthers, Åbo und Göttingen 1968.

Wilhelm Gussmann, Quellen und Forschungen zur Geschichte des Augsburgischen Glaubensbekenntnisses, Bd. II: D. Johann Ecks vierhundertvier Artikel zum Reichstag von Augsburg 1530, Kassel 1930.

Ernst Haenchen, Die Apostelgeschichte, Kritisch-Exegetischer Kommentar über das Neue Testament, 13. Aufl. Göttingen 1961.

Adolf von Harnack, Dogmengeschichte, 6. Aufl. Tübingen 1922.

Adolf von Harnack, Lehrbuch der Dogmengeschichte, Bd. I–III, 4. Aufl. Tübingen 1909f.

Adolf von Harnack, Reden und Aufsätze, Bd. I, 2. Aufl. Gießen 1906.

Theodosius Harnack, Luthers Theologie mit besonderer Beziehung auf seine Versöhnungs- und Erlösungslehre, Bd. I u. II, Erlangen 1862ff.; Neue Ausgabe München 1927.

Vinzenz Hasak, Der christliche Glaube des deutschen Volkes beim Schlusse des Mittelalters, Regensburg 1868.

Rudolf Hermann, Zur theologischen Würdigung der Augustana, in: Luther-Jahrbuch, Jg. XII, 1930, S. 162–214.

Emanuel Hirsch, Luthers Gottesanschauung, Göttingen 1918.

Karl Holl, Gesammelte Aufsätze zur Kirchengeschichte, Bd. I: Luther 7. Aufl. Tübingen 1948, Bd. II: Der Osten, Tübingen 1928.

Karl Holl, Amphilochius von Ikonium in seinem Verhältnis zu den drei großen Kappadoziern, Tübingen und Leipzig 1904.

Walter Holsten, Christentum und nichtchristliche Religion nach der Auffassung Luthers, Gütersloh 1932.

Ludwig Ihmels, Das Dogma in der Predigt Luthers, Leipzig 1912.
Joachim Jeremias, Die Briefe an Timotheus und Titus, Das Neue Testament Deutsch, Bd. 9, 8. Aufl. Göttingen 1963.
Wilfried Joest, Ontologie der Person bei Luther, Göttingen 1967.
Christa Tecklenburg Johns, Luthers Konzilsidee in ihrer historischen Bedingtheit und ihrem reformatorischen Neuansatz, Berlin 1966.
Eberhard Jüngel, Gottes Sein ist im Werden. Verantwortliche Rede vom Sein Gottes bei Karl Barth, Tübingen 1965.
Eberhard Jüngel, Der Tod des lebendigen Gottes, ZThK 65. Jg. 1968, S. 93–116.
Ernst Käsemann, Jesu letzter Wille nach Johannes 17, Tübingen 1966.
Ernst Käsemann, Exegetische Versuche und Besinnungen, Bd. I, 2. Aufl. Göttingen 1960.
Ferdinand Kattenbusch, Das apostolische Symbol, Bd. I u. II, Leipzig 1894ff.
Ferdinand Kattenbusch, Zur Würdigung des Apostolikums, Leipzig 1892.
Ferdinand Kattenbusch, Aus der Geschichte des Apostolikums, Die christliche Welt, 6. Jg. 1892, Sp. 949ff., 977ff., 996ff.
Theodor Knolle, Hebräische Heilsnamen in Luthers Liedern, Luther-Jahrbuch Jg. XXII, 1940, S. 46–82.
Walther Köhler, Dogmengeschichte als Geschichte des christlichen Bewußtseins. Das Zeitalter der Reformation, Zürich 1951.
Walther Köhler, Luther und die Kirchengeschichte nach seinen Schriften zunächst bis 1521, Erlangen 1900.
Walther Köhler, Das Marburger Religionsgespräch. Versuch einer Rekonstruktion, Schriften des Vereins für Reformationsgeschichte, Jg. 48 Nr. 148/1, Leipzig 1929.
Walther Köhler, Zwingli und Luther. Ihr Streit über das Abendmahl nach seinen politischen und religiösen Beziehungen, Bd. I, Leipzig 1924, Bd. II Gütersloh 1953.
Julius Köstlin, Martin Luther. Sein Leben und seine Schriften, Bd. I u. II, 5. neubearbeitete Aufl. von Gustav Kawerau, Berlin 1903 (Köstlin = Kawerau).
Julius Köstlin, Luthers Theologie in ihrer geschichtlichen Entwicklung und ihrem inneren Zusammenhange, Bd. I u. II, 2. Aufl. Stuttgart 1883.
Jan Koopmans, Das altkirchliche Dogma in der Reformation, München 1955.
Georg Kretzschmar, Studien zur frühchristlichen Trinitätstheologie, Tübingen 1956.
Gustav Krüger, Das Dogma von der Dreieinigkeit und Gottmenschheit in seiner geschichtlichen Entwicklung dargestellt, Tübingen 1905.
Hans Lietzmann, Geschichte der Alten Kirche, Bd. I–IV, 3. Aufl. Berlin 1961.
Hans Lietzmann, Kleine Schriften, Bd. II: Studien zur Liturgie- und Symbolgeschichte. Zur Wissenschaftsgeschichte, Berlin 1962.
Wilhelm Link, Das Ringen Luthers um die Freiheit der Theologie von der Philosophie, edd. E. Wolf u. M. Mezger, Berlin 1954.
Walther von Loewenich, Die Eigenart von Luthers Auslegung des Johannes-Prologs, Sitz.-ber. d. Bayr. Akademie d. Wiss., phil.-hist. Kl. Jg. 1960/8.
Friedrich Loofs, Leitfaden zum Studium der Dogmengeschichte, 4. Aufl. Halle 1906.
Friedrich Loofs, Symbolik oder christliche Konfessionskunde, Bd. I. Tübingen und Leipzig 1902.
Wilhelm Maurer, Kirche und Geschichte. Gesammelte Aufsätze Bd. I, edd. E. W. Kohls u. G. Müller, Göttingen 1970.
Peter Meinhold, Luther heute, Berlin und Hamburg 1967.
Johannes Meyer, Die Doppelgestalt des 1. Artikels bei Luther, Neue Kirchliche Zeitschrift, 28. Jg. 1917, S. 530–555.
Johannes Meyer, Historischer Kommentar zu Luthers Kleinem Katechismus, Gütersloh 1929.
Wilhelm Möller, Lehrbuch der Kirchengeschichte, 3. Aufl. bearbeitet von Gustav Kawerau, Bd. III, Tübingen 1907.
Jürgen Moltmann, Der gekreuzigte Gott. Das Kreuz Christi als Grund und Kritik christlicher Theologie, München 1972.
Heribert Mühlen, Die Veränderlichkeit Gottes als Horizont einer zukünftigen Christologie, Münster 1969.
Wilhelm Niesel, Die Theologie Calvins, 2. Aufl. München 1957.

Kjell Ove Nilsson, Simul. Das Miteinander von Göttlichem und Menschlichem in Luthers Theologie, Göttingen 1960.

Rudolf Padberg, Erasmus als Katechet, Freiburg i.Br. 1956.

Wolfhart Pannenberg, Die Aufnahme des philosophischen Gottesbegriffs als dogmatisches Problem der frühchristlichen Theologie, in: Grundfragen systematischer Theologie, Göttingen 1967, S. 296–346.

Albrecht Peters, Realpräsenz. Luthers Zeugnis von Christi Gegenwart im Abendmahl, Berlin 1960.

Albrecht Peters, Die Trinitätslehre in der reformatorischen Christenheit, Theologische Lit.-Ztg. 94. Jg. 1969, Sp. 561–570.

Regin Prenter, Spiritus Creator. Studien zu Luthers Theologie, dt. München 1954.

Karl Rahner, Der dreifaltige Gott als tranzendenter Urgrund der Heilsgeschichte, in: Mysterium Salutis, Grundriß heilsgeschichtlicher Dogmatik, edd. J. Feiner u. M. Löhrer, Bd. II, S. 317–401, Einsiedeln 1967.

Georg Rietschel, Lehrbuch der Liturgik, Bd. II: Die Kasualien, 2. neubearbeitete Aufl. v. Paul Graff, Göttingen 1952.

Albrecht Rischl, Fides implicita. Eine Untersuchung über Köhlerglauben, Wissen und Glauben, Glauben und Kirche, Bonn 1890.

Albrecht Ritschl, Die christliche Lehre von der Rechtfertigung und Versöhnung, Bd. I–III, 3. Aufl. Bonn 1869.

Leo Scheffczyk, Lehramtliche Formulierungen und Dogmengeschichte der Trinität, in: Mysterium Salutis, Grundriß heilsgeschichtlicher Dogmatik, edd. J. Feiner u. M. Löhrer, Bd. II, S. 146–217, Einsiedeln 1967.

Alfred Schindler, Wort und Analogie in Augustins Trinitätslehre, Tübingen 1965.

Edmund Schlink, Theologie der lutherischen Bekenntnisschriften, 3. Aufl. München 1948.

Kurt Dietrich Schmidt, Gesammelte Aufsätze, ed. M. Jacobs, Göttingen 1967.

Hans von Schubert, Die Anfänge der evangelischen Bekenntnisbildung bis 1529/30, Schriften d. Vereins f. Reformationsgeschichte, Jg. 45, Leipzig 1928.

Hans von Schubert, Bekenntnisbildung und Religionspolitik 1529/30 (1524–1534). Untersuchungen und Texte, Gotha 1910.

Hans von Schubert, Bündnis und Bekenntnis 1529/30, Verein f. Reformationsgeschichte Leipzig 1908.

Klaus Schwarzwäller, Theologia crucis. Luthers Lehre von Prädestination nach De servo arbitrio, München 1970.

Alexander Schweizer, Die protestantischen Centraldogmen in ihrer Entwicklung in der reformierten Kirche, Bd. I, Zürich 1854.

Erich Seeberg, Luthers Theologie in ihren Grundzügen, Stuttgart 1940.

Erich Seeberg, Luthers Theologie, Bd. II: Christus, Wirklichkeit und Urbild, Stuttgart 1937.

Reinhold Seeberg, Lehrbuch der Dogmengeschichte, Bd. I–IV, 3. Aufl. Leipzig 1922ff.

Carl Stange, Studien zu Luthers Theologie, Gütersloh 1928.

Karl Gerhard Steck, Kirche und Lehre bei Luther, München 1963.

Karl Thieme, Der Gott der Katechismen, ZThK 10. Jg. 1929, S. 183–206.

Karl Thieme, Zur Trinitätsfrage, ZThK 8. Jg, 1927, S. 251–268.

Karl Thieme, Tritheismus 1529 und 1929, Theol. Blätter, 8. Jg. 1929, Sp. 172–178.

Wolfgang Trillhaas, Das apostolische Glaubensbekenntnis, Witten 1953.

F. Trechsel, Die protestantischen Antitrinitarier vor Faustus Socin, Bd. I: Michael Servet und seine Vorgänger, Heidelberg 1839.

Johannes von Walter, Die Theologie Luthers, Gütersloh 1940.

Otto Weber, Grundlagen der Dogmatik, Bd. I, Neukirchen 3. Aufl. 1964.

François Wendel, Calvin. Ursprung und Entwicklung seiner Theologie, dt. Neukirchen 1968.

Martin Werner, Die Entstehung des christlichen Dogmas, Urban Bücherei Nr. 38, Stuttgart 1959.

Paul Wernle, Der evangelische Glaube nach den Hauptschriften der Reformatoren, Bd. I: Luther; Bd. III: Calvin, Tübingen 1918f.

Georg Wobbermin, Luthers trinitarischer Monotheismus, ZThK 9. Jg, 1928, S. 237–252.

Georg Wobbermin, Die Frage nach Gott in Luthers Großem Katechismus, Festgabe für D. Dr. Julius Kaftan zu seinem 70. Geburtstage, S. 418–435 Tübingen 1920.

Georg Wobbermin, Systematische Theologie nach religionpsychologischer Methode, Bd. III: Wesen und Wahrheit des Christentums, Leipzig 1925.

Ernst Wolf, Peregrinatio. Studien zur reformatorischen Theologie und zum Kirchenproblem, Bd. I: München 1954.

C. A. Gerhard von Zezschwitz, System der christlich-kirchlichen Katechetik, Bd. I u. II Leipzig 1863ff.

232